教育部哲学社会科学研究重大课题攻关项目
《区域经济—体化中政府合作的法律问题研究》（批准号 11JZD010）的阶段性研究成果；

教育部科研创新团队发展计划项目
《中国参与全球经济治理机制与战略选择》（批准号 IRT1224）的阶段性研究成果；

中国博士后科学基金面上资助课题
《金融集聚与区域经济增长：机制、模型与实证》（批准号 2012M511016）的阶段性研究成果；

广东外语外贸大学校级科研创新团队资助项目
《区域政府治理及其法治保障研究》的阶段性研究成果；

广东外语外贸大学校级出版资助项目
《区域合作、制度绩效与利益协调》的最终研究成果

区域合作、制度绩效与利益协调

Regional Cooperation, System Performance and Interests Coordination

程永林 著

人民出版社

责任编辑:李椒元
装帧设计:肖　辉
责任校对:余　倩

图书在版编目(CIP)数据

区域合作、制度绩效与利益协调 / 程永林著.-北京:人民出版社,2013.12
ISBN 978－7－01－012569－5

Ⅰ.①区…　Ⅱ.①程…　Ⅲ.①区域经济合作-研究-珠江三角洲、东南亚
国家联盟　Ⅳ.①F127.6

中国版本图书馆 CIP 数据核字(2013)第 220462 号

区域合作、制度绩效与利益协调
QUYU HEZUO ZHIDU JIXIAO YU LIYI XIETIAO

程永林　著

人民出版社 出版发行
(100706　北京市东城区隆福寺街 99 号)

北京京华虎彩印刷有限公司印刷　新华书店经销

2013 年 12 月第 1 版　2013 年 12 月北京第 1 次印刷
开本:710 毫米×1000 毫米 1/16　印张:22
字数:350 千字　印数:0,001－3,000 册

ISBN 978－7－01－012569－5　定价:42.00 元

邮购地址 100706　北京市东城区隆福寺街 99 号
人民东方图书销售中心　电话 (010)65250042　65289539

目　录

导　论

一、选题背景与缘起

经济全球化和区域经济一体化的浪潮席卷而至,中国与东盟之间开展深度区域经济合作的自由贸易协议应运而生,国内市场统合势在必行,泛珠三角区域经济整合战略横空出世。在希望打造"泛珠三角经济区"时,地方政府的初始意图中包含应对经济全球化和区域经济一体化的战略考量。更为重要的是,希望通过该"成长三角区"实现与中国—东盟自由贸易区(简称CAFTA)战略对接的思路已经日渐清晰。换言之,泛珠三角区域能否成为上承中国—东盟自由贸易区,下接各个省区与东盟之间开展区域合作的必要缓冲已经成为需要深入探讨和研究的重大理论和现实问题。

泛珠三角区域整合战略自从2003年提出和实施以来,其推进进程曾经得到各方面的积极响应并且进展顺利,在部分地区政府层面因为符合地区经济发展形势需求而得到加快推进有如火如荼之势,有关泛珠三角区域的学术研究和政策研讨成果非常丰硕。例如笔者仅在中国学术期刊全文数据库中键入"泛珠三角"这一搜索题目,就检索到1037篇研究文献,其中在核心期刊上检索到249篇文献(检索截止时间为2012年8月)。但是,这种区域合作形势的背后也存在重重隐忧,泛珠三角区域经济整合战略自然有针对咄咄逼人的长三角、京津冀等地区合作形势的考虑,然而与长三角地区稳妥渐进的诱致型整合模式而言,泛珠三角区域的整合与发展是否失之审慎客观与科学理性?毕竟,区域经济合作进程自身的运行规律是逻辑自洽的,在发展时机没有成熟时,政府层面的干预和影响有时可能会产生诸多负面效应,尤其是中国政府管理体制中任期政绩因素会导致上届政府的决策给下届政府留下很多发展隐患。更为重要的是,在此之前,该地区合作中已经具有相对比较成熟稳定的小珠三角模式,尚在积极发展涵盖粤港澳地区的"大珠三角"模式。如果处理不好,三个"成长三角"之间必然互相影响,抓不住区域合作的重心,结果导致空耗地方财力和精力。这就势必要从理论和实证的层面首先解答泛珠三角区域存在的合理性和发展的可持续性课题,这样才能解决未来的生存发展空间及其与东盟国家之间的跨边界次区域经济合作问题,当然也包括了泛珠三角区域经济整合战略与中国—东盟自由贸易区的战略对接问题。

当然能否实现上述预定目标或战略筹划,这已经不是本课题要研究的中心问题。本文的研究是基于泛珠三角区域合作已经在逐步形成和发展壮大的事实判断前提之上,而非仅仅对泛珠三角区域存在的合理性与必然性进行价值判断。在转型期中国经济的发展进程中,能否通过规范分析和实证分析的结合,谋求国内问题和国际问题研究的相互融通,探讨跨边界区域经济合作和国民经济可持续发展的实施途径与战略前景,探索目前国内区域合作与国际区域合作的战略衔接,谋求区域合作中的利益协调和发展进路,这是本课题需要解决的重要问题。

改革开放以来,中国通过微观激励机制的改进,借助增量改革进而松动资源配置制度,通过双轨制形式推动价格体系的改革,与此同时通过新增资源的配置实现结构调整的渐进过程。经济体制和运行机制的变革引发市场逐步成为调节资源配置的主要方式,地区经济利益主体地位不断加强,区域利益格局随之发生显著变化。基于规模经济和比较优势的区域分工与产业布局分散化平行发展,外商直接投资的区域分布不均和产业偏好,拉大区域之间产业发展的差异性。区域之间的交流合作发展变快,区域冲突开始日益严重,各种层次的区域经济合作组织也大量涌现,泛珠三角区域经济合作就是协调区域经济关系的重要尝试。

泛珠三角区域经济整合战略首倡以来,不可否认,由于国内权威主义导向的治理模式,中央或地方行政长官是制定国家或次区域经济合作战略中不可忽视的重要干预变量。那么政府高层官员的更迭与沉浮是否就可能直接成为泛珠三角区域经济整合命运与前景的强烈显示信号? 其实,政府与市场是区域整合中的重要推动力量,然而光靠中央和地方政府的行政干预显然就不会有泛珠三角区域今天的快速发展形势,背后越来越起支撑作用的变量还是市场机制与经济利益。现实已经从实证层面肯定和修正当初合作的战略设想，并在逐步得到完善。在市场经济的发展过程中，共同的利益诉求会把分散的各方凝聚到一起。泛珠三角区域合作就是要为区域合作各方提供一个有效的利益交换和利益补偿的平台。泛珠合作只是参与各方经济交往的一个纽带，它不是也不会是参与各方经济发展的唯一平台。哪个区域经济合作体系对其更加有利与合适，他就会更愿意参与和推动该合作体系的建设进程，这实际上是一个合作契约的自由选择问题。在此，就泛珠三角区域本身的发展而言，笔者得出一个基本判断：作为一种相对开放松散的区域合作组织体系，未来泛珠三角区域的成员可能会有所变更，不能排斥会有成员的增减和进退。然而，只要核心圈层的成员保持相对稳定，外围圈层的成员也有紧密型和松散型成员之分，这些成员的进退，其实质影响都不会太大。总之，本文势必要回答下列问题：首先，必须从理论和现实层面解答泛珠三角区域合作的性质、定位、功用问题。也就是说该地区内已经存在两个"成长三角区"，为什么还要加强泛珠三角地区的区域合作？其次，泛珠三角区域合作的发展出路何在？如何避免该区域整合的发展终局可能演变为短期行为？

在国际和区际的区域经济合作中，国家和地方政府作为"理性经济人"，必然在区域合作中谋求地区利益的最大化。在市场经济社会中，当地政府作为地方利益的代言人，必然更为注重其绝对获益，同时也将会更加重视相对获益。而且可以确信，区域经济发展梯度越小，这一趋势将会更加明显。目前中国—东盟自由贸易区除了达成"早期收获产品"外，由于东盟推行"集体一致"原则，结果"10+1"谈判实质上变成了10个"1+1"协调，因此，在2011年虽然中国和东盟宣布已经建成中国—东盟自由贸易区，然而双边区域经济合作的实质性进展仍然滞后于发展预期，中国与东盟在主导产业选择和产业转移、吸引外资和国际市场开拓等方面的竞争有增无减，而且中国与东盟之间区域经济合作所衍生的溢出效应效果有限，双边政治和安全层面的国际关系变生掣肘纷争不断，区域经济合作带来的宏观战略利益的协调成效和成果与预期有较大差距。在区域合作的深化过程中，仅有实实在在的区域性和次区域性合作的微观经济利益推动是不够的。合作与竞争是加快双边经济一体化的两个重要方面，但关键还是在于安全与发展、秩序与利益、公平与效率的合理结合。

泛珠三角地区是和东盟自由贸易区大致对等的经济区域，也是对中国—

东盟区域经济合作建设进程影响深远的国内区域组织。从战略和技术层面研究泛珠三角区域与东盟自由贸易区之间的区域合作问题,无疑将为中国—东盟自由贸易区建设提供实质支撑和必要合作平台,更是加快泛珠三角区域与中国—东盟自由贸易区战略衔接进程的重要路径选择。而且客观上来说,泛珠三角区域经济整合战略与中国—东盟区域经济合作战略有着相通之处,前者作为国内的区域经济战略,将西部大开发、中部崛起与东部开放结合起来,实现东中西互动,寻求国内区域经济的均衡良性发展与经济增长。伴随国内区域经济梯度的拉大,弥补地区差异,协调国内区域平衡发展就具有国家战略的作用。然而没有进入国家战略的规划层次,一方面说明中央政府的审慎态度,泛珠三角区域经济整合还存在诸多战略和技术障碍,需要时间和实践的检验,不能变成政绩项目和短期行为。另一方面意味着中央政府对于国内不同行政区域的自发整合抱持不置可否的态度,其中可能既有权力分配方面的考虑和对地区自治倾向方面的顾虑,涉及一些体制改革中的敏感问题。同时也是保持对地方自行发展的理性态度:鼓励探索。中国—东盟自由贸易区战略实际上是中国参与国际区域经济合作的尝试,具有先行区的功能,带有实验性质,是我国从相对内生型的大国封闭模型逐渐向外向型的大国开放模型转变。两大战略的核心目标都是为了更好地解决中国自身的发展问题。

与此同时,泛珠三角区域也有对外开放战略和对外经济战略,宏观而论,该经济区的主要对外开放对象和战略方向至少包括:美国、欧盟、日本、韩国、东盟、俄罗斯等国家和国家集团。但是对外开放优势的重要影响因素是地缘经济和人文优势,所以从地缘上来说,泛珠三角区域对外开放的最主要战略方向首选目标应该是东盟。这样就出现了泛珠三角区域与东盟的区域合作与中国—东盟自由贸易区战略的重合,而且两者战略目标和战略方向重合的部分越多,实现战略衔接的可行性和必要性也就越大。所以从逻辑上推断,泛珠三角区域和东盟之间的区域经济合作完全可以放在中国—东盟自由贸易区框架内来研究和操作,以便更好地将泛珠三角区域的地缘优势和区位优势转化为经济优势。进而,这势必要求各级政府必须在战略层面加强协调和规划,谋求实现公共权力对公共利益的合理分配与调整。因此,中央政府在考虑华南和西南地区的发展时,要注意将其和中国与东盟间的整体战略以及政策进行协调安排,而在考虑和实施中国—东盟自由贸易区战略时,泛珠三角区域的市场统合、产业发展、货币金融政策的制定则要注意放在中国—东盟区域经济合作框架内进行筹划和实施。泛珠三角区域在加强与东盟国家的区域合作时,则要注意与中国—东盟区域经济合作战略的对接。

归纳起来,本文要研究的核心问题主要集中于三个层面:

第一:为什么泛珠三角与东盟需要开展区域合作?

第二:泛珠三角与东盟能否实施区域合作?

第三:泛珠三角与东盟如何推进区域合作?

本文作为对策性研究,文章以问题为中心,本着国家利益和地区合理利益的研究导向,侧重从中国研究的视角来展开课题的论证,试图厘清泛珠三角区域与东盟之间两个不同类型的区域一体化组织间的合作与竞争问题,进而探求在中国—东盟区域经济合作框架下,解决泛珠三角区域与东盟之间的区域合作及其实施路径问题。

二、国内外研究现状综述

本课题的研究包含四个层次的认知:对于泛珠三角区域经济合作的认知;对于东盟和东盟自由贸易区的认知;对于中国—东盟自由贸易区的认知;对于泛珠三角与东盟区域经济合作的认知。

(一)对于泛珠三角区域经济合作的研究

笔者以为,泛珠三角区域合作首先是个政治命题,然后才逐渐演化为学术命题。在初始倡导和启动阶段就带有强烈的行政干预色彩。根据笔者手头搜集的资料来看,学术界在开始阶段所做的研究多是经验性的定性描述和定性分析,目前已经出现一批具有较强规范分析和定量研究成果的文献。但是,从整体上观之,由于学科壁垒的存在,将战略研究和技术分析结合起来的研究成果还非常匮乏。认识到问题只是问题的一个方面,关键在于如何解决问题。泛珠整合既是"大、小珠三角"经济集聚到一定程度后寻求经济腹地以支撑经济扩散效应的必然趋势,同时也是应对国内区域经济竞争的现实要求,尤其是应对长三角区域经济合作进程加快所带来的更为激烈竞争形势的必然选择,对此珠三角和长三角地区实际上心照不宣。当然泛珠整合更是积极应对区域经济一体化,加强与东盟的区域经济合作,抢占中国—东盟自由贸易区建设先机的理性手段。从这个层面来说,笔者认为广东省委省政府的主要行政官员和职能部门因缘际会率先破题,不自觉的成为推动和加快这一历史必然进程的干预变量。

当前泛珠三角地区学术界和政府部门,尤其是广东、广西、云南等地的学术界和政府职能部门对于该项议题的研究方兴未艾。其中,学术活动和研究成果尤其以广东省为重。例如中山大学港澳珠江三角洲研究中心是教育部人文社会科学百所重点研究基地,该研究中心先后出版了《泛珠三角区域合作发展研究报告》、《新时期港澳珠区域经济合作与发展丛书》、《粤港澳关系研究丛书》等具有广泛影响的系列丛书,同时已经建立泛珠江三角洲发展信息网和粤港澳区域合作研究数据库。而对广东省情问题和珠港澳合作问题一直高度关注的暨南大学,泛珠三角区域整合问题也是其关注的焦点和热点问题,暨南大学依托该校的经济学院和管理学院多次主办过有关泛珠三角区域合作的国内大型学术研讨会和省级研讨会,并将参会论文整理成《CEPA与泛珠三角发展战略》等系列书籍正式出版。广东省社会科学院也高度重视对泛珠三角区域经济一体化问题的研究,由该院的梁桂全院长牵头成立了专门的泛珠三角研究机构,并在《广东社会科学》期刊上开辟泛珠三角研究专栏,重点探讨和深入研究泛珠三角区域的整合问题,并已经陆续发表了一系列研究成果。此外,深圳的综合开发研究院也一直高度关注泛珠三角区域整合问题,发表了一系列研究成果,等等。

与此同时,学术界的研究成果更是迭出。代表性研究文献例如董江涛(2012)基于数据包络分析理论对泛珠三角区域合作展开公共管理学视角研究。广西社科联的泛珠三角合作课题组(2012)通过主体功能区规划框架来对泛珠三角区域合作进行了深化研究。周天芸(2012)通过计量研究发现泛珠三角区域经济一体化的趋同效应明显。韦铁(2011)对泛珠三角区域的知识产权战略合作做了开创性研究。林江(2011)对"泛珠三角"区域合作与科技成果转化效率进行了实证研究。王鹏(2011)基于面板数据对泛珠三角区域内地九省区环境规制、对外开放与区域技术创新问题进行了实证研究。刘力(2010)基于"泛珠三角"区域合作与广东"双转移"的政策协同效应研究证实区域经济一体化与行政区经济的空间效应。吴献金(2010)基于九省面板数据对泛珠三角区域自主创新能力影响因素进行了实证研究。杜家元(2009)探讨了泛珠三角中心城市互动的动力、模式及合作领域问题。雷明全(2009)研究了泛珠三角区域各省区间核心竞争力的评价标准和评价机制问题。邓杨丰(2009)对"泛珠三角"区域经济金融合作机制展开了初步探讨。李文溥(2007)基于自主创新能力与泛珠三角地区产业转移的相关问题进行了实证研究。林凌(2007)、孟庆顺(2006)、王敏正(2006)、孙海燕(2006)、崔萍(2005)等分别研究了泛珠三角内地九省区、香港、澳门在泛珠三角区域经济合作的地位和作用,并进一步分析了各省区在参与参与区域经济合作中的存在的问题、挑战和应对策略。等等。这些研究文献无疑提供了对泛珠三角区域经济合作问题进一步展开深入研究的分析框架和论证基础。

　　然而,当前泛珠三角区域经济整合开始面临困境,内部的次区域经济合作与竞争态势有增无减。伴随2007年国家发改委先后批准重庆和成都设立全国统筹城乡综合配套改革试验区,长株潭城市群成为全国资源节约型和环境友好型社会建设综合配套改革试验区,尤其是批准泛北部湾区域经济合作上升为国家战略,而党的十七大报告明确提出支持海峡西岸经济区的构想,不言而喻,泛珠三角区域经济整合的战略地位和功能进一步下滑。基于此,目前广东的区域经济战略逐渐收缩,战略重心转向全面推进粤港澳紧密合作的大珠三角战略和珠三角地区自身的改革发展战略。与此同时,务实推进泛珠三角区域合作,注意发挥广东在泛珠三角与东盟合作中的桥梁作用。伴随区域经济政策调整与地区合作形势演变,如何认识当前的次区域跨边界经济合作形势?泛珠三角区域经济合作战略是否会逐渐淡化、边缘化,甚至消亡?这些都是当前需要研究的重大议题。然而整理概括现有文献资料,对"泛珠三角区域合作"的研究凸现以下特点,总体而论研究成果都还比较粗糙,表现出一定的研究缺失。

　　第一,学术研究的现实理性与技术缺陷。在泛珠三角区域合作倡导初期,多数学者则对泛珠三角整合持肯定和支持态度,短期内学术成果迭出。但也有厉以宁等学者质疑泛珠合作的可行性与科学性。有的学者认为泛珠整合与大小珠三角的发展实际上构成冲突,运作好后两者才是问题的关键所在。另一方面,广东省政府在2005年的两会期间,曾经积极争取将"泛珠三角经济区"的整合与建设纳入国家的"十一五"建设规划,虽然最终并未被纳入国家的"十一五"战略规划中,但还是已经得到中央政府一定程度的重视和认同。2007 年——2009 年年期间有关泛珠三角区域经济合作的研究又骤然变冷,而近两年来的相关研究又开始热起来,骤冷骤热的功利导向研究其实对于学术研究非常不利,客观、理性且能经得起时间检验的深度研究成果阙如。概括起来,现有成果一类是经济学、管理学与地理学的研究,以实证性的定量研究为主。但数据权威性和方法科学性有待商榷,个别地方甚至得出以偏概全或似是而非的结论。而另一类国际关系学、法学、行政管理学的研究,以定性研究为主。尤以描述性的经验研究居多,欠缺提升研究质量的技术手段。在此,本文对这些宏观研究或战略研究的学术成果并无贬低意思,但是这些学科的研究成果从自身推理的严密性,以及从实证性和操作性方面而言,确实存在不少值得商榷的问题。因此整体上观之,将战略研究和技术分析结合起来的高质量研究成果匮乏。其实国内的区域市场统合不仅需要合作的核心圈层,也需要外围圈层。沿珠江经济带和经济区的建设可以充分发挥产业的聚集优势和扩散效应,目前"三珠并进"不失为理性选择。国内的区域融合应该与市场统合齐头并进,所以泛珠三角区域合作不是国内的区域分割和制造区域大战,而是在认同国内区域经济发展存在一定梯度和地区差距的基础上,实现国内市场经济一体化的路径选择和过渡战略。

第二,区域合作的功利导向与战略缺位。政府决策部门和学术界的相关研究更多是从地区本位和行业本位出发来展开研究。从一定战略高度出发,利用比较研究和从国际视野角度来研究泛珠整合的文章还存在明显不足。具体表现就是泛珠三角区域内诸多省区多是从利益出发,盘算着如何从粤港澳地区承接产业、资金、技术转移,通过比较优势和自然禀赋优势的探讨来确定自己在泛珠整合中的定位。还有的省区政府和学术界的公开研究成果显示,他们对泛珠三角区域合作的建设实际上抱持观望态度,甚至在融入长三角和泛珠三角之间立场含糊。总体上对于自己在国内区域经济合作中的定位不够清晰理性,对于自己参与国际竞争的定位更为缺失。不谋全局,不足以谋一域。不图长远难以把握现在。其实目前泛珠三角区域内不发达省区的定位应该偏重于地区内合作的绝对获益上,而较为发达地区谋求相对获益则更为现实与可行。国内区域经济合作实际上日益受到国内外政治经济形势发展的扰动和影响。泛珠三角区域合作的出路在哪里? 形成享誉东南亚地区、亚洲地区乃至世界的区域制造业中心、物流中心、贸易中心、金融中心等战略目标势必需要参与国际竞争与合作。如果区域内部的整合缺乏明确的利益指向和战略导向,那么泛珠三角整合势必难逃短期行为的演变逻辑。因此,笔者判断,推动泛珠整合的外源性动力就是及早谋划区域的对外经济战略,而内在的动力机制则是谋求通过内部融通和制度变迁来实现区域的整体战略利益。

第三,区域治理的利益博弈与机制缺失。从区域合作治理的角度,如何深化泛珠三角区域经济合作的内生性和外源性动力机制的研究是核心问题。当前各地政府在经济发展中都存在本地区利益最大化的个人政绩博弈与理性预期,在跨区域重大基础设施建设上,对已有利的就积极参与,不利的就消极对待甚至阻挠拖延。在对外开放的前提下,地方政府更愿意本地区资源与跨国资本融合,这样短期易出政绩,虽然会因此导致长期经济增长的内生性变弱。于是,在招商引资、主导产业选择、对外贸易和融资方面,地方政府之间存在越演越烈的相互竞争与政绩冲动。在经济全球化与区域经济一体化的背景下,若泛珠三角区域经济合作始终缺乏有效的治理机制,区域整合缺乏明确的利益指向和战略导向,那么泛珠三角区域整合势必难逃短期行为的发展终局。

(二)对于东盟、东盟自由贸易区和中国—东盟自由贸易区的相关研究

关于对东盟及其主要国家的研究成果是非常丰富的,并且在国内外已经形成了新加坡国立大学东亚研究所、哈佛大学费正清东亚研究中心、中国国际问题研究院东南亚研究所、中国社会科学院亚太与全球战略研究院、厦门大学南洋研究院、暨南大学东南亚研究所、中山大学东南亚研究中心等一系列研究重镇。限于本课题的研究主旨,这里侧重于对东盟自由贸易区和中国—东盟的区域经济合作进行探讨和分析。毫无疑问的是,国内外对于东盟国家间的区域经济合作和东盟自由贸易区问题的研究已经越来越深入,相关的学术研究成果比较多,对于东盟自由贸易区的研究甚至已经比较成熟,代表性的研究成果不胜枚举,并且在国内外已经形成了一系列研究重镇。其中,以中国社会科学院亚太与全球战略研究院、厦门大学南洋研究院、暨南大学东南亚研究所、云南社会科学院、广西社会科学院等地的研究机构成果最为突出,并且已经形成一定规模的学术研究梯队。然而东盟自由贸易区的建设实际上也是困难重重,贸易的福利效应和转移效应有限。从某种意义上来说,东盟国家建立

自由贸易区更多是一种战略考虑,作为应对区域经济一体化和经济集团化的发展潮流,为谋求更多的经济利益而捆绑在一起形成的一个区域经济集团。实际上是为东盟各国在参与国际区域经济合作时,试图提供一个对等的战略平台和谈判空间。伴随中国与东盟战略伙伴关系的发展,中国—东盟自由贸易区(简称 CAFTA)从建立到建成,促成了国内外众多机构和研究人员把中国—东盟自由贸易区作为专项重大课题进行研究。目前研究视角集中于:国家和省区层面、战略和技术层面。该课题前期研究多从战略层面来展开背景分析和成因探讨,侧重定性研究,着重于中国—东盟自由贸易区产生、缘起、机遇、挑战等,结论比较宏观概括。中期研究注意从技术和战略层面结合探析中国—东盟自由贸易区的贸易效应、投资效应、规模经济效应、产业竞合效应、外溢效应等问题。当前研究则尝试方法更新,出现技术层面更注重实证分析、战略层面更注重跨学科研究等发展趋势。具体而言:

1.国内研究现状

国内研究中国—东盟自由贸易区问题以中国社科院亚太与全球战略研究院、厦门大学南洋研究院、暨南大学东南亚研究所、中山大学亚太研究院、广西大学经济学院、云南大学国际关系研究院、云南社科院东南亚研究所、广西社科院东南亚研究所等为代表。代表性研究如程毕凡、谢陈秀瑜等(1987)主编的《中国与东盟国家经济关系》系列丛书较早地系统论述了中国与东盟国家经济关系的历史、现状和发展前景,分析了双方经济贸易中存在的互补性和竞争性等问题。王士录(2002)、张蕴岭(2003,2004)等对中国—东盟自由贸易区产生意义、机遇和挑战等问题进行了深入分析。张烨(2002)、周燕(2003)按国际贸易标准分类对中国和东盟的进出口产品和产业结构进行实证分析,指出双方产业和产品之间存在明显的竞争性。李占卫、李皖南(2004)的实证研究则发现双方在相关领域的大多数产品仍存在差异性,具有各自的比较优势与互补性。史智宇(2004)通过比较双方在美国市场的出口相似程度得出会因贸易互补效应而带来区域市场容量的扩大。余永定(2005,2010)、曹和平(2006)、张宇燕(2008)、郎永峰(2009)、王士录(2010)、范爱军(2010)、李绍荣(2010)、张彬(2011)、李轩(2011)、贾引狮(2011)、颜银根(2011)、查志强(2012)、孙志煜(2012)等更为深入的研究了由双边自由贸易区所衍生的FDI竞争、知识产权博弈、人民币区域化、亚元机制、区域贸易收益、区域金融合作等一系列问题。

而今,有关自由贸易区的溢出效用分析成为另一研究热点。文献方面:中国现代国际关系研究院东盟课题组(2002)全面评估了中国—东盟自由贸易区中东盟的作用和地位。张蕴岭(2003)、陆建人(2003)、王勤(2004)等学者论证中国—东盟自由贸易区对东亚区域经济合作、多边自由贸易区建设的战略效用。曹云华(2004)、邱丹阳(2005)等从地缘政治与地缘经济战略角度分析了中国—东盟自由贸易区所产生的战略效应。唐世平等(2004,2006)认为政府需求、相互依赖等因素提升了东南亚研究在中国的地位,东南亚区域合作的未来既取决于中国的战略选择,又取决于地区内国家反应和美国的战略取向。孙学峰、陈寒溪(2006)认为中国在东南亚地区的政策具有战略效应,且有软地区主义特征。郎平(2005,2009)、郭宏(2007)、庄宗明(2008)、陈雯(2009)等对自由贸易的非传统收益、贸易与国际冲突的演化机制进行了理论和实证分析。著作方面:刘宏在《中国—东南亚学:理论建构、互动模式、个案分析》(2003)一书中引入了"接触区"与"跨国主义"等概念,尝试以新的研究方法来重新定位中国—东盟关系及其双边区域经济合作。宫占奎等著《中国与东盟经济一体化:模式比较与政策选择》(2003年)对东盟经济一体化的动因及其构建与发展进行了深入的分析,认为中国—东盟自由贸易区的建立关系到双方的经贸发展与政策调整。曹云华等在《新中国—东盟关系论》(2005)一书中详细分析新型中国—东盟关系的基础是经济相互依赖与合作,并论述了中国—东盟经济关系与政治关系的互动作用机制。韦红在《地区主义视野下的中国—东盟合作研究》(2006)、乔林生在《日本对外政策与东盟》(2006)、陈奕平在《依赖与抗争:冷战后东盟国家对美国战略研究》(2006)、李荣林在《中国与东盟自由贸易区研究》(2007)、李建伟在《中国与东盟双向投资合作研究》(2012)等著作详细阐述了中国—东盟自由贸易区的战略价值,深入分析区域大国对东盟的经济政策、安全政策、外交政策等,从而有助于增进对东盟自由贸易区战略与其大国平衡战略的理解。

2.国外研究现状

自20世纪90年代始,东盟、日本、欧美的学者与政治家逐渐关注中国与东盟的区域经济合作问题,其中多数研究成果源自东盟的学术机构。其中代表性研究机构如新加坡国立大学东亚研究所、马来西亚战略与国际研究所、泰国国家发展管理研究所等。与东盟的学术研究机构相比,日本的东盟研究机构基本分散在政府、高校和企业的研究所内,如亚洲经济研究所、日本振兴贸易会、京都大学东南亚研究所、东京大学东洋文化研究所、东南亚研究学会、早稻田大学亚洲研究机构等。总体上,东盟和日本的研究关注于中国—东盟自由贸易区及区域经济合作的进展与成效。代表性研究如菲律宾前总统菲德尔·拉莫斯(2004)指出中国—东盟自由贸易区的主要目标应包括建立投资体制来提高区域贸易和投资,其建设会对日本、韩国产生吸引力,但美国仍将继续扮演亚洲事务"权衡者"角色。柬埔寨的查普·索萨瑞斯(2003)认为次区域经济合作具有成为地区经济增长中心的潜力,但存在经济水平低、制度障碍和隐形壁垒等困难。泰国学者阿颂诗里.帕尼沙恩(2008)注意用实证分析大湄公河次区域经济合作以及中国—东盟自由贸易区自身建设问题。菲德尔·拉莫斯(2011)、李光耀(2009)、郑永年(2011)等指出中国—东盟自由贸易区的经济效应明显,但中国与东盟之间缺乏制度化的合作机制,存在地区政治互信和安全合作缺失等问题,美国仍将扮演亚洲事务权衡者角色。日本学者吉野文雄(2005,2009)探讨了中国—东盟自由贸易区对东盟区域经济的影响,并提出日本的应对之策。

欧美的东盟研究机构主要是以大学和研究机构为依托,主要包括美国哈佛大学费正清东亚研究中心、耶鲁大学东南亚研究委员会、加州大学东南亚与拉美研究中心、俄亥俄州立大学东南亚研究中心,英国赫尔大学东南亚研究中心等。有关中国—东盟自由贸易区的研究成果则散见欧美学者的专著与学术论文。与东盟和日本的相关研究相比,欧美有关中国—东盟自由贸易区战略效用的研究多结合东盟地区安全论坛、南中国海地区战略、大国平衡战略等问题。有关自由贸易区战略的代表性研究如 Grossman 和 Helpman(1994)的"保护待售模型"(以下简称 GH 模型)运用两阶段博弈分析探讨利益集团对一国是否参与自由贸易区政策决定的影响,该模型具有奠基作用。此后,学者将 GH 模型中的研究对象由小国之间的自由贸易区扩展到大国之间以及大国与小国之间的自由贸易区。假设条件也由完全竞争扩展到不完全竞争,研究对象由两个国家扩展为多个国家。利益集团对政府组建自由贸易区政策的游说由事前游说扩展到事后游说等。有关自由贸易区战略的实证检验,例如 Gawande,Sanguinetti,Bohara(2005)运用南方共同市场的数据对 GH 模型进行实证检验。Chase(2003)对美国组建自由贸易区进行了经济和战略效应的实证检验,证实规模经济效应是工业部门进行政策游说建立区域贸易自由化组织的关键因素。Feinberg(2003),Hartmut(2008)研究发现除了获得市场准入的目标,美国谋求自由贸易协定谈判还有其他国际政治经济利益的综合考虑。具体到 CAFTA 的溢出效应,现有研究多结合东盟地区安全论坛、南中国海、大国平衡战略等问题进行综合分析。代表性研究如美国学者阿米塔·阿查亚(2001,2004)指出冷战后东盟对中国采取"有条件接触"与"抗拒支配"结合的战略,东盟对华政策是建设性接触与实力均衡的混合体。美国学者米切尔·莱费尔(2007)认为中国对东盟采取自我约束的政策,中国国内的民族主义与南海问题很可能成为双边自由贸易区建设的障碍等。还有部分欧洲学者借助博弈论和协同论来对比研究其与欧盟一体化进程,这无疑开拓了中国—东盟自由贸易区研究的新视野。

当然,基于比较客观严肃的学理评估,则目前有关中国—东盟区域经济合作的研究甚至有泛滥成灾之嫌。根本原因在于低水平的重复研究太多,而真正严格意义上具有知识增量价值的科学探讨和政策研究成果还是比较稀缺。原因在于至少表现出如下研究不足:

第一:现有研究日益滞后于现实需要,对中国—东盟自由贸易区研究偏重具体贸易问题和经济效应的技术分析。对其战略效用和溢出效应研究相对不足,且现有文献显示成果主要集中于定性分析,规范分析和实证研究缺失。缺乏技术手段与研究方法,无法就自由贸易区建设对中国—东盟双边关系的动态影响机制提出相应的分析框架或理论模型,并做出客观评估与量化研究。经济领域的合作机制是否一定可以扩展和外溢到其他领域? 从而促进区域的持久稳定与和平繁荣? 其前提假设与约束条件是什么? 其影响机理和制度安排又是什么?

第二:国内外的相应研究文献以国别研究和静态效应研究为主,缺少对中国—东盟区域经济合作溢出效应的系统研究与动态政策博弈研究。国内研究多从中国立场和角度考虑问题,而从东盟内部和其他大国角度分析问题的视角缺失。而中国—东盟自由贸易区建设不仅涉及中国与东盟国家,因东盟长期实行大国平衡战略,区外大国如美国、日本、印度等与中国在自由贸易区建设方面始终存在着激烈的自由贸易区战略竞争和利益博弈。区域内外的大国战略博弈和利益冲突如何影响自由贸易区建设以及提高区域经济合作的机会成本? 对于这样一个存在复杂主体问题的分析缺乏动态博弈的研究视角,这种研究缺陷势必将越来越难以有效指导中国—东盟自由贸易区建设向纵深发展,不利于我国在发展中国—东盟经济与战略关系中提高前瞻性和掌握主动权。

(三)泛珠三角与东盟区域经济合作的研究

目前国内不乏省区层次和东盟之间的区域经济合作研究成果,但是从区域组织层次,将泛珠三角区域视作一个整体来研究和东盟之间的区域经济合作问题,根据笔者掌握的资料,目前这是个亟待加强的研究领域和学术前沿。泛珠三角区域和东盟自由贸易区是两个大致对等的地区,实力相当,双方产业竞争与合作并存,产业间贸易规模小但是发展迅速,产业内贸易合作空间潜力巨大。此外,吸引外国直接投资的来源地大致相等,出口产品和市场相似度大,目前泛珠三角区域内的省区基本上涵盖了中国—东盟自由贸易区建设中的国内热点和重点地区。因此,从某种意义上来说,研究透彻了泛珠三角区域与东盟国家间在地区经济合作中的产业分工和定位、外资流向和市场分割、区域公共产品需求与供给等诸多现实和理论问题,对于促进双方的区域经济合作而言既是一项重要的战略任务,同时也是推进中国—东盟自由贸易区建设的主要依托。与东盟相比,泛珠三角地区在市场规模、投资环境、劳动力供给、生产成本方面仍占有比较优势,两个经济区域虽然具有较强的互补性,但外来投资在地区之间也存在竞争与替代效应。因此,如何积极促进泛珠三角与东盟国家的次区域经济合作进程,有效避免区内各国及企业间为争夺投资而进行的无序竞争,而促进市场范围的扩大,利益协调机制以及政府协调边界的确立,无疑有助于降低区域交易成本。在泛珠三角与东盟的利益博弈与区域经济一体化进程中,自由贸易区的制度安排可有效降低这些交易成本,释放更多的潜在经济效应。但值得关注的是,如何从具体制度安排或机制设计的视角来解决双方潜在的利益冲突与合作困境问题? 根据国家统计局公布的相关数据显示,2005 年泛珠内地九省区对东盟的出口额增加到 174.55 亿美元,同比增长 20.99%,进出口贸易总额高达 462.46 亿美元,增长 15.05%。2006 年香港、澳门与东盟的贸易额分别为 574 亿美元和 3.75 亿美元,整个泛珠三角省区与东盟的贸易总额达到 1138 亿美元。到 2011 年底,中国与东盟的双边贸易总额高达 3629 亿美元,而泛珠三角与东盟的贸易总额也再创历史新高。早在 2006 年 6 月 6 日举行的泛珠三角区域行政首长与东盟商务部级官员对话会上,东盟高级商务官员就普遍认为泛珠三角地区具有独特战略地位和战略作用,因此呼吁建立泛珠与东盟的合作机制,而后泛珠三角合作论坛已经将其与东盟的合作摆在战略优先的地位。在 2008 年 5 月 21 日结束的"第六届泛珠合作与发展社科专家论坛"上,泛珠三角省区社科学界就"泛珠三角区域合作与东盟开放合作的战略构想与对策"的联合研究课题达成广泛共识,谋求与东盟区域经济合作的深层次研究正成为学界和政府层面的重要议题。目前,由于国内的相关研究刚刚起步,相应的研究文献还比较稀缺。其中陈乔之、李锦元(2004)关于泛珠三角与中国—东盟自由贸易区战略对接的研究,肖茂盛(2005)有关泛珠与东盟开展经济合作的初步判断,广东省社会科学院国际经济研究所课题组所做的《促进泛珠东盟合作:构建"9+2+10"经济圈》的研究报告,给我们提供了进一步深入分析和研究的思路与框架。林凌(2006)有关泛珠三角在"10+1"中扮演的角色探讨,华晓红、汤碧(2007)有关香港在 CAFTA 框架下泛珠三角与东盟经济合作的平台中作用与功能的定位分析,陈秀莲(2007)关于泛珠三角西南次区域和东盟开展区域贸易的分析,刘稚(2007)就云南在泛珠三角与东盟合作中的定位及发展展开了较为深入的探讨,徐佩文(2008)有关泛珠三角地区与东盟经济合作的基本探讨,程永林(2009,2010)对泛珠三角与东盟的区域合作展开了进一步的深入研究,建立了基本的分析框架以探讨双边次区域经济合作的静态和动态经济效应。陈秀莲(2010)则继续深入分析在中国—东盟自由贸易区框架下泛珠三角和东盟的旅游产业竞争与合作问题,等等,这些研究成果给本课题的深入分析提供了有益启示。

　　然而现有的研究成果,尤其是战略性与前瞻性研究成果阙如,学术研究严重滞后于双边跨国界次区域经济合作的实际进展已是不争事实,而且在研究方法上过于集中在经验性的描述研究方面,研究结论侧重于宏观层面的定性分析与战略判断,而理论探讨和实证分析则比较缺失。当前的问题在于,如果缺乏问题导向意识的重复性研究越来越多,而真正严格意义上具有知识增量价值的理论研究始终比较稀缺,那么泛珠三角与东盟区域经济合作这一新兴的研究领域,可能会始终在经验主义研究的层面上徘徊。从发展的眼光来看,泛珠三角和东盟区域合作在学术上的研究盲区和空白之处颇大,如果能够在此领域继续深入钻研,学术探索空间很大。

三、基本概念界定与研究主题

国际关系学科比较注重宏观研究和战略研究方法的运用,本课题通过引入经济学的分析工具和研究方法,贯穿研究课题始终的核心概念是"战略研究"和"技术研究"。从涵义上来说,"战略"强调全局性、宏观性、前瞻性和长期性,而"技术研究"关注的则是实证层面和操作层面的协同与整合。在此,泛珠和东盟区域合作的战略研究首先注重的是一个系统性的整体概念,在主要的战略方向和层面上要求多方位的区域协同与区域整合,强调合作空间结构的宽广性和延展性。同时,注重战略效果也预示着关注区域合作战略的前瞻性和可持续性。泛珠三角区域与东盟的区域经济合作如果在实质性环节上整合成功,其经济战略价值将远超当前惠及长远。而且可能形成倒逼机制,促进泛珠三角区域的整合与国家区域经济战略的实施进程。反之,泛珠三角区域作为自我整合的区域组织体系,参与国际区域经济合作是其凝聚内部力量整合域内市场后对外经济战略的必然诉求。泛珠三角区域合作进程的加快也会给中国—东盟自由贸易区战略的落实提供实质支撑。两者相辅相成,互为辅弼与促进。因此,本论文中提及的"战略研究"和"技术研究"既强调放眼全局,又强调要立足泛珠三角和东盟的区域经济合作实际,置身于中国—东盟自由贸易区的国家战略下,基于区域内外的比较优势,凝眸当下发展关注未来前景,寻求在区域竞合中逐渐实现各自清晰的战略定位和相对合理有效的地区分工。

因此,本课题的研究主题在于对泛珠三角与东盟之间的区域经济问题进行以下价值判断和理性分析:

第一,在中国—东盟自由贸易区架构内,泛珠三角区域与东盟之间为什么必须以及能否实现区域经济合作? 推进双方区域经济合作的内在逻辑和动力机制是什么?

第二,泛珠三角与东盟之间在区域经济合作中可能存在哪些问题与现实障碍？这种问题和障碍如果从战略和技术层面来具体剖析，则表现在哪些主要层面和关键环节？

第三，由于泛珠三角和东盟之间的区域经济合作是一种比较复杂的跨边界区域经济合作形式，它实际上是一个次国家行为体和一个国家联盟之间的区域经济合作，而区域经济合作的实质就是双方或多方自身经济利益的博弈与合作。因此，在区域经济合作进程中，必然存在利益分歧和利益冲突，如何进行利益协调与利益协调就成为深化泛珠三角区域与东盟之间区域合作的重要研究议题。

细言之，本文至少需要厘清以下多个层面的问题：

首先，本课题从理论分析与实证分析相结合的角度，先对涉及本研究课题的跨边界区域经济合作的主流理论和分析方法进行系统梳理，进而在上述理论与方法的指导下，意图从区域经济理论和地缘经济战略两个角度来解决泛珠三角区域和中国—东盟自由贸易区的战略定位和发展功用问题，从而阐述分析泛珠三角区域及中国—东盟自由贸易区的合作进展、前景和发展困境问题；接着对泛珠三角区域和东盟之间展开区域合作的必要性和可行性问题进行分析论证；

其次，着重谋求从实证层面来分析与解决泛珠三角区域与东盟之间的区域合作问题，其中涉及战略合作与技术合作两个层面，战略层面涉及区域合作中的各自战略定位、制度缺位和协调机制的分析，技术层面则涉及区域贸易自由化、便利化、外资流向和FDI的争夺、区域产业竞争与合作、国际市场份额与分工、地区公共产品和公共服务等方面的国际或地区协调与合作问题；

最后，根据问题分析的思路，仍然从战略层面和技术层面来提出相应对策和建议，认为推进泛珠和东盟之间区域合作的核心与关键是利益协调和利益协调问题。

四、研究方法与主要学术创新点

（一）研究方法

本文主要选取国际政治经济学、地缘经济学、国际经济学、区域经济学、新制度经济学等相关学科和理论为分析框架和基础，剖析和论证泛珠三角区域与东盟的跨边界区域经济合作问题。论文中会有一定程度的规范分析与实证分析,因此对这些分析部分的内容会要求进行一定程度的数理统计和分析,并需要借助大量图表和统计数据进行分析才会更加具有说服力和可行性。

本课题研究涉及的主要难点或者说可能的不足之处主要集中在五个方面:一是涉及多个学科知识整合与运用的问题,尤其是经济学科的知识,并且这方面要求进行一定程度的数理计算和实证分析,导致在研究过程中会有一定难度;二是受资源(经费、资料等)和本人能力与学术水平的限制,本论文的研究只能在有限的领域和范围里进行,因此,研究的深度与广度不可避免受到影响,在研究过程中可能会形成研究宏观化、定性化、经验化的价值取向和发展趋向。三是从学科发展角度而言,区域一体化理论的研究已经比较成熟,自由贸易区的研究也是相当深入。但是将国内的区域经济一体化和市场化进程与国际区域经济一体化对接起来,尤其是如何将国内的经济一体化进程通过适时引入外界干预变量来加以推动,根据手头搜集资料来看,目前的研究现状则还不能提供成熟的理论范式和框架指引。四是论文的研究侧重于中国视角的研究,注重中国国家利益和泛珠三角区域经济利益的分析和论证,而从东盟国家利益角度的分析则在阐述时会尽量压缩和淡化,然而区域经济合作本身就是一个复杂的利益博弈过程,因此可能会影响研究结果的说服力。五是目前泛珠三角区域经济合作本身还只是一个刚刚起步的国内地区经济合作问题,而东盟本身合作的效果也值得质疑,实际上,泛珠和东盟各自的内部整合都存在松散性和宽泛性,从而导致其内部凝聚力有限。因此,泛珠和东盟之间的区域经济合作到底会产生怎样的实际效用实则不容乐观。对于这一点我们应该抱持客观冷静的态度,不应过于夸大其在中国—东盟区域经济合作建设中的作用和功能。而且理性来评价中国—东盟区域经济合作的建设和发展问题,固然发展现状和溢出效应都比较明显,但是中长期的战略效应和经济效应到底如何,实际上还是变数丛生。因此,审慎地推动双方的区域经济合作,如何使泛珠与东盟之间的区域合作效用最大化,确实成为国际关系学和经济学共同研究的重要课题。

因此,本着以问题为中心的研究取向,一方面笔者需要加强学科知识结构的优化和调整。在具体处理研究中的实证问题时,尽量会扬长避短,注重采用宏观研究和战略研究的学科方法,以此尽量规避学科研究的不足和缺陷,当然这有可能降低课题研究的实证性和说服力。另一方面,需要关注和及时消化国内外学术界的最新研究进展,尤其是第一手文献资料的搜集和整理工作需要加强。

（二）主要学术创新点

1.从研究方法视角而言,目前中国与东盟区域经济合作的研究,实际上集中于国家层次和省区层次,本论文将泛珠三角区域视作一个整体,从区域组织层次来研究其与东盟之间的区域经济合作问题,这是个颇有新意的研究领域和学术前沿。论文注重学科知识的合理整合,借助国际关系学、国际经济学、区域经济学、新制度经济学等相关学科的理论和分析方法,对泛珠三角与东盟之间的区域合作问题展开综合性研究,这就弥补了纯粹从政治权力分析或经济利益分析角度研究成果的不足。同时,在消化吸收国内外现有学术研究成果的基础上,尝试采用定性分析与定量分析方法相结合,力求将泛珠三角与东盟之间的区域合作提升到科学研究和理性分析的层次。

2.从研究资料角度来说,目前国内关于泛珠三角与东盟的区域合作研究还处于萌芽或初始状态,现有研究成果不仅稀缺,且集中于定性研究和经验性的描述研究,而规范分析和实证分析都非常缺失,至于战略层次和技术层次相结合的研究成果更是阙如。因此,笔者在搜集和运用资料与文献时,注意到学科壁垒的存在对研究的制约作用,因此在中文专著、英文资料、论文文献、网上资料的梳理和选取上,既注意科学性与权威性的结合,又尤其关注吸收与研究主题相关的其他学科尤其是跨学科研究的最新发展动态和研究成果。

3.从理论创新的角度来看,全文以问题研究为中心,意图建立一种跨边界区域合作的分析范式及其治理模式。论文首次系统翔实的论证双方合作的必要性与可行性问题,进而前瞻性的剖析和预测双方合作中可能存在的战略问题和技术障碍,并寻求解决泛珠三角与东盟区域经济合作问题之道,探讨公共权力对地区利益分配的运作机制与优化配置,尝试打破国内问题与国际问题研究的学科壁垒,注重战略研究与技术研究的结合。本研究认为推进泛珠三角和东盟之间的区域合作存在一定的路径依赖和路径锁定问题,其中问题的核心是利益协调。其中战略层面主要是政府和市场层面的利益协调问题,而技术层面主要是借助地区公共产品的供给需求分析和区域经济政策的协调来解决地区公共治理问题。这从相当程度上弥补了目前有关泛珠三角和东盟区域合作研究上的盲区和空白,并在国内外现有研究领域内具有一定程度的突破和创新。

五、本书基本框架

全书立足于以现实问题为研究中心,以泛珠三角地区为案例,侧重从区域组织视角探讨泛珠三角与东盟之间的区域合作,进而深入研究跨边界区域合作的基本分析框架、演进机理、发展路径、应对战略和政策建议等一系列问题。课题基本研究框架如下:

导论:侧重于研究课题的设计和论证。通过对选题背景和意义进行阐释,而后对国内外的相关研究文献进行理论综述。在此基础上,提炼全书的研究主题,提出贯穿全书的核心概念和研究方法,进而尝试提供一个指导性的分析框架。

第一章:跨边界区域合作问题的理论研究。主要是从经济学和国际关系学视角对跨边界区域合作理论进行文献回顾与评价,从而为剖析和解决泛珠三角与东盟的区域经济合作问题提供基本的理论框架与分析方法。鉴于经济学理论对区域经济合作具有较强的解释力,但是对于跨边界区域合作问题却没有形成完整的理论分析框架。传统的国际关系理论一般是以民族国家为基本分析单位,而泛珠三角和东盟的区域经济合作就属于典型的次国家行为体和国家联盟之间的跨边界区域合作问题,在区域合作成本—收益关系的协调上,将会面临地方政府、中央政府、国家、国家联盟等不同层面因素影响。这要求本课题必须综合经济学和国际关系学的研究方法。

第二章:泛珠三角与东盟跨边界区域合作的背景研究。在第一章相关理论与方法的指导下,课题意图从区域经济、国际经济、国际关系等不同视角分析泛珠三角区域与中国—东盟区域经济合作的基本情况、合作进展、经济绩效以及发展困境,从背景角度阐释在中国—东盟自由贸易区框架下,加强东盟与泛珠三角之间的区域经济合作不仅是发展趋势,而且成为促进泛珠三角整合的重要外源性动力,还日益为中国—东盟自由贸易区建设提供实质支撑,进而从战略层面厘清泛珠三角区域和中国—东盟自由贸易区的战略定位和发展功用问题。

第三章:泛珠三角与东盟跨边界区域合作的经验研究。课题主要是从必要性和可行性两个方面对泛珠三角与东盟之间的区域经济合作展开分析和论证,侧重研究在中国—东盟自由贸易区架构内,泛珠三角区域与东盟之间为什么必须以及能否实现区域经济合作? 分析和探讨推进双方区域经济合作的内在逻辑、动力机制、影响机理、经济效应和战略价值等一系列问题。

第四章:泛珠三角与东盟跨边界区域合作的问题研究。课题通过对泛珠三角和东盟之间跨边界区域经济合作中存在的问题与困境的深入探讨,着重谋求从实证层面来分析与解决泛珠三角与东盟之间的区域经济合作问题,通过构建战略与技术层面的二维分析框架,课题认为战略层面的合作困境主要涉及到区域合作中的各自战略定位、制度缺位和协调机制等问题的研究,技术层面的合作困境则涉及到区域贸易自由化、便利化、外资流向和外国直接投资的争夺、区域产业竞争与合作、国际市场份额与产业链整合与分工、地区公共产品和公共服务供给等方面的国际或地区协调与合作问题研究。

第五章:泛珠三角与东盟跨边界区域合作的对策研究。课题研究认为与东盟相比,泛珠三角地区在市场规模、投资环境、劳动力供给、生产成本方面仍占有比较优势,两个经济区域虽然具有较强的互补性,但外来投资在地区之间存在竞争与替代效应。积极促进泛珠三角与东盟的区域经济合作进程,有效避免无序竞争,促进市场范围的扩大、利益协调机制以及政府协调边界的确立,有助于降低区域交易成本。所以,推进泛珠三角和东盟区域经济合作的核心与关键是利益协调与机制设计问题。课题将定性分析与定量研究结合起来,进一步从政府与市场层面、地区公共产品供给与区域经济政策协调层面对泛珠三角与东盟区域经济合作问题的解决路径提出相应的治理措施和政策建议。

第一章　跨边界区域合作问题的理论研究

在跨边界区域合作中,区域经济一体化和区域经济集团化是一种显著的经济现象。其中,区域经济一体化是同一地理区域的两个或者两个以上的国家,以对内加强经济合作与对外增强竞争力为目的,由国家出面签订一体化文件或协议,并在此基础上由所有缔约国共同组成的地区经贸组织。① 在这一过程中,生产要素在区域这个地缘范围内的不断趋向自由化流动,从而带来生产资源的有效配置和生产效率的相应提高,进而导致区域福利水平的帕累托改进。在纷繁复杂的经济学与国际关系理论中,关于跨边界区域合作的理论与学说可谓流派纷呈。下面将从经济学和国际关系学两个不同的视角来分析这一新兴课题和热点领域。

第一节　基于经济学视角的理论研究

区域经济一体化的产生和发展,引起许多经济学家对这一现象的研究和探讨,形成了从不同视角对此进行解释的经济理论。为了实现利益的最优化目标,区域之间必须利用各自的比较优势进行经济合作,这是区域经济合作产生的理论基础。西方的比较优势理论和区域分工合作学说,是适应自由贸易的需要而产生的解释能力较强的经济学理论。在日趋复杂和多样化的现代生产地域分工下,参与国际区域经济合作的行为主体由过去的各成员国政府转变成为各成员国内部的具有竞争优势的跨国企业、各成员政府以及国家集团的综合体。在当今经济全球化的背景下,跨国企业竞争优势将取代传统的比

---

① 张幼文、李刚编著:《世界经济概论》,高等教育出版社 2010 年版,第 252 页。

较优势而成为国际贸易分工的重要基础。关税同盟理论与自由贸易区理论从维纳的两国模型发展到多国模型,从简单的生产效应发展到生产与消费效应、贸易条件变化的全面分析,从基于比较利益优势的一体化动力剖析到引入规模效应递增从而为发展中国家之间的区域经济合作提供理论依据。最后,新制度经济学的引入为分析跨边界区域经济合作,尤其是泛珠三角与东盟之间的区域经济合作提供了一个解释力较强的分析范式。

一、比较优势理论与跨边界区域合作问题研究

区域经济合作实际上是社会经济发展到一定阶段的产物。区域经济合作是不同的区域在商品、劳务、资金、技术和信息等开发过程中,彼此相关和相互依赖的各经济单位或组织之间,为了获得比较高的经济利益,在互利的基础上,通过一定的合同、协议或章程,组织起来的各种联合体和建立起来的经济联系。[①] 它实际上是不同地区的经济主体,依据一定的协议章程或合同,将生产要素在地区之间重新配置、组合,以便获取最大的经济效益和社会效益的活动。现有的诸多关于区域经济合作的定义普遍强调要求区分区域经济合作与区域贸易的内涵,强调区域经济合作对象是生产要素,不包括商品,是区域贸易的特殊形式。西方的比较优势理论和区域分工合作学说,是适应自由贸易的需要而产生的解释能力较强的经济学理论。区域资源禀赋条件的差异形成区域不同的比较优势,从而导致了区域分工的产生,为了实现利益的最优化目标,区域之间必须利用各自的比较优势进行经济合作,这是区域经济合作产生的理论基础。区域分工合作理论具体由最初的亚当·斯密绝对优势贸易理论、李嘉图的比较优势贸易理论、赫克歇尔—俄林的"要素禀赋理论"等古典和新古典传统贸易理论开始,后来发展演化为由麦克尔·波特的竞争优势理论与价值链理论、产业内贸易和跨国公司贸易理论等有关理论组成。

亚当·斯密在 1776 年发表的《国民财富的性质和原因的研究》一书中提出绝对优势理论,他认为国际贸易和国际分工的原因和基础是各国之间存在的劳动生产率和生产成本的绝对差别。一国如果在某种产品上具有比较高的

---

① 熊义杰:《区域经济学》,对外经济贸易大学出版社 2011 年版,第 112、113 页。

劳动生产率,该国在这一产品上就具有绝对优势。相反,就具有绝对劣势。①
分工可以促进劳动生产率的提高,自由贸易和自由竞争是实现自由放任原则
的主要内容,进而获得较大的经济利益。斯密的绝对优势理论揭示了国际间
地域分工、国际贸易产生的前提源于生产条件的差异,这为自由贸易的发展奠
定了理论基础,开创了国际贸易的经济分析,但是他的理论无法解释绝对先进
和绝对落后国家之间的贸易。1817 年大卫·李嘉图在他的《政治经济学及赋
税原理》一书中建立以"比较优势理论"为基础的国际贸易学说总体系,从而
解决了斯密无法回答的难题。在资本和劳动不能自由流动和转移的前提下,
不可能以绝对成本高低实现国际分工和国际贸易,而只能按照比较成本的高
低进行国际分工和贸易。② 斯密和李嘉图学说认为区域生产条件和成本的差
异促使了区域分工的产生,从而诱发了区际贸易和经济合作。事实上,比较利
益并不是来源于国际贸易本身,而是来源于国际分工,国际贸易只是比较利益
借以实现的方式,而国际经济合作的开展,通过生产要素的国际移动来改善一
国的要素禀赋,它比国际贸易更直接地获取比较利益。赫克歇尔—俄林的要
素禀赋理论是现代国际分工理论的开端。这一理论认为产生比较优势的差异
要具备两个条件:一是各个区域或国家之间存在着生产要素禀赋上的差异,二
是不同产品在生产过程中所使用的要素比例不同。一个国家的生产要素丰
裕,其价格就便宜。比较稀缺的生产要素,其价格就相对高些。③ 俄林的论证
逻辑是商品价格差异是国际贸易的基础,而商品价格的差异是由于商品生产
的成本比率不同;商品生产成本比率不同,是因为各种生产要素的价格比率不
同,而生产要素价格比率不同,则是由于各国的生产要素禀赋比率的不同。因
此,生产要素禀赋比率的不同,是产生国际贸易的最重要的基础。④ 这就意味

---

　　① 对亚当·斯密的绝对优势贸易理论的评述参考自海闻等:《国际贸易》,上海人民出版
社 2012 年版,第 49 页。
　　② 张二震、马野青:《国际贸易学》,南京大学出版社 2009 年版,第 54、55 页。
　　③ 参见[瑞典]贝蒂尔·奥林:《地区间贸易和国际贸易》,王继祖等译,首都经济贸易大学
出版社 2001 年版,第 4、6、10 页的详细阐述。
　　④ 参见张二震、马野青:《国际贸易学》,南京大学出版社 2009 年版,第 59 页。在这本比规
范的国际贸易学教材中,作者引用俄林的观点,认为贸易的首要条件就是某些商品在某一地区
生产要比在别的地区便宜。认为一个国家出口的是在生产上大量使用该国比较充裕的生产要
素的商品,而进口的是它在生产上大量使用该国比较稀缺的生产要素的商品。

着只要按照要素禀赋条件进行分工和专业化生产,并通过贸易和经济合作,可以使各国福利水平提高并使全世界的产出达到最高水平。继俄林之后,琼斯等人将赫克歇尔—俄林模型进一步引入工业区位的研究中,提出了区域比较利益论。认为不同区域之间资源的配置效益存在差异,原因在于一是区域之间的外部经济差异;二是区域之间生产要素比较优势的差异。生产要素跨国家、跨区域的自由流动是受到严格限制的,这便造成区域生产要素优势的落差,由此形成产业集聚效应。① 从区域经济合作的角度来看,各国参与国际区域经济合作、实现区域经济一体化的最初原因就在于它能够鼓励各伙伴成员国专门发展自己具有相对优势的商品,扩大优势产业的贸易规模,促进一国高成本的国内生产被廉价的进口所取代,最终实现国际区域经济合作组织内部贸易水平的提高。

随着经济一体化和贸易自由化的深入发展,市场竞争也走向了国际化。在激烈的市场竞争中,国家要想谋得最大利益,就必须提高其国内各产业的国际竞争力。早期的比较优势理论即在于尝试阐释国家间如何竞争与合作。然而,传统比较优势理论是以国家为分析单位的,在日趋复杂和多样化的现代生产地域分工下,参与国际区域经济合作的行为主体由过去的各成员国政府转变成为各成员国内部的具有竞争优势的跨国企业、各成员政府以及国家集团的综合体。在当今经济全球化的背景下,跨国企业竞争优势将取代传统的比较优势而成为国际贸易分工的重要基础。美国哈佛大学商学院的迈克尔·波特教授把产业组织的有关理论和方法引入企业战略管理中,形成了经典的结构—行为—效果(SCP)模式,即产业结构和企业组织结构决定了企业的战略和行为以及企业的绩效和盈利能力。迈克尔·波特教授在《竞争战略》、《竞争优势》和《国家竞争优势》三本著作中提出了不同产业环境下竞争对手分析的框架以及企业成功的三种基本竞争战略,产业竞争优势的来源及决定因素,国家的竞争优势的决定及其对产业竞争力的支持作用,并构建了著名的菱形模型,又称之为"钻石模型",为企业竞争力分析提供了实践方法。波特教授的菱形模型的六要素包括市场条件、需求条件、相关和支持产业、企业的组织结构与战略、政

---

① *Dominick Salvatore. 2010. International Economics: Trade and Finance, John Wiley & Sons. pp.* 78-82.

府、机会。① 除了"企业的组织结构与战略"这一要素属于企业内部竞争力研究的微观基础外,其他五个要素都是企业的外部环境因素,也可以看做是企业竞争力的宏观决定条件,各个要素从不同方面对企业竞争力产生不同的影响并相互促进。波特的价值链分析法则认为,企业在生产经营活动的各个环节都创造价值,通过对各个环节价值增值,纵向与横向比较来确定各个环节本身的价值,以及与其他企业之间的差异,而企业的竞争优势就来源于企业与竞争对于在价值链上的差异。企业若想在竞争中取得成功必须围绕三种基本战略,即成本领先战略、差异化战略和目标集聚战略来组织资源和进行生产。②

到 20 世纪 60 年代之后,国际贸易领域出现了许多新的现象,世界贸易的一半以上是发生在发达国家间以及相似产品之间,出现了一个国家或地区既进口又出口同一产业部门产品的双向贸易或者重叠贸易现象,对此发达国家之间的区域分工与合作问题的研究产生了产业内贸易理论。当然由于泛珠三角区域和东盟之间的区域经济合作属于发展中国家和地区之间的跨国界次区域经济合作研究的范畴,产业内贸易只能是未来双边合作的一种发展趋势而已,因此这里就不再对此加以阐述。

二、区域经济一体化理论与跨边界区域合作问题研究

由于关税同盟是区域经济一体化的典型形式,因此,许多区域经济一体化理论把关税同盟作为重要的研究对象,用来描述区域经济一体化对贸易、投资、社会福利等所产生的经济效应。后来,学者们在关税同盟理论研究成果的基础上,对自由贸易区这种区域经济一体化形式进行了扩展性研究。

(一)关税同盟理论

实际上,在二战前就已经有人对关税同盟进行了分析,当时的主张是以比较利益为基础的自由贸易可扩大各国的经济利益,带来生产和消费的有益变化。关税同盟由于对内实行关税减免,趋向于自由贸易,因此可以给参与国带来经济利益。最早提出关税同盟理论的是德比尔斯。但是,真正开始系统地

---

① [美]迈克尔·波特:《国家竞争优势》,李明轩、邱如美译,中信出版社 2012 年版,第 63、64 页。

② [美]迈克尔·波特:《竞争优势》,陈小悦译,华夏出版社 2005 年版,第 33、36 页。

对关税同盟进行研究的是美国普林斯顿大学的经济学家维纳。1950年,维纳(Viner)在其代表性著作《关税同盟理论》一书中系统阐述了关税同盟理论。

1.关税同盟的静态效应

维纳在研究关税同盟理论时,提出了贸易创造和贸易转移效应。他认为贸易创造效应增加了关税同盟成员国和整个社会的福利,因为关税同盟的建立使国内生产的产品被其他成员国生产成本较低的产品所取代,提高了资源配置效率,扩大了生产盈利。而贸易转移效应使原来从同盟外非成员国较低成本的产品进口转换为从成员国较高成本的产品进口,不利于资源的有效配置,减少了社会福利。[1] 至于建立关税同盟是否得益,取决于贸易创造效应与贸易转移效应相互比较的实际结果。关税同盟的福利效应的大小主要取决于以下几个因素:第一,建立关税同盟前各国关税税率的差异程度。建立关税同盟前的税率越高,建立关税同盟后的经济效应越大,因为产品价格的下降会增加各成员国之间的贸易量。第二,关税同盟的成员国越多或经济规模越大,贸易转移的可能性就越小,区内资源重新配置的可能性越大,提高区内福利水平的可能性也越大。第三,一国国民经济中对外贸易的比重越低,参与关税同盟产生的贸易创造效应的可能性越大。第四,关税同盟共同关税税率越低,发生贸易转移的可能性越小。[2] 维纳突破了关于关税减让、贸易自由化对经济具有积极作用的传统论点,将定量分析用于对关税同盟的经济效应的研究,奠定了关税同盟理论的坚实基础,为人们研究关税同盟提供了一种分析工具,而且使人们对次优理论有了更好的理解。

在维纳之后,很多经济学家对关税同盟理论不断进行完善,使之日益成为一种较为成熟的区域一体化理论。米德(Meade,1955)认为维纳的分析只考虑了贸易创造和贸易转移的生产效果,不能准确地估计关税同盟的净损益。他认为关税同盟实际上还存在消费效果。[3] 维纳的分析基于一个假设,那就

---

① Viner,1950,*The Customs Union Issue*,New York,p. 12,*Camegie Endowment for International Peace*.

② Viner,1950,*The Customs Union Issue*,New York,pp. 46~50,*Camegie Endowment for International Peace*.

③ Meade,J,E.1955,*The Theory of Customs Unions*,p. 17,*Amsterdam*,*Holland*;*North Holland Publishing Company*.

是供给完全弹性和零需求价格弹性,这显然与现实不符。进口关税不但影响了生产,也限制了对进口商品的消费。在关税同盟形成之后,随着区域内关税的消除,进口产品价格下降了,消费者的需求增加了,对伙伴国的进口量也上升了,这种由于价格变化而引起的进口消费的增加就是消费效果,它给进口国的消费者带来福利。因此,消费效果加强了贸易创造所带来的社会福利,而且部分消除了贸易转移对社会福利的损失。利普赛(Lipsey,1957)进一步否认了维纳关于贸易创造有利于社会福利,贸易转移不利于社会福利的观点。他认为关税同盟对社会福利的影响应该是它对世界生产成本和世界消费效用影响的综合。虽然贸易创造和贸易转移的不同是分析关税同盟对生产影响的基础,但是却不是分析社会福利的依据。① 因为,关税同盟对社会福利的影响也可能是正面的。对于贸易转移是否一定减少国际福利,另一位经济学家格雷尔(Gehre1s,1956)认为贸易转移是否一定减少国际福利还要取决于商品间有无替代性。如果商品间有替代性,则贸易转移也可能增加福利。② 他认为,维纳的分析只注意到国家间的替代关系,而未注意到商品间的替代关系。

　　上述的传统关税同盟理论只是注重关税同盟的建立对贸易和社会福利的影响,它们却无法解释为何许多国家对组建关税同盟感兴趣,愿意加入关税同盟。对此,库柏和马塞尔(Cooper andMasel1,1965)、约翰逊(Johnson,1965),蒙代尔(Mundell,1964)等人进行了技术分析。库柏和马塞尔认为按照传统关税同盟理论的分析,如果一个国家实行非歧视性关税削减,那么该国所得到的福利要比成为一个关税同盟成员所得到的福利要多。从成本—收益角度考虑,一个国家必然有加入关税同盟的理性偏好。③ 发展中国家成为关税同盟成员国的主要目的是为了促进工业的发展,而组成关税同盟可以减少工业化的成本,因为建立以关税同盟的方式比以非歧视性关税保护的方式所付出的代价低。另外,库柏和马塞尔建议应建立补偿机制以弥补有的国家因加入关税同盟而遭受的损失或平衡成员国之间损益分配的不均。鉴于以往的理论只

---

　　① *Lipsey*,*R.C.*1960,*The Theory of Customs Unions*;*A General Survey*,*Economic Journal*.
　　② [美]丹尼斯·R.阿普尔亚德、小艾尔佛雷德·J.菲尔德:《国际经济学》,龚敏、陈深等译,机械工业出版社 2003 年版,第 146 页。
　　③ 白当伟等:《区域贸易协定的非传统收益:理论、评述及其在东亚的应用》,《世界经济研究》2003 年第 6 期。

分析来自于效用最大化的私人消费,约翰逊认为还应考虑对公共产品的集体性消费。他从私人和社会的成本与收益的角度说明为何一国会愿意成为关税同盟的成员国。社会福利除了来自于效用最大化的私人消费外,还来自于对公共产品的集体性消费。① 当一国通过征收关税来保护国内市场时,私人消费者因商品价格高于世界价格而利益受损,但是,国内工业生产活动的扩大将可能给国家整体带来超过消费者的损失。由于政府的决策是理性的,因此,政府所确定的关税保护将保持在消费者的损失等于因关税保护而使国内工业生产扩大所带来的集体福利的水平。为了保护国内市场,发展本国工业,促进出口,可以通过建立关税同盟来达到。② 虽然贸易创造和贸易转移对伙伴国来说都可带来收益,但关税削减国更倾向于贸易转移。

上述分析都是基于贸易条件不变的情况下进行的。约翰逊、巴格瓦蒂分别于 1965 年和 1968 年提出,实际上除了贸易创造和贸易转移两个主要效应外,关税同盟还存在贸易条件效应和贸易修正效应。③ 小国经济在组成关税同盟之后,可以利用贸易创造导致的产业竞争力。同时,如果非成员国出口商品供给弹性小,供给量又充分大时,由于贸易转移造成同盟国成员对非成员国的进口需求大量下降,在没有找到新的市场前,非成员国的价格必然下跌,这样同盟成员国因此会得到较好的贸易条件。蒙代尔、瓦内克(Vanek,1965)和肯普(Kemp,1969)等人都对关税同盟所引起的贸易条件变化做了研究。贸易修正效应是指关税同盟的建立对世界贸易规模扩张或收缩的影响,它取决于贸易构成中互补性商品和替代性商品的相对比重。若成员国与非成员国的出口产品是互补性产品,它们之间的贸易规模呈现一种同方向变动的趋势,反之若是替代性产品,则呈现一种反方向变动的趋势。④ 贸易修正效应反映了关税同盟的建立可能有利于扩大世界贸易,也可能不利于扩大世界贸易。当然,关税同盟的静态效应除了上面分析的内容外,还表现在可以加强集体对外谈

---

① Johnson,*An Economic Theory of Protectionism,Tariff and the Formation of Customs unions*,*Journal of Political Economy*.

② Johnson,*An Economic Theory of Protectionism,Tariff and the Formation of Customs unions*,*Journal of Political Economy*.

③ 陈凯杰:《简述西方关税同盟理论的发展》,《世界经济》2002 年第 6 期。

④ M.kemp and Wan,*An elementory provision on Concerning the Customs unions*,*Journal of international Economics*,Vol. 6(1976)pp. 95-97.

判力量,可以减少成员国之间的走私活动等方面。

2.关税同盟的动态效应

关税同盟的动态效应是指讨论关税同盟对成员国就业、产出、国民收入、国际收支和物价水平会造成什么影响。[①] 从动态角度看,关税同盟通过形成规模经济、市场扩大、竞争加强带来的效率变化和投资变化来影响成员国经济的增长和发展。上述关税同盟理论的静态分析未考虑规模经济的福利效应,即都假定生产成本固定不变。虽然维纳在其早期的分析中曾提到规模经济,但在其关税同盟理论中却忽视了。科登(Corden,1972)运用局部均衡分析关税同盟形成后规模经济产生的福利效应,从而在理论上说明规模经济也是发展中国家经济一体化的重要动力。他在分析贸易创造和贸易转移的基础上,提出了规模经济的两个效应——成本降低效应和贸易抑制效应。科登假定各国生产成本是向下倾斜的,传统理论的自由竞争不存在。贸易抑制效应所带来的损失类似于贸易转移效应,但并不完全相同,因为这是高成本的供给被相对较低成本的供给所代替。[②] 事实上,科登的贡献在于修改部分假定条件之后引入了成本递减和贸易抑制效应。巴拉萨则认为关税同盟除了给成员国的生产厂商带来内部规模经济外,还带来外部规模经济。区域经济一体化组织成立后,各成员国有一个比较稳定的扩大了的市场。厂商由此可充分利用其优势,扩大生产规模,从而降低产品的成本,提高经济效率。另外,由于国民经济各部门是紧密关联的,一个部门的发展可能会带动其他部门的发展。

区域经济一体化组织的建立,打破了各成员国对市场的保护,使厂商面临空前激烈的竞争,从而促使这些厂商想方设法降低成本,提高劳动生产率.市场竞争的加强使经济资源得到更有效的配置,整个区域的经济福利增加了。同时竞争的加强还将刺激公司改组和产业合理化,推动先进技术的广泛使用,加强研究与开发,促进科技进步以及工业化和现代化的发展,这一点对发展中国家尤为重要。西托夫斯基(Scitovsky,1958)认为,高关税会促进垄断,使一两家公司统辖为数众多而效率低下的小生产者。成立关税同盟以后,由于成

---

① 张二震、马野青:《国际贸易学》,南京大学出版社 2009 年版,第 78 页。

② M.Corden,*Economics of scale and Customs unions Theory*,1972,*Journal of Political Economy*, *Vol*80.

员国之间消除了关税和贸易限额,大公司则不得不进行竞争,而小企业则可能通过兼并、联合来提高效率,增强竞争力。①

关税同盟的建立还使成员国所面临的市场扩大,竞争加强,这迫使企业实行专业化生产、改进技术、提高竞争能力。同时,由于资本和劳动等生产要素的流动性大大增强,有利于生产要素更加合理而有效的配置。所有这些会促进投资的增长,这一方面表现在本国资本的投资增加,另一方面也可以吸引其他成员国和非成员国的资本进入本国。投资的增加来源于两方面:一方面是为了提高竞争能力,原有厂商会增加投资,以改进产品品质,或使产品升级换代,另一方面是由于区域经济一体化组织对外设置共同关税,使非成员国商品受到歧视,为了绕过关税壁垒,区外厂商会通过各种方式到区域内投资,进行生产和销售。② 巴拉萨的内部规模经济实际上就是来源于成本降低效应的规模经济,而外部规模经济则来源于整个国民经济或一体化组织内的经济发展。

除了上述效应外,区域经济一体化还可使技术革新步伐加快。而且,如果区域安排能够超出减少关税壁垒的范围,转向提高其他领域的一体化程度,包括取消对商品和劳务自由流动的其他障碍,保持要素自由流动机制和宏观经济和其他有关政策的协调一致,则区域安排对成员国的潜在动态利益就会更大。关税同盟理论从维纳的两国模型发展到多国模型,从简单的生产效应发展到生产与消费效应、贸易条件变化的全面分析,从而为发展中国家之间的区域经济合作提供了理论依据。

(二)自由贸易区理论

自由贸易区是两个或两个以上邻近国家或地区通过政府间协定,建立以贸易自由化为主要宗旨的区域经济合作安排,参与方减低以致最后取消彼此间的关税,取消贸易与非贸易壁垒,让商品在区域内无障碍流通以促进贸易和经济增长。③ 这是自由贸易区传统的和核心的内涵。比起关税同盟理论,自由贸易区实际上就是区域内部没有实行统一的对外关税,因此,该理论实际上

---

① Scitovsky, T. 1958, *Economic Theory and Western European Integration*, London, Allen&Unwin.

② Balassa, B. 1967. *Trade Creation and Trade Diversion in the European Common Market*, *Economic Journal 77, pp.* 1-21.

③ [美]托马斯·A.普格尔等:《国际经济学》,李克宁译,经济科学出版社 2001 年版,第 48 页。

可以看做区域经济一体化理论中的一种次优理论。所以,关税同盟理论的大部分研究结论同样适用于自由贸易区。众所周知,最早提出贸易自由化主张的是亚当·斯密,他用绝对利益说论证了贸易的产生和自由化的合理性。他认为,只有实行了自由贸易才能促进生产的进步和产量的增加。国与国之间的贸易以成本差异为动机进行商品交换,这样,国与国之间的贸易就发展起来,贸易的发展又使两个国家的资源得到重新的配置,提高了整体的生产效率。

由于经济全球化不断扩大和加深,自由贸易区的功能也在不断增加和发展,已经从贸易扩展到投资、金融、服务等经济领域的全面合作。自由贸易区实质上是国家或地区层次意义上的贸易利益主体之间在推动贸易自由化,消除贸易障碍方面达成的一种合约。作为替代性的制度安排,自由贸易区是合约方相互之间博弈的结果,由此获得的均衡解在一定意义上是符合效率要求的。因此,在一定时期和特定区域内,相对国际经济一体化组织的其他制度安排,自由贸易区是次优化选择的结果。

著名经济学家维纳(Viner,1950)建立了关于自由贸易区理论分析的一个标准模型:贸易创造与贸易转移模型。维纳的贸易创造与贸易转移模型的理论含义为是自由贸易区不等同于向自由贸易靠拢,它一方面促进了合约方之间的自由贸易,另一方面又阻碍与非合约方之间的贸易。这种效果导致贸易创造与贸易转移的同时并存,自由贸易区建立的前提条件是贸易创造与贸易转移效应强度的对比。巴拉萨(Balassa,1961)提出“动态效应”假说分析自由贸易区的动态影响。这些影响主要包括五个方面:一是创造大市场效应,使企业实现规模经济;二是加剧合约方之间企业竞争的激化;三是产生间接引向作用,吸引非合约方的直接投资;四是导致贸易创造的利益集中于某一合约方,引起收益分配不均;五是使企业的经济外部性对成本结构产生递减影响。[①]约翰逊(Johnson,1966)提出公共商品假说对自由贸易区进行了分析。约翰森分析自由贸易区提出了4个假设条件:一是工业生产不是一个综合变量,而是由不同产品组成,其中不同的国家具有不同的比较优势;二是不同的国家与非工业生产相比,在工业生产中也具有不同的总体比较优势;三是不允许有出口

---

① 　*Balassa,B.1961.The Theory of Economic Integration,Homewood. Richard D.Irwin.*

补贴;四是没有一个国家具有卖方或买方垄断力量。① 约翰逊指出,关税为贸易保护政策提供资金来源,受保护的工业生产具有边际额外成本(包括边际私人消费成本和边际生产成本),如果建立自由贸易区,在关税削减存在差别的情况下,会出现两种有利情况:一是每个国家都能使其贸易伙伴增加工业产品出口,而不会因转向第三国进口,对它自己的工业生产造成贸易转移损失;二是其贸易伙伴的工业品向本国出口的增长会等于在同一国家中工业生产的贸易创造效应的削减,从而使第三国无法获益。② 事实上,建立自由贸易区一个重要的益处就是实现生产共享,各国之间实行资本、劳动、技术、信息和管理的共享。贸易自由化可以将较高的生产成本活动无阻碍地转移到境外的较低生产成本的地方,以期达到降低整个商业成本的目的。贸易自由化于区内成员国来说,会使区域内部的投资力度加大、就业机会得以创造,提高了生活水平,保证了实际收入与有效需求的持续增长,促进了资源的充分利用,也有利于各国产业结构的调整,提高劳动生产率和降低生产成本。当然,自由贸易并非有利无弊,很多经济学家也指出了它的缺陷。自由贸易区过分地维持区内经济利益,这样会使歧视效应加剧。而且自由贸易区对区内的封锁一般会对贸易和资源的流通起了较原来范围不同的阻碍作用,从而导致资源区内配置合理化而区外配置不合理的现象,进而加剧了地区间的差距。

虽然关税同盟理论是以关税同盟作为研究对象的,但是前文中的分析方法实际上同样可以适用于自由贸易区,只是自由贸易区的贸易创造和贸易转移效应与关税同盟的有所不同。自由贸易区对外没有设立共同的关税,为了防止区外国家的产品通过区内较低关税的成员国间接进入其他成员国,自由贸易区通常制定了原产地原则。从而达到可以明确区分原产自区内区外的商品,进而达到防止区外商品冒充区内商品进行避税的目的。考虑到现实因素的作用,可以得出关税同盟不如自由贸易区的结论。因此,就一般情况而言,自由贸易区可以使进口国避免因单边降低壁垒而蒙受不必要的贸易转移的损失,它的经济效应要优于关税同盟,这样就可以获得区域外的低成本供应来

① *Johnson*, 1965. *An Economic Theory of Protectionism, Tariff and the Formation of Customs unions, Journal of Political Economy*, *vol.73*.

② *Johnson*, 1965. *An Economic Theory of Protectionism, Tariff and the Formation of Customs unions, Journal of Political Economy*, *vol.73*.

源。因此,自由贸易区理论的分析为泛珠与东盟之间开展区域经济合作提供了很好的理论分析框架。

三、新制度经济学理论与跨边界区域合作问题研究

诺贝尔经济学奖获得者科斯教授在他的两篇名著《企业的性质》(1937)和《社会成本问题》(1960)中,运用新古典经济学理论的分析方法,引入交易费用概念,将制度分析纳入新古典经济学的分析框架,从而开创了新制度经济学。由于制度可以看做经济分析的内生变量,因此,科斯把交易费用定义为发现和通知交易者的费用、谈判的费用、签订合同的履行而进行的必要的检查费用。① 阿罗将交易费用定义为"经济制度的运行费用"。威廉姆森则把交易费用规定为利用经济制度的成本。迪克西特把交易费用进一步细分为事先交易费用和事后交易费用。② 考察新制度经济学的发展演变过程,其理论体系主要包括交易费用理论、产权经济学、契约和委托理论、代理理论、制度变迁理论等,代表人物有科斯、威廉姆森、诺斯、阿尔奇安、张五常等。其中诺斯是新制度经济学理论的代表人物之一,他对制度变迁做出的解释影响了众多学者,并被应用到有关新制度经济学的相关分支研究领域中。诺斯的主要观点是:第一,制度变迁理论模型是建立在"理性经济人"对成本和收益进行比较计算的基础上,制度创新的动力是个人期望在现存制度下获取最大的潜在利润,潜在利润来自外部性的内在化、风险的分担、不完善市场的发展三个方面;第二,制度变迁由正式规则和非正式规则的变迁构成,其内在机制是对构成制度框架的规则、准则的实施结合所作的边际调整;第三,制度变迁的过程是实施制度的各个组织在相对价格或偏好变化的情况下,为谋取自身利益最大化而重新谈判,达成更高层次的契约,改变旧的规则,最终建立新规则的全部过程;第四,制度变迁的轨迹取决于两个因素的共同制约:一是复杂的、信息不完全的市场,二是制度在社会生活中给人们带来的报酬递增,故制度变迁在现实中具有自我增强机制的路径依赖性质,相反则可能锁定在无效或不利于产出最大

① 卢现祥、朱巧玲:《新制度经济学》,北京大学出版社 2007 年版,第 35、36 页。
② [美]阿维纳什.K.迪克西特:《经济政策的制定:交易成本政治学的视角》,刘元春译,中国人民大学出版社 2004 年版,第 6、14 页。

化的困境。① 林毅夫教授将制度变迁进一步细分为诱致性变迁和强制性变迁，前者是在响应制度不均衡引致的获利机会时所进行的自发性变迁，后者是由国家强行推进，通过政府法令的贯彻执行而引致的变迁。② 其中，诱致性制度变迁必须由某种在原有的制度安排或结构下无法得到的获利机会引起，它是否发生主要取决于个别创新者的预期收益和预期成本的比较。诱致性制度变迁作为一个自发的过程，面临的主要问题就是外部性和"搭便车"问题。外部性和"搭便车"问题使制度的个别成本往往相对于社会成本较大，而制度的个别收益往往相对于社会收益较小。这样，决定制度供给的个别净效益往往小于决定制度需求的社会净效益，从而可能造成经常性的制度有效供给不足。

按照诺斯的理论，假定区域经济一体化组织的成员为理性经济人，制度变迁是建立在经济人对成本和收益进行比较计算的基础上，也就是理性经济人对潜在的外部利润和制度变迁的成本进行比较的结果。只有当潜在利润超过预期成本时，一项新的区域合作制度安排才可能会被创新出来，这种新的区域合作制度安排的目的在于使得原有制度安排的利润内部化，以达到帕累托最优。随着区域经济一体化理论的拓展以及技术条件的改变，参与区域经济一体化组织，可以获得更多的潜在利润，一体化动态效果也就日益受到关注，而这种动态效果主要包括技术创新效果、市场扩大效果和资本的累积效果等多层面的内容。具体而言，上述动态经济效应可细分为以下四个方面：第一，因区域内贸易的增加而提高了各自国内市场的市场扩大效应；第二，因进口引进外资的增加而活跃了国内市场的促进竞争效应；第三，各成员国间更易相互交流或导入先进经营方法和技术的扩散效应；第四，进行外部经济政策的协调时，各成员国因彼此间相互钳制而放松国内管制，甚至形成倒逼机制，产生改革国内制度的制度创新效应。③ 此外，如果因区域经济一体化而带来劳动生产率的提高，降低各成员国的交易成本，还会直接刺激来区域外部的外国直接投资数额的增加。因此，对区域经济一体化收益—成本的良好预期导致国际社会的大量主权国家纷纷参与了区域性的制度安排。

① 盛洪主编：《现代制度经济学》（上），中国发展出版社 2009 年版，第 226 页。
② 卢现祥、朱巧玲：《新制度经济学》，北京大学出版社 2007 年版，第 56 页。
③ 陈岩：《国际一体化经济学》，商务印书馆 2001 年版，第 48、49 页。

其实,制度也可以表现为参与人主观博弈模型中明显和共同的共有信念因素。① 其中假定参加区域经济一体化的各国政府对于博弈的结构只拥有个人的不完备观点,政府参加一体化有自己的动机,其说服别人和控制自己行动后果的能力也都有限,政府是否能够或者愿意出面协调从一种均衡到另一种均衡的移动是不清楚的,所以,共有信念是区域合作制度安排能否继续演进的决定因素。然而随着区域经济一体化程度的深化,各国政府势必越来越难以或无法在关键性政策领域,包括在关税、非关税壁垒、金融货币市场和投资等方面对这些经济主权性质的权力保持完全的自主性。在区域经济一体化浪潮中,大部分区域经济合作采用了自由贸易区而不是关税同盟的形式,反映了成员国之间无法就关税政策达成一致的现象,实质上说明了区域内成员国之间从根本上还缺乏共有信念。

奥尔森先生认为集体行动的成果具有公共性,所以集体成员都能从中受益,包括那些没有分担集体行动成本的成员,这种不合理的成本收益结构导致搭便车行为的大量存在。② 奥尔森认为由于搭便车行为的存在,理性自利的个人一般不会选择为争取集体利益而作贡献,集体行动的实现其实非常不容易,当集体人数较少时,集体行动比较容易产生。相反,随着集体人数的增多,产生集体行动就越来越困难。因为在人数众多的集体内,要通过协商解决如何分担集体行动的成本是十分不容易的,而且人数越多,人均收益就相应减少,搭便车的动机会越强烈,搭便车的行为也越难被发现。③ 根据奥尔森的理论,国内学者的相关研究结果显示,正是由于协调集体行动成本的高昂造成了承担主要成本的"第一行动集团"的缺失,导致发展中国家区域合作的制度化进程缓慢的部分原因正是由于"搭便车"行为的存在,以及缺乏相应的有效的激励机制。

国内对区域经济一体化的相关研究认为,区域市场发育不足是影响区域经济一体化进程的重要干预变量。具体来说,这种市场发育不足包括两个方

---

① [日]青木昌彦:《比较制度分析》,周黎安译,上海远东出版社 2006 年版,第 38 页。

② 苏长和:《全球公共问题与国际合作:一种制度的分析》,上海人民出版社 2009 年版,第 81 页。

③ 参考马骏:《交易费用政治学现状与前景》,《经济研究》2003 年第 1 期;田野:《国际协议自我实施的机理分析:一种交易成本的视角》,《世界经济与政治》2004 年第 12 期。

面。一是市场的结构性失灵,由于区域市场分割的存在,关税和非关税壁垒诱致产生了区域经济一体化组织;二是市场机制本身的失灵,也就是存在交易费用产生了跨国公司。① 前者是区域内各国政府起主导作用的强制性变迁,而后者主要是由各市场主体出于趋利动机而自发推动的诱致性变迁。公共选择理论认为集体行动的成果具有公共性,所有集体的成员都能从中受益,包括那些没有分担成本的成员,这种不合理的成本—收益结构导致"搭便车"行为的出现,这可以用来解释各国政府对区域经济一体化的类型选择以及区域经济一体化组织的经济绩效。从制度分析的角度来看,区域经济一体化实质上也是一个制度供给和制度需求的博弈问题,其制度选择如自由贸易区制度的抉择,是参与主体主观博弈模型中明显具备共同因素,也就是具备关于博弈实际进行方式的共有信念,其中参与主体可以是参加区域经济一体化的各国中央政府,也可以是地方政府。主观博弈模型意味着政府也是"理性经济人",参加区域经济一体化有自己的趋利动机,但由于信息不充分,其说服别人和控制自己行动后果的能力也都比较有限。

集体行动在两种特定约束条件下比较容易产生,一是集体成员的"不对称",这里是指集体成员收益的不对称,个别成员从集体行动中得到的利益比其他成多员多,他为集体行动作贡献的积极性也就越大。② 不对称性在由发达国家和发展中国家组成的区域经济一体化中表现特征明显。二是"选择性激励"的存在,选择性激励可以分为正向激励和反向激励两种,正向激励通过搭买私人物品的方法刺激集体成员为负担集体行动的成本作贡献,反向激励是惩罚搭便车者的措施,最常见的是禁止搭便车者享受集体行动的成果。③所以,区域经济一体化的成效如何,往往与集体行动和激励机制的有效与否存在关联性。

第二节 基于国际关系学视角的理论研究

依据笔者搜集的现有资料来分析,相互依存理论、国际制度理论、地缘经

---

① [美]曼瑟尔·奥尔森:《集体行动的逻辑》,格致出版社2011年版,第110页。
② [美]曼瑟尔·奥尔森:《集体行动的逻辑》,格致出版社2011年版,第119—125页。
③ [美]曼瑟尔·奥尔森:《集体行动的逻辑》,格致出版社2011年版,第132页。

济学、联邦主义理论、国际合作论、功能主义理论、建构主义理论、新地区主义
理论等国际关系理论都能够有效地对跨边界区域经济合作进行一定程度的解
释,而且目前国内国际关系学界使用上述理论对跨边界区域经济一体化现象
进行探讨的论文也不鲜见。代表性的例如华中师范大学的傅沂侧重从相互依
存理论、国际合作理论的角度出发,通过建立在经济学与国际政治经济学整合
基础上,提出移植产业经济学中的结构—功能—绩效(SCP)的分析范式来进
行国际区域经济合作的分析。① 这种分析思路比较新颖独到,而且也确实具
有一定的说服力。而复旦大学的张云燕博士则利用建构主义理论成功的剖析
了东亚的区域经济合作问题。② 分析的视角独特,论证的思路也比较严谨,结
论的可信度比较大。但是考虑到本论文研究的主旨,笔者更加注重泛珠三角
和东盟区域合作之中地缘因素的分析,因此,这里引入地缘经济学的相关理论
来进行解读。而泛珠三角和东盟之间的区域经济合作是与制度因素密切相关
的,也是与中国—东盟自由贸易区的建设紧密相关的,其中自然包含有利益冲
突和利益协调问题,而对于利益协调最有效的方式自然首选是制度化的运作
方式,此外,其中还包含区域合作的外溢效应的分析,因此国际制度理论、功能
主义理论包括一脉相承的新功能主义理论就可以提供很好的借鉴与指导。总
之,在上述这些理论中,笔者认为对于泛珠三角与东盟跨边界区域经济合作具
有较强解释力的是地缘经济学、国际制度理论和功能主义理论三种类型,以下
就分别就其进行详细介绍和阐述,以为后面章节的分析提供一个初步的理论
框架。

一、地缘经济理论与跨边界区域合作问题研究

在经济全球化和区域经济一体化浪潮的推动下,世界性和地区性的相互
依存趋势日益加强,国际层面和区域层面面临的共同利益和共同问题普遍增
多。国际社会尤其是发达国家对传统的"高级政治"的关注程度相对有所淡
化和弱化,强调经济和生态因素等"低级政治"的影响却愈加突出。战略环境
的变迁对发展观念的影响是深远而持久的。过去那种以对抗、冲突为主的竞

---

① 华中师范大学傅沂所著硕士论文:《国际区域经济合作的国际政治经济学分析》(2003
年),未公开发表。

② 复旦大学张云燕所著博士论文:《社会建构主义与东亚区域经济合作》(2004 年)。

争模式将让位于以协调、合作为主的非零和博弈思维。但是,作为理性经济人的民族国家追逐国家利益的本质不会改变。那么,国家或地区组织作为国际区域经济合作中的行为主体如何在约束条件转变的情况下寻求自身权力和利益的帕累托最优? 这便是目前地缘经济学所要探讨的核心问题。在对区域经济合作研究中,地缘经济学有着独特视角,可以作为构建国际区域经济合作理论的有益补充。

1.地缘经济学的发展演变

1990 年,美国华盛顿战略与国际关系研究中心的战略专家爱德华·卢特沃克在一次国会听证会上提出了地缘经济学理论。按照他的看法,随着冷战结束,位于“世界事务中央舞台”的国家间的竞争已经从过去的政治和军事舞台转移到了经济舞台。虽然追求国家利益的天性没有变化,但国家间竞争的手段已经不同。在过去的地缘政治年代,国家通过在世界政治的大棋盘上纵横捭阖,或占领地盘或发挥外交影响力。但冷战后这种国家间竞争的手段已经变为通过国家调控、参与等手段来占领世界经济版图,提高目标市场的占有率。[①] 卢特沃克认为这种国家间竞争的新模式就是地缘经济学研究的实质性内容。美国兰德公司政治研究部主任所罗门则认为,到 1992 年世界性的区域性贸易集团已经形成,抢先启动的区域性贸易集团将在 21 世纪的经济和贸易竞争中占据优势,这标志着与地缘政治相对的地缘经济理论的形成。乔治·华盛顿大学政治学和国际关系教授亨利·诺也被认为是较早和较系统地提出地缘经济学的主要人物。他驳斥了唱衰美国的论调,认为美国未来的主要问题并不是它的力量是否已经衰落,而是它在国际社会中追求什么样的目的和它打算奉行何种经济政策。亨利·诺认为地缘经济时代的国家目标依然是权力,只不过这个权力更多是以经济来定义的,例如国民生产总值、核心技术拥有率、市场占有率、金融发育程度等方面,经济活动应该围绕着权力来开展,大国应该追求和维持全球政治、经济和自由贸易的领导权。[②]

地缘经济学是在冷战结束后出现的带有的经济民族主义性质的国际关系理论,现有的主流观点认为,地缘经济学是研究一国经济发展与地缘变量之间

---

① 王逸舟:《西方国际政治学:历史与理论》,上海人民出版社 2006 年版,第 326 页。

② 倪世雄等:《当代西方国际关系理论》,复旦大学出版社 2011 年版,第 386—387 页。

相互关系的科学,是关于国家利益、经济现象和地缘关系的一门科学。具体而言,地缘经济学研究的基本内容是:第一,它研究经济和经济现象的时空关系、状态及其运行机制和运行轨迹;第二,它研究经济现象与地理关系、地缘区位之间的相互作用关系及其规律;第三,它研究地理现象、地缘关系对社会经济文化的互动作用和影响;第四,它为当代各国大战略、区域经济和区域文化发展战略提供理论依据,为经济与文化的开发、设计、规划提供全方位的理论依据;第五,它研究区域、国家和群体经济文化兴衰、转移的奥秘,寻找文明、产业兴衰变迁的基本轨迹,为世界宏观经济文化与社区微观经济文化提供理论工具和思维方式。当然,也有看法认为,地缘经济学是基于地理因素考虑争取国家利益的战略或政策。此外,地缘经济学强调国家经济权力和经济安全。认为国家之间的关系在冷战后主要是竞争和对立的关系,特别是经济上的竞争与对抗。因此,地缘经济学是以新现实主义理论为指导,它属于国际政治经济学中的新现实主义流派,具有显著的政策色彩。

2.地缘经济学的应用价值

地缘经济学强调国际经济关系的地缘性。国家或地区间由于地域上的邻接性而产生地缘经济关系,当它们的经济实力和市场规模发展到一定程度时,这些经济体就会汇合成新的更大的经济体,通过规模经济效应来实现经济的超常规发展现象。国际经济关系的地缘性有两种表现形式:联合和合作;对立乃至彼此遏制、互设壁垒等,前者被称为互补关系,后者称为竞争关系。在经济发展过程中两个地区之间由于经济产业结构、资源结构上的差异性,而通过互通有无、取长补短来共同促进和发展,就可形成互补关系。相反,两个地区因经济产业结构、资源结构等相似而成为相互争夺资金、人才、资源、市场的竞争对手,就是竞争关系。相互间地缘经济上的斗争,其后果可能使对手丧失市场或原料来源,最终导致经济的窒息乃至崩溃。① 地缘经济是建立在国家经济的开放与外向性基础之上的。更准确地说,各国经济的开放与外向型发展模式是地缘经济概念得以产生的宏观背景和前提。没有国家经济的对外开放,没有世界市场对各国经济的整合,就谈不上地缘经济。从这个意义上讲,经济发展水平越高,对外开放程度越深,国际竞争力越强,国家在地缘经济中

---

① 倪世雄等:《当代西方国际关系理论》,复旦大学出版社 2011 年版,第 390—397 页。

获益将越多,地缘经济在国家经济安全和发展中的地位也越高。反之,经济发展水平越低,对外开放程度越小,国际竞争力越弱,国家在地缘经济中获益将越少,地缘经济在国家经济安全和发展中的地位也越低。因此,地缘经济学为民族国家制定对外战略提供了一个新的理论视角,即将一国的经济发展战略和地缘政治战略结合从而形成地缘经济战略。在国际社会处于开放条件下,在参与区域竞争和经济合作中如何保护本国市场和开拓国际市场,并取得优势地位。从达成方式上考虑,积极参与世界范围内特别是本区域共同经济安全合作体系的构建,与周边国家间的地缘政治经济关系将影响直接到该国的稳定与发展。地缘经济学的重要研究内容是就是在竞争条件下如何形成地缘经济的运行机制。

地缘经济学突出国家间的经济竞争与较量的影响力,它包括战略资源、高科技、高级人才、尖端技术、国际资本、世界市场等,而国家经济利益的护持和扩展成为国家对外经济战略的最主要出发点。由于地缘经济主要是一种国家的对外经济行为,它总是能从更长远、更宽泛的角度来思考和处理问题。地缘经济学的目标并不在于将国民的生活水准提到最高的程度,而在于本国在世界经济中优势地位的获得及维持,其中"竞争力"成为最重要的考量因素,争夺经济优势的关键是国家竞争力。这种观点有效的解释了国际区域经济合作中的存在各种竞争关系的产生根源。地缘经济学将世界经济划分为三个彼此竞争的区域经济集团,它们之间的联系和运动将对世界经济的结构和性质产生深刻影响,美日欧之间的竞争实际就是地缘经济时代的世界主题。世界正逐步分裂成三个相互竞争的区域经济集团:第一,日本率领的环太平洋经济区;第二,美国领导的北美经济区;第三,以德国为中心的西欧经济区,这三个经济体必然将在未来一段时期内对世界经济的结构和性质产生深刻的影响。莱斯特·瑟罗认为,在未来的竞赛中,三个经济体中的每一个都倾向于超越其他两者。谁首先实现这种超越,谁就会在竞争中胜出,就会像英国主导 19 世纪,美国主导 20 世纪那样,主导 21 世纪。[1] 因此,这就意味着,未来国际社会的竞争表现形式就是依托区域经济集团来进行利益的博弈,如果哪个国家或经济体仍然游离于区域经济合作的发展趋势,那么该经济体必然越来越处于

---

[1] 倪世雄等:《当代西方国际关系理论》,复旦大学出版社 2011 年版,第 388 页。

被动从属的地位。因此,对于区域经济体内的国家行为体尤其是主导力量来说,协调区域内国家之间的经济政策以增进贸易、投资和技术合作,协调谈判立场来谋求对外的共同经济利益,建立地区经济安全的预警和防范机制,维护地区汇率稳定,通过区域经济一体化举措谋求地区繁荣与稳定等等,是一个大国乃至地区制定地缘经济战略所不可或缺的考虑因素。

地缘经济学还要求国家运用公共权力推行战略经济政策,保护国家经济安全,培养国家经济竞争力,争夺世界经济优势。地缘经济学强调国际经济关系中的竞争和冲突,关心相对收益,但它本身并不排斥合作,在经济发展过程中,两个地区之间可以形成互补关系。地缘经济学的合作观可以较好地解释当前的地区经济合作问题。此外,地缘经济学对区域经济合作中的第一行动集团问题作出了一定的解释。地缘经济学认为实施地缘经济政策的能力与国家实力和国家利益密切相关,地缘经济政策和地缘经济战略的实施是一种新现实主义的国际经济权力观,力量决定话语权,只有居于主导地位的国家才有实施地缘经济战略的条件。因为只有这些国家或国家集团才能真正拥有实施地缘经济战略的国家需求和偏好,同时也确实具备一定的地区主导能力乃至支配性实力。地缘经济学强调了大国在区域经济合作中不可替代的作用,地缘经济战略一般不是在区域合作中居于从属地位的国家或地区政府考虑的问题,大国或强国必须充分发挥在区域经济合作中充当第一行动集团的功能。

总而言之,地缘经济学注重从宏观战略环境和对外经济战略方面为区域经济合作提供了一种战略观念和战略思维性的解释,着重注意研究国家参与国际经济竞争,特别是地区经济合作以及在此过程中需要注意的诸多宏观问题。从这个意义上来说,地缘经济学提供了一条研究国际区域经济合作的新思路,对制定和执行正确适当的区域经济合作战略具有一定的参考意义。

二、国际制度理论与跨边界区域合作问题研究

国内目前在国际关系学的理论研究和政策研讨中,国际制度和国际机制没有特别明确的区分,两者的概念相差不多。但是,严格来说,国际机制的范畴在学理上还是要更加宽泛一些,它实际上包括了国际制度和国际组织两个层次的内容。本文后面有关国际制度的分析实际上也就是关于国际机制的分析。从目前的学术文献来看,国际制度的主流研究成果基本上是在新现实主

义和新自由制度主义的理论框架下进行的。当然,从社会建构主义角度研究国际制度也是一个很好的尝试角度,但是这与本课题的研究主旨相关性不大。除了进行理论探讨之外,国际关系学者还对国际制度进行了大量的实证研究,这些研究涉及了广泛的问题领域,研究的层次既有全球的,也有地区性的。在这些实证研究中,欧洲地区一体化是比较典型的研究案例。在国际关系理论中,新现实主义和新自由主义基于对国际政治经济的不同理解,对国际合作或区域合作中国际制度问题提出了不同的观点和主张,构成了国际制度的主流解释框架。

1.新现实主义的国际制度理论

传统的现实主义者很少涉及国际制度,但他们对国际组织还是有着自己的观点。现实主义理论的出发点是政治—国家中心主义,认为世界竞争是一种"零和博弈",即某个国家的获得必以其他国家的失去为前提。目前,现实主义国际制度理论的研究比较集中在国家体系以及国际政治关系在世界经济组织中的作用,关心国际力量分配的变化如何影响国际经济的形态和类型。国际组织不过是国家进行权力斗争的工具和手段,国际组织至多只能限制国家权力而不可能解决和平问题,国际制度不过是国家权力和国家利益争夺的附属现象。[①] 新现实主义的代表人物肯尼思·沃尔兹把汉斯·摩根索的古典现实主义改造为结构现实主义,对国家行为的解释不再从国家内部的性质中去寻找,而是从体系的结构层次来分析,提出了国际体系的结构决定了国家行为的分析模式。新现实主义认为国际体系是一种无政府状态,不存在中央权威来强制实施承诺,主权国家出于权力和安全的考虑,倾向于冲突和竞争,即使存在共同利益也不容易合作,国际制度仅能勉强影响合作的前景。[②] 因此,在丛林法则支配下,在国际社会中国家间的合作或者地区之间的合作尽管是可能的,但是其实质性效果很难预测,而且不容易有可持续性,国家的生存主

---

① 关于新现实主义的国际制度理论,可以参考樊勇明:《西方国际政治经济学》,上海人民出版社 2006 年版,第 57—81 页。

② 参见王正毅:《国际政治经济学:历史、理论与方法》,《欧洲》2002 年第 1 期;宋伟:《国际政治经济学刍议》,《欧洲研究》2003 年第 1 期;许宏强:《当代西方国际政治经济学理论介评》,《经济学动态》1998 年第 3 期;[俄]德罗波特:《国际政治经济学的几种主要的思想观念》,《国外社会科学》2002 年第 3 期。

要取决于权力要素,因此国家在国际互动中最基本的目标就是阻止其他国家实现有利于它们的相对实力的变化。国家所关注的问题不是绝对获益,而是相对获益。这种考虑问题的出发点决定一国与他国合作时,必须考虑利益的分配问题。如果一国相信它的竞争对手会从合作中获得相对较多的利益,那么,它就会拒绝参与合作或是限制它对合作的承诺。

对于新现实主义来说,由美国经济学家金德尔伯格首先提出,后来经过吉尔平、斯蒂芬·克拉斯纳等人的扩充与修改的霸权稳定论对国际制度的形成做出了比较合理的解释。正是体系内最强大的国家创立和塑造了制度,并以此来维持其在权力分配关系中的地位。霸权国利用自己的优势地位和影响力建立这种国际制度,确定各国的行为规范,分摊制度成本抑制经济民族主义,从而达到限制冲突维持国际社会秩序的目的。霸权国建立维持这种体制的力量在于具有强大的军事、经济实力和政治与意识形态的感召力。因此,像国际机制这样的制度安排,反映的只是社会体系中权力整合的现实,特定国际制度安排的建立需要霸权国家的支撑。

2.新自由主义的国际制度理论

新自由主义的代表人物罗伯特·基欧汉基于国家是世界政治中理性自利行为体的基本假设,通过运用新制度经济学的理论工具,分析了国家在无政府状态下为什么能够实现合作。基欧汉认为,国际制度是世界经济的重要组成部分,国际体制是一个处于国际权力关系与国家和非国家行为体之间的中间变量或干预变量,它可以由霸权国建立,但是一旦建立它便可以形成自己独立的功能,即可以促进世界经济的有效运作,减少动荡,降低交易成本和不确定性,防止市场失灵和欺诈,因为国际体制中的规范、规则可以在一定程度上对国家行为施加影响。随着霸权衰落,一个缓慢的从霸权合作到霸权后合作的转化就可能发生。①

基欧汉强调相互依存对国家利益实现的作用,认为理性不应该是现实主义对利益的绝对追求,而是一种既定条件下的相对满足。基欧汉把新制度经济学理论运用到了国际制度的分析中,认为国际制度的产生是因为国家在交

---

① [美]罗伯特·基欧汉:《霸权之后:世界政治经济中的合作与纷争》,苏长和等译,上海世纪出版集团 2012 年版,第 129—132 页。

往过程中交易成本过高而导致的,国际制度可以达到满足国家降低交易成本的需要,而且国际制度在国际政治市场失灵的情况下可以减少国家间合作的交易成本。由于国际体系不存在超国家权威的情形,这样国家之间交往的不确定性和信息的非对称性使得交易成本提高,譬如谈判过程中信息的可获得性、交易成本和监督成本的提高等影响了国家之间的合作,而制度能够提供较充分的信息和稳定的预期,减少非确定性和信息非对称的约束条件下相关国家采取机会主义行为的概率。其次是可以通过重复博弈来解决合作过程中的欺骗问题。[1] 基欧汉强调在国际社会中,如果一个国际体制下具有促进各国福利的功能,国家可以通过理性的比较选择合作。因为没有体制的世界经济可能充斥着更大的不确定和欺诈行为,建立新的体制可能成本过大等不利因素。虽然国家之间存在广泛的共同利益,但是共同利益的存在并不一定意味着合作自然会产生。

新自由制度主义的研究方法基本是与新现实主义的方法一致的,都有一个共同的理论假设,就是把国家当成统一的行为体,在对制度进行分析时,不考虑国家内部的情况。此外,两种理论坚持了现实主义的主要假定,强调的是固定不变的人性、不变的思维理性,所选取的历史资料也是历史时期的某个片段,如货币领域和能源领域,并且把这种经验绝对化,作为预测未来国际政治经济关系的准绳,认为国际体制在人们的这种工具理性的学习与选择下仍然会继续延续与发展下去。因此,它同霸权稳定理论一样,在方法论仍是一种经验实证主义的。但在历史观上它却有某种进化主义色彩。[2] 但这种进化主义依以理性人的假设为基础,认为理性的人通过利弊比较可以创造和维持一种促进合作的国际体制,只要这种体制可以促进各国的福利或安全,对所有人或国家都有利。其实,国际制度不仅是国家在权力基础上追求利益的工具,而且是国家在既定偏好的情形下为了降低交易费用,克服集体行动困难,实现帕累托改进来实现国际合作的制度性安排。

---

① ［美］罗伯特.基欧汉:《霸权之后:世界政治经济中的合作与纷争》,苏长和等译,上海世纪出版集团 2012 年版,第 175—192 页。

② 参见王正毅:《国际政治经济学:历史、理论与方法》,《欧洲》2002 年第 1 期;贾永轩:《国际关系新现实与国际政治经济学》,《国际关系学院学报》1994 年第 4 期;［英］熊·布思林:《国际关系学、区域研究与国际政治经济学》,《世界经济与政治》2003 年第 3 期。

三、功能主义理论与跨边界区域合作问题研究

国际区域经济合作是国际社会不同行为主体相互依存发展的重要表现形式,它反映的是民族国家在国际社会框架中的整合过程。尽管对于一体化的概念存在着众多的分歧和不同的解释,但各个地区性合作共同体的兴起已使人们认识到国际经济一体化是当代国际关系发展演变不可逆转的趋势。因此,对于区域一体化的研究已成为当代国际关系学尤其是国际政治经济学的一个新兴热门课题。由此出现了对一体化研究的众多理论,如早期的联邦仁义理论,后期的功能主义理论和新功能主义理论等等。由于功能主义与新功能主义无论是内涵上,还是在外延上都具有较高的相关性和联系性,因此,本部分内容会着重对功能主义和新功能主义理论展开综合分析。

功能主义理论是探讨国际区域一体化的成因和途径的理论,它试图通过对现代国家、政府和社会组织的职能任务的变化与联系的研究,来论证减少国际冲突增进国际合作,乃至实现国际区域一体化的必要性及其可能的途径。传统功能主义的主要代表戴维·米特兰尼提出功能主义方法,认为政治因素和技术因素可以明确区分开来,功能性领域的问题可以实现非政治化从而不触及政治主权问题。他认为任何政治性计划都会导致争论,而功能性机构安排则带来信任与耐心。政府体制的日益复杂化以及面临着更多的挑战,政府担负的技术性和非政治性的任务大为增加,在国际层次上的技术需求对各国产生了合作的必要,这也直接促使了处理这种问题的国际专业组织的出现和发展。[①] 当代大量的专门性和技术性的国际组织的兴起客观上反映了这种技术对国家间合作的推动以及一体化的发展。为了在国家之间各领域实行一种全面的合作,戴维·米特兰尼提出在某一技术领域合作的发展会导致其他技术领域的合作,某一部门的职能合作是其他部门职能合作的结果,而它又会引起别的部门产生一种实行职业合作的要求。按照功能主义的基本观念,地区一体化可能遵循以下演进逻辑:首先,两个或多个成员国通过消除贸易壁垒创立自由贸易区,对非成员国保持外部关税。第二,伴随自由贸易的内部增长和外部压力,共同一致的对外关税导致关税同盟建立。第三,内部贸易壁垒的消

---

① ［美］詹姆斯·多尔蒂、小罗伯特·普法尔茨格拉夫:《争论中的国际关系理论》,阎学通等译,世界知识出版社 2004 年版,第 460—466 页。

除扩展了市场,这会进一步要求减少或消除对资本、劳动力流动的障碍,从而创立一个共同市场。第四,随着国民的自由流动加强,对服务领域的政策协调要求日益增加。这又进一步要求创立一个经济和货币联盟。第五,随着成员国政府更紧密地合作,经济一体化的要求导致政治一体化,并最终形成政治联盟。

新功能主义与功能主义在理论上是一脉相承的。欧洲共同体的产生、发展往往成为新功能主义进行研究的个案对象。这一理论的主要代表为厄恩斯特·哈斯、利昂·林德伯格、约瑟夫·奈等。新功能主义理论几经修改,但其对区域制度演进的关注与外溢概念的核心内容仍然是考察区域一体化的重要视角。哈斯认为一体化是一种涉及讨价还价和相互妥协两个方面的发展和扩大过程,是政治过程的一种形式,一国是否加入一体化在于其对利弊权衡的结果。在这种设想的基础上,哈斯进一步提出"溢出"概念,认为某个部门一体化合作的积极经验将会导致更多部门的一体化合作,因而创造出一种积极的一体化循环。但是积极的一体化循环的溢出过程并非自动发生或是不可避免,它主要依赖于一体化过程中各国政府及其相关行为者的选择。① 哈斯认为一体化需要某些前提条件,包括公众态度由民族主义转向合作,精英人物出于实用主义而不是利他主义的原因促进一体化的欲望,以及向一个新的超国家机构授予实际权力。林德伯格在他的研究中也强调了"外溢"概念。他将"外溢"定义为在某种情形中,具有特定目标的特定行为造成了另一种情形。在该情形中,初始的目标只有通过采取进一步的行动才能得以实现,这又反过来形成更新的情形因此需要更多的行动。约瑟夫·奈对非西方一体化展开经验研究,认为各种问题之间的技术联系或对"外溢"的各种努力也可能产生消极的后果,同时应当重视外部因素在一体化形成与发展当中的作用。② 以上著名学者借鉴了早期功能主义理论的一些观念,认为渐进的经济决策要优于艰难的政治选择。从共同的发展经济福利的合作出发,会导致合作各方在越来越棘手的政策制定领域继续合作,最终将导致一个新的超国家权威的产生。新功能主义认为一体化的动因在于各种政治力量因追求各自利益施加压力产

---

　　①　[瑞士]布鲁诺·S.弗雷:《国际政治经济学》,吴元湛译,重庆出版社 1987 年版,第 204—220 页。

　　②　倪世雄等:《当代西方国际关系理论》,复旦大学出版社 2011 年版,第 403—406 页。

生的相互作用,功能性的合作是国内政治与国际政治互动过程的结果。总之,区域一体化这种制度性安排的新模式使各国政府得以突破民族国家的疆域和主权界限,对国际经济活动进行某种程度的调节,一方面在特定区域内适应市场机制对生产要素配置和国际分工的要求,另一方面为调节本国经济活动拓宽了政策空间。

综上所述,我们分别介绍了经济学与国际关系理论中与跨边界区域合作有关的几种主要理论。这些理论为我们分析跨边界区域合作提供了一些很好的研究视角,现有的对跨边界区域合作的分析与解释也都有一定的道理,但这些理论本身也存在一些不足。主要在于这些理论虽然可以在某些层面对区域合作具有一定的解释能力,但是都没有形成一个完整的理论分析框架。因此,从问题研究的视角出发,要想解决问题就不能孤立的依赖相关的经济学理论和国际关系理论,而要采取跨学科的综合性研究方法来对泛珠三角与东盟之间的区域经济合作进行系统分析。在构筑理论的时候,我们应该注意到,传统的国际关系理论一般是以民族国家为基本分析单位,而泛珠三角和东盟国家的区域经济合作就属于典型的国家行为体内部的经济区域和民族国家集团之间的跨国界的区域合作问题。因此,这就要求本课题的研究必须采取综合分析的研究方法和研究取向。对于东南亚国家的区域一体化来说,由于他们越来越将重点放在集体联合自主的区域政策上,区域一体化不再将国家经济作为唯一的合作内容,东盟国家倾向于采取共同的对外战略和政策来应对第三国或区域外集团,并希望协调立场与政策,争取在更广泛的包括贸易援助、安全等一系列领域内重新定义区域合作的内容。客观而言,东盟国家目前的政治经济一体化进程并不是由外溢造成的,而是迫于外部的结构性压力而采取的自觉应对措施。与发达国家的区域一体化进程相比较而言,东盟国家与泛珠三角地区的区域合作制度建设事实上在未来可能会涉及比较激烈的政治争议,即使区域经济方面的合作也可能被认为包含相当的风险,这主要是由以下几个方面原因造成的:第一,本国或者地区的发展目标和战略取向成为东盟和泛珠三角地区采取区域合作政策的主要动机,只有与本国或地区发展战略相符的区域制度安排才具有现实意义;第二,作为发展中国家,东盟内部将国家主权视为头等大事,维护政府权威的迫切需求有自然使区域合作的影响力降低,对于东盟国家来说,短期内超国家机构与决策方式难以成型,而对于泛珠三角区域和东盟之间的区域合作制度的构筑更是一个比较敏感的话题;第三,东南亚部分国家由于历史、安全与种族等原因与区域外部的美国、日本、印度等不同大国维持着某种特殊的关系,因此东盟和中国的合作可能只是策略性的而非战略性的,双方有需要彼此借重的需求和动力,因此,当内部约束条件和外部战略形势发生改变时,泛珠三角地区和东盟之间的区域合作只是其中的一个选项,而可能不是最优选项。在这样的前提下,东盟国家对所处区域内的中国和外部力量对比与权力格局的变化会相当敏感,因此在考察泛珠三角与东盟未来区域合作的可行性方面,成本收益的分配自然上升为双方继续开展合作问题的关键。从合作前后可能造成的力量对比或力量格局来看,西欧国家在区域合作下的机会成本比较确定,而东盟国家与泛珠乃至中国的合作情况则可能演化为当相对获益不利于本国时,区域合作可能会受到影响甚至停滞。因此,满足东盟国家的发展目标需要,又能确实对泛珠三角区域各个省区的经济发展具有相当程度的促进作用,既不会造成各自部分国家或地区在区域利益分配中的边缘化,又能提高整个区域的整体利益和实力的区域合作最容易得到成员国和地区的大力支持和热情拥护。东盟国家和泛珠三角地区在区域合作成本收益之间的关系上,至少将会面临次国家行为体、国家、乃至区域等不同层面因素的影响。因此,推进泛珠三角和东盟国家的跨边界区域合作比较现实可行的模式是采取机制型的协调模式,而不是构建超国家的权威主义治理模式。

第二章　泛珠三角与东盟跨边界
区域合作的背景研究

在中国—东盟自由贸易区的构筑进程中,广东积极倡导整合大珠三角,适时加强并率先落实粤港澳紧密经贸合作,进而积极筹划和构筑泛珠三角等诸多努力与尝试,可以认为,这是泛珠三角区域各省区在积极应对中国—东盟自由贸易区的建设进程中,不遗余力地开始从制度层面与经济协作层面推动落实自身的宏观筹划和多赢战略,当前泛珠三角的地区整合是所属地区参与中国—东盟自由贸易区建设能够获取综合收益最大化的帕累托改进。此外,我们注意到,泛珠三角整合是一个动态发展过程,其价值既包括经济地理概念的延伸,又蕴涵区域融合理念的认同。在中国—东盟自由贸易区架构中,泛珠三角处于其中心位置,地缘优势突出,在区位功能上形成直接与东盟国际开放市场连接的地缘经济板块。就当前国际经济集团化和东亚区域经济一体化的发展背景而言,泛珠三角地区的整合及其与东盟之间的区域经济合作,客观上是直接应对国内的区域竞争和中国—东盟自由贸易区建设进程的产物。可以预期,加强泛珠三角与东盟之间的区域经济合作已经是形势发展的必然需求,而且这个区域经济板块势必形成强大的区域竞合力量,对中国—东盟自由贸易区的建设将越来越显示出难以估量的关键性作用和价值。

第一节　泛珠三角区域合作研究

泛珠三角的概念是从珠三角、大珠三角而来,既反映区域整合的范围不断扩大,又体现区域合作的内容不断变化。从区域合作的范围看,泛珠三角区域合作是中国迄今为止最大规模的区域合作机制,9省区的国土面积占全国的

20%,常住人口占34.8%,经济总量占31.0%,再加上香港和澳门两个特区,泛珠三角区域在中国的地位显得十分重要和突出。因此,泛珠三角区域的合作必然涉及诸多需要深入研究的问题。

一、泛珠三角区域经济整合的缘起与性质界定

从区域合作的内容看,目前国内既有的区域合作模式,成熟的不多,长三角经济区的城市合作,因为同属沿海发达地区,经济发展水平相差不大,有"富人俱乐部"之嫌。而中西部的区域合作机制,如中南经济协作区、西南六省区市七方经济协调会等,成立时间虽然比较长,但取得的成效并不大。泛珠三角区域合作同时涵盖了东、中、西三大地带,特别是将中国最发达地区与最落后地区整合为一个经济区域,以区域协调发展来促进不发达地区的经济增长,这是一大新的突破。

(一)泛珠三角整合的成立缘起

新中国成立以来,我国区域经济发展经历了从均衡发展到不均衡发展,再到均衡协调发展的三个阶段。改革开放前30年,我国经济区域被划分为沿海和内地两大区划,优先考虑国防与国家安全,采用均衡发展战略进行大规模的内地建设和三线建设布局。20世纪80年代中期,"七五"计划将全国划分为东部、中部和西部三大经济带,三大经济地带根据梯度推移理论对生产力进行布局。1996年3月,八届人大四次会议提出在全国建立七个跨省区市的经济区域:长江三角洲及沿江地区、环渤海地区、东南沿海地区、西南和华南部分省区、东北地区、中部五省地区和西北地区,要求按照市场经济规律和经济内在联系以及地理自然特点,突破行政区域界线,在已有经济布局的基础上,按照增长极化与扩散理论,以中心城市和交通要道为依托来发展经济。[①] 当前,政府更是要求打破行政分割,重塑市场经济条件下新型区域经济关系。然而,学术界现有的研究成果认为,在一个区域经济体系中,发展的进程是趋向均衡还是极化取决于扩散效应占据优势还是回流效应占据优势。赫尔希曼对此抱持乐观看法,认为从长期来看是趋向均衡。缪尔达尔则持悲观看法,认为极化效应是主导发展趋向,尤其是那些穷国和落后地区更是如此。在市场经济体制

---

① 参见张可云:《区域经济政策》,商务印书馆2005年版,439—444页。

中,自由市场力量的作用使得经济向区域不均衡方向发展是一个内在的趋势。① 不仅如此,我国目前对经济区域的划分还比较粗略,经济区域概念有待明确,经济地带和行政区划界线不清,区域发展战略与政策有待完善,特别是依然囿于东、中、西的概念尚未突破。从实践上看,发达地区怎样带动欠发达地区发展,东、中、西部如何协调均衡发展,成为我国区域经济和谐发展的重大课题。

从国际政治经济学的视角考察,两种对立的社会组织形式——国家与市场交织在一起,贯穿着数百年来的历史,它们的相互作用日益增强,逐渐成为决定当今世界国际关系性质与动力的关键因素。社会组织以及人们思想的变迁,使得经济问题上升为国际关系中的制高点。国家命运以及人们的经济福利,已经同市场的功效息息相关。全球市场力量和国家干预主义,都变成比过去显得更加重要的国际经济关系的决定因素。在这种环境影响下,双边主义或单边主义基本替代了世界贸易组织的多边主义,地区主义肯定成为国际政治与经济关系更加突出的特征。② 由此,今后国际经济关系的发展趋势是由国家之间的较量转向区域经济集团之间的角逐,由国家之间的谈判协商逐步转变为区域经济组织之间的利益协调。在这一区域经济集团化背景下,国内统一大市场的形成又非竟日之功。若广东仍然孤军奋战,游离于次区域经济合作组织之外,则广东不仅在国内易于受到其他地区市场整合的夹击,而且还容易受到国外区域经济集团不同程度的排斥,导致广东在国内外贸易环境中腹背受敌,被动应战。所以,在东亚经济合作复杂化和国内区际竞争日益激烈的宏观形势下,广东省要取得更大的竞争优势,仅靠本身的实力是不够的,必需组织集团性的次区域经济合作组织,并以此为战略依托,争夺国际国内两个市场、两种资源。其实当前广东面临的发展困境和核心问题之一即是:国际贸易环境的相对恶化需要国内各地区经济实体的同舟共济,参与国际竞争首先需要国内贸易环境的改善和地区资源的有效配置整合。中国—东盟自由贸易区建设时间表对于广东是个重大历史机遇期,也是现实考验期。因此,广东的

---

① 陈秀山、张可云:《区域经济理论》,商务印书馆2003年版,第201、202页。

② [美]罗伯特·吉尔平:《国际关系政治经济学》,杨宇光译,上海人民出版社2011年版,第374、375页。

区域经济合作战略与对外经济战略需要进一步提升层次和高度。

2003 年 9 月,时任广东省委书记张德江同志在广东省地厅级领导干部学习"三个代表"重要思想研讨班开班典礼讲话上,明确提出"泛珠三角区域协作"的概念,并要求广东要积极推动与周边省区和珠江流域各省区的经济合作,构筑一个优势互补、资源共享、市场广阔、充满活力的区域经济体系。2003 年 11 月,广东为率先落实科学发展观,正式提出建设泛珠三角经济区战略构想。所谓泛珠三角经济区,包括珠江流域及周边的广东、广西、湖南、福建、江西、海南、四川、云南、贵州 9 个省、自治区,再加上香港和澳门两个特别行政区形成的经济区域,简称"9+2"。2004 年 2 月,广东省两会召开,在省长黄华华的"政府工作报告"中,"泛珠三角"区域经济合作明确列入新一年政府工作重点。这预示着"泛珠三角"经济区已经由政府经济发展战略构想向战略决策转变。"泛珠三角"区域经济合作一经提出,立即得到中央政府的充分肯定和支持,并且受到珠江流域、周边省份和港澳特区的积极响应。广西、福建、江西、湖南等省、自治区纷纷提出全面融入"珠三角"的发展新谋略。之后,以广东省政府牵头、各省配合的各种论坛、构想和项目协议不断展开,战略进程推进速度之快出乎人们的意料。

根据不完全统计结果,仅到 2006 年 7 月底,泛珠三角区域各部门和单位总计签署各类合作协议 65 个,其中官方协议 43 个,非官方协议 22 个。按行业性质,官方协议可分为 8 类:基础设施协议 2 个,产业发展协议 4 个,商贸与市场环境协议 18 个,社会事业协议 3 个,信息化建设协议 8 个,环境保护协议 1 个,法制建设协议 3 个,另有城市合作协议 4 个。非官方协议中有关经济发展协议 5 个,社会事业协议 17 个。[①] 这些协议的签署和落实,为泛珠三角区域合作奠定良好的基石,有利于充分发挥各方的比较优势,共同构筑公平开放的市场体系,提高区域整体的国际竞争力和影响力。例如 2004 年第一届泛珠三角区域合作与发展论坛和经贸合作洽谈会签约项目 847 个,总金额达到 2926 亿元。而 2011 年第七届泛珠三角区域合作与发展论坛暨经贸洽谈会期间签约项目累计 1544 项,签约总金额达 4512.83 亿元人民币。签约项目涉及

---

① 统计数据来自泛珠三角区域合作行政首长联席会议秘书处编:《泛珠三角区域合作与发展工作简报》,2006 年第 17 期。

制造业、基础建设、旅游开发、交通运输、物流仓储、电子信息、节能环保等领域。大会期间还签署了《社会信用体系共建协议》、《泛珠三角地区跨省流动人口社会抚养协作协议》、《第七届泛珠三角旅游深度合作协议》等一批合作协议。

（二）泛珠三角整合的性质界定

CEPA 实施和中国—东盟自由贸易区构筑以来，广东和华南、西南各省区是最直接的地区受益者。但是珠三角和粤港澳的紧密经贸合作范围有限，资源要素受制，偏重于以外向型和服务型经济形式为主，缺乏战略腹地，区域经济中农业和重工业的强劲支撑与实质支持也有明显的缺失和不足。改革开放以来，广东产品外向型程度高，国内市场开拓不够，更谈不上腹地的培育。广东率先提出建立泛珠三角经济合作圈，意图中含有培养广东经济持续发展的核心区和腹地的战略考虑。事实上，广东对周边省区的经济辐射能力又主要依赖于泛珠三角地区的核心区：即大珠三角的经济发展实力和辐射能力。

1.大珠三角地区经济实力

自 2003 年泛珠三角整合战略首倡以前，小珠江三角洲地区 2002 年的GDP 为 7378 亿元，财政收入为 599 亿，占广东省的比重分别为 69.6% 和65.8%（1980 年指标分别是 40.7% 和 59.9%）。2002 年香港特别行政区的国内生产总值为 12597.71 亿港元，澳门特别行政区的国内生产总值为 540.72亿澳元。因此，大珠江三角洲地区的国内生产总值大约在 23000 亿元人民币左右，约占当时中国国内生产总值的 25% 左右。这种较强的经济实力使这一地区具有向外投资的能力。2005 年，珠三角地区完成国内生产总值 18059.38亿元，占全省 GDP 总量的 78.6%。固定资产投资 5296.80 亿元，进出口贸易总额高达 4107.07 亿美元。

表 2-1　珠江三角洲地区经济总量状况（亿元）

年份 城市	1980 年	1990 年	1995 年	2002 年
广州	57.545	319.60	1243.07	3001.48
深圳	2.70	171.67	795.50	2256.82
东莞	7.04	64.62	205.63	672.89

年份 城市	1980 年	1990 年	1995 年	2002 年
惠州	6.6	45.55	211.79	511.66
珠海	2.61	41.43	185.06	406.27
中山	7.22	51.06	170.85	415.67
江门	18.73	100.55	379.39	660.82
佛山	16.77	136.73	545.89	1175.92
肇庆	14.03	79.29	338.09	531.51
合计	133.25	1010.54	4075.27	9632.42

注:资料来自《长江和珠江三角洲及港澳特别行政区统计年鉴2003年》。

从极化效应理论的角度来看,特大城市无疑起到很好的集聚吸纳作用与扩散效应。通过中国特大城市的经济实力比较,大珠三角地区三大城市也处于十分突出的位置。

表 2-2 2002 年北京、上海、广州、深圳、香港主要指标

	北京	上海	广州	深圳	香港
户籍人口(万人)	1136.3	1334.23	720.62	139.45	678.61
GDP(亿元)	3212.7	5408.76	3001.48	2256.82	12597.71
户籍人均 GDP(元)	28280	40646	46388	46030	185615

注:北京的数据来自于《北京统计年鉴2003年》,其他四个城市的统计数据来自《长江和珠江三角洲及港澳特别行政区统计年鉴2003年》。

2.大珠三角地区产业竞争力

根据国内的相关统计资料显示,2003 年 200 个城市综合竞争力排名中排在前 20 名的城市,珠江三角洲地区的城市有深圳、广州、佛山、东莞、中山、珠海。在中国九大都市区综合竞争力排名,大香港都市区排第二。产业关联竞争力排名广州为位列第一,珠海、中山、深圳都排在前十五名。目前,大珠三角已初步形成了从香港至广州各种产业集群。东莞、顺德、中山、南海四市,途经十几个城镇,均成为专业镇,不但专而且强。顺德市容桂镇,家电制造业早已名扬海内外,境内遍布着格兰仕、科龙、华宝等著名品牌;东莞市黄江镇,以工

业园为基地进行设园招商。其中最大的裕元工业园,占地 3300 亩,计划到 2003 年达到年产 1000 万台电脑成品的制造能力。中山市古镇镇,是以灯饰业为龙头迅速发展起来的工业城镇,镇中心的十里长街,数百家灯饰展厅首尾相连,每天十至数十个灯饰新款从这里走向全国,一个小镇竟有近千家灯饰制造厂及配套企业。中山市小榄镇,形成以五金制造为主导的产业群,五金制品及相关制造企业 2000 多家。目前,广东省的主要产业结构情况如表 2-3 所示。

表 2-3　广东省九大产业结构情况表

指标	2001 年销售收入（亿元）	2000 年比重	2001 年比重	占全国行业比重
规模以上工业	13461.64	100	100	14.62
三大新兴支柱产业	5755.04	41.1	42.75	18.78
电子信息	2836.4	18.93	21.07	32.9
电器机械	1660.87	12.18	12.34	20.62
石油化工	1257.77	9.99	9.34	9.01
三大传统支柱产业	2595.72	20.3	19.28	12.01
纺织服装	1135.24	9.22	8.43	13.29
食品饮料	870.38	6.52	6.47	9.91
建筑材料	590.1	4.58	4.38	13.78
三大潜力产业	920.64	6.5	6.84	10.24
造纸工业	390.37	2.93	2.9	15.98
医药工业	179.54	1.22	1.33	9.43
汽车工业	35073	2.37	2.61	7.55
九大产业合计	9271.4	67.94	68.87	15.14

备注:数据资料来自《广东年鉴 2002》。

其中,在珠江口东岸,从广州经东岸、深圳至香港,形成了一条明显的产业带。该产业带依托广州、东莞、深圳和香港四大都市区以及区内密集的专业镇和中心镇,并依托广深高速、莞深高速、广深铁路、107 国道、三大机场等交通设施,依托毗邻香港的有利条件,形成了以香港高层次服务业、广州综合辐射中心、深圳高新技术产业、东莞密集制造业为特色的产业带。珠江口西岸,以佛山市、江门市区一部分以及中山北部形成以专业镇为主导的新产业区或产业集群,尤以佛山南部和中山北部最为密集,北窖、伦教、大良、容桂、小榄、古镇、东风、南头、黄圃、东升、民众是最典型的专业镇密集区。大珠三角地区的港澳地区,特别是香港,其整体竞争实力在全球排名前列。港澳地区的服务产业和部分的传统制造业在全球经济体系中也具有相当的竞争实力。香港的国际金融中心、国际贸易中心、国际航运中心等优势,对泛珠三角区域的形成将起积极的作用。

CAFTA 建设给广东和周边省区的经济发展和产业升级提供了良好机遇与合作平台,作为改革开放的先行者,现实要求广东省必须在地区合作中主动出击,构建泛珠三角经济合作圈,为积极应对和把握 CAFTA 建设所提供的机遇解决战略支撑和可持续发展问题,尤其是解决和提升经济国际竞争力问题。考量国内的对外经济战略与次区域经济合作战略,改革开放 20 多年来依然存在诸多问题。其中既有政府引导不力的因素,又有市场自身发育不足的因素。如果再综合考量目前国内的区域经济合作的现状和形势,长三角区域整合的威力正在得到不断彰显。从相关的对外贸易、外资引进和 GDP 的增幅来看,大珠三角地区事实上已经面临相对滞止的危机。但是随着世界经济全球化进程的提速,东亚区域经济一体化进程的加快,尤其是 CAFTA 的构筑和建设,对于广东省和周边省区的经济发展不啻是极大的机遇和挑战。

面临发展新机遇,如何调整发展新思路,形成发展新突破,如何有效整合华南和西南地区的资源、劳动力、区位、人缘、产业等方面的综合优势,泛珠三角的提出和实施无疑是广东联合其他十省区的重大尝试与战略决策,也是当前国内区域经济合作的重要突破。其实,广东与周边省区在经济上互补性很强,周边各省区有丰富的自然资源和劳动力资源,而广东毗邻港澳,改革开放先行一步,有资金、技术、信息、人才、市场等方面的优势。随着区域合作在经济发展中的地位和作用日益突出,广东与泛珠三角的内陆八省区在交通、能源、旅游和劳务等方面的合作也越来越频繁。尽管如此,相对于长三角、京津唐对周边流域的影响,广东在周边省区的龙头地位还不太明显。为了实现自身的更快发展,"9+2"的每个成员,都在如何形成地区内统一市场、实现区域经济的紧密联系和合作上有着强烈诉求。在原有合作基础之上,泛珠三角成员应该进一步加强政府层面合作,消除制度障碍,促进生产要素的自由流动,为经济互动和融合创造更便利的条件,最终形成整个区位的竞争优势。

如果该地区战略能够上升为国家战略,无疑将会加速国内统一大市场的形成,地区贸易壁垒的消除,交易成本的降低,那么泛珠三角区域合作的实践必然将成为中国次区域经济合作的重要典范和借鉴。基于上述理由,厘清广东积极整合大珠三角,适时加强并率先落实粤港澳紧密经贸合作,进而积极筹划和构筑泛珠三角等诸多努力与尝试,可以认为,这是泛珠三角区域各省区在积极应对 CAFTA 的建设进程中,不遗余力地开始从制度层面与经济协作层面推动落实自身的宏观筹划和多赢战略,当前泛珠三角的地区整合是所属地区参与 CAFTA 建设能够获取综合收益最大化的帕累托改进。泛珠整合是一个动态发展过程,其价值既包括经济地理概念的延伸,又蕴涵区域融合理念的认同。在中国—东盟自由贸易区架构中,泛珠三角处于其中心位置,地缘优势突出,在区位功能上形成直接与东盟国际开放市场连接的地缘经济板块。就当前国际经济集团化和东亚区域经济一体化的发展背景而言,泛珠三角地区的整合客观上是直接应对国内的区域竞争和中国—东盟自由贸易区建设进程的产物。可以预期,这个新生地缘经济板块势必形成强大的区域竞合力量,对中国—东盟自由贸易区的建设将越益显示出难以估量的关键作用。

二、泛珠三角区域合作的制度安排与整合困境

关于"制度"的概念界定,学术界众说纷纭,比较有代表性的是青木昌彦的观点。"制度是关于博弈如何进行的共有信念的一个自我维系系统。制度的本质是对均衡博弈路径显著和固定特征的一种浓缩性表征,该表征被相关领域几乎所有参与人所感知,认为是与他们策略决策相关的。这样,制度就以一种自我实施的方式制约着参与人的策略互动,并反过来又被他们在连续变化的环境下的实际决策不断再生产出来。"①制度作为一种公共产品,在新制度经济学看来,制度安排是支配经济单位之间可能合作与竞争的方式的一种安排,制度安排至少要遵循经济效率原则和安全原则,它具有两个目标。一是提供一种结构使其成员的合作获得一些在结构外不可能获得的追加收入,二是提供一种能影响法律或产权变迁的机制,以改变个人或团体可以合法竞争

①　[日]青木昌彦:《比较制度分析》,周黎安译,上海远东出版社 2006 年版,第 28 页。

的方式。人们过去做出的选择决定了他们现在可能的选择,沿着既定的路径,经济和政治制度的变迁可能进入良性循环的轨道迅速优化,也可能顺着原来的错误路径往下滑,如果弄得不好,他们还会锁定在某种无效率的状态之下。既有方向的扭转,往往要借助于外部效应,因此必须引入外生变量或依赖政权的变化一种制度形成以后,会形成某种在现存体制中既得利益的压力集团。因此,路径依赖形成的深层次原因是利益因素,类似于物理学中的"惯性"。诺思关于路径依赖的途径有两条经典性论述:第一,一旦一种独特的发展轨迹建立以后,一系列的外在性、组织学习过程、主观模型都会加强这一轨迹。一种具有适应性的有效制度演进轨迹将允许组织在环境的不确定性下选择最大化的目标,允许组织进行各种试验和建立有效的反馈机制,去识别和消除相对无效的选择,并保护组织的产权,从而引致长期经济增长。第二,一旦在初始阶段带来报酬递增的制度,在市场不完全、组织无效的情况下,阻碍了生产活动的发展,并会产生一些与现有制度共存共荣的组织和利益集团,那么这些组织和利益集团就不会进一步进行投资,而只会加强现有制度,由此产生维持现有制度的政治组织,从而使这种无效的制度变迁的轨迹持续下去。[1]

（一）区域合作的制度安排

从区域经济合作发展的经验来看,要确保泛珠三角地区经济合作的顺利进展,除了要采取相应的政策措施外,更需要建立大量的制度安排来约束与引导区域经济合作的良性发展。理论上,区域合作协调机制的设计大致分为制度化的协调机制和非制度化的协调机制两种类型。其中非制度化的协调机制的主要特征在于:由领导人做出承诺,缺乏法律效力,采取集体磋商形式,具有松散的组织形式。而制度化协调机制的主要特征在于:缔结条约或协议,具有法律强制性,进行集体谈判,组成严密的组织。[2] 制度化的协调机制显然更有利于推进区域紧密型合作与发展。目前,泛珠三角区域的整合进程还只是处于起步阶段,因此,首先应注意以下协调机制作用的充分发挥。

1.政府适度干预的协调机制

在经济学领域,有关政府干预的思想存在理论上的争论。新古典学派以

---

① 卢现祥、朱巧玲:《新制度经济学》,北京大学出版社 2007 年版,第 90、91 页。

② 洪银兴等:《长江三角洲地区经济发展的模式和机制》,清华大学出版社 2003 年版,第49 页。

经济人假说、理性预期、市场连续出清为约束条件,强调市场机制的作用。认为政府对经济活动的干预可能会妨碍市场机制发挥作用,造成经济扭曲,从而导致社会福利损失。市场经济中政府的经济功能限度于制定和实施法律、维护社会秩序、界定与保护产权、监督契约的履行等。新凯恩斯主义以非市场出清、经济人理性、理性预期、工资和价格黏性为基本假设条件,认为政府干预应以公共福利最大化为原则,它应该在市场失灵和市场扭曲的领域发挥作用。其作用领域涵盖维护竞争限制垄断、直接经营经济事务提供公共产品、运用货币政策和财政政策调控有关宏观经济变量、界定和维护产权、促使经济的外部性内部化等。① 事实上,新凯恩斯主义的假设和思想更接近现实,区域经济学的政府干预思想即来自新凯恩斯主义。根据波特著名的菱形理论,“政府在经济发展中的合理作用体现在五个方面:建立一个稳定的、可预见的宏观与政治环境;改善一般投入物、基础设施与制度的可获得性、质量与效率;制订一般规则与奖励措施以引导促进生产力增长的竞争;促进企业集群的发展与调整;为促进经济结构调整而建立与实施一种积极的长期机制,调动中央政府、地方政府、企业、社会团体和公民的积极性。”②在区域经济发展过程中,地方政府干预区域经济主要是为了促进辖区内的经济发展,而中央政府则除了要促进区域经济发展外,主要着眼于处理和协调好区域经济关系。因此,任何区域经济关系的发展嬗变,首先是政府内部与相互之间的合作与协调。如果没有政府间的协调,区域经济的合作发展最终会导致无序发展和恶性竞争。所以,泛珠三角区域的建立和运作,要考虑建立政府间的协调机制。这种协调可以体现在中央政府的区域战略规划和区域经济政策的制定与实施方面,更体现在泛珠三角区域各地区中长期规划的协调、大型基础设施的协调、大型项目的协调、产业发展方面的协调、政府间产业政策和招商政策的协调、建立有序的产业转移协调机制等。泛珠三角地区的政府间协调机制的建立,比起国内其他地区的协调机制的建设来说,存在一定的难度,原因是本地区存在两种截然不同的社会制度和政府运作模式。因此,泛珠三角地区的政府间协调机制的模式势必要分三个层次。第一层次,泛珠三角地区的内地省区政府与港澳特别

---

①　陈秀山、张可云:《区域经济理论》,商务印书馆2003年版,第383、384页。

②　陈秀山、张可云:《区域经济理论》,商务印书馆2003年版,第387页。

行政区的协调。这一层次的协调机制,主要是研究各地区的市场经济体制的协调,目的是建立共同的政府引导企业的投资行为协调机制;第二层次,内地省区间的协调机制,主要是研究内地省区政府间共同提供公共产品的机制,目的是为企业投资建设提供一个良好的公共平台。第三层次,泛珠三角区域政府作为一种发展着的组织层次与中央政府之间上下关系的协调。现代社会已进入信息化时代,信息这种公共产品对经济发展起着十分重要的作用。一个区域经济要协调发展,政府和产业界需要有一个公共信息平台,这个平台主要为区域内各层次的决策者提供有价值的信息,提高决策水平,减少因决策造成的失误。

2.区域分工与合作的协调机制

区域分工与合作是区域间经济关系协调的必然要求,是经济利益增长要求在空间上的具体表现,是突破单个区域资源与生产率限制的重要途径。在融入经济全球化的背景下,国内特定区域发展水平的高低,在很大程度上取决于其在区域分工格局中所处的地位,与其分工合作水平存在高强度的正相关。① 改革开放前30年,由于我国在国内外环境的制约下,选择不顾资源约束而推行超越发展阶段优先发展重工业的战略,实际上是选择了以发展没有自生能力产业为目标的赶超战略。林毅夫等人的分析显示,在资本稀缺的农业经济中,一经选定重工业优先发展战略,就会必然形成相应的扭曲价格的宏观政策环境,以及以计划为基本手段的资源配置制度和没有自主权的微观经营机制。② 这种制度安排形式就必然会导致地方政府与企业作为中央政府管理的中介与附属物而存在,由于实行高度集权的计划经济体制,基本上按照资源互补或产品互补的原则来实行区域分工与合作,结果形成中西部以开发农业生物资源、矿产资源以及发展原材料工业为主,东部地区发展加工制造业的高度垂直型区域分工体系。在条块分割的情况下,形成单一纵向的区际产业联系。七大经济协作区之间重复引进和重复建设问题严重,区域产业结构超稳态化,区域之间出现自给自足的封闭型经济,实际上不存在按照商品经济运行规律而进行的区域经济合作。

---

① 陈秀山主编:《中国区域经济问题研究》,商务印书馆 2005 年版,第 349 页。
② 林毅夫等:《中国的奇迹:发展战略与经济改革》,格致出版社 2012 年版,第 54 页。

改革开放以来,中国通过微观激励机制的改进,借助增量改革进而松动资源配置制度,通过双轨制形式推动价格体系的改革,与此同时通过新增资源的配置实现结构调整的渐进过程。① 经济体制和运行机制的变革引发市场逐步成为调节资源配置的主要方式,财政、税收、投资、信贷、价格等一系列具体政策的改变承认了个人、企业与地方独立经济利益的客观存在,地区经济利益主体地位不断加强,区域利益格局随之发生显著变化。沿海发展战略、西部大开发战略、振兴东北老工业基地战略和中部崛起战略等有序实施,基于规模经济和比较优势的区域分工与产业布局分散化平行发展,外商直接投资的区域分布不均和产业偏好,拉大区域之间产业发展的差异性,推动了区域分工的发展进程。② 区域之间的交流合作发展变快,区域冲突开始日益严重,各种层次的区域经济合作组织也大量涌现,泛珠三角区域经济合作就是协调区域经济关系的一种崭新模式和重要尝试。根据产业分工与转移规律,基于泛珠三角区域内部经济发展存在较大落差的现实,将来大量的加工贸易型产业和劳动密集型产业会从大珠三角地区逐步转向泛珠三角地区。这种转移的模式仍然是上个世纪八十年代粤港澳产业转移的"前店后厂"模式的延伸。从生产要素方面分析,就是泛珠三角地区要素整合,港澳地区和广东资金、技术和泛珠三角其他省区的劳动力、土地等生产要素整合在一起,形成新的生产要素组合,达到共同降低成本,提升产业的竞争力的目的。在 CEPA 签订以后,粤港澳经济一体化的进程将大大加快,粤港澳联手形成的大珠三角地区作为泛珠三角区域的龙头地位将会更加凸显。

从理论上来说,产业政策协调的核心内容是针对资源配置方面出现的市场失灵或市场扭曲而采取的政策性干预。由于规模经济、公共产品、外部性等市场失效领域的存在,可以起到弥补市场失灵充当贯彻国家或地区经济发展战略的工具,促进产业结构合理化与高度化,实现产业资源的优化配置,增强产业的国际竞争力,缩短赶超时间。③ 目前,旅游业合作是泛珠三角区域最容易实现资源优化配置的产业,关键是政府部门要加强区域产业政策协调,互相开放市场,打破地方保护主义。就旅游资源而言,泛珠三角区域旅游资源丰

---

① 林毅夫等:《中国的奇迹:发展战略与经济改革》,格致出版社 2012 年版,第 273 页。
② 陈秀山主编:《中国区域经济问题研究》,商务印书馆 2005 年版,第 356—362 页。
③ 苏东水主编:《产业经济学》,高等教育出版社 2006 年版,第 330—335 页。

富,且各具特色,地理上又彼此相邻,大珠三角地区拥有开发区域旅游资源的资金、技术和与国际接轨的运作方式。各地应建立和健全旅游产业合作的协调机制,加快制定旅游业发展的整体规划,加大旅游市场拓展、项目开发和基础设施建设等方面的合作力度,共同构建区域性的旅游网络和旅游品牌。同时,联合对外推介和招商开发。

3.区域合作的功能性协调机制

区域经济合作的一个重要意图是实现区域市场一体化和区域金融一体化。早期市场化的重点是市场泛化,现代市场化的重点则是市场深化。[①] 这就要消除各种自我束缚和地方保护主义,建立区域统一的大市场,提高区内贸易比重。进而,建立泛珠三角区域能按国际惯例运行自如的贸易机制,最大限度地提高产业竞争力并占领世界市场。不与国际惯例相适应的种种做法,实质上是自我束缚自我封闭。从目前的发展状况分析,区域金融一体化的难度不小。表现在泛珠三角区域的内地省区与港澳地区存在三种货币,港澳地区的货币是自由兑换,而人民币还不能自由兑换。港澳地区的金融体系已融入了国际金融体系,泛珠三角国内省区金融体系还无法融入国际金融体系,还处于一种分割的金融市场状况。从金融深化和金融发展的角度考察,未来泛珠三角地区的金融一体化就是要建立能按国际惯例运行自如的金融市场体制,满足泛珠三角区域对资本的要求。

珠江三角洲是泛珠三角地区劳动力转移的主要场所,因此,泛珠三角地区的各省市要相应建立起组织协调机构,以加快劳动力市场制度的建设,特别是清除阻碍劳动力市场发育的各种制度性障碍,引导和规范人口流动与迁移,这不仅具有微观理性,而且更具有理性的宏观后果。维持城乡分割的户籍制度和二元劳动力市场,是经济转轨时期的一种治安保障,归根结底流动劳动力是净受损人。因此,以户籍制度改革为中心的城市劳动力市场发育成为改革的突破口。[②] 同时,泛珠三角地区还需要建立健全各种服务组织机构,提高劳动力流动的有序性和组织化程度。这种协调主要是通过调查掌握农村劳动力剩余情况、劳动力转移流向、流量以及劳动力输出、输入地的供求状况,做好劳动

---

① 洪银兴等:《长江三角洲地区经济发展的模式和机制》,清华大学出版社 2003 年版,第88 页。

② 蔡昉等:《劳动力流动的政治经济学》,上海人民出版社 2003 年版,第 252 页。

力转移的中长期规划,并根据劳动力供求信息,协调好地区间劳动力输出输入关系。同时大力发展劳动力中介服务组织和建立职业介绍机构,并赋予这些中介组织以就业培训的义务和权力,促使形成包括信息、咨询、职业介绍、就业培训在内的有机体系,提高泛珠三角地区劳动力素质。

科技创新是促进经济发展的重要内生变量,特别是对产业升级与产业发展更具直接意义。泛珠三角地区的科技创新实力并不强,如果泛珠三角地区实现科技创新体系一体化,则可以实现本区域科技创新能力倍增效应。2003年11月11日,中国泛珠三角区域创新合作第二次会议召开,来自9省(区)的科技厅厅长及香港和澳门主管科技的官员在广州达成初步协议,并建立泛珠三角区域科技联席会议制度,联合开展区域科技发展战略研究,制订涵盖整个区域的科技发展战略、中长期科技发展和创新体系的建设规划,这一政策措施有利于促进泛珠三角地区科技创新体系一体化的实现。

基础设施领域的合作与建设也是区域公共产品的重要提供者。目前泛珠三角地区的基础设施建设还没有实现一体化的发展趋势,各地区的规则缺少沟通。今后泛珠三角地区要建立能够满足的整体经济规模要求的基础设施体系,做到总体规划,合理布局、相互沟通衔接,建设统一的大市场经济。2003年11月29日,泛珠三角九省区与重庆市在会上签订了《泛珠三角经济圈九省区暨重庆市道路运输一体化合作与发展2003年议定书》,与会的10省(区、市)一致同意建立道路运输协调与合作会议制度。

除了注意上述协调机制作用的发挥外,区域经济合作还需要设定区域发展目标作为推进区域发展的动力机制,并通过单边行动和集体行动来落实议程。进而需要建立一套制度化的议事和决策机制,成立相应的功能性机构,建立合理的投资管理机制和区域共同发展基金制度,鼓励建立各类半官方和民间的跨地区合作组织,完善衡量地方经济发展和地方政府政绩的科学考核机制等。[①]当前,泛珠三角区域的经济合作基本具备了区域合作机制的所有要素,如合作宗旨、合作原则、合作领域,以及每年举行一次的内地省长、自治区主席和港澳行政首长联席会议制度、泛珠三角区域合作与发展论坛、泛珠三角经贸合作洽谈会、政府秘书长协调制度及日常工作机构和部门衔接落实制度

①   范恒山等:《中国区域协调发展研究》,商务印书馆2012年版,第215、216页。

等,形成了合作与发展框架协议、论坛和经贸洽谈会三大交流与合作平台。框架协议在总的区域合作框架内将区域内政府部门和民间的各种合作意向、协议包罗其中;合作与发展论坛除每年一次最高领导人的联席会议外,还有市长、社科机构、媒体等次一层的各种论坛汇集;而经贸合作洽谈会则主要是企业间的项目合作和商务交流,这三大平台的构建,使泛珠三角区域经济合作具有了比较完善的制度基础。

(二)区域合作的整合困境

从合作主体来分,区域经济合作模式包括政府主导型、市场主导型和政府市场共同主导型。一般情况下,政府在区域合作初期处于主导地位扮演主角。当前,处在启动阶段的泛珠三角地方政府的协调机制发挥了重大的作用,但从长远来看泛珠三角地区的发展必须走一条内生性的市场主导模式,而不能仅依赖政府干预和政府高层官员之间对话的推动。随着合作的深入,政府的影响力由强到弱,政府最终要让位于市场,只有这样区域经济合作才能实现长期绩效。如果区域合作在一段时期后依然不能实现市场主导模式,政府主导型的区域合作必然陷入既无效率又无效果的状态。不论采取哪种主导型区域合作模式,判断区域合作模式是否合适的标准只能是合作是否具有长期绩效。

1.政府协调困境

泛珠三角政府主导型的经济合作模式特点比较明显。首先,政府促成众多合作项目。政府引领企业参与省际间的经济合作,如广东省经贸委每年先后组织经贸考察团到周边省区洽谈合作项目,而四川、广西、云南、江西的政府部门也纷纷南下寻找商业合作伙伴。其次,政府签署各项区域经济合作协议。政府签署了如《泛珠三角区域合作框架协议》、《泛珠三角区域质量技术监督合作框架协议》等几十项合作协议。再次,基础设施和环境治理是区域合作的重点。从根本上说,泛珠三角区域经济合作是我国市场经济不完善的产物,从长远来看,政府主导只是暂时弥补市场经济模式的不足。政府主导型合作模式的优势在泛珠三角经济合作初期完全展现出来,充分体现了在合作初期政府主导型的经济合作的高效率。但问题是政府主导型的区域合作只是权宜之计,不是长远之策,否则区域经济合作就会陷入困境,西部大开发就是一个典型个案。在中西部地区市场化差距不能够缩小的情况下,西部地区政府不合作带来的自身收益可能大于经济合作。东部企业与西部政府往往不愿意接受市场主导型的区域经济合作,因为这样会失去租金收入和垄断利润,所以他们宁愿选择政府主导型经济合作模式。① 当不存在发育良好的市场机制的时候,如果政府出面解决市场机制缺失或不完善问题,用政府职能发挥出类似市场机制的作用,填补因为市场机制不存在或不完备而留下的制度空白,可能会加速经济发展。政府通过现代经济发展因素的引入,刺激并强迫旧的社会经济结构趋于接替,克服制度变迁中的搭便车问题。仅仅依靠诱发性过程所提供的新的制度安排将会少于最佳的制度供给,因此需要政府采取强制性的行动来完成制度变迁。② 所以,政府主导型的合作模式向市场主导型的区域经济合作模式过渡是必然趋势,泛珠三角区域合作已经明确了政府推动、市场运作的发展模式。但是,泛珠三角区域的地方政府和特区政府,再加上中央政府,合作与发展涉及两种制度和两级多个政府,政府行为的协调就显得十分重要。在当前的一国两制、中央政府和地方政府的事权划分和财税体制下,各级政府是代表地方利益的主体。因此,区域合作中的利益协调是政府行为协调的主要内容。从国内一些区域经济合作发展的实践看,由于行政体制分割,各自为政,行政性区际关系削弱甚至替代了市场性区际关系,因地方行政主体利益导向而难以做到资源的优化配置及经济融合。③ 政府行为的协调工作并不是十分有效的,区域经济一体化有可能导致分散化和碎片化。如当前各地政府在经济发展中都希望本地区利益最大化,在跨区域重大基础设施建设上,对己有利的就积极参与,不利的就消极对待甚至阻挠拖延。在招商引资、主导产业的选择上,地方政府之间也存在激烈的相互竞争,这些都需要中央政府和有关地方政府进行大量的协调工作。此外,区域经济发展离不开核心和龙头的作用,大珠三角无疑是泛珠三角区域经济发展的核心和龙头,但广东省政府领导表示在泛珠三角区域合作中广东不当头,因此,泛珠三角区域合作实际上缺乏核心,而一个缺乏领导核心的区域合作机制能否有效地发挥作用是值得怀疑的。

---

① 洪银兴等:《长江三角洲地区经济发展的模式和机制》,清华大学出版社 2003 年版,第92 页。

② 胡书东:《经济发展中的中央与地方关系:中国财政制度变迁研究》,上海人民出版社2006 年版,第 152 页。

③ 陈秀山主编:《中国区域经济问题研究》,商务印书馆 2005 年版,第 513 页。

2.市场一体化困境

影响区域经济合作建设进程,建立共同市场是泛珠三角区域经济合作的目标之一。共同市场的建立可以打通生产要素和生活要素流通的通道,拓宽市场容量,更好地整合区域内部资源。但泛珠三角区域内部市场化进程总体水平还有待提高,这使得区域合作难以突破政府主导型合作模式,合作不具有长期绩效。李晓西等人(2003年、2005年、2008年)对市场化指数进行了连续测度,得出中国2001年的市场化指数为69%。而根据樊纲等学者对中国市场化指数的测算研究,2001年中国总体市场化程度是69%,中国政府对市场化的判断是60%,也就是中等市场化程度国家,经济增长正由政府主导型向市场主导型格局增长。[①] 泛珠三角区域市场化进程非常不平衡,且发展缓慢。据中国国民经济研究所的研究结果显示,广东几乎是贵州市场化指数的2倍(8.41:4.62),广西市场化指数2000年比1999年不仅没有提高反而下降了。市场化程度不高造成区域资源配置效率低下,造成人流、物流、信息流流通过程中的人为障碍,导致区域经济整体素质的提高受到市场因素的制约。最新的研究成果显示虽然中国的市场化程度提高为76.4%,商品市场化的程度较高,但是生产要素市场发育相对滞后,市场经济的微观基础不完善,相关的障碍因素仍然未能消除,区域贸易壁垒和市场壁垒现象仍然比较严重。[②] 与长三角经济区不同,泛珠三角区域中的各个地区发展差距很大,经济发展水平、市场发育水平高低不一,既有经济高度市场化和国际化的港澳和珠三角地区,也有处于初期工业化、市场化和经济比较封闭的西南地区,统一市场的建设相当困难。一些地区商业惯例、法治精神的缺失,人治人为因素在经济生活中仍然占据重要地位,使得发达地区的经商、投资理念和方式往往在这些地区无法实行。一些欠发达地区的经济结构封闭,一旦对外开放,相当多的产业将受到冲击,因此政府的地方保护主义倾向严重。区域经济的一体化和统一市场需

① 引自樊纲等:《中国各地区市场化相对进程报告》,《经济研究》2003年第3期;最新市场化指数研究报告可参考樊纲等:《中国市场化指数:各地区市场化相对进程2011年报告》,经济科学出版社2011年版。

② 曾学文等:《中国市场化指数的测度与评价:1978—2008》,《中国延安干部学院学报》2010年第4期;王小鲁、樊纲:《中国地区差距的变动趋势和影响因素》,《经济研究》2004年第1期。

要有统一的区域战略与政策来协调,完全依靠市场力量促进区域经济发展比较困难,区域整合需要的时间和过程也会很长。

3.区域分工与合作困境

当前,泛珠三角地区产业合作的重点在第三产业,偏离工业化发展方向。产业合作的条件是不同经济区域之间存在相关产业和处在同一产业链中不同环节的产业存在互补性以及产业级差。泛珠三角区域产业同构现象比较突出,大都以劳动密集型产业为主,积极发展第三产业,高新技术产业发展缓慢,核心技术大部分被跨国公司控制。高新技术产业的合作不是泛珠三角内部产业合作的主要领域,而是外资企业在中国投资战略的重新布局。在泛珠三角内部,本着做大做强为目标的企业间战略联盟数量不多。① 没有产业合作的区域经济合作是松散的、暂时的区域合作,很难使区域经济合作富有成效。虽然区域内部的贸易往来发展加快,贸易成为区域合作中非常重要的一个部分,但是这种为贸易而进行区域合作的做法是舍本逐末。

在经济全球化与区域经济一体化的背景下,若游离于次区域经济合作组织之外,则泛珠三角区域所属省区不仅在国内易于受到其他地区市场整合的夹击,而且还容易受到国外区域经济集团不同程度的排斥,导致在国内外贸易环境中腹背受敌,被动应战。所以,区域经济合作为国内企业参与国际竞争提供组合这种联合舰队的可能性,为实现提升区域竞争力提供了可能。提升区域竞争力的目的就是适应引进来和走出去战略的需要,如果区域之间还是各自为政、相互排挤、内耗严重,就会在全球竞争中失去主动权和竞争力,最后丧失的是国家整体的竞争力,结果对哪个区域的发展都不利。但是,泛珠三角区域间联合缺少对区域经济资源的整合。政府、企业和行业协会是整合资源的重要力量,在对外开放的前提下,地方政府更愿意使本地区资源与跨国资本融合,这样更容易在短期出政绩,然而这样又会使得长期经济增长的内生性变弱;而企业发挥整合区域资源要求市场化条件比较高;行业协会自身力量又太弱,其本身的生存往往还要依赖政府,跨区域的行业协会力量可能更弱。因此,整合资源的三种主导力量都不能有效发挥作用。

---

① 王鹏:《技术引进、自主创新与出口商品结构——基于泛珠三角区域内九省区面板数据的实证研究》,《产经评论》2011 年第 4 期。

4.目标多元与治理机制困境

当前泛珠三角区域合作主体的目标实际上是多元化的,而目标多元化缘于各个省市都希望以资源为工具,以合作为途径,实现各自区域利润的最大化。例如香港希望继续充当内地商品走出去的窗口,泛珠三角合作扩大了"前店后厂"模式中的"后厂"的规模。澳门的目标是打造旅游品牌。江西要做珠三角的后花园,要加快工业化并借助泛珠三角走向世界。湖南要建立区域内统一市场,进行产业对接、走向世界。广东希望获得更大的市场空间,为其产业退出和产业转移服务。海南要建立泛珠三角和周边城市的花园,并想借区域合作之机实现工业化。贵州要在泛珠三角合作中起到通道作用,发展物流产业。云南和广西要借助泛珠三角合作契机,推广经济博览会和拓宽与东盟的经济合作。四川则想通过合作营造宽松的市场环境、获得更大的区域市场。① 目标的差异增加了区域经济合作的难度,统一的合作机制以及单一的合作模式在区域内都是难以形成的,可是为了实现区域经济合作的长期绩效,这又是必须要解决的问题。

区域合作具有路径依赖的特质,在区域合作经济合作中政府会不自觉过度参与。在引进外资上,我国政府一直包办外资项目的洽谈、引进和实施的整个过程,并且取得了很大的成效。由于地方政府具有参与国际经济合作的既定经验,因此在泛珠三角区域合作中政府容易形成思维惯性,从而过度参与区域经济的合作,弱化企业在区域经济合作中的主导性,进而使得市场主导型区域合作模式更难形成。从国际上区域经济合作的成功经验来看,合作的法治基础和投入机制的建立是必不可少的。英、美、日等国在对一些问题区域发展的干预中,除政策、规划外,法治建设先行,立法机关制定相应的法律法规,将区域发展纳入规范化和法治化的轨道。如英国对老工业区的开发、美国对西部的开发以及日本对北海道的开发等,都是在法治的框架下实施的。同时,区域合作需要有投入机制的保障,资金是区域协调发展重要的手段。如在欧盟的发展中,结构基金发挥了重要作用,它主要解决欧盟内部经济发展不平衡的问题。从泛珠三角区域合作来看,类似的治理机制并不存在。因此,法治基础和投入机制的建立也是泛珠三角面临的重要问题和挑战。

---

① 冯邦彦等:《泛珠三角合作:现实与理论的冲突及解决途径》,《南方经济》2005年第2期。

三、泛珠三角区域合作的发展进路与治理路径

通过对我国区域经济合作实践的回顾和总结,我们发现,机制要比机构更重要。长江三角洲为加强彼此联合,就曾经成立了"上海经济区规划办公室",结果并不理想。除了当时长三角的市场环境发育不够外,还因为这个机构缺少协调所需要的资源与权威。如果现在建立泛珠三角跨省协调机构,也会面临同样的问题。① 因此,我们更需要的是制度上的创新与改革,关键是加速区域经济从行政区经济向都市圈经济的转变,在机制上走向联合和互动,推动泛珠三角地区在各经济领域的合作,同时建立并完善公平竞争的市场环境,切实减少地方政府对经济活动的不必要的干预。在现有行政区划、金融组织体系不变的情况下,可以注重采取以下层面的政策与战略。

1.政府的角色定位

明确政府在泛珠三角经济联动中的地位,发挥政府作为政策的制定者、调控者、利益协调者和公共产品供给者的作用。从本质上说,推动区域合作的主导力量是市场,主体是企业。政府应该是一个服务员和调控者,在区域合作的导向上、秩序上做出引导,但微观的实质性的工作应该是由企业来完成的。② 联系到泛珠三角区域合作,政府的职能和作用应该体现在如下方面:一是塑造区域内公平竞争的环境,以价格和政策资源为中心,为区域内分工新格局的形成提供前提条件,否则只会影响区域内优势分化的进行,进而导致内部摩擦及冲突的加剧;二是为区域内各主体制定和利用自身比较优势提供准确的充分信息,从而增强资源的整合效应。逐渐扭转产业同构的格局,在市场选择中发挥"9+2"的互补优势,提升整体区域的经济竞争力;三是在公共产品的协同提供上,政府要有所作为。在个人、社会企业征信制度的建立、制度与政策、信息、基础设施等一体化方面确实发挥出阶段性的主导作用;四是在结构调整时应注意整体性、市场协调性,着眼于构筑区域总体优势;五是根据科学发展观,因地制宜、扬长避短,强调决策的科学性和协调性。要着眼于增强后劲,注重国际性和整体资源配置的最优性。通过政府在以上几个方面的努力,争取以较短时间在泛珠三角区域的资源配置和资源共享方面实现质的突破,形成以

---

① 广西社科联课题组:《主体功能区规划框架下深化泛珠三角区域合作研究》,《改革与战略》2012 年第 1 期。

② 张亚明:《"泛珠三角"经济差异与政府关系的策略选择》,《生态经济》2011 年第 7 期。

利益为纽带的共同繁荣格局。

2.金融资源的优化配置

加强区域融资机制对资源空间配置的影响,使金融行为成为支配区域内分工格局的主导力量。要在短期内发挥香港、广州、深圳等城市的带动能力,重塑整体的区位和资源优势,最直接的途径是加强对该地区的金融深化和金融创新,以金融一体化推动区域经济一体化的进程。① 以市场化价格环境中金融资产的自由流动带动其他要素流动,使资源要素流向各地的优势产业,从而以金融深化来实现区域内部经济总量增长和经济结构的优化,这不仅是现实格局下解决泛珠三角区域产业重构的现实选择,而且还能逐渐改变泛珠三角地区内资受"冷落"的状态,使其得到充分动员和利用,尽快解决民营企业的融资问题。同时还能避免区域内部各级政府之间拼政策、拼价格,而有可能引发愈演愈烈的招商引资大战。建立"9+2"区域的金融一体化,核心有以下几点:一是用规范的市场游戏规则营造良性金融合作氛围,泛珠三角区域的成员要充分认识到金融资源的共享是泛珠三角金融合作与互动的重要推动力。区域内的金融合作将在新的高度促进资金、人才、信息的自由流动,进而更大地促进整个区域的快速发展。因此,要拆除人为设置的阻碍资金流动的藩篱,建立区域内统一的资本市场、货币市场、外汇市场、保险市场、期货市场等金融平台,使资金在区域内可以畅通无阻的流动。二是要健全和完善金融立法与自律机制,严格按国际金融游戏规则办事,形成比较浓郁的规则意识和法治氛围,通过建立市场规则和公平竞争的机制来激活区域间的金融联动,尽快与国际惯例接轨,从法律和法规上营造对内对外双重开放的氛围和规范的环境,以此来保障各种金融要素的充分流动。三是建立"9+2"统一的金融利益协调机制。② 在区域内建立金融机构统一的业绩考核标准、统一的信贷投放标准系统、统一的金融产品研发中心、统一的供各金融机构查询和决策分析用的集成化泛珠三角金融数据共享系统、统一的金融风险预警和金融风险防范系统,使泛珠三角区域的金融联合迅速走向行动。

---

① 观点参考自邓杨丰:《探析"泛珠三角"区域经济金融合作机制》,《投资研究》2007年第9期;左连村:《发展泛珠三角经济区的思考》,《广东社会科学》2004年第4期。

② 王晓颖:《"泛珠三角"区域金融合作问题与对策研究》,《北方经济》2011年第9期;徐现祥等:《市场一体化与区域协调发展》,《经济研究》2005年第12期。

3.区域合作制度创新

借助区域制度创新推进泛珠三角区域合作与互动。当前,泛珠三角区域的合作还处于起步阶段,地方政府都有进一步提升区域合作发展水平、加快区域经济发展的强烈愿望,这实际上是推进建立泛珠三角区域合作制度的有利时机,也是协调区域内利益矛盾甚至利益冲突的最佳时机。但从务实的角度来看,泛珠三角区域合作还缺乏解决问题的协调机制和制度框架。而且,目前在泛珠三角人事、工商、商检、旅游包括金融领域的市场机制已经比较成熟的情况下,容易形成一些有效的合作制度。在此基础上,随着时机的成熟,逐步建立泛珠三角洲区域合作体系。为了使泛珠三角经济可持续发展,当前区域合作制度的构建应注意:一是以各参与方整体利益的平衡为前提。区域合作制度的互利表现为各参与方整体利益的平衡。二是区域合作制度必须是互利的、自愿的、平等的,且这种互惠互利应让参与者能够切实体会到,这是合作能否取得实际效果的基础。三是合作协议可以具有某种灵活性。对于经济发展水平不平衡的地区,在保持区域经济政策方向基本一致的基础上,根据参与者经济发展水平的不同,可以允许一些政策以不同的速度实施,使合作协议具有一定的灵活性,这样能使发展不平衡的区域更容易达成合作协议。①

此外,由于众多的合作项目是相对分散的,如果用行政手段进行跨地区的协调,操作难度较大,而且政策协调和信息传递的成本也较大,管理效率较低。而区域规则具有全局性特点,可以从比较高的层次上对具体的经济活动进行合理协调。可以通过法规(协议或条约)的形式制定泛珠三角各经济主体共同遵守的规则,利用法治手段主导经济合作、互动活动的协调发展。目前,对泛珠三角来说,重要的是建立一套符合市场经济的区域合作规则,以及确定泛珠三角共同市场的竞争规则。通过这两个规则可以起到以下作用:一是可以降低各地方政府行政力量对市场的垄断,矫正竞争秩序,防止在一体化市场内部出现有损于经济一体化的行为和壁垒。二是建立和健全统一的竞争规则,为推进泛珠三角经济一体化提供重要基础,促成一套共同遵守的游戏规则,构建泛珠三角区域内资源和信息得以优化配置的交流平台。

---

① 刘婷婷:《"泛珠三角"区域经济协调发展机制的构建——以欧盟区域协调为启示》,《特区经济》2011 年第 9 期;梁桂全等:《差异、互补、共赢:泛珠三角区域合作的基础与趋势》,《广东社会科学》2005 年第 1 期。

改革开放以来,中国通过微观激励机制的改进,借助增量改革进而松动资源配置制度,通过双轨制形式推动价格体系的改革,与此同时通过新增资源的配置实现结构调整的渐进过程。地区经济利益主体地位不断加强,区域利益格局随之发生显著变化。沿海发展战略、西部大开发战略、振兴东北老工业基地战略和中部崛起战略等有序实施,基于规模经济和比较优势的区域分工与产业布局分散化平行发展,外商直接投资的区域分布不均和产业偏好,拉大区域之间产业发展的差异性,区域之间的交流合作发展变快,区域冲突开始日益严重,各种层次的区域经济合作组织也大量涌现,泛珠三角区域经济合作就是协调区域经济关系的一种崭新模式和重要尝试。

但是在经济全球化与区域经济一体化的背景下,若游离于次区域经济合作组织之外,则泛珠三角区域所属省区不仅在国内易于受到其他地区市场整合的夹击,而且还容易受到国外区域经济集团不同程度的排斥,导致在国内外贸易环境中腹背受敌,被动应战。所以,区域经济合作为国内企业参与国际竞争提供组合这种联合舰队的可能性,为实现提升区域竞争力提供了可能。提升区域竞争力的目的就是适应引进来和走出去战略的需要,如果区域之间还是各自为政、相互排挤、内耗严重,就会在全球竞争中失去主动权和竞争力,最后丧失的是国家整体的竞争力,结果对哪个区域的发展都不利。但是,泛珠三角区域间联合缺少对区域经济资源的整合。这就首先要明确政府在泛珠三角经济整合中的地位,发挥政府作为政策的制定者、调控者、利益协调者和公共产品供给者的作用。概括起来,政府的职能和作用应该体现在如下方面:一是塑造区域内公平竞争的环境,以价格和政策资源为中心,为区域内分工新格局的形成提供前提条件。二是为区域内各主体制定和利用自身比较优势提供准确的充分信息,从而增强资源的整合效应。三是在公共产品的协同提供上,政府要有所作为。四是在结构调整时应注意整体性、市场协调性,着眼于构筑区域总体优势;五是根据科学发展观,要着眼于增强后劲,注重国际性和整体资源配置的最优性。通过政府在以上几个方面的努力,争取以较短时间在泛珠三角区域的资源配置和资源共享方面实现质的突破,形成以利益为纽带的共同繁荣格局。当前,处在启动阶段的泛珠三角地方政府的协调机制发挥了重大的作用,但从长远来看,泛珠三角地区的发展必须走一条内生性的市场主导模式,而不能仅依赖政府干预和政府高层官员之间对话的推动。随着合作的深入,政府的影响力由强到弱,政府最终要让位于市场,只有这样区域经济合作才能实现长期绩效。

第二节　中国—东盟区域经济合作研究

中国—东盟自由贸易区的建设,为我国与东南亚国家的区域经贸合作提供了制度框架和机制保障,从而有利于巩固和加强中国与东盟之间的区域经济合作关系,提高中国的开放程度和国际经济地位,通过合作,防范和化解金融风险,增强我国在本地区的经济竞争能力。东盟国家鉴于东亚地区地缘环境和国际关系的复杂化形势,积极利用大国平衡战略,在与中国达成建立自由贸易区的框架协议之后,又与日本和韩国达成相似的协议,同时与美国修订和建立新的合作条约,南亚大国印度也在通过相关措施接近东南亚国家,努力向亚太地区拓展势力影响范围。亚太地区各大国在东南亚地区的经济、政治与安全战略的博弈对中国—东盟区域经济合作的发展,乃至对于中国与东盟经济与战略关系的进展都将产生显著的影响。

一、中国—东盟自由贸易区的构筑动因与发展现状

20世纪90年代以来,中国和东盟国家在政治、经济、安全方面的合作与对话不断发展,逐渐形成了发展区域合作的坚实基础。在此背景下,建立中国—东盟自由贸易区的构想日益浮出水面。2002年11月双方签署《中国—东盟全面经济合作框架协议》,该协议的签署宣布了中国与东盟的经济合作进入新的历史阶段。概而言之,双边自由贸易区的构建和发展主要导因于以下一些主客观因素的影响与考量。

(一)构筑动因

东盟是东南亚国家联盟的总称,成立于1967年8月,创始国是印度尼西亚、马来西亚、菲律宾、新加坡和泰国。1984年文莱独立后加入该组织。此后,越南、老挝、柬埔寨和缅甸亦先后加入。现在东盟有10个成员国,国土总面积约448万平方公里,人口约5亿。[①] 从战略地位看,东盟国家所在的东南

---

① 中国现代国际关系研究所:《亚太战略场》,时事出版社2002年版,第115页。

亚地区位于南亚与东亚的汇融地带,大陆边缘自然延伸入海,形成扼控太平洋
与印度洋的地缘战略通道。中南半岛西部、以那加山脉、阿拉干山脉与恒河流
域隔离;北部是掸邦高原和中国云贵高原相隔。这一地区位于两大洋和两大
洲的"十字路口"上,系世界海空运输的枢纽地区,战略位置十分重要。东盟
国家的社会、政治、经济、文化缺乏一个基本统一的大陆空间。①　其中一些国
家是由众多岛屿组成的,这一方面扩大了它的地缘影响,另一方面松散的政治
地理结构又为强势的海权国家力量长驱直入提供了条件,容易导致东南亚地
区受到外界多种力量的影响、渗透甚至控制。

1.承接全球化与区域化

20世纪90年代以来世界经济全球化和区域经济一体化加速发展,自由
贸易区的出现正是这一趋势的产物。在当今世界贸易自由化的发展过程中,
以关贸总协定和后续的世界贸易组织为代表的多边主义贸易体系固然发挥了
很大的作用,但是地区主义的贸易体系也是不可忽视的力量。在经济全球化
初期,强调国家和民族主权的本土化无疑会和全球化之间产生激烈冲突,因此
区域经济一体化无疑是上乘全球化,下启本土化的必然选择。这种双边和多
边的贸易体制对于地区和紧邻国家来说,有利于发挥经贸合作的地缘优势,同
时有利于共同抵御和防范地区性经济和金融危机。长期以来,中国在本地区
一直没有自己的自由贸易区,游离于区域经济一体化之外。建立中国—东盟
自由贸易区,对中国顺应世界经济全球化和区域经济一体化潮流,是一项水到
渠成的重要抉择。②

2.开放中国的战略选择

当今世界无论哪个国家的经济若想持续增长,就必须实行开放经济,而贸
易和投资自由化是开放经济的基本条件。随着中国加入世界贸易组织,中国
的对外开放将向更深层次和更宽领域拓展,这无疑将为世界各国特别是亚洲
国家提供更多的合作机会和广阔的合作空间。中国为了更好地走向世界,必
须避免过多依赖美、日市场,发展外贸多元化,加强对广袤的周边国家市场的
开拓。开拓东盟市场就是中国与其组建自由贸易区的主因之一。双边的关税

---

①　王秀红:《东盟的地理位置、环境及地理力量构成》,《东南亚纵横》2003年第1期。

②　李光辉主编:《中国自由贸易区战略》,中国商务出版社2011年版,第36、37页。

水平在2003年之前一直保持在15%左右。建立自由贸易区,可以打破关税壁垒必将迅速扩大双方的贸易规模,中国与东盟国家间的相互投资和贸易额将得到很大提高。[①] 其次,随着中国西部大开发战略的全面实施,该自由贸易区建设的启动,将直接促进面向东南亚开放的云南、广西等西部前沿省份的经济发展。国内西部大开发战略与国际大开放战略的结合是推动新世纪中国对外开放向纵深发展的重大战略步骤。

3.现实主义的搭便车效应

外部的压力与挑战,是推动东盟与中国加强合作并建立自由贸易区的重要干预变量。1997年爆发的亚洲经济危机使得东盟国家对金融危机的危害及自身经济的脆弱性有切肤之痛,急需通过地区经济整合来抵御外来风险。自2000年以来,发达国家不同程度地实施了鼓励出口限制进口的政策,全球性的区域贸易保护主义抬头,给向以出口主导型为经济增长模式的东盟国家以重创。随着日本经济的衰退和中国经济的崛起,以日本为首的东亚地区的"雁行模式"显然已经过时,东亚经济显现东北亚和东南亚二元分工体系的雏形。[②] 严峻的现实使东盟国家认识到,不能单一依赖西方发达国家的市场,中国能够在世界经济普遍不景气的情况下保持7%以上的增长率,是一个既现实又潜力巨大的新兴市场,是地区经济发展的重要动力。

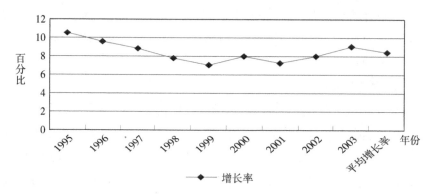

图2-1 1995—2003年中国 GDP 年增长率

① 陈诗阳:《中国—东盟自由贸易区:理论、现状和政策建议》,《亚太经济》2003年第3期。

② 魏民:《中国—东盟自由贸易区的构想和前景》,《国际问题研究》2002年第4期。

发展与中国的经贸关系,是东盟走出目前困境,实现经济复苏和持续增长的重要途径。面对严重的经济困难和脆弱的国际经济环境,东盟各国对区域经济合作的态度变得积极主动,期望能搭乘中国经济发展的快车,通过地区力量的整合来增强抵御风险的能力。

4.地区合作模式的困境与创新

1989 年亚太经济合作组织(APEC)的建立是对亚太地区秩序调整的重要尝试,但是美国试图以经济自由主义的形式来实现霸权主义体系的扩张,以强化经济合作来弥补冷战时期在亚太地区单一军事介入政策的不足。[1] 从新制度经济学的角度分析,APEC 模式问题完全是一个制度安排问题,涉及其制度安排是否处于均衡状态和组织演变过程中若存在多个均衡点情况下是否处于最优均衡的问题。由于非机制化原则,成员之间的利益交换缺乏制度保证,存在自主自愿与效率得失、监督成本和进一步制度化障碍、开放的地区主义的发展瓶颈、渐进主义灵活机制的短边规则与制度刚性等较为突出的现实问题。不仅如此,作为一个松散的区域经济合作组织,APEC 作为区域合作论坛组织缺乏区域经济集团的主要特征和效率,难以有效地促进成员的多边合作集体行动和多边协调,难以满足地区对贸易与投资以及经济技术合作重新安排的需求。更难以构筑东亚经济的紧密联合体。[2] 1997 年"10+3"机制的确立是对 APEC 体制的重要突破,同时也是东盟应对东亚金融危机,共同处理地区事务,增强地区安全与稳定的实际行动。但是"10+3"机制仅仅停留在磋商的层面,而未对地区秩序新的安排采取任何实际行动。"10+3"机制作为东亚国家间联系的纽带,只是为东亚合作的重新安排提供了可能条件,具体的合作内容与形式并没有摆脱 APEC 机制存在的缺陷与困境。在此背景下,中国—东盟自由贸易区的合作机制尊重各国国情多样性和经济发展不平衡的现实,遵循互利互惠、循序渐进、注重实效的原则,坚持以东盟各国原有合作为基础,充分照顾中小国家的利益,从而使之在区域合作机制中独树一帜。

(二)发展现状

中国与东南亚国家的交往源远流长。但是在新中国成立后很长一段时

---

① 张学军:《双边自由贸易区的多边联合》,《东南亚纵横》2003 年第 7 期。
② 盛斌、殷晓红:《APEC 发展的政治经济分析》,南开大学出版社 2005 年版,第 32、49 页。

期,由于冷战的原因,同时也由于中国外交政策的失误,中国与东盟一直处于敌对状态。直到 1991 年,中国才逐渐与所有东盟国家建交或恢复了外交关系。1996 年,中国开始成为东盟全面对话伙伴国。1997 年,时任国家主席江泽民同志与东盟领导人共同确立了建立面向 21 世纪的睦邻互信伙伴关系。这种政治关系的良好势头又为双方发展更深层次的经济合作提供了必要条件。

1.双边谈判与协议框架

中国—东盟自由贸易区在建立初期,主要经历了以下三个重要阶段:第一阶段,2000 年 11 月在新加坡召开的第 4 次中国—东盟领导人会议上,我国总理提议双方加强贸易、投资联系,建立自由贸易关系,得到多数东南亚国家的积极响应。之后双方成立专家组开始可行性研究,研究结果表明中国和东盟建成自由贸易区后会带来双赢局面。第二阶段,2001 年 11 月在文莱召开的第 5 次中国—东盟领导人会议上,中国与东盟达成重大共识:用 10 年的时间共建自由贸易区。第三阶段,2002 年 11 月在柬埔寨首都金边召开的第 6 次中国—东盟领导人会议上,11 个国家领导人签署了《中国与东盟全面经济合作框架协议》,双方决定在 2010 年建成中国—东盟自由贸易区。双方签署的《中国与东盟全面经济合作框架协定》(以下简称《框架协议》),其中规定了自由贸易区的目标、范围、措施、起止时间,先期实现自由贸易的"早期收获"方案,经济技术安排,给予越南、老挝、柬埔寨三个非世界贸易组织成员以多边最惠国待遇的承诺以及在货物、服务和投资等领域的未来谈判安排等内容,总体确定了中国—东盟自由贸易区的基本框架。该协议的总体设计基本上遵循了东盟自由贸易区"先协议,后谈判"的原则,同时在具体内容上又包含众多新内容。协议将服务贸易纳入自贸区建设是一个具有预见性的决定。投资合作被列入自贸区建设反映了双方对投资问题的重视;协议规定将所有纳入减税的产品分为三类:早期收获产品、一般产品和敏感产品,实行与东盟自由贸易区共同有效普惠关税相似的渐进式降税模式。[①] 中国先后同东盟七个成员国谈定了早期收获产品的清单,其中文莱、缅甸、印尼、新加坡、泰国没有例外产品,柬埔寨和越南已经确定了例外清单,中国与老挝、马来西亚以及菲律宾

---

① 蒋满元主编:《中国—东盟自由贸易区概论》,中南大学出版社 2011 年版,第 62、63 页。

之间的谈判也早已顺利结束。

2.区域经济合作进展

2003 年是中国—东盟自由贸易区计划的启动年,双方贸易往来发展迅猛,历史性地突破了 700 亿美元,达 782 亿美元,较上年增长了 42.8%,在我国对外贸易总额中所占比重提升至 9.2%,东盟已连续 10 年为我国第五大贸易伙伴。2004 年,中国政府与东盟双方贸易额超过 1000 亿美元的预定目标。而到 2011 年底,中国与东盟之间的进出口贸易总额已经高达 3629 亿美元,其中出口额 1701 亿美元,进口额高达 1928 亿美元,已经超过中日之间的进出口贸易总额,东盟跃居成为中国的第三大贸易伙伴。①

表 2-4　中国与东盟进出口额的变化(单位:亿美元)

年份	进出口总额	出口额	进口额
1996	211	103	108
1997	251	127	124
1998	236	110	126
1999	272	123	149
2000	395	173	222
2001	416	184	232
2002	547	235	312
2003	782	309	473
2004	1059	429	630
2005	1304	554	750
2006	1608	713	895
2007	2026	942	1084
2008	2311	1141	1170
2009	2130	1063	1067
2010	2928	1382	1546
2011	3629	1701	1928

资料来源:根据国家统计局历年全国年度统计公报相关数据整理。

---

① 根据中华人民共和国国家统计局 2011 年全国年度统计公报的相关数据整理而得。网页链接地址:http://www.stats.gov.cn/tjgb/ndtjgb/qgndtjgb/t20120222_402786440.htm。

　　此外,《中国与东盟全面经济合作框架协定》确定了五个优先合作部门,分别是农业、信息与通讯技术、人力资源开发、投资促进及湄公河流域开发。对于投资问题,协议规定的合作方式是:通过谈判促进投资体制的自由化;加强投资及投资便利化合作,增加投资法规和条例的透明度;对外资提供保护。① 从总体上看,《框架协议》展示了中国与东盟在 21 世纪全面合作的前景,它所确定的双方合作领域、目标及落实措施,就是要把中国和东盟建设成全方位的区域经济合作伙伴。2004 年底,《货物贸易协议》和《争端解决机制协议》签署,标志自贸区建设进入实质性执行阶段。2005 年 7 月,《货物贸易协议》降税计划开始实施,7000 种产品降低关税。2007 年 1 月,中国与东盟双方签署《服务贸易协议》。2009 年 8 月,《中国—东盟自由贸易区投资协议》签署,标志双边自由贸易区的主要谈判结束。2010 年 1 月 1 日,中国—东盟自由贸易区宣布正式建立。

　　①优先领域。《框架协议》确定了五个领域为优先合作领域,分别是:农业、信息与通讯技术、人力资源开发、投资和湄公河盆地的开发。

　　第一,农业。中国和东盟互为重要的农业贸易伙伴,自"中国—东盟自由贸易区"概念出台以来,农业领域始终被摆在双方开展合作的首要位置。继我国在加入世界贸易组织前与东南亚国家签署多个"农业合作协定"之后,中国与东盟 10 国在柬埔寨金边签署《中国与东盟全面经济合作框架协议》的同时,签署了《农业合作谅解备忘录》。《农业合作谅解备忘录》作为中国—东盟自由贸易区启动的第一步,双方从 2004 年开始逐步废除 600 项产品的关税,并在 2006 年完成第一批废除关税计划。在自由贸易区的计划下,中国与东盟双方共有 6000 项产品的关税有待废除,第一批相当于总数 1/10 的产品以农产品为主。

　　第二,信息及通讯技术。中国一直积极支持并参加"电子东盟"建设,表示要以自己在人才与硬件方面的条件参与"电子东盟"的建设,加大对东盟人员的信息技术培训力度,并参加东盟国家信息基础设施建设。《框架协议》将信息及通讯技术合作列入优先合作的领域,加快了中国和东盟的合作步伐。2003 年 10 月,中国与东盟签署了关于信息通信技术合作的谅解备忘。备忘

---

　　①　蒋满元主编:《中国—东盟自由贸易区概论》,中南大学出版社 2011 年版,第 65、68 页。

录涵盖人力资源发展、技术开发、信息通信技术应用的开发、电子东盟项目的实施、有关信息通信技术的信息交流、兼容性以及每年一度的中国—东盟信息通信技术研讨会等方面。

第三,人力资源开发。中国与东盟一向重视双方人力资源开发方面的合作,1997 年成立了中国—东盟联合合作委员会,并建立了中国—东盟合作基金,着力推动双方在人力资源开发、人员和文化交流等方面的合作。2000 年中方向中国—东盟合作基金增资 500 万美元,举办了通信技术与管理、人员交流、地震学、社会保障、农药管理、商务信息网、农业技术、湄公河船长和安全管理、交通管理技术、艾滋病实验室、媒体等研讨会和培训班,取得了良好的效果。推动人力资源开发和人员的交流合作,是增进中国和东盟各国相互了解的有效途径,也为双方在各个领域的合作奠定了重要的基础。

第四,投资。中国—东盟自由贸易区在投资领域的促进、便利和保护措施都在向法制化轨道推进,中国和东盟都致力于加强投资领域的合作,创造透明、自由和竞争的投资机制,提供投资保护,便利和促进中国—东盟自由贸易区的投资。目前,所有成员已经达成共识,各方之间的经贸合作除包括五个优先领域外,还将扩展到银行、金融、旅游、工业合作、交通、电信、知识产权、中小企业、环境、生物技术、渔业、林业及林业产品、矿业、能源以及次区域开发等广泛的领域。中国和东盟可以在中国—东盟自由贸易区框架下在各个产业开展投资合作。

第五,湄公河盆地开发。中国是湄公河盆地开发合作的积极参与者和推动者,并把湄公河次区域合作的目标定位为:把湄公河次区域构筑成我国连接东南亚、南亚的国际大通道;把湄公河次区域构筑成中国—东盟自由贸易区的先行示范区。湄公河流域开发合作是中国与东盟各国开展经济合作的重要组成部分,也是中国建立中国—东盟自由贸易区的重要项目。中方承诺支持重点加强湄公河地区交通、通信、能源等基础设施建设和人力资源开发,积极推动双方在中国—东盟自由贸易区框架下加强湄公河盆地开发合作。①

优先合作领域的确立使中国—东盟自由贸易区的合作范围远远超出了传

---

① 刘稚等:《参与中国—东盟自由贸易区建设与云南发展》,中国书籍出版社 2004 年版,第 80—84 页。

统意义上以减税为主的自由贸易区建设,充分反映了双方对经济合作的高度重视和对建立自由贸易区的开放与诚恳的态度。说明中国和东盟双方将以建设自由贸易区为契机,开始推动全面的合作。

②经济合作项目。在《框架协议》的"早期收获"计划中,还提出了要求加快实施的经济合作项目。它们是:第一,分别按照东盟湄公河盆地发展合作框架和大湄公河次区域计划,加快新加坡—昆明铁路与曼谷—昆明高速公路项目的实施;第二,实施在柬埔寨举行的第一届大湄公河次区域国家首脑会议所制定的该区域中长期全面发展规划;第三,通过未来设定的特定程序与机制,指定东盟成员国与中国的联络点,作为推动与促进各缔约方之间贸易与投资发展的中心;第四,在具有共同利益的领域,如农产品和电子电机设备,寻求建立相互认证安排的可能性,并在共同商定的时间框架内完成;第五,在各缔约方的标准与一致化管理机构之间建立合作,以在其他领域推动贸易便利化及合作;第六,实施各缔约方于 2002 年 11 月就农业合作达成的谅解备忘录;第七,在各缔约方彼此间就信息和通信技术产业合作达成谅解备忘录;第八,利用东盟与中国合作基金,通过制定具体项目,进一步增强在人力资源开发领域的合作;第九,确立具体的技术项目,帮助东盟新成员国增强区域一体化的能力并为非 WTO 成员的东盟成员国加入 WTO 提供便利;第十,建立海关合作机制,推动贸易便利化及其他领域的合作;第十一,建立各缔约方相关的知识产权保护部门之间的合作机制。

在东盟自由贸易区所采取的贸易和投资便利化措施的基础上,中国与东盟在简化海关程序、推行电子通关、统一标准、检验检疫、统一规则、商业惯例和竞争政策等方面可加强协调与合作。在便利化和标准化方面,东盟成员国间签署了"相互认证架构协议"、"运输便捷化协议"等,中国和东盟可以在此基础上开展合作。中国—东盟自由贸易区贸易便利化协议内容包括:快速通关、统一产品测试和认证标准、协调竞争政策、统一电子商务标准、达成相互承认协议、提供签证便利等。鉴于电子商务的发展前景广阔,中国应积极参与电子东盟计划,并以此为基础共同制定统一的电子商务标准,调整和制定必要的法律条款和产业编码等措施,为自由贸易区电子商务的发展创造必要条件。由于建立自由贸易区将逐步减少关税和非关税壁垒,在短期内对各国的中小企业会造成很大程度的冲击,因此,提高中小企业竞争力,以适应建立自由贸易区的需要,也是摆在中国和东盟各国面前的重要课题。由于东盟国家经济发展水平和工业化程度差距悬殊,双方还将实施能源建设计划和技术援助,特别是针对东盟新成员国,以调整其经济结构,扩大它们与中国的贸易和投资。

2009年8月签署的《中国—东盟自由贸易区投资协议》致力于在中国—东盟自由贸易区框架下建立一个自由、便利、透明的投资体制,提高投资相关法律法规的透明度,并为双方的投资者提供充分的法律保护,从而进一步促进双方投资便利化和逐步自由化。明确规定促进东盟与中国之间投资流动,建立自由、便利、透明和竞争的投资体制。在推进中国—东盟自由贸易区的进程中,逐步实现东盟与中国的投资体制自由化;为缔约方的投资者在另一缔约方境内投资创造有利条件;促进缔约方和在其境内投资的投资者之间的互利合作;鼓励和促进缔约方之间的投资流动和缔约方之间投资相关事务的合作;提高投资规则的透明度以促进缔约方之间投资流动;以及为中国和东盟之间的投资提供保护。双方相互给予投资者国民待遇、最惠国待遇和投资公平公正待遇,为双方创造更为有利的投资条件和良好的投资环境。为各类投资创造必要环境;简化投资适用和批准的手续;促进包括投资规则、法规、政策和程序的投资信息的发布;并在各个东道方建立一站式投资中心,为商界提供包括便利营业执照和许可发放的支持与咨询服务,等等。这对于营造更加稳定、开放的投资环境,减少相互投资中的不合理限制和管制,并为双方企业创造更多的投资和贸易机会,实现互利共赢。同时也将为中国与东盟各国的相互投资提供制度性保障,有利于深化和加强双方的投资合作,实现优势互补,增强竞争力,进而推动双方相关产业的发展。

二、中国—东盟区域经济合作绩效与外溢效应分析

区域自由贸易安排的多样性使我们可能对区域主义作出广泛的归纳,并提出高屋建瓴的理论解释。总体来说,经济学家一直对区域性安排对成员国和非成员国的福利产生什么后果感兴趣,政治学家则更加关注解释经济和政治一体化的方法。① 限于研究主旨,这里主要侧重于从经济学的角度对地区

---

① ［美］罗伯特·吉尔平:《全球政治经济学:解读国际经济秩序》,杨宇光译,上海人民出版社2006年版,第379页。

自由贸易效应加以实证分析。任何一个自由贸易协定的实施,都将通过双方消除贸易壁垒,提供物流、资金方面的便利,降低交易成本,加快资金、技术、货币、服务活动、扩大贸易量、提高经济效率,促进区域经济的增长。中国—东盟自由贸易区的建设,为我国与东南亚国家的经贸合作提供了制度框架和机制保障,从而有利于巩固和加强中国与东盟之间的经济合作关系,提高中国的开放程度和国际经济地位,通过合作,防范和化解金融风险,增强我国在本地区的经济竞争能力。

东盟国家鉴于东亚地区地缘环境和国际关系的复杂化形势,积极利用大国平衡战略,在与中国达成建立自由贸易区的框架协议之后,又与日本和韩国达成相似的协议,同时与美国修订和建立新的合作条约,南亚大国印度也在通过相关措施接近东南亚国家,努力向亚太地区拓展势力影响范围。亚太地区各大国在东南亚地区的经济、政治与安全战略的博弈对中国—东盟自由贸易区的发展,乃至对于中国与东盟双边关系的进展都将产生显著的影响。因此,如何从地缘政治经济的角度来审视伴随中国—东盟自由贸易区带来的外溢效应,并因应形势的变化营建良好的地缘环境,这对推动区域经济合作无疑具有重要价值。

(一)经济绩效分析

根据中国—东盟经济合作专家组的研究,自由贸易区的建立,将使东盟对中国的出口增加130亿美元,增幅为48%。中国对东盟的出口增加106亿美元,增幅为55%。到2010年,中国—东盟自由贸易区内贸易总额将从目前的1.3万亿美元大幅度提高,接近欧盟和北美自由贸易区的水平。各成员的区内贸易比重将从目前的20%左右提高到30%以上,对区外贸易也将有显著增长。① 客观来看,自由贸易区的贸易效应来源于贸易壁垒的取消,在成立中国—东盟自由贸易区之前,除了新加坡,印尼、泰国、马来西亚、菲律宾都有较高的关税壁垒,中国在从东盟国家进口一些产品上设置的关税非关税壁垒也比较高,比如对泰国的大米、对印尼和马来西亚的棕榈油的高进口关税及配额。中国和东盟在合作框架下的关税减让参照了东盟自贸区原有的协定《共同有效优惠关税协定》(CEPT)来实施,下表2-5反映成立自由贸易区后东盟

---

① 数据来自东盟秘书处利用全球贸易分析模型(GTAP)计算的结果。资料来源:http://www.aseansec.org。

国家的平均关税都有大幅度下降。"10+1"协议明确了货物贸易自由化的时间表和取消所有贸易关税和非关税壁垒的目标,以 CEPT 为基础采取封闭式的区域性优惠关税措施,将产品分为早期收获产品、敏感产品和正常产品,实行逐年降税模式。

表 2-5　东盟各国 CEPT 平均税率削减情况　　　　　　　　单位:%

年份 国家	1996	1997	1998	1999	2000	2001	2002	2003
文莱	2.46	2.29	1.91	1.74	1.39	1.39	1.39	1.39
印尼	11.63	10.6	18.84	7.91	5.81	5.70	5.00	4.25
马来西亚	5.93	5.14	4.42	3.67	2.90	2.83	2.83	2.83
菲律宾	9.17	8.33	7.16	6.53	5.42	4.90	4.89	3.73
新加坡	0.00	0.00	0.00	0.00	0.00	0.00	0.00	0.00
泰国	14.10	12.69	10.15	9.28	7.00	6.99	5.76	4.63
东盟	7.76	7.00	5.79	5.19	3.97	3.88	3.47	2.95

数据来源:东盟秘书处网站 http://www.aseansec.org。

中国与东盟的主要成员国新加坡、泰国、印尼、马来西亚、菲律宾在双边贸易商品结构中具有一定的相似性,体现出了水平型分工的特征。这种水平型的分工与贸易格局,更加有利于获得贸易创造效果。另外,中国与东盟国家还有很大的互补性。新加坡在一些技术密集型产品上有比较优势,包括化工、机械和交通设备、通讯、办公设备、计算机、科学仪器等,因此与中国在货物贸易上有很强的互补性。马来西亚在电子、电器产品方面,泰国在大米、糖、热带水果等农产品方面,菲律宾在水果、蔬菜、办公用品方面,印尼在能源出口方面具有比较优势。对于以能源为支柱产业的文莱来说,主要优势在于能源出口,而中国是石油净进口国家,双方可以扩大这一领域的合作。由于存在特惠贸易安排,越南、老挝、缅甸和柬埔寨等新东盟国家也将享受在能源、木材加工、农产品和水产养殖等资源性产品上的优势。[①] 而中国在电子及机械产品,服装

① 马莉:《中国—东盟自由贸易区的贸易效应》,《经济导刊》2011 年第 3 期;张彬:《中国—东盟自由贸易区贸易结构效应的实证分析——基于 1995～2008 年 HS92 商品分类面板数据》,《世界经济研究》2011 年第 1 期。

及纺织品上占有一定的优势。随着贸易壁垒的减少和撤除,这种优势互补会带来更多贸易机会。总之,CAFTA 的贸易效应主要有:

第一,中国—东盟自由贸易区贸易效应最直接地来源于成员国间关税和非关税壁垒的降低,甚至完全撤除,这虽然有助于各国扩大市场容量以及经济的交往和相互促进,但同时也存在贸易转移效应;第二,贸易关系互补性能促进基于生产要素自由流动基础上的资源优化配置,在优势互补的产品上产生贸易效应,形成提高区域经济利益的巨大动力,成员国在形成规模经济的基础上促进了产业内贸易的发展;第三,中国和东盟国家贸易的竞争性并不一定是不利于 CAFTA 的发展,相反进一步给成员国带来贸易创造效应,带动了区内贸易的增长;第四,通过对成员国生产价格与世界价格的比较以及区内外市场的贸易结构的分析,说明我国与东盟国贸易创造的空间很大,同时对第三方市场的贸易额会有所下降,但贸易转移并不居于主导地位。在中国与东盟的贸易自由化进程中,合作机制和市场规则的健全是关键。

中国—东盟自由贸易区的建立使双方获得投资增长效益。自由贸易区建立后,将采取优惠的投资政策,实现投资自由化,促进成员国间相互投资的增长。同时,自由贸易区的建立还可以避免成员国之间的无序竞争,创造更优越的投资环境吸引区外投资。目前中国已在东盟各国的能源、矿产、农业、家用电器、食品加工等行业有了一定的投资。随着中国的发展和加入世贸组织,中国的企业越来越多地走出国门去寻求发展。由于地理和人文因素,东盟各国是它们的首选地之一。据商务部统计,到 2003 年 6 月底,我国企业在东盟 10 国的投资项目达 822 个,中方投资 8.74 亿美元,占同期我国对外投资总额的 8.77%。其中对泰国和印度尼西亚的投资规模较大,占对东盟投资的 29.1% 和 18.73%。东盟也是中国重要的外资来源地之一。据中国商务部统计,2003 年底东盟国家来华投资项目达到 22075 项,协议投资金额 645.9 亿美元,占中国合同吸引外资总额的 6.85%;实际投入 323.7 亿美元,占中国实际利用外资总额的 6.46%。而截止到 2011 年 10 月,东盟国家来华直接投资累计高达 673 亿美元,中国企业对东盟的投资也呈现快速增长态势,累计已达 135 亿美元。[①] 与

_____

① 根据中华人民共和国商务部《2010 年度中国对外直接投资统计公报》的数据整理而得,网页链接地址:http://www.mofcom.gov.cn/aarticle/gzyb/bolian/201203/20120308022093.html。

东盟的经贸关系对中国经济发展具有重要的促进作用,随着中国—东盟自由贸易区和中国企业走出去进程的推进,东盟对华投资将会进一步增长。

一国的 GDP 增长主要是由投资、消费和出口拉动的。面对世界经济特别是美国经济的衰退,中国和东盟都在寻求非美国地区的投资和贸易,建立中国—东盟自由贸易区,增加本区域内的投资和贸易无疑是最好的选择。中国—东盟经济合作专家组的研究分析表明,中国—东盟自由贸易区的建立,将使东盟 GDP 增加 0.9%,总量增长 54 亿美元;中国 GDP 增加 0.3%,总量增长 22 亿美元。① 为促使自由贸易区如期建立,中方承诺要与东盟共同努力,早日进行自由贸易区的谈判;适时向东盟的老挝、缅甸、柬埔寨 3 个不发达成员国提供特殊优惠关税待遇;帮助东盟进行信息基础设施建设,加大对东盟人员的信息技术培训;加强双方在医疗卫生、地区安全方面的合作;出资援助兴建公路、铁路。这一系列措施实施后,必然会进一步推动区内外贸易与投资的活跃,促进区域范围内人员、资金、物资的自由流动,促使东盟各国与中国互利的关系更加密切,有效拉动各国经济增长。随着世界经济的发展,国家与国家之间的经济联系日益密切,贸易、投资自由化的呼声越来越高。一些地域接近、经济发展水平相似或具有互补性的国家之间结成区域经济一体化组织,通过取消贸易壁垒,使生产要素配置、社会分工更加合理,实现优势互补、产业互补,可以全面提高区域内经济运行效率和促进区域内国家的投资、消费和社会福利的增长。

中国—东盟自由贸易区的建立,将使双方开展更深层次的区域贸易合作,拉动成员国国内投资增长、消费增长、社会福利增长。能够有效避免区内各国及企业间为争夺投资而进行的无序竞争,市场范围的扩大及市场协调机制的建立将使区内投资环境更为优越,有助于双方在削减关税和非关税壁垒、促进投资自由化和促进经济合作等各个方面进行谈判。投资壁垒的逐步消除,将使各国按照比较优势进行投资和生产,使区域内资源获得最有效的配置,还能吸引区域外的投资,拉动成员国国内投资的增长。关税和非关税壁垒的逐步消除,将促进区域内成员国之间商品和服务的自由流动,降低交易成本,促进

---

① 蒋满元主编:《中国—东盟自由贸易区概论》,中南大学出版社 2011 年版,第 117、118 页。

成员国的消费增长和社会福利的增长。①

　　服务贸易是中国—东盟自由贸易区的重要内容,当前中国与东盟的服务贸易主要就体现在旅游业上。2002 年 1 月 23—25 日,第一次 10+3 旅游部长会议在印尼日惹召开,标志着 10+3 框架下的旅游合作正式启动。中国已经与泰国、新加坡、菲律宾、越南、缅甸等东盟国家分别签署了政府旅游合作协定或旅游合作谅解备忘录,进一步促进双方旅游业的发展。东盟国家已经成为中国公民海外旅游的首选目的地,2002 年到东盟国家旅游的中国公民超过150 万人,2003 年达到 191 万人,2009 年增长为 450 万人。② 2010 年,中国—东盟自由贸易区宣布建成后,为中国与东盟在旅游业上的合作开辟了更为广阔的发展空间。

　　建立中国—东盟自由贸易区,除了减少关税和非关税壁垒,实行有利于自由贸易的优惠政策,制定促进自由贸易的法律、法规,中国和东盟还在交通、信息、能源等方面进行合作,通过逐步改善各国的基础设施等硬件环境来促进区域内自由贸易的发展。基础设施的落后,会从能源、交通、通讯、城市建设等各个方面直接影响着国民经济的发展,影响着外来投资和对外贸易,从而也从根本上制约着自由贸易区建设的进程。因此,中国—东盟建立自由贸易区的过程中,中国不仅向东盟成员国开放自己的市场,还通过中国的企业在东盟各国的投资以及政府为这些国家基础设施项目提供资金来帮助这些国家加强基础设施建设。东盟内部经济发展水平较高的国家,为了更好地推动自由贸易区的建设,也在为几个东盟新成员国提供技术与基础设施援助,帮助这几个国家改善基础设施。建立中国—东盟自由贸易区促进了中国和东盟的基础设施建设,基础设施的完善又反过来促进了中国—东盟自由贸易区更好地发展。

　　(二)外溢效应分析

　　"外溢效应"是国际关系理论中有关一体化研究的重要概念。在新功能主义学派看来,"最初在一个领域进行一体化决策外溢到新的功能领域中,一体化涉及的人越来越多,官僚机构之间的接触和磋商也越来越多,以便解决那

① 资料来自 http://www.aseansec.org,由专家根据相应静态经济模型模拟而得的结果,实际动态结果已高于该理论测算值。

② 相关数据来自中国—东盟博览会秘书处,相关链接参见:http://www.gx.xinhuanet.com/newscenter/2010-08/05/content_20533559.htm。

些由一体化初期达成的妥协而带来的新问题。一体化必然向外延伸,从一个部门外溢到另一个部门。研究同时发现,微观区域经济组织不大可能发展成为能够严重侵蚀或取代现代民族国家的新单位。微观区域经济组织和宏观区域政治组织促进了世界和平岛的发展。这些组织引发的争端给世界和平到来的损失要小于因它们化解冲突而给世界带来的好处。"①中国和东盟达成区域性自由贸易安排,这是中国与东盟关系史上的一个重要里程碑。目前中国—东盟自由贸易区的推进正在为双方经济、政治、安全等领域关系的全面发展奠定坚实的基础,同时对东亚的经济合作进程以至亚太国际关系的变迁,正在产生重大而深远的影响。

1.机制缺失与战略收益

中国与东盟的区域经济整合一方面可以抗拒外来竞争,抵制西方发达国家的贸易保护主义,抵御其他区域一体化组织发展带来的经济贸易集团化对中国出口市场的冲击;另一方面,在东亚地区可以构建新的有利于我国的国际分工,形成并加强中国与东亚地区的互动增长关系,进一步促进中国经济的开放和发展。但是和当今世界其他区域的经济一体化进程相比较而言,亚太以及东亚地区的一体化呈现出一种十分错综复杂的格局。从整个亚太地区来看,由于 APEC 覆盖面很宽,其成员经济利益要求具有多样性,必然导致其合作机制的松散性和推进步伐的缓慢性。② "10+3"机制的建立,虽然为东亚地区经贸合作开辟了新的道路,但目前条件下还不可能形成一体化组织。

此外,东盟积极运用均势战略,又与日本和韩国达成相似的自由贸易协议,同时与美国修订和建立新的合作条约,从某些方面配合美日两国制约中国崛起的意图。尤需关注的是,日本积极采取"南联新加坡、北结韩国"的区域合作战略来防止自身在地区合作中被边缘化。③ 日本先与新加坡签署了双边自由贸易协定,以新加坡为桥梁进一步建立日本—东盟自由贸易区,从而拉拢东盟国家以求抗衡中国。在东北亚,积极倡议日韩自由贸易区,试图以

---

① ［美］詹姆斯·多尔蒂等:《争论中的国际理论》,阎学通等译,世界知识出版社 2004 年版,第 553、557 页。

② 杨国昌、刘长庚:《东盟合作与 APEC 进程》,《世界经济》2002 年第 7 期。

③ 刘昌黎:《日本 FTA/EPA 的新进展、问题及其对策》,《日本学刊》2009 年第 4 期;刘昌黎:《日本与东盟经济关系的新发展新课题》,《贵州财经学院学报》2009 年第 5 期。

韩国为跳板建立东北亚经济圈。进而谋求在日本的主导下,南北开弓,全面合拢,实现东亚地区经济的一体化。上述这种圈中有圈、圈圈相扣或重叠的东亚区域经济合作格局,由于各国参与和建立某种合作机制都有自身的动机,因此在构建中国—东盟自由贸易区的过程中,必然会遇到各种复杂的关系和困难。如果问题处理不好,可能会导致东亚区域经济合作的分裂,增加日韩两国对中国的猜疑和担心,不利于东亚的一体化进程。而问题处理得好,可能起到三个方面的正效应:一是中国和东盟先行在一个大的范围内建成自由贸易区,把其他国家吸引进来。二是激励其他国家采取更积极的步骤加快与东盟建立自由贸易区;三是推动整个东亚地区自由贸易区建设的步伐,从而促使东亚领导人及早对建立东亚自由贸易区的设想做出决定,提出落实规划并开始实施进程。①

　　2.利益博弈与合作成本

　　从积极应对当前区域经济集团化的挑战和东亚地区合作的现实出发,中国需要谋求构筑以自身为核心的区域经济一体化战略。对中国而言,两岸四地的磨合成本很低,这是构筑"大中华经济圈"的良好基础。2003年6月29日《内地与香港关于建立更紧密经贸关系的安排》(简称 CEPA)的签署完成,2003年10月17日《内地与澳门关于建立更紧密经贸关系的安排》协议签署也顺利完成。2008年7月30日,《〈内地与澳门关于建立更紧密经贸关系的安排〉补充协议五》再次顺利签署,《<内地与香港关于建立更紧密经贸关系的安排>补充协议七》于2010年5月27日在香港也再次成功签署,这一系列紧密经贸关系安排协议的签署被学术界解读为启动大中华经济圈的起点。虽然祖国大陆与台湾的紧密经贸安排因台湾当局的政治纷争问题一度受到阻挠,然而2010年6月29日两岸两会领导人顺利签署《海峡两岸两岸经济合作框架协议(ECFA)》,这标志着海峡两岸经贸合作交流的历史性转折,建立有利于两岸经济共同繁荣与发展的合作机制已成共识,两岸四地经济深度融合与实现经济一体化已成大势所趋。然而,应该看到构筑"大中华经济圈"必然会对圈外国家造成程度不同的负面影响。国际上某些不愿意看到中国强大的势

---

　　①　转引自张蕴岭:《东亚合作需要创新》,《国际经济评论》2010年第1期;张蕴岭:《东亚区域合作的新趋势》,《当代亚太》2009年第4期;张蕴岭:《中国—东盟自由贸易区的机遇和挑战》,《亚太经济》2003年第3期。

力大肆散布"中国威胁论",使得东南亚各国早就对"大中华经济圈"持怀疑和戒惧态度。① 在这种情况下,倘若把两岸四地的 CEPA 进程与正在进行的中国—东盟区域经济合作进程衔接起来,可以有利于消除东盟国家的疑虑,也就是借助目前方兴未艾的泛珠三角与东盟的区域经济合作,通过包含东盟国家在内的区域经济整合策略,推动中国区域经济一体化战略的实施。如此则在中国的区域经济一体化战略中,内地、香港、澳门、台湾将构成最紧密的核心层,东盟和东北亚国家将是外围的紧密联系层。中国作为贯通亚洲东、南、西、北、中的地区,将凭借其经济实力对区域经济起着核心作用。对东盟来说,中国内地与东盟自由贸易的建立有可能一改过去东盟缺乏核心、导致区域经济聚合力名存实亡的状况。

此外,东盟国家和南海地区具有的丰富自然资源,有利于解决中国实现可持续发展战略中的未来资源渠道难题。同时东盟国家也会在与我国的经贸合作和地区资源开发中得到更多经济与技术上的实惠。当然东南亚有关国家与我国的南海经济主权之争已成为我国东南沿海地区经济发展不可忽视的负面因素。所以,中国积极主张与东盟国家建立双边自由贸易区,不排除我国存在试图通过经济渠道来加深双方的相互依存度,从而软化东盟将南海问题扩大化和国际化立场的战略意图。进而真正能够实现邓小平同志生前"搁置争议,共同开发"的战略倡议,进而实现双方共赢或者更有利于我国国家利益的局面,而不是零和博弈的格局。反过来,东盟国家以集体谈判方式并且借助外部势力的介入同中国解决南海问题上的纠纷,提升此问题的国际化和复杂化程度,这就完全可能导致在中国—东盟自由贸易区框架内,我国从全局利益考虑而在局部利益上加大对部分东盟国家的妥协,从而导致我国有可能加大在中国—东盟自由贸易区战略推进中的政策成本。

3.经济隐患与安全护持

改革开放以来,我国对外经济开放主要集中在东部经济地带。从当前形势判断,东部经济地带已经呈现某种程度的饱和。而占我国国土绝大部分面积的中西部地区,对外经济开放的程度还很低。因此,西部大开发战略不仅可以消除东西部经济发展的巨大差距而带来的众多政治、经济和社会问题。同

---

① 朱听昌主编:《中国周边安全环境与安全战略》,时事出版社 2002 年版,第 289 页。

时还可以防范因国际政治经济局势偶变而潜伏的地缘经济隐患。① 所以在亚太地区的战略角逐中,我国的对外开放必须实行多元化战略,与东盟国家积极建立双边自由贸易区就存在这样的战略考虑。作为西南地区的广西、云南等省区,东盟国家是其主要出口市场,地缘优势明显,中国—东盟自由贸易区的建设将会大大促进西南省区与东南亚国家经贸合作,客观上将打开南下出海通道,为中国的西部开发战略注入新的活力和动力。而西部地区开发力度的提高,将直接从整体上提升西部地区在我国宏观经济结构和经济总量中的地位和分量,进而有利于构筑我国国家经济安全的战略纵深,维护中国的国家经济安全,这是护持中国地缘经济安全的有利方面。另外,由于东南亚国家邻近台湾,长期以来与台湾有着广泛的经贸联系。上世纪90年代后期东南亚国家爆发金融危机后,众多东盟国家恢复经济急需大量资金,从而为台湾提供了乘虚而入的机会。② 中国—东盟自由贸易区的推进,发展深化双方的战略伙伴关系,必将促使东盟国家更多的会从自身的长远战略利益出发,更为重视与中国大陆的经贸和政治关系,而把与台湾的关系摆在次要和从属的地位,客观上将对台湾的"南进战略"和"实质外交"政策起到明显的钳制作用,台湾为了避免在区域经济整合体系中被边缘化,实现台湾经贸投资的国际化,已经于2010年和大陆签订《海峡两岸两岸经济合作框架协议(ECFA)》,这意味着我们的自由贸易区战略中针对台湾的子战略目标部分已经达到预期目的。但是值得注意的是,台湾问题无疑也成为中国东南亚地缘战略的软肋,东盟国家可能在台海关系出现反复或紧张状态时,利用台湾问题抬高要价,从双边区域合作中谋取不正当利益,从而也加大了我们在中国—东盟区域经济与战略合作建设和发展上的政策成本。

三、中国—东盟区域经济合作前景评估与治理路径

从战略层面来考察,因应中国和平崛起的历史进程,对外经济战略成为我国当前在经济起飞阶段的首要战略筹划,其中最关键的是在东北亚和东南亚

---

① 丁志刚、王宗礼:《西部开发与我国地缘经济安全研究》,甘肃人民出版社2002年版,第129页。

② 吴献斌:《90年代东南亚与台湾的关系》,《当代亚太》2001年第11期。

地区的谋划。由于中国在东北亚战略方向上面临的合作困局,从而引致中国—东盟自由贸易区的构筑在我国地缘经济战略中处于优先地位,且势必发挥着相当程度的溢出效应。当前中国已经形成全方位、多元化、深层次、以亚太地区为中心的对外开放格局。① 亚太地区是实现中国区域经济利益的关键地区,中国努力与该地区的重要国家和国家集团组成区域性的经济合作组织,成为中国当前谋求地缘经济安全与和平崛起的必然抉择。在东南亚地区,双方与日俱增的政治互信与经济融合的良性互动态势,这必然加速双边关系的飞跃进程。建立中国—东盟自由贸易区,是当前东亚地区经济合作的历史性突破,其直接经济效益和溢出效应日益显现。它不仅有助于实现中国的东南亚经济战略意图,而且有利于构筑以我国自身为核心的区域经济一体化战略,最终营造良好的外部崛起条件。

　　从技术角度来分析,此前在非洲和拉丁美洲发展中国家间众多区域经济一体化的努力大多遭遇不同程度的失败,中国—东盟自由贸易区能否克服经济结构雷同和竞争性较强的事实,突破当前南—南型区域经济一体化的尴尬局面,实际上还是未知数。国际货币基金组织一份公开的研究报告指出:发展中国家区域性贸易安排一般不如发达国家的这种组织成功,原因在于贸易自由化措施不能按计划实施。这些协定签署国的经济往往比较单一。以原料生产为主,缔约前区内贸易有限,对进口限制较为严格。贸易创造效应不能充分发挥,贸易转移效应却很严重。当然文化和政治方面的差异也起到一定的作用。② 学术界的实证研究结果也表明,发展中国家区域经济一体化的贸易创造效应远小于预期,其区域内部贸易增加值有限;贸易转移效应促进成员国的收入趋于发散;产业的集聚机制不利于各成员国平衡发展,且难以协调各成员国间的利益关系,从而导致合作失败或合作浮于表面难以深入;很少吸引大规模外商投资,未能有效提高经济增长率;组织结构薄弱,缺乏制度化的技术支柱。③ 客观上看,在中国—东盟自由贸易区建设中,某种程度上上述不利因素

---

① 卢静:《对外开放:国际经验与中国道路》,世界知识出版社 2011 年版,第 272 页。

② 国际货币基金组织编著:《世界经济展望》(1993 年 5 月号),中国财政经济出版社 1994 年版,第 109 页。

③ 参见刘力、宋少华:《发展中国家经济一体化新论》,中国财政经济出版社 2002 年版,第 81—95 页。

都部分存在。不仅如此,目前中国与东盟间的区域合作面临的主要障碍还来自以下方面:地区内国家的贸易政策偏好、态度取向、能否建立可操作性较强的合作机制。总体上来说,东盟各国对中国—东盟自由贸易区未来发展和中国经济对东盟国家经济的带动作用抱有积极乐观的态度,认为不能丢掉这一合作的机遇期。但是各国由于存在自身经济发展水平的梯度差异,同时导致各国的贸易政策偏好存在较大差别。简而言之,新加坡、泰国和文莱贸易政策较开放;马来西亚和印度尼西亚实行进口替代政策、实施反倾销政策;老挝、缅甸、柬埔寨尚未摆脱封闭型经济体制,难以承受贸易自由化冲击。因此对于当前双方自由贸易区建设的态度也就有着明显的差别。这就可能导致中国在区域经济合作中获益空间有限,甚至在利益分配格局中处于不利位置,进而导致我国的经济发展利益受损。

另一方面,中国—东盟自由贸易区具有与以往南—南型区域一体化组织所不可比拟的优越条件。首先,中国和东盟经济都具有较高的开放性,可以保障区域经济一体化中的开放收益。从而使双方能够最大限度地享受到贸易创造的利益,同时最大限度地避免贸易转移带来的福利损失,使成员各方能够获得全球化与区域化的双重收益。其次,中国和东盟之间双边贸易绝对额较大,年增长速度快,且产业内贸易比重呈上升趋势。次之,中国与东盟的大部分国家都是新兴市场经济国家,市场规模都较大,一体化的整合效果将比较明显。最后,中国和东盟都是发展中国家中外商直接投资的主要目的地,外资流入可以加速区域经济调整,并且保证经济增长的潜力。所以,如果我国能够从战略高度与技术层面相互结合的角度通盘筹划,在自由贸易区的建设中扬长避短,政策措施得当,完全有可能实现双边经济的高效整合,自由贸易区的建设就有可能成为南—南合作的又一典范。

改革开放以来,中国通过微观激励机制的改进,借助增量改革进而松动资源配置制度,通过双轨制形式推动价格体系的改革,与此同时通过新增资源的配置实现结构调整的渐进过程。地区经济利益主体地位不断加强,区域利益格局随之发生显著变化。沿海发展战略、西部大开发战略、振兴东北老工业基地战略和中部崛起战略等有序实施,基于规模经济和比较优势的区域分工与产业布局分散化平行发展,外商直接投资的区域分布不均和产业偏好,拉大区域之间产业发展的差异性,区域之间的交流合作发展变快,区域冲突开始日益严重,各种层次的区域经济合作组织也大量涌现,泛珠三角区域经济合作就是协调区域经济关系的一种崭新模式和重要尝试。

但是在经济全球化与区域经济一体化的背景下,若游离于次区域经济合作组织之外,则泛珠三角区域所属省区不仅在国内易于受到其他地区市场整合的夹击,而且还容易受到国外区域经济集团不同程度的排斥,导致在国内外贸易环境中腹背受敌,被动应战。所以,区域经济合作为国内企业参与国际竞争提供组合这种联合舰队的可能性,为实现提升区域竞争力提供了可能。提升区域竞争力的目的就是适应引进来和走出去战略的需要,如果区域之间还是各自为政、相互排挤、内耗严重,就会在全球竞争中失去主动权和竞争力,最后丧失的是国家整体的竞争力,结果对哪个区域的发展都不利。但是,泛珠三角区域间联合缺少对区域经济资源的整合。这就首先要明确政府在泛珠三角经济整合中的地位,发挥政府作为政策的制定者、调控者、利益协调者和公共产品供给者的作用。概括起来,政府的职能和作用应该体现在如下方面:一是塑造区域内公平竞争的环境,以价格和政策资源为中心,为区域内分工新格局的形成提供前提条件。二是为区域内各主体制定和利用自身比较优势提供准确的充分信息,从而增强资源的整合效应。三是在公共产品的协同提供上,政府要有所作为。四是在结构调整时应注意整体性、市场协调性,着眼于构筑区域总体优势;五是根据科学发展观,要着眼于增强后劲,注重国际性和整体资源配置的最优性。通过政府在以上几个方面的努力,争取以较短时间在泛珠三角区域的资源配置和资源共享方面实现质的突破,形成以利益为纽带的共同繁荣格局。当前,处在启动阶段的泛珠三角地方政府的协调机制发挥了重大的作用,但从长远来看,泛珠三角地区的发展必须走一条内生性的市场主导模式,而不能仅依赖政府干预和政府高层官员之间对话的推动。随着合作的深入,政府的影响力由强到弱,政府最终要让位于市场,只有这样区域经济合作才能实现长期绩效。

市场经济国家的定位以及和平崛起的发展模式,协调中国需要谋求域内市场的整合和构筑以自身为核心的区域经济一体化战略。在这种情况下,把内地的泛珠三角区域市场统合与正在发展的中国—东盟自由贸易区进行对接,促进泛珠三角区域与东盟国家的区域经济合作,则有利于消除东盟和其他国家的疑虑,并通过中国与东盟的区域经济整合策略,也反过来有助于推动泛珠三角区域一体化整合战略的实施。事实上,加强与东盟之间的区域经济合作,也会越来越成为推动泛珠三角区域整合进程的重要外源性动力。考量国内改革开放的历史变迁之路,厘定推进中国和平崛起的战略战术,迂回策略的应用可谓驾轻就熟。当国内经济改革出现趋缓乃至停滞危险时,适时引入外界干预变量,进而由外向内推动国内经济一体化进程,破除国内各地区的市场和技术壁垒等干扰因素,当前在中国—东盟自由贸易区框架下,推进泛珠三角区域的整合并加快与东盟国家之间的区域经济合作进程,就是未来我国华南地区和西南地区继续推进国民经济可持续发展与对外经济合作的重要战略方向。

第三章　泛珠三角与东盟跨边界
区域合作的经验研究

20 世纪 90 年代以来,区域经济一体化显示出强劲的发展势头,并相继出现了北美、东亚和欧洲三个主要的自由贸易区。世界贸易区域化的出现并得以迅速发展的根本原因是区域贸易的交易成本比全球贸易要低。较高的信息、通讯和运输成本,不同的消费偏好、商业习惯和法律体系等因素使得国际贸易成本要高于国内贸易,而区域整合则导致区域贸易由于地理相近、经济相似、区域一体化等有利因素使得交易成本较低。对于泛珠三角与东盟之间的区域合作而言,本章通过规范分析与实证分析方法的结合,详细论证区域之间整合的必要性与可行性问题,从而试图厘清泛珠三角与东盟之间开展区域合作的科学性与客观性问题。

第一节　泛珠三角与东盟跨边界区域合作的必要性研究

泛珠三角区域的内部整合以及泛珠与东盟之间的区域经济合作,实质上是一种经济区域化的发展战略。泛珠三角区域合作有助于实现产业梯次转移,加快自身的产业升级,承接国际产业转移,更大范围地吸引国际资本和开拓国际市场,更大程度与国际接轨,更早实现全面的国际化。在我国渐进式经济体制改革进程的背景下,泛珠三角地区的经济区域化现象以及泛珠三角与东盟的区域经济合作进程与市场化进程有着复杂的互动关系,渐进的市场化进程在空间上有其特殊的表现。

一、泛珠三角与东盟区域合作的动力机制研究

动力机制又称为激励机制,是指在利益导向驱使下,市场主体及主体内部各类人员积极从事生产和交换活动,这种动力既有精神推动力,也有物质的推动力,但物质回报与激励是市场经济的根本推动力。因为市场是商品交换关系的总和,动力机制的实现本质上是要通过市场机制的运行来充分反映其中的商品经济利益关系。

1.泛珠三角与东盟区域合作的内在动力机制研究

目前泛珠三角区域的整合趋势是我国经济体制改革背景下经济增长的重要发展阶段,它的形成将会是市场机制、政府作用、产业结构变动和城市化等多种因素共同作用的结果。泛珠三角区域的内部整合以及泛珠与东盟之间的区域经济合作,实质上是一种经济区域化的发展战略。经济区域化客观上具有整合要素资源的功能,它对加快构建和完善市场秩序,转变政府职能,改进资源配置方式,建立经济增长和社会发展的协调机制,兼顾不同地区的平衡发展等,都提出了新的要求。另一方面,区域整合扩大了地区经济增长的空间,已经成为宏观经济调控在不同国家、地区、产业、部门以及经济微观层面产生实际效果而无法逾越的一个中间环节和层次。① 对于泛珠三角区域的整合进程来说,仍然存在着自身难以克服的局限和困难。而经济区域打破了行政壁垒通过综合改革配套措施构建区域治理结构,为区域经济增长方式的转型创造了有利条件。而区域治理结构是包含了区域经济结构和区域经济发展战略,调整中央与地方、地区与地区、经济与体制、经济与社会等多层次多关系内容的区域结构。

在西方区域经济学中,通常关注经济增长的空间特性,市场和制度等因素作为外生条件一般不予考虑,而我国现有的区域经济学理论因未引入体制转轨和制度变迁的变量,仅从政府行为角度来思考问题,因此,势必难以深刻揭示当下中国区域经济发展和参与国际区域经济合作实践的全部复杂内涵。从经济结构增长分析的角度看,贸易导向和投资拉动是影响当前经济增长最主要的结构性因素;而从制度增长分析的观点看,市场化进程成为影响经济增长

---

① 程永林:《区域经济合作的动态演化路径与治理机制研究:一项基于泛珠三角的制度分析》,《国际经贸探索》2009 年第 6 期。

效益的关键环节。经济结构增长分析有利于研究结构变化对于经济增长的作用,但是其注重比较研究方法存在着参照系的普适性问题。制度增长分析关于经济增长的主流理论的着眼点主要是整体经济结构变动中的资源有效配置和市场化改革进程中的制度变迁,并不关心制度变迁的空间差异性。① 新制度经济学认为,推动增长的主体是在不断深化的劳动分工中运用知识的企业家。而这也只有在具备了人际交往的恰当游戏规则时才有可能。需要恰当的制度安排是要为市场中和组织里的人际合作提供一套框架,并使这样的合作较具有可预见性和可信赖性。我国经济体制改革进程以分税制的建立为标志,建立了以地方分权化管理为基础的市场经济运行模式,但是以市场为取向的渐进式改革并未完成。例如,在泛珠三角地区,区域经济格局的迅速形成在充分释放了放松管制,发挥地方优势以推动地区经济增长的巨大潜力以后,已经开始显现出诸多负面影响。从其主要特征来看:一是地方政府在地区经济增长中占有主导地位,地区的市场化进程影响地区的资源配置效率,并在市场条件、经济基础和地区优势等方面形成差异化的空间特征。二是地区经济向相对独立且具有封闭倾向的综合经济系统发展,使地区经济增长空间受到限制。在宏观经济层面,这一倾向一定程度上表现为整体经济结构的失衡,并伴有逐渐加剧的趋势,这已经成为制约泛珠三角区域经济长期稳定和可持续增长的主要障碍。三是由于地方性企业在成长中的空间扩散,率先打破了地区经济的封闭性,进而有可能引发地区间经济利益的冲突和竞争加剧。这一空间结构能否向着合理化方向演进,关键是国内的经济体制改革进程和泛珠三角区域的经济合作机制能否为此提供日趋合理的制度安排与制度保障。

从理论上讲,区域贸易发展模式可以带来贸易创造效应和贸易转移效应,促进区域内经济贸易的增长,创造贸易和就业。前者是由于区内关税和非关税壁垒的消除刺激了区域内贸易的发展,后者主要是由于区域贸易具有一定的排他性带来的,是由于对区外维持关税和非关税壁垒,使区外出口商丧失某些竞争优势,而使区内原先与区外的贸易转向区内。对于国际区域经济合作来说交易成本的降低有利于促进区域合作进程。对于国内的区域整合进程来

---

① 潘向东、廖进中、赖明勇:《经济制度安排国际贸易与经济增长影响机理的经验研究》,《经济研究》2005 年第 11 期。

说也同样如此。因此,利益相关的合作已经成为各国或地区之间提升竞争力的现实选择。上述战略竞争与区域合作的现实已经在泛珠三角区域的战略整合目标的设定中有所体现。按照《泛珠三角区域合作发展规划纲要(2006—2020年)》的内容要求,泛珠三角区域合作的总体目标是建立适应经济发展需要的区域基础设施网络,建立公平开放的区域市场体系,构建优势互补的区域产业协作体系,打造"泛珠三角"区域合作品牌,提高区域整体国际竞争力和影响力,形成东中西互联互动、协调发展、共同繁荣的新格局。纲要突出强调合作是为了提高整体国际竞争力和影响力,确定无疑地宣告泛珠合作的目标之一就是要走向世界。迅速提高经济国际化的水平,是泛珠各省区的共同愿望。对于原来国际化程度较高的沿海发达地区,泛珠三角区域合作有助于实现产业梯次转移,加快自身的产业升级,承接国际产业转移,更大范围地吸引国际资本和开拓国际市场,更大程度与国际接轨,更早实现全面的国际化。对于原来国际化程度相对较低的内陆和西部省份,借助泛珠合作走向世界的愿望更为强烈。通过泛珠合作,可以让这些不发达省份在更大范围、更广阔的空间实现资源的有效整合与配置,承接沿海产业转移,打通出海通道,实现经济的外向化,拉动经济的可持续发展。不仅如此,泛珠合作构建区域外向型国际化的产业结构具有很大的比较优势。在"9+2"体系中,香港、澳门这两个极其自由的经济体,使得泛珠合作一开始就具有了国际视野。泛珠三角区域合作也有利于发挥内地与港澳"一国两制"的优势和港澳经济比较发达的优势,一方面使港澳与内地经贸合作更紧密,促进港澳发展更繁荣。另一方面正因为有香港与澳门的国际联系、金融市场和专业服务的优势,泛珠内地九省区释放资源优势和市场潜力,鼓励和协助企业走出去,与国际市场接轨就有了重要保证。充分发挥港澳在区域合作中的独特作用,为内地省区扩大开放,进一步参与国际竞争创造了条件。借助当前方兴未艾的泛珠三角区域整合战略,通过区域内资源的整合和有效配置,客观上将给泛珠三角地区在这次新的区域经济角力中提供更多的资源支撑和更宽广的发展平台。可以认为,以外向型经济发展模式为主导的珠三角经过二十多年的积累,应该逐渐转移劳动密集型产业,向资金密集型和技术密集型的产业集群方向发展。为了实现自身的更快发展,"9+2"的每个成员,都在如何形成地区内统一市场、实现区域经济的紧密联系和合作上有着强烈诉求。在原有合作基础之上,泛珠三角地区成员应该进一步加强政府层面合作,消除制度障碍,促进生产要素的自由流动,为经济互动和融合创造更便利的条件,最终形成整个区位的竞争优势。东亚区域经济一体化进程的加快也要求中国必须加快国内的一体化进程,从而提升整体的谈判实力与加大受益范围。

2.泛珠三角与东盟区域合作的外部驱动机制研究

在我国渐进式经济体制改革进程的背景下,泛珠三角地区的经济区域化现象以及泛珠与东盟的区域经济合作进程与市场化进程有着复杂的互动关系。从某种意义上说,市场深化的空间横向扩展即表现为经济区域化,市场化进程是推动经济区域化现象的重要动力。当然,两者互为增强的关系是有一定的约束条件限制的。在转轨经济学理论看来,我国渐进式改革的路径选择,客观上是由地域辽阔、地区差异很大的现实国情所决定的。因此,市场的发展也必然是一个逐渐完善的过程。市场深化发展有着自身的演化逻辑,在国内国际两个不同层面上,按照一定次序深化发展。① 市场化进程的这一特点,无疑对经济区域化的展开有着重要影响。区域市场化发展的动力可以归结为各类市场主体为追求经济活动的最大效益,在博弈中推动制度创新实现的。我国经济体制转轨由体制改革和对外开放两方面的制度演进构成。改革和开放分属两个不同领域,但是互为因果,相互制约。经济体制改革的目标是从计划配置生产资源转变为以市场配置资源,以提高资源配置效率。而对外开放的本质是通过开放市场来更好地利用外部资源,或者说在早期的战略是用市场来换取资源,用空间来换取时间,尤其是换取对我国来说比较稀缺的资金和技术。虽然改革和开放在制度演进上的终极目标一致,但是演进路径仍有区别。经济体制改革是自上而下的分权化过程,就目前经济体制改革演进所处的阶段来看,地方政府已经成为独立的市场利益主体。而对外开放是一旦对外承诺开放某个领域的市场,则立即构成自下而上的压力,迫使本地市场规则逐步与外部市场规则接轨。由于转轨过程中改革和开放同时作用于市场化进程,我国的市场化进程在空间上表现出特有的复杂性。而我国泛珠三角区域和东盟国家地域辽阔,各地区差异大,市场化发展的基础和条件不同,国内的体制

---

① 〔美〕巴里·诺顿:《中国经济:转型与增长》,安佳译,上海人民出版社 2010 年版,第97—102 页。

改革和对外开放进程因地区差异而已经形成市场化在地区间的模式差异。差异化的地区市场化模式表现为不同地区在改革和开放两方面进程的非同步性,并在市场容量、结构、范围和规模上具有明显的地区特征,全国乃至中国—东盟之间统一的大市场只能首先通过区域或次区域经济一体化进程来推进。

对外开放对一国经济增长的影响遍及经济的各个层面,但是在经济的不同层面,其特点和效应不尽相同。对外开放的不断扩大对泛珠三角地区经济产生了差异化的影响,并在一定程度上进一步扩大了地区差异。对于泛珠三角东部地区来说,开放带来的资源利用优势促使生产资源加速集聚,经济增长效率迅速提高,为进一步的体制改革积累了基础,并推动市场秩序的构建不断深化。而大部分泛珠三角中西部地区在对外开放中相对不具有区位优势,经济增长中在对外开放方面得到的比较利益低于东部地区,其市场化在市场容量和市场规模方面的扩展也滞后于东部地区,由市场开放形成促进体制改革的压力也明显低于东部地区。由于改革和开放的非同步性和地区市场化进程的差异,造成泛珠三角地区经济增长的地带性非均衡特征。也就是说东部地区的经济增长以及空间扩展,在中西部地区无法获得相应的市场需求空间,产业的梯度转移极其缓慢,东部经济的增长和扩张对外部市场的需求越来越依赖对外贸易,形成了高度外向型经济结构。从经济增长的微观基础看,影响地区经济增长的最主要因素是资本、区际贸易条件和制度环境,在对外开放对地区产生不同效应和地区制度环境存在差异的条件下,特别是在行政区经济运行模式下,地方政府着力于地区市场制度建设,改善投资环境,是吸引资本流入的重要手段。但是也有一些地方为吸引资本进入,以恶性竞争的方式,对投资盲目提供各种优惠政策,为眼前利益而牺牲长远利益,不仅恶化了区际贸易条件,也扰乱了市场秩序,从而降低了对外开放带来的整体效益。在对外开放的影响下,泛珠三角东部沿海地区的经济高速增长如何能够进一步辐射和带动中西部地区的经济增长和结构调整,应当是进一步提高对外开放水平、加快经济结构调整和区域整合的不可回避的主题之一。在不断扩大的对外开放中,通过主动参与国际经济竞争,不断扩大对东盟国家的贸易与产业合作成为泛珠三角地区发展的机遇。由于东盟国家与我国泛珠三角地区经济结构比较复杂,部分国家和泛珠部分省区已经处于比较发达的工业化阶段,有的东盟国家和泛珠三角省区正处在工业化中期阶段,还有一些东盟国家和我国泛珠三角省区则还处于比较落后的工业化初始阶段,经济结构的自身差异和泛珠与东盟之间巨大的市场空间,使得区域内发达国家和地区在新的国际分工体系调整和世界产业结构升级中,可以各自把对方作为重要的产业转移基地。但是另一方面,受生产技术和管理水平的制约,我国泛珠三角省区和东盟国家经济结构的趋同现象严重,在地区的国际分工体系中仍然处于生产分工和价值增值的中低端地位,产业之间的竞争与合作并存趋势明显。

通过上面的分析,我们应该清醒地认识到,市场深化与对外开放实际上并行不悖,相互支撑,中国开展国内区域经济合作和国际区域经济合作同等重要。如果能够把国内区域经济合作与国际区域经济合作结合起来,面向国内国际两个市场、两种资源来实现各种生产要素跨地区、跨国界的高效流动与优化配置,将能够使合作各方比翼齐飞。泛珠三角区域合作与发展,既是我国区域经济发展的试验田,也会是我国参与中国—东盟自由贸易区建设的重要方式。泛珠三角区域合作的阶段性目标的设定已经深刻体现了这种理性认识:第一阶段是2005—2010年,以《泛珠三角区域合作框架协议》十个领域和重点项目的合作建设为基础,打造"泛珠三角"区域合作品牌。首先建成适应市场需求的区域综合性基础设施网络;其次是发挥政府的公共行政职能,为区域要素和产品市场体系建设提供良好的制度环境;凭借独特的区位优势,构筑中国—东盟经济合作的重要平台。第二阶段是2011—2020年,通过市场配置实现区域产业协作发展,建立开放竞争的要素和商品市场体系,整体提高国际竞争力和影响力,形成中东西部互联互动的协调发展格局,不断提升本区域与东盟的交流水平。

实际上,如果从地理区位的角度分析,泛珠三角的区位优势是紧邻东南亚,与东盟联系非常紧密。它东连太平洋西岸繁忙的国际黄金水道,西南的云南与缅甸接壤,借道中缅公路直通印度洋北岸,已经直接和间接拥有通向世界两大洋之利。泛珠三角区域的大江大海之中拥有多个世界级的深水良港,万吨级港口林立,机场资源丰富,国际航线延伸至全球各地,在泛珠三角生产的产品可以快捷地出口到世界市场。正在筹建的粤港澳大桥,除了加快珠三角西部的发展,带动粤西经济起飞外,更深的意义是打通泛珠三角经济通往东盟的西南大通道,将大珠三角的影响力延伸至西南地区和东盟十国。广西、云南与东南亚国家海域相接、山水相连、文化相通,拥有连接东南亚最重要的战略通道,随着澜沧江—湄公河"黄金水道"、中缅公路、泛亚铁路的建设,使华南、西南各省区拥有得天独厚的地缘和人缘优势,他们位于泛珠三角—东盟自由贸易区的核心地带,这是我国其他区域难以与其相比的区位优势。泛珠三角区域也有对外开放战略和对外经济战略,宏观而论,该经济区的主要对外开放对象和战略方向至少包括:美国、欧盟、日本、韩国、东盟、俄罗斯等国家和国家集团。但是对外开放优势的重要影响因素是地缘经济优势,在中国—东盟自由贸易区架构中,泛珠三角处于其中心位置,地缘优势突出,东盟是泛珠走向世界首先面对的国际市场和资源基地,在区位功能上形成直接与东盟国际开放市场连接的地缘经济板块。所以从地缘上来说泛珠三角区域对外开放的最主要战略方向应该是东盟。泛珠三角区域与东南亚地区相邻,作为联结"10+1"的桥头堡,"9+2"如何把握先机,率先进入中国—东盟自由贸易区开展国际区域经济合作与交流,是泛珠三角区域必须研究的现实问题。与此同时,区域经济一体化的蓬勃发展以及所带来的贸易保护主义使泛珠三角和东盟地区倍感发展空间的狭窄,为避免在经济区域化浪潮中被边缘化,为更好地获得经济区域化的利益,泛珠三角与东盟要利用天时地利人和优势与已有的合作基础,强化区域竞合互补,整合资源,壮大区域竞争优势,才能在世界经贸事务中赢取更大的发言权。泛珠三角的国际化战略和东盟的开放性特征决定了"10+1"框架下,优先发展彼此的经济关系,促进区域之间的整合与协作,是可以带来实际利益的战略选择。

二、泛珠三角与东盟区域合作的战略效应研究

1.推动中国—东盟区域经济合作建设的地缘战略分析

泛珠整合是一个动态发展过程,其价值既包括经济地理概念的延伸,又蕴涵区域融合理念的认同。在中国—东盟自由贸易区架构中,泛珠三角处于其中心位置,地缘优势突出,在区位功能上形成直接与港澳、东盟国际开放市场连接的地缘经济板块。现实要求泛珠三角地区的对外经济战略需要紧紧把握经济全球化与地区经济一体化的形势,不断调整和变革,增强产业的核心竞争力和经济的国际竞争力,使泛珠三角地区更深层次地融入区域经济一体化和中国—东盟自由贸易区的发展路径。从地缘经济学的角度观察,泛珠三角处在我国与东盟自由贸易区建设的前沿。要建成这个自由贸易区,仅靠中央政府的力量是不够的,必须要有与东盟直接和间接接壤的省区的密切配合,形成一个前沿阵地,构建"10+1"自由贸易区的前沿阵地,是泛珠三角应该扮演的重要角色。云南、广西、广东、香港、澳门、海南、福建都处在与东盟陆上、海上接壤的前沿,是前沿阵地的第一梯队。其中云南与越南、缅甸在陆上相连,并通过澜沧江及其中下游湄公河与缅甸、老挝、泰国、柬埔寨、越南相接;广西与越南有陆地和北部湾海域形成紧邻,广东、海南则位于北部湾东侧,与越南隔湾相对;我国濒临南海的广东、海南、福建、香港、澳门,通过南沙群岛与文莱、印度尼西亚、菲律宾、马来西亚、新加坡诸邻国隔海相望。反之,东盟面对经济体系庞大复杂的中国广阔市场,也需要采取分布开拓、层次推进的方法,东盟固有的开放性为其与地理相连的泛珠地区发展更为紧密的关系提供充分的可行性。现在,中国与东盟形成的区域合作热点中涉及泛珠三角区域的已经包括以下五个:一是澜沧江—大湄公河次区域的开发,涉及中国、缅甸、老挝、泰国、柬埔寨、越南6个国家;二是由"昆明—老街—河内—海防—广宁"和"南宁—谅山—海防—广宁"构成的中越之间的两个经济走廊和环北部湾经济圈;三是中泰高速公路的建设和泛亚铁路的筹建与方案论证,涉及中国、越南、马来西亚、新加坡以至缅甸诸国;四是中国、越南、菲律宾3国在南中国海协议区联合进行海洋地震工作协议已经在马尼拉正式签署;五是"早期收获计划"进展迅速,中泰已经相互实行农产品进口零关税的政策,柬埔寨、老挝、缅甸3个欠发达国家,均已经开始享受进口中国货物的免税优惠,中国还单方面向柬埔寨、老挝、缅甸3国扩大特惠关税产品范围。由于东盟的开放性使其在对外合作中具有相当大的灵活性,它的对外合作战略中的圈层理论在处理与中国经济关系中也是适用的,因此,东盟可以跟泛珠的部分省区建立更为密切的关系,使之成为中国—东盟经济圈中的小圈。

总而言之,在中国—东盟自由贸易区框架内,泛珠三角地区处于两大板块交界处及中心位置,地缘优势非常突出,积极将此地缘优势转化为经济优势,依赖于泛珠三角地区政府驾驭市场经济的前瞻水平和操控能力。由于目前国内的广西、云南等西部省区与越南、老挝、柬埔寨、缅甸毗邻,连接这些国家的交通设施建设正在顺利进行,具有条件构筑包括东盟国家在内的更宽尺度的产业分工体系,可以利用辐射中国内陆和东盟市场的两个扇面交汇优势,吸引东盟及世界企业到区内投资;利用经济发展水平和产业分工梯次,促进珠三角加工制造业的梯度转移,吸引国内外投资者在广西、云南等内陆省区设立制造业基地,不仅可以促进内陆省区经济发展,还能进一步拓展东盟市场,发展与东盟国家的经贸关系。与此同时,市场经济国家的定位以及梯度推进的发展模式,协调中国最终需要谋求国内市场的整合和构筑以自身为核心的区域经济一体化战略,而这客观上又首先寄望于地区市场的统合与次区域经济的一体化进程。因此,从对外经济战略的视角观察,泛珠三角的整合虽客观上在前期表现为一种政府行为,行政干预的色彩比较浓郁,但未尝不是未雨绸缪之举。国际经济竞争的现实就是遵循弱肉强食的丛林法则,而国内各个地区参与国际经济竞争,最重要的是应该首先组织次区域经济集团,积极谋求处于国际经济的主流位置,避免被边缘化,从而在国际经济合作与竞争中占据不败之地。其实纵观世界经济发展潮流,区域经济一体化已是必然趋势,因此要保持区域经济的主流地位,就必须融入某个区域经济一体化组织,并尽量使自己在这个区域里占据重要位置乃至核心位置。而且欧美国家的一体化经验表明,发展区域经济取决于市场需求放大要素、资源互补要素和制度协调要素的有机整合。区域经济板块的平台越大,区域经济板块的实力就会越强。从战略视角着眼,华南和西南地区联手共建泛珠三角经济圈的战略利益就在于使"9+2"地区的经济主流化和地区长远利益最大化。通过参与和推进中国—东盟自由贸易区的建设进程,积极融入东亚经济的一体化进程,进而力求使本区域成为全球三大经济圈的核心地区之一,成为发展泛珠三角区域与东盟之间区域经济合作的内在动力与长期选择。

2.促进中部崛起与西部开发的区域协调发展战略分析

我国经济学家在借鉴国外区域经济发展理论和总结国内外经济发展实践经验的基础上,提出了一系列有关中国区域经济发展战略的理论模型,较为成型的有梯度开发战略,由沿海、沿江经济带带动的"T"字形战略,由沿海、沿江和陇海、兰新线结合的"∏"字形战略。以及由"∏"字形战略加京广线构成的"开"字形战略。由沿海地区组成的弓、京广线组成的弦,长江组成的箭,上海组成的箭头所组合形成的"弓箭式"发展战略。① 但是我国区域经济发展的实践,是在以市场为取向的经济体制改革和对外开放双重背景下展开的,因而显

---

① 朱厚伦:《中国区域经济发展战略》,社会科学文献出版社2004年版,第74—78页。

现出特有的复杂性。20世纪90年代以来,在全国经济高速增长的同时,地区发展差距日益扩大,已经成为影响社会和谐、政治稳定和经济可持续发展的重要隐患。针对现实情况,中央政府在国家的"十一五"规划中明确提出要按照科学发展观和构建和谐社会的要求,提出了实现我国区域经济协调发展,按照功能区构建区域发展格局和健全区域互动机制的总体战略。首次提出东中西部地区和东北地区的我国区域空间布局思想,并同时提出四大区域发展的分类指导原则:继续推进西部大开发,振兴东北地区等老工业基地,促进中部地区崛起,鼓励东部地区率先发展。

改革开放以来,我国经济发展速度东高西低,地区经济差距逐步拉大,由此出现的地区经济落差形成了发展"势能",地区落差有其必然性和历史积极作用。但是在现阶段,泛珠三角中西部地区发展步伐缓慢,特别是西部发展滞后制约着广东、福建乃至港澳等东部沿海地区的持续发展和国民经济协调健康发展,地区差距的负面效应加速累积最终会超过积极效应。由于泛珠三角东中西部经济发展差距在很大程度上是东西部开放先后次序不同和对外开放程度悬殊而造成的,因此,解决国内的区域经济发展差距也应多从区域经济合作战略和对外开放战略的角度来考虑,积极参与东部地区的区域经济合作组织或参与国际区域经济合作。当然,不能因此压低东部地区的对外开放水平,而是应该想办法尽快提高中西部的对外开放水平和层次,而且这种开放是更为广义的,既要向外资开放,也要向东部投资者、特别是民间投资者开放,以解决中西部的发展资金和动力机制问题。鉴于泛珠三角区域横跨我国东中西三大经济地带,区内经济体发展水平迥异,产业分工与区内贸易与投资的发展空间极其广阔。泛珠三角区域的市场潜力、经济实力、资源禀赋、影响力和竞争力都是国内任何区域很难比拟的。如果能按照优势互补、平等互利、统筹规划、精诚合作、共同发展的原则,实现经济一体化,11个省区的商品流、资金流、人才流、科技流、信息流自由流动,对于促进区域经济协调发展,弱化行政区域,打破地域界限,统一规划区域大型基础设施,协调区域经济政策,整合区域产业发展规划,构建区域产业链条,提升区域资源配置能力,解决低水平重复建设,消除地方保护主义,构建巨大的南中国经济圈,可以把中西部省区纳入大珠三角和东盟的辐射范围,使泛珠三角区域内广大的中西部欠发达地区共享发达地区的技术、资金、人才、信息,与东部发达地区分享经济全球化的红利,对加快中部崛起战略与西部大开发战略的贯彻落实具有不可估量的战略价值。不仅如此,泛珠三角区域经济合作战略的提出,还在最大程度上体现了相互依存、区域共赢的理念,这种观念更新对泛珠三角的经济发展势必将产生持久影响。然而构建这样一个复合型的经济圈,不可能在短期内成型或见效,它必然是一个循序渐进的过程。泛珠三角不少内部成员在区域整合概念提出以前,已经分别与其他区域经济体系保持着某种联系,而且目前仍然保持密切的经济关系。今后,这些内部成员仍然会以各种形式与其他经济体保持或者建立某种联系。在区域合作格局多元化的情势下,每一个成员在参与区域经济合作方面是自由的,他们可以进行开放式的多元化选择。例如江西利用区位优势,制定了和长三角、珠三角、闽三角联动融入全球化的发展战略;福建则要在兼收并蓄中发展,北承长三角、南接珠三角、东连台湾、西进湘赣;四川则向东与长江流域经济带建立经济联系,向西南与云南、贵州、广西、西藏建立经济联系,向南与珠三角、港、澳建立经济联系,向北与陕、甘、新建立经济联系,共同走向中亚;广西与云南则要连接东盟;湖南也要从长三角地区吸取营养。由此可见,区域合作可以多种形式进行。区域之间可以形成你中有我,我中有你的格局,用区域的发展带动整体的发展。因此,我们应该理性认识到,泛珠三角区域经济协作圈的形成,并不是要把全国市场分割开来。相反,华南和西南地区统一市场经济机制和政府协调机制的逐步形成,首先会从地缘经济结构和资源配置方面实现要素优化,提升区域经济和产业结构的整体国内和国际竞争力,以看得见的手来引导和疏浚因中部崛起与西部开发而在经济发展方面面临的困境和难题,解决东部沿海发达省区的可持续发展问题,通过对外经济战略的调整,积极应对世界经济全球化和区域经济一体化的潮流,泛珠三角的整合战略为整个地区的现代化和区域统合提供了机制保障和现实可能。

3.融合区域经济战略与对外开放战略的制度变迁分析

在市场经济的发展过程中,促进人们进行区域经济合作选择的是对利益的追求。共同的利益诉求会把分散的各方凝聚到一起。但是这并不意味着加入一个新的区域经济合作体系就是对原有所在区域经济体系的放弃。泛珠三角区域合作就是要为区域合作各方提供一个有效的利益交换和利益补偿的平台。在泛珠平台进行利益交换的同时,各个利益相关者还需要其他区域合作平台实现自己的利益。泛珠合作只是参与各方经济交往的一个纽带,它不是也不会是参与各方经济发展的唯一平台。哪个区域经济合作体系对其更加有利与合适，他就会更愿意参与和推动该合作体系的建设进程。这实际上是一个契约选择的自由意志问题，不能排除将来新成员进入和初始成员退出。从经济合作程度、自然地理位置和交通等条件综合分析，我们可以尝试勾画出若干年后泛珠三角经济圈的基本框架：一个经济核心区及两个紧密和半紧密的经济圈。香港和广州是泛珠三角经济圈的核心城市，广东及其周边的广西、海南、湖南、江西、福建将构成泛珠三角的紧密层经济圈。云南、贵州、四川以至东盟国家将形成泛珠三角区域的半紧密层经济圈。泛珠三角经济协作区客观上形成各具特色、各具优势的不同发展层次。香港特别行政区是高度国际化的城市，是国际性的金融、物流、信息和旅游中心，在服务业方面具有明显的优势，它将是统领这一区域走向世界、参与国际竞争的龙头。广州是广东省的中心，也是珠三角地区的经济中心，香港和广州将以中心城市的角色，引领泛珠三角区域经济的发展。即两个核心城市带动珠三角的发展，珠三角再带动泛珠三角的紧密层经济圈的发展，进而推进至半紧密层经济圈。

与区域经济整合战略相比较起来，我国的对外开放与对外经济战略走的是一条采取梯度开放战略的渐进道路。从经济特区的创办到沿海港口城市的开放，再到开辟沿海经济开放区，及至 20 世纪 90 年代浦东新区的开发和开放，逐渐形成沿江、沿边和内陆相结合的多层次、多渠道、全方位的对外开放格局。① 在对外开放的战略取向上，我国泛珠三角落后省区的主要任务之一应是发展外向型经济，改变原来与世界经济隔绝的内向型的封闭式发展模式，以自身的资源、劳动力等生产要素的比较优势参与泛珠与东盟之间的国际产业分工，参加到国际经济和区域经济的循环中去，在国际经济关系的调整和国际市场的激烈竞争中寻找发展机会，从经济开放中获得比较利益，从而带动本国经济的发展。具体而言，可以采取的基本措施主要有：一是吸引国际直接投资并鼓励或引导外来资金投向劳动密集型产业以创造大量就业机会；二是充分发挥比较优势，凭借劳动力成本低廉的优势生产劳动密集型产品参与国际市场竞争；三是在加入世界贸易组织情况下可以采取各种技术壁垒的手段形式

---

① 张幼文等：《新开放观：对外开放理论与战略再探索》，人民出版社 2007 年版，第 35、36 页。

保护本区域的产业和市场,培育泛珠三角区域经济的国际产业竞争力。与主动的贸易自由化主张相联系,我国以往的开放具有明显的政策性开放的特点。一是地区政策倾斜。从经济特区的创办到沿海港口城市的开放,中央政府无不给予特殊的经济政策和优惠。在开放政策上,主要表现在外贸权限、外资审批和外汇留成比例方面,赋予经济特区、开放城市、开发区不同等级的优惠政策,实行了差别待遇。二是采取包括减免税收、降低地价等各种优惠措施鼓励外商来华投资,给予外资企业以"超国民待遇"。

从地区产业分工与合作的角度来分析,这种对外战略模式带有明显的渐进性战略调整的意味。改革开放前中国处于一种封闭内向计划分工的环境,通过逐步开放,我们实现了由计划分工到市场分工的渐进性分工调整,实现了由自给自足的国内分工到融入国际产业循环的国际专业化分工的调整模式。与前苏东国家转轨经济不同的是,前苏联等国家采取的是完全打破旧有体制和制度规则,直接在市场环境和国际环境中进行分工调整的"休克疗法",是先开放后学习,在开放的环境中学习市场分工。而中国的道路则是先学习后开放,先试点后推广。先在计划体制最弱改革成本最低的农村地区进行市场化改革,实行市场分工。先在最具有比较优势的部门如劳动密集型产业实行开放,参与国际分工,然后通过对试点地区、试点行业、试点部门市场分工经验的获得、国际分工经验的学习,扩大开放领域。① 这种渐进性的开放和分工调整模式,采取的是风险可控模式,保证了整个国民经济系统运行模式的稳定性,使我们能够抵御突发性的外部经济冲击。同时,这种开放性战略也伴随着高昂的学习成本和调整成本。它使得我们在渐进性的改革开放过程中,出现了资源配置的扭曲,出现了地区发展不平衡,出现了地区之间的利益冲突甚至出现利益寻租集团等严重问题。但是从改革与开放的总体战略效果来看,我国的渐进性开放战略是成功的,表现出诱致性制度变迁的发展特征,因此,改革的代价和成本是可以接受的。

当前,由于贸易投资一体化和区域经济一体化进程的迅速发展,国际产业分工越来越表现出由产业间分工转化为产业内分工的发展趋势,跨国公司内

---

① ［比利时］热若尔·罗兰:《转型与经济学》,张帆等译,北京大学出版社 2002 年版,第27—30 页。

部在生产价值链上不同环节的专业化分工成为分工的主要表现形式,从而导致国家与国家之间按照价值链不同环节分工的现象。国际分工利益不再取决于企业产权和产品产地,而是取决于参与国际分工要素的数量和质量。① 由于中国和泛珠三角地区的外贸是外资驱动模式的,尽管我们的贸易规模总量已经跃居世界第三位,但是我们的贸易更多是中低端性质的加工贸易,贸易的附加值比较低,赢利空间也有限,而且还始终面临巨大的汇率调整压力。因此,可以认为决定泛珠三角区域在国际产业分工中的绝对获益还是相对获益数额,关键取决于泛珠三角地区参与了什么层次的国际产业分工? 是以什么样的生产要素、什么层次的生产要素参与国际分工,对价值链关键环节的控制能力有多大? 因此,我们应当大力借助泛珠三角区域整合与中国—东盟自由贸易区的建设契机,加速推进泛珠三角区域与东盟之间的区域经济合作进程,有效融合区域经济发展战略与对外开放战略的模式目标与行动议程,积极探索国内区域经济合作与国际区域经济合作的对接,从贸易投资一体化和要素分工的高度,从全面参与国际区域经济合作和以跨国公司为主导的国际分工新体系为导向,进而规划泛珠三角区域的内部整合战略与对外经济战略。

第二节　泛珠三角与东盟跨边界区域合作的可行性研究

在对自由贸易区经济效应的一系列研究结论中,贸易效应的研究是目前的主流方向,并可分为静态效应和动态效应。从静态效应的视角来分析,主要有维纳的贸易创造和贸易转移理论,凯姆普和亨利·旺的关税同盟和自由贸易协定的福利增长理论,克鲁格曼的区域集团和世界福利理论。从动态效应的角度来分析,则主要有巴拉萨的规模经济理论,鲍得温的长期经济增长理论和多米诺骨牌理论等。② 美国著名经济学家维纳认为,贸易创造效应是指由于关税同盟内部取消关税,一成员国国内生产成本高的产品或原先从同盟外高价购买的产品为另一成员国成本低的产品所替代,从而导致从成员国的进口增加,提高了资源配置效率,增加了消费者福利。贸易转移效应是指原来从

---

① 参见张二镇等:《贸易投资一体化与中国的战略》,人民出版社 2004 年版,第 208—210 页。

② 孟夏:《亚太区域贸易安排研究》,南开大学出版社 2005 年版,第 67—72 页。

同盟外非成员国成本较低的产品进口转向另一成员国成本较高的产品进口，其结果恶化了资源配置，减少了社会福利。① 其实，如果从新制度经济学的发展视角分析，经济发展所需要的因素不只是劳动力、资本、技术，还有制度因素在起着重要的作用。美国著名经济学家诺斯认为，"制度安排的发展才是主要的改善生产效率和要素市场的历史原因。更为有效的经济组织的发展，其作用如同技术发展对于西方世界增长所起的作用那样同等重要。"② 经济制度微观上有企业，宏观上有国家的经济体制、区域性的制度安排等。因此，区域的经济合作和经济发展，有赖于区域经济合作的制度安排和制度创新。在中国—东盟自由贸易区框架内，加强泛珠三角区域与东盟自由贸易区之间的机制性建设，作为一种区域制度安排，必将进一步促进泛珠三角区域同东盟的经济合作和经济繁荣发展。

一、泛珠三角与东盟区域经济合作的静态效应研究

泛珠三角地区作为一个国内的区域经济合作组织，实际上是谋求区域经济体的优势互补，追求地区市场的统合，进而提升地区整体的对外开放水平和国际竞争力。东盟作为东南亚 10 个国家联合的国际组织，发展并推进它与中国泛珠地区的经济合作其实是在中国—东盟自由贸易区建设过程中的必然趋势，也是推动中国与东盟经济一体化的战略举措。在影响区域经济合作进程的理论分析中，贸易创造效应和贸易转移效应的指标分析是研究区域经济整合中静态经济效应两个最为直接和重要的显性指标。

1.中国—东盟自由贸易区的静态经济效应及其测度

从经济发展史的角度考量，双边贸易是推动中国与东盟经济发展的重要因素。从 20 世纪 80 年代起，中国与东盟的双边贸易迅速增长，年均增长约 20%左右。自 90 年代初，中国与东盟国家纷纷恢复外交关系，双边贸易额迅猛增长，增长变化曲线见附图 3-1 所示。1990 年至 2002 年，中国对东盟的出口额从 39.6 亿美元上升为 235.68 亿美元，从东盟国家的进口从 31.4 亿美元增加到 312 亿美元。中国对东盟的进出口总额也从 1990 年 71 亿美元增加到

---

① 陈岩:《国际一体化经济学》,商务印书馆 2001 年版,第 6—7 页。
② [美]道格拉斯·诺思:《制度变迁与经济增长》,转引自盛洪主编:《现代制度经济学》上卷,北京大学出版社 2004 年版,第 290 页。

2002 年的 547.7 亿美元,年平均递增超过 20%。其中除 1997 年因爆发东亚金融危机,双边贸易总额从 1997 年 251.5 亿美元下滑到 236.4 亿美元外,其他年份均保持高速稳定增长态势。

（单位：亿美元）

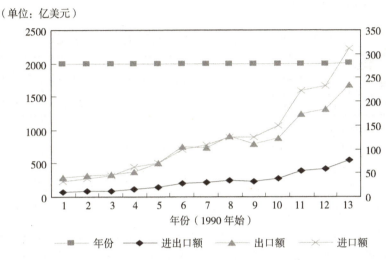

图 3-1　中国与东盟进出口总额历年变化示意图

（资料来源：根据中国海关总署统计数据整理）

　　但是,我们也注意到,双方贸易所占的各自贸易总额的比重依然有限。1994 年中国对东盟的进出口贸易额占中国对外贸易进出口总额 2365.7 亿美元的 6.1%;2001 年中国进出口额为 5753.7 亿美元,与东盟的贸易比重仅增加到 6.7%。从东盟的贸易进出口角度分析,1994 年对中国的进出口额为 143.3 亿美元,占对外贸易总额的 5464.4 亿美元的 2.7%;2001 年上升到 416.1 亿美元,占东盟对外贸易总额 7477.3 亿美元的 5.6%。中国—东盟经济合作专家组的研究分析表明,中国—东盟自由贸易区建立之后,将使东盟对中国的出口年增加 130 亿美元,增幅为 48%;中国对东盟的出口年增加 106 亿美元,增幅为 55%。到 2010 年,中国—东盟自由贸易区内贸易总额将从目前的 1.3 万亿美元大幅度提高,接近欧盟和北美自由贸易区的水平。各成员的区内贸易比重将从目前的 20% 左右提高到 30% 以上,对区外贸易也将有显著增长。从东盟角度进行统计分析的结果显示,东盟对中国外贸进出口比率不断增加,1994 年东盟对中国的出口占出口总额的 2.6%,到 2001 年增加到

4.4%。东盟进口所占份额比起出口增加的更快些,同期从 2.8% 增加到 6.0%。从东盟具体国家而言,越南、缅甸、柬埔寨、老挝尽管与中国的贸易额比较小,但对我国的外贸依存度却比较高。例如按表 3-1 的统计结果显示,2000 年缅甸对中国的贸易依存度达到 15.1%,越南为 9.1%。

表 3-1 2000 年东盟国家对中国外贸依存度统计表(%)

国家 依存度	文莱	柬埔寨	印尼	老挝	马来 西亚	缅甸	菲律宾	新加坡	泰国	越南
中国	1.6	4.9	5.0	3.8	3.5	15.1	2.0	4.6	3.7	9.1

资料来源:国际货币基金组织《贸易方向统计》2001 年年鉴。
外贸依存度(FTR)= FT/GDP×100%(对外贸易总额占国内生产总值的百分比)

通过第二章对中国—东盟自由贸易区静态经济效应的实证分析,我们曾经得到以下经验性认识:

第一,中国—东盟自由贸易区贸易效应最直接地来源于成员国间关税和非关税壁垒的降低,甚至完全撤除,这虽然有助于各国扩大市场容量以及经济的交往和相互促进,但同时也存在贸易转移效应;第二,贸易关系互补性能促进基于生产要素自由流动基础上的资源优化配置,在优势互补的产品上产生贸易效应,形成提高区域经济利益的巨大动力,成员国在形成规模经济的基础上促进了产业内贸易的发展;第三,中国和东盟国家贸易的竞争性并不一定是不利于 CAFTA 的发展,相反进一步给成员国带来贸易创造效应,带动了区内贸易的增长;第四,通过对成员国生产价格与世界价格的比较以及区内外市场的贸易结构的分析,说明我国与东盟国家贸易创造的空间很大,同时对第三方市场的贸易额会有所下降,但贸易转移并不居于主导地位。在中国与东盟贸易互补性的基础上形成合理的产业分工布局也能带来资源优化配置的好处,促成更公平、有效的竞争,这样中国和东盟才能从贸易效应中获得更大收益。那么,泛珠三角区域与东盟的区域经济合作作为中国—东盟自由贸易区建设的前沿阵地和先行示范区域,自然符合上述结论的适用范围,不仅如此,具体而言,还具有以下比较显著的静态经济效应。

2.泛珠三角与东盟区域合作的静态经济效应分析

从泛珠与东盟双方经贸合作的现实来看,自由贸易区的贸易效应来源于贸易壁垒的取消,在成立中国—东盟自由贸易区之前,除了新加坡,其他成员国的贸易壁垒比较高,印尼、泰国、马来西亚、菲律宾都有较高的关税壁垒,尤其是四个新加入的成员国关税水平普遍较高,均在15%以上。中国在从东盟国家进口一些产品上设置的关税非关税壁垒也比较高,比如对泰国的大米、对印尼和马来西亚的棕榈油的高进口关税及配额。中国和东盟在合作框架下的关税减让参照了东盟自由贸易区原有的协定《共同有效优惠关税协定》(CEPT)来实施,"10+1协议"明确了货物贸易自由化的时间表和取消所有贸易关税和非关税壁垒的目标,并以CEPT为基础采取封闭式的区域性优惠关税措施,将产品分为三类(早期收获产品、敏感产品和正常产品),实行逐年降税模式。

表3-2　中国—东盟自由贸易区废除关税后的贸易变动情况 单位:百万美元

国家	出口变化(出口目的国)			进口变化(进口来源国)		
	中国	美国	日本	中国	美国	日本
印尼	2656.09	−209.99	−313.66	1371.60	8.29	−16.76
马来西亚	3207.28	−416.56	−246.27	1456.34	11.17	−1.68
菲律宾	330.80	413.49	39.16	3057.17	−152.88	−266.16
新加坡	3639.18	−321.22	−200.07	643.94	208.02	325.30
泰国	2907.76	−252.78	−271.30	3140.16	−75.46	−342.10
中国	—	−813.34	−511.53	—	−501.03	−823.79

数据来源:东盟秘书处网站 http://www.aseansec.org。

泛珠三角区域与东盟国家地理位置邻近,开展贸易往来具有得天独厚的地缘优势。目前泛珠三角是"9+2"(粤、闽、赣、桂、琼、湘、川、云、贵、港、澳),总面积约为200万平方公里,约4.46亿人,2003年区内GDP总量约为6000亿美元;东盟10国总面积约450万平方公里,约5亿人口,2003年GDP总量约7000亿美元。从规模和实力来说,这是两个大致对等的地区。近些年来,我国泛珠三角区域和东盟国家的贸易关系发展十分迅速,双方在资源构成、产业结构和工农业产品等方面各具特色,互补性很强,扩大双方贸易规模的潜力巨大。根据表3-3的相关统计数据显示,仅从2004年以来,泛珠三角区域在中国—东盟自由贸易区的建设进程中的作用就极为显著。

表 3-3 泛珠 9 省区与东盟贸易合作统计表

地　区	与东盟贸易额（亿美元）			对东盟出口额（亿美元）		
	2004 年	2005 年	年增长率%	2004 年	2005 年	年增长率%
9 省区合计	401.95	462.46	15.05	144.27	174.55	20.99
福建	39.72	46.55	11.70	22.73	24.28	6.80
江西	0.62	2.50	304.79	1.75	2.00	13.80
湖南	3.34	3.63	8.87	2.57	3.08	19.98
广东	322.93	369.04	14.30	92.69	116.79	24.90
广西	10.01	12.24	22.20	6.36	8.31	30.50
海南	2.67	2.64	-1.10	1.13	0.70	-38.10
四川	7.09	7.74	9.20	5.45	6.61	21.30
贵州	2.81	2.55	-9.25	1.97	1.87	-5.08
云南	12.76	15.57	22.00	9.62	10.91	13.40

数据来源：东盟秘书处网站 http://www.aseansec.org；中国商务部网站，www.mofcom.gov.cn。

　　根据表 3-4 的数据分析，泛珠与东盟相互之间的贸易发展增长非常快，2004 年泛珠内地九省区对东盟的出口额为 144.27 亿美元，进口额为 257.68 亿美元，进出口贸易总额为 401.95 亿美元。2005 年泛珠内地九省区对东盟的出口额增加到 174.55 亿美元，同比增长 20.99%，而进出口贸易总额高达 462.46 亿美元，增长 15.05%。

　　在泛珠内地九省区对东盟贸易的地区差异中，我们发现，广东和福建作为沿海开放省份，经济发达，与东盟国家的贸易份额占比超过 80%。如图 3-2 所示，05 年广东所占泛珠与东盟贸易总额的 79%，而福建则占 9%，两者合计已经高达 88%。2006 年、2007 年广东省与东盟的贸易总额分别达到 441.48 亿美元、559.60 亿美元。而福建与东盟的贸易总额则分别为 54.12 亿美元、70.74 亿美元。作为经济规模较大的两个外向型经济省份，它们的贸易数据变化符合维纳关于静态效应中区内经济效应与福利水平增长程度与区域经济规模成正相关的判断。处于中国—东盟自由贸易区建设前沿省区的广西和云南，区域进出口贸易份额增长显著。2007 年，广西与东盟贸易额为 29.08 亿美元，云南与东盟贸易额则达 30.3 亿美元，贸易增幅强劲，东盟一举成为广西和云南对外贸易规模活力最强的市场。这应验了静态效应理论中一个地区外向型经济比重越低,参与区域经济合作产生的贸易创造效应可能性越大的基本结论。

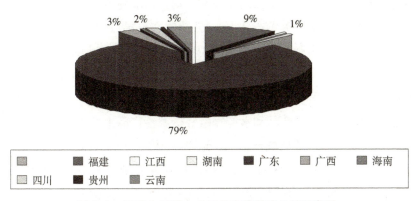

图 3-2 2005 年泛珠九省区与东盟贸易份额示意图

资料来源:东盟秘书处网站 http://www.aseansec.org;中国商务部网站,www.mofcom.gov.cn。

在自由贸易区建立之前,东盟在与泛珠三角区域的农产品贸易中,泰国所占的比重比较大,并且相比中国,泰国在很多农产品生产上颇具优势,如芒果、榴莲、龙眼等热带水果,泛珠三角区域对许多种类的仍属于高消费产品的热带水果蔬菜产品征收 30—50%的关税,因此这些产品的价格远远高于国内市场价格。而早期收获方案就打破这种障碍,尤其是 2003 年中泰两国农产品提前实现零关税,较大的关税让渡空间使得泛珠三角区域市场大量进口泰国热带农产品,取代了国内低成本的生产以及由于价格下降引起消费增加拉动贸易增长,因而产生了贸易效应。而在制成品贸易中,泰国有比较高的关税,该国关税税率高达 30—60%,大大高于我国同类关税,而且泰国内对这类产品的需求弹性比较大,所以关税减让后为我国泛珠三角区域制成品的出口提供了广阔空间。

建立自由贸易区后,在比较优势的基础上实行专业化分工,区域内一些国家的国内生产品便被其他生产成本更低的产品的进口所替代,从而使资源的使用效率提高。中国泛珠三角区域省区与东盟的主要老成员国新加坡、泰国、印尼、马来西亚、菲律宾在双边贸易商品结构中具有一定的相似性,体现出了水平型分工的特征。这种水平型的分工与贸易格局,有利于获得贸易创造效果。另外,中国泛珠三角区域省区与东盟国家在水平型分工背后其实还有很大的互补性。新加坡在一些技术密集型产品上有比较优势,包括化工、机械设备、交通设备、通讯设备、办公设备、计算机、科学仪器等,因此与中国泛珠三角区域省区在货物贸易上有很强的互补性。马来西亚在电子、电器产品方面,泰国在大米、糖、热带水果等农产品方面,菲律宾在水果、蔬菜、办公用品方面,印尼在能源出口方面具有比较优势。对于以能源为支柱产业的文莱来说,主要优势在于能源出口,而中国是石油净进口国家,双方可以扩大这一领域的合作。由于存在特惠贸易安排,越南、老挝、缅甸和柬埔寨等新东盟国家也将享受在能源、木材加工、农产品和水产养殖等资源性产品上的优势。而中国泛珠三角区域省区在电器及机械产品、建筑材料、服装及纺织品上占有一定的优势。随着贸易壁垒的减少和撤除,这种优势互补会带来更多的贸易机会。受《中国—东盟全面经济合作框架协议货物贸易协定》实施的推动,泛珠三角区域内地省区和东盟进出口贸易总额大幅度上升。统计资料显示,泛珠三角区域内地九省区从东盟进口的商品主要集中在矿产品、化工品、农产品三大类。随着中国—东盟自由贸易区全面降税进程的推进,东盟国家的金属矿产、石油、液化天然气等资源将逐步成为泛珠三角区域经济发展的重要支撑力量。

但是应该注意到,泛珠三角地区和东盟同属于发展中国家和地区,产业结构和竞争力水平有很大的相似性。从中国泛珠三角区域以及东盟各国的主要贸易伙伴国之间的贸易商品结构来看,泛珠三角区域内地省区的主要贸易伙伴国是日本、美国、欧盟和我国的香港、台湾以及韩国等,同这些国家的贸易额占泛珠三角区域对外贸易份额极高。东盟的主要贸易伙伴国是日本、韩国、北美和欧盟,同这些国家的贸易额多年来一直占到东盟贸易总额的 70% 以上。而贸易商品结构也有很大的相似性,中国泛珠三角区域和东盟与区域外的贸易多属比较优势的互补型贸易,中国泛珠三角区域和东盟各国主要向欧美日等发达国家出口初级产品和低附加值的劳动密集型制成品为主,主要有服装、鞋类、组装类电子产品以及日用品等品种上,在进口商品结构上以从欧美日等发达国家进口资本技术密集型的制成品为主。因此,贸易的国别结构和商品结构决定了中国泛珠三角区域和东盟间双方的贸易都很难替代各自与区外发达国家间的贸易往来,因此建立自由贸易区后虽然会扩大区内的贸易往来,但是可能产生的贸易转移效果不是很大。不可否认,泛珠三角区域和东盟在出口结构上又相当大一部分是相互竞争的产品,特别是纺织品和服装及其他劳动密集型产品。而且由于中国泛珠三角区域产业升级和产业转型趋势明显，在汽车工业、医药工业、机械电器、电子产品领域，也和东盟国家存在竞争。贸易和投资壁垒的消除将使得竞争更加公平，竞争的结果将使各种生产要素更加迅速在国际不同地区间寻求最优配置，为了在更激烈的竞争中获得一席之地，企业不得不努力引进新技术和先进的管理经验，引进优秀人才，实现技术创新和升级，努力降低成本。这样，企业在不断提高自身素质中也带来了整个产业结构的升级。

二、泛珠三角与东盟区域经济合作的动态效应分析

从理论角度而言，在国际区域经济一体化动态经济效应的模型框架中，主要包含以下层面的分析：规模经济效应；竞争效应；投资创造与投资转移效应；促进技术进步和经济增长效应；全要素劳动生产率效应；规模报酬递增部门的协议性分工效应；降低经济调整成本，提高产业内贸易效应；降低成员国之间信息不对称，削减市场交易成本，提高区内分工水平以及产业链调整效应等。① 上述的划分是比较具体且全面的，对于自由贸易区的动态经济效应来说，实际上大致可细化分类为以下几个主要方面：第一，因区域内贸易壁垒的消除、贸易的增加而扩大了国内市场的规模经济效应；第二，因进口、引进外资的增加而活跃了国内市场的竞争促进效应；第三，由于自由贸易区而生的贸易转移效应；第四，因自由贸易区的建立，各成员国间相互交流或引入先进经营方法和技术的知识溢出效应；第五，为缔结自由贸易区而进行交涉时，各成员国因彼此间相互牵制和压力而放松国内限制，进行国内制度改革的制度革新效应。

中国—东盟自由贸易区范围内，泛珠与东盟之间的区域经济一体化进程实质上也是一种带有南南型性质的区域经济合作，与北北型国际经济一体化组织以实现资源最佳配置和区内贸易自由化为目的不同的是，在泛珠与东盟之间的区域经济一体化进程中，贸易创造与贸易转移的静态经济效应不如规模经济、促进竞争、扩大市场等动态经济效应明显。所以，动态经济效应的考察与研究更应该是泛珠三角与东盟区域经济合作研究的主要发展方向。

---

① 樊莹：《国际一体化的经济效应分析》，中国财政经济出版社 2005 年版，第 114 页。

1.泛珠三角与东盟区域合作的贸易创造与贸易转移效应研究

中国—东盟自由贸易区成立后,成员国国内市场向统一的大市场转换,区域市场进一步统合,从而使成员国获取更大的规模经济效应,通过竞争促进科技进步。泛珠三角总面积约为 200 万平方公里,约 4.46 亿人,2003 年区内GDP 总量约为 6000 亿美元;东盟 10 国总面积约 450 万平方公里,约 5 亿人口,2003 年 GDP 总量约 7000 亿美元。地区贸易规模仅次于欧盟和北美自由贸易区,这么巨大的市场对于每个企业尤其是竞争力强的企业来说都有很大的诱惑力。消除了贸易保护的壁垒后,进入其他成员方的国内市场变得更容易,这样原来分割的比较狭小的国内市场统一成这么巨大的市场,利用大市场可以实现专业化和规模经济效应。来自区域大市场的激烈的竞争压力也会促使企业想尽办法去降低成本,另外,区域内的企业把中国泛珠三角区域和东盟地区看做是一个整体的市场而进行经营活动,可以在更大的范围内以更低的成本获得原材料以及零部件,有助于提高产品的成本竞争力。以东盟自由贸易区的整合进程为例,区内各成员国相互降低或取消关税,消减或取消非关税壁垒,扩大服务和投资领域市场准入,使东盟向一个统一的市场发展。各成员国内市场的放开与相对扩大,使他们之间有可能进行高度专业化的分工和协作,扩大生产规模,提高生产效率,降低生产成本,增强区域内的贸易投资联系,获得规模经济利益。同时,关税的大幅度削减和取消会促使成员国企业积极应对其他成员国生产者的竞争,改变在贸易壁垒的庇护下滋生的懒惰和满足情绪。竞争程度的提高也可刺激生产者开发利用新技术,研发新产品,改善内部管理以增强竞争力。例如东盟各国在科技、教育、人力资本和能力建设等方面的合作,进一步深化了贸易、投资自由化所带来的影响,增强了东盟各国的国际竞争力。瑞士"世界经济论坛"和"国际管理发展学院"所作的《世界竞争力年报》显示,1970 年代末,东盟各国的排名还较低。1984 年,东盟的新加坡、马来西亚和泰国已经位于发展中国家(地区)的前 10 名;1996 年,新加坡超越美国跃升至世界第 1 位,马来西亚由第 21 位升至第 10 位;泰国由第 26位升至第 14 位;印度尼西亚由第 33 位升至第 30 位等。东盟各国加强在科学技术领域的合作就是其增强竞争意识的一个例子。为实现科技竞争力提高的长期目标,东盟制定并实施了两个科技行动合作计划作为中期过渡途径:1996—2000 年的科技行动计划已经完成,促进了新成员国参与东盟科技合作的活动。2001—2004 年的科技行动为实现科技的相互促进和自我发展以及使科技融入到私人部门的活动,东盟建立了一个科技基础设施网络和一系列公共和私人部门人力资源发展计划。建立科研机构与产业间科技转移机制,促进科技的商业化和科技人员的流动;加强公众对科技重要性的了解;扩大与国际组织、区域外国家的科技合作。① 东盟与澳大利亚、中国、欧盟、印度、日本、韩国和新西兰建立了良好的科技合作关系,并得到了这些国家的财政援助。另外,东盟与上述国家在生物科技、材料科技、远程感应技术和信息技术领域进行联合研发和培训,并定期组织项目建发展研讨会。

不可否认,泛珠三角区域和东盟的出口结构又相当大一部分是相互竞争的产品,特别是纺织品和服装及其他劳动密集型产品。而且由于中国泛珠三角区域技术水平的提高,在机械电器及电子产品领域,也和东盟国家存在竞争。贸易和投资壁垒的消除将使得竞争更加公平,竞争的结果将使资源更加迅速在国际间寻求最佳配置,为了在更激烈的竞争中获得一席之地,企业不得不努力引进新技术和先进的管理经验,引进优秀人才,实现技术创新和升级,努力降低成本。这样,企业在不断提高自身素质中也带来了整个产业结构的升级。

2.泛珠三角与东盟区域合作的投资创造与投资转移效应研究

投资取决于对未来的资本边际生产率的判断。生产任何一种商品的资本边际产量都取决于该商品的未来需求和影响生产过程的无数不确定条件,凯恩斯就把投资决策归结于动物情绪而不是精确的数学计算。② 现实世界中,外资的流向由投资环境的优劣、获利的高低决定。截止到 1997 年亚洲金融危机发生之前,流入到东盟的 FDI 增长很快,根据相关统计数据显示,1989—1994 年年均 139.42 亿美元,1997 年为 303.69 亿美元。东盟占世界 FDI 流入量的份额到 1996 年上升为 7.67%。自从东亚金融危机爆发以来,东盟 FDI 流入量持续下滑。1998 年,东盟 10 国吸收 FDI 为 185.04 亿美元,只占世界 FDI

① 参见王中昭:《中国和东盟五国高新技术产业竞争力动态分析》,《亚太经济》2005 年第 1 期;范爱军、王建:《东盟诸国信息产业发展战略及其对我国的启示》,《当代亚太》2005 年第 1 期。

② [美]杰弗里·萨克斯等:《全球视角的宏观经济学》,陈昕等译,上海人民出版社 2004 年版,第 115 页。

流入量的 2.66%。1999 年东盟 FDI 流入量虽有上升,但其只占世界 FDI 流入量的 1.81%。2000 年东盟 FDI 流入量又进一步下将到 110.56 亿美元,占世界 FDI 流入量的 0.74%。这主要是印度尼西亚投资显著下降的结果。近年来,来自其他发展中国家的引资竞争也越来越激烈。中国是发展中国家中吸引 FDI 最多的国家,中国加入 WTO 刺激了更多的资本流向中国内地和香港地区。由于金融危机的冲击和亚洲其他国家的引资竞争的外部因素,东盟国家FDI 的绝对流入量在近几年有所下降,但这并不能否定东盟经济一体化中投资促进政策的作用。

表 3-4　1995—2001 年东盟和中国内地 FDI 流入数额　单位:百万美元

年份 国家	1995	1996	1997	1998	1999	2000	2001
文莱	583	654	702	573	596	600	244
柬埔寨	162	586	−15	230	214	179	113
印尼	4346	6194	4677	−356	−2745	−4550	−3277
老挝	88	128	86	45	52	34	24
马来西亚	5816	7296	6324	2714	3895	3788	554
缅甸	277	310	387	314	253	255	123
菲律宾	1459	1520	1249	1752	578	1241	1792
新加坡	8788	8608	10746	6389	11803	5407	8609
泰国	2068	2271	3626	5143	3561	2813	3759
越南	1780	1803	2587	1700	1484	1289	1300
东盟合计	25367	29370	30369	18504	19691	11056	13241
中国	35849	40180	44237	43751	40319	40772	46846

资料来源:《世界投资报告》(2002 年)。

　　由东盟各国 FDI 流入量占 GDP 的比重就可看到,在金融危机前各国比例稳步上升,新成员国的表现尤其突出。如表 3-5 所示,从 1990 年代中后期开始,东盟新成员国开始实行相对开放的外资政策,使得 FDI 占 GDP 的比重明显增加。1999 年柬埔寨、老挝和越南净 FDI 占 GDP 的比重分别达到 4.3%,5.7% 和 7.0%。

表 3-5　1995—1999 年东盟 10 国 FDI 占 GDP 比重

年份 国家	1995	1996	1997	1998	1999
文莱	0.2	−1.3	0.0	−0.5	−0.9
柬埔寨	5.1	9.3	6.6	4.2	4.3
印度尼西亚	2.2	2.7	2.2	−0.4	−1.9
老挝	5.4	8.5	5.3	3.6	5.7
马来西亚	6.7	7.2	6.5	3.7	4.7
缅甸	2.6	2.7	3.2	2.5	2.0
菲律宾	2.0	1.8	1.5	2.7	1.0
新加坡	10.5	11.3	13.7	7.6	8.5
泰国	1.2	1.2	2.4	4.6	2.9
越南	11.5	10.8	10.7	8.3	7.0

资料来源：UNCTAD，FDI statistics，www.unctad.org。

目前，在东盟国家中有两种类型的外国直接投资：与进口替代战略有关的
FDI 和垂直一体化下的 FDI。东盟老成员国在早期曾经实施进口替代战略，
外国企业为了绕过关税、非关税壁垒采取直接投资形式进入国内市场。各国
有限的国内市场规模限制了进口替代战略的实施。在新成员国中，越南吸引
了很多与进口替代战略有关的国际直接投资。为了促进资本密集型产业和战
略产业的发展，越南鼓励国有企业和外国企业建立合资企业，这种保护形式吸
引了外国公司的直接投资。另一方面，在东亚地区存在着垂直一体化的分工
结构，跨国公司根据各地的比较优势分配价值链生产的各个阶段。东盟新成
员国与老成员国相比，劳动力资源丰富，工资水平较低，对劳动力密集型制造
业的外资来讲很有吸引力；东亚新兴工业国家为解决国内工资增长和《多国
纤维协议》的配额限制，从 1980 年代开始纷纷将资金投资于老挝和柬埔寨服
装行业的动向就说明了这一问题。

与东盟相比，中国在市场规模、劳动供给、生产成本方面占有优势，加上中
国经济的强劲发展势头，所以外商直接投资选择中国的机会更高一些。而且
外商还会根据各个国家或地区的资源禀赋差异选择投资地点。此外，东道国
的某一行业是否已有其他外资企业投资，也是外商直接投资时考虑的一个因

素,因为外资企业集中有利于促进该行业的发展。跨国公司在进行直接投资时也会注意规避风险,避免投资过度集中于一个国家或地区。1995 年到 2000 年东盟国家和中国引进外国直接投资的历年数据也证实了上面的基本判断。

（单位：亿美元）

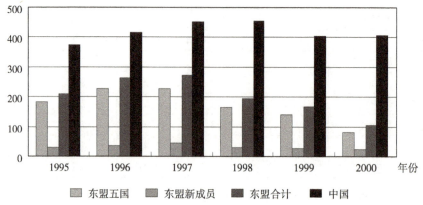

图 3-3　1995—2000 年东盟国家和中国引进 FDI 比较示意图

备注:东盟五国是指印尼、马来西亚、菲律宾、泰国和新加坡。东盟新成员是指缅甸、老挝、柬埔寨、越南。数据转引自廖少廉等:《东盟区域经济合作研究》,中国对外经济贸易出版社 2003 年版,第 183 页。

从中国和东盟之间的相互投资来看,虽然中国与东盟成员国在地理位置上毗邻,但是双方之间的投资并不活跃。2002 年,印度尼西亚对华直接投资实际使用金额为 1.2164 亿美元,菲律宾是 1.86 亿美元,泰国为 1.8772 亿美元,马来西亚是 3.6786 亿美元,新加坡是 23.372 亿美元,该年东盟成员国中只有新加坡排进对华投资的前 15 位。2001 年,中国向东盟直接投资金额仅为 1.4826 亿美元。① 由此可见,中国与东盟双方之间的相互投资在自由贸易区未成立前占各自对外直接投资的比例并不高,而美国、日本、欧盟国家才是双方各自重要的资本和技术的提供者。因此中国和东盟之间的相互投资需要挖掘其中的巨大潜力。

建立中国—东盟自由贸易区,不仅可以获得积极的贸易效应,而且可以扩大区外资金的流入,促进区内国家的相互投资力度。同时还可以避免成员国

---

① 韦倩青:《中国与东盟贸易投资关系分析及共同自由贸易区运行模式思考》,《宏观经济》2004 年第 3 期。

之间的无序竞争,创造更优越的投资环境吸引区外投资。目前中国已在东盟各国的能源、矿产、农业、家用电器、食品加工等行业有了一定的投资。例如仅在 2003 年,我国企业在东盟 10 国的投资项目为 822 个,中方投资 8.74 亿美元,占同期我国对外投资总额的 8.77%。其中对泰国和印度尼西亚的投资规模较大,占对东盟投资的 29.1% 和 18.73%。① 而根据中国商务部的最新统计公报显示,2010 年中国对东盟的直接投资已经高达 44.05 亿美元,同比 2009年增长 63.2%。其中,中国仅对新加坡的直接投资即达到 11.19 亿美元。截止到 2010 年末,中国共在东盟设立直接投资企业近 2300 家,雇佣当地雇员7.2 万人。同时,东盟也是中国重要的外资来源地之一。② 中国—东盟自由贸易区在投资方面的目标是建立自由、便利、透明和具有竞争力的投资体系,促进区域内资本流动和增强对区外直接投资的吸引力。从整体上看,中国—东盟自由贸易区可给外资带来的利益包括:第一,对于市场扩大型投资,建立自由贸易区无疑扩大了外资企业的市场,在任何成员国投资的企业都能以较低的成本进入其他成员国市场;第二,建立自由贸易区能促进垂直一体化型投资,提高关联度高的产业资源整合能力,外资企业可以在自由贸易区内配置企业资源,降低生产成本。③ 随着中国—东盟自由贸易区各项措施的逐步实施,以及"泛亚铁路"建设和大湄公河次区域计划的展开,双边合作领域日益拓宽,必然带动相互投资的增加。另外,基于自由贸易区内经济产业结构的整合,其某一两个成员国家的对华投资有所增长,受竞争压力推动,其他成员国也必然要考虑加大对华投资,以维护并扩大其在华的市场份额。中国与东盟签署的框架协议不仅加强了双方在贸易投资领域的合作,而且还为中国企业到东盟投资提供了制度保证。框架协议除了在透明度、对股权限制、本地含量要求、出口业绩要求以及利润汇出等方面放松限制,还将为区域内技术流动、资本流动和专业技术人才流动提供便利。今后,随着合作加强和自由贸易区的建立,中国企业应抓住机遇,采用多种投资方式全方位开拓东盟市场,在自

---

① 相关数据转引自王望波:《东南亚华商对华投资分析》,《当代亚太》2006 年第 4 期;邢厚媛:《中国—东盟自由贸易区对我国企业海外投资的影响》,《国际经济合作》2003 年第 9 期。

② 统计数据参见中华人民共和国商务部《2010 年度中国对外直接投资统计公报》,网页链接地址:*http://www.mofcom.gov.cn/aarticle/gzyb/bolian/201203/20120308022093.html*。

③ 张宏:《中国—东盟自由贸易区的投资效应分析》,《当代亚太》2007 年第 2 期。

由贸易区内构筑自己的国际化经营战略框架。

中国—东盟自由贸易区建立后,投资框架协议除了在透明度、对外资在股权限制、本地含量要求、出口业绩要求以及利润汇出等方面放松限制,还为区域内技术流动、资本流动和专业技术人才流动提供便利。[1] 逐步实现投资自由化,促进成员国间相互投资的增长。中国的企业也越来越多地走出国门去寻求发展,由于区位和人文因素,东盟各国是它们的首选地之一。然而中国对东盟成员国的投资并不活跃。2001 年,中国向东盟直接投资金额仅为 1.48 亿美元。即使在自由贸易区建设已经启动后的 2004 年,中国内地向东盟国家的投资总额也只有 2.26 亿美元,不足东盟当年吸引外资总额的不足 0.9%。

表 3-6 2004 年东盟 10 国外商直接投资统计表

地 区	外商直接投资(亿美元)	来自中国的投资(亿美元)		
	2004 年	内地	香港	台湾
东盟十国合计	256.54	2.26	3.45	11.87
文莱	1.61	0.018	0.012	0.003
柬埔寨	1.31	0.33	0.002	0.181
印度尼西亚	10.23	−0.005	0.561	−0.161
老挝	0.17	0.001	0	0
马来西亚	46.24	0.02	0.912	0.995
缅甸	1.45	0.047	0.918	0
菲律宾	4.69	−0.002	0.016	0.008
新加坡	160.59	0.983	−0.141	8.521
泰国	14.14	1	0.61	1.15
越南	16.10	85.6	0.559	1.168

数据来源:《东盟 2005 年统计年鉴》(ASEAN Statistical Yearbook 2005)。

从国家层面的合作来看,东盟是中国吸引外资的重要地区之一。东盟国家每年对我国实际投资约为 30 亿美元,占我国年度吸收外资总额的 6%左右。据中国商务部统计,截至 2003 年年底,东盟国家来华投资项目共达 22075 项,协议投资金额 645.9 亿美元,占中国合同吸引外资总额的 6.85%;实际投入

---

① 孟夏:《亚太区域贸易安排研究》,南开大学出版社 2005 年版,第 276—279 页。

323.7 亿美元,占中国实际利用外资总额的 6.46%。伴随 2009 年《中国东盟自由贸易区投资协议》的签署和 2010 年中国—东盟自由贸易区宣布建成后,2011 年 1—12 月仅东盟的新加坡一国对华投资就已经高达 63.28 亿美元。①根据表 3-7 所显示的统计结果,泛珠三角地区 2004 年即从东盟国家吸引外资达 8.31 亿美元,2005 年则进一步增加到 11.35 亿美元,年均增长 36.58%。其中,广东和福建两个沿海发达省份吸引东盟投资仍然在泛珠地区位居前列,但是云南、广西、海南等省区吸引东盟外资则有较高速度的增长。从吸引东盟国家外资总量和占其对中国投资总量的百分比来看,泛珠三角区域和东盟之间投资仍然有较大的发展空间。

表 3-7　东盟对泛珠 9 省区直接投资数额统计表(亿美元)

地区		福建	江西	湖南	广东	广西	海南	四川	贵州	云南	合计
东盟投资总额	2004	1.55	0.68	0.56	3.87	0.50	0.31	0.62	0.02	0.21	8.31
	2005	2.10	2.30	0.29	4.15	0.82	0.57	0.81	0.03	0.29	11.35
	增长率(%)	35.50	240.49	-47.88	7.20	64.00	83.90	30.60	35.03	39.00	36.58

数据来源:《东盟 2005 年统计年鉴》(ASEAN Statistical Yearbook 2005)和泛珠三角合作信息网。

3.泛珠三角与东盟区域合作的竞争促进与经济增长效应研究

建立中国—东盟自由贸易区,积极促进泛珠三角区域与东盟国家和相关地区的经济合作进程,地区公共物品的提供与完善迫在眉睫。区域内制度、规则、基础设施建设等方面都属于重要的公共物品范畴。然而,公共物品仍然是典型的组织物品,因为一般的非集体物品总可以通过个人的行动获得,而且只有当涉及公共意图或集体物品时,组织或集团的行动才是不可或缺的。② 例如,中国—东盟自由贸易区实行的原产地规则是一个重要内容,当地成分标准的确定是原产地标准的关键。一般来说,当地成分或附加价值要求越高,会越有效地防止区域外产品享受自由贸易区的优惠,促进区内贸易增长,但也可能

---

① 统计数据参考自中华人民共和国商务部网站利用外资统计的《2011 年 1—12 月全国吸收外商直接投资情况》,网页地址参见:*http://www.mofcom.gov.cn/aarticle/tongjiziliao/v/201201/20120107940573.html*。

② [美]曼瑟尔.奥尔森:《集体行动的逻辑》,陈郁等译,格致出版社 2011 年版,第 14 页。

造成对区外产品的贸易壁垒,产生贸易转移;当地成分或附加价值要求越低,则越可能增加区外产品通过简单加工享受自由贸易区优惠的机会。中国—东盟自由贸易区将确定削减非关税措施的原则,确保非关税措施不成为自由贸易的障碍。这些非关税措施包括《框架协议》涉及的反倾销和反补贴关税、标准和认证、定价、进口许可证、进口配额和动植物卫生检疫等。

　　除了减少关税和非关税壁垒,实行有利于自由贸易的优惠政策,制定促进自由贸易的法律、法规,中国泛珠三角区域和东盟还在交通、信息、能源等方面进行合作,通过逐步改善各国的基础设施等硬件环境来促进区域内自由贸易的发展。基础设施的落后,会从能源、交通、通讯、城市建设等各个方面直接影响着国民经济的发展,影响着外来投资和对外贸易,从而也从根本上制约着自由贸易区建设的进程。因此,中国泛珠三角区域不仅向东盟成员国开放自己的市场,还将通过泛珠三角区域的企业在东盟各国的投资以及政府为这些国家基础设施项目提供资金来帮助他们加强基础设施建设。东盟内部经济发展水平较高的国家,为了更好地推动自由贸易区的建设,也在为几个东盟新成员国提供技术与基础设施援助,帮助这几个国家改善基础设施。例如在陆路交通方面,连接中国泛珠三角区域大西南地区与中南半岛各国的西南国际大通道的建设已经启动,这将为泛珠三角区域与东盟经贸关系的发展提供最直接、最便利的条件。曼昆公路云南段全程高等级化正在分段建设。目前只有老挝段路况较差,急需改建。但中国、泰国和亚行已经分别承诺承建老挝段公路各1/3,在不远的将来可望高等级化。泛亚铁路的建设已经开始列入东盟国家的合作计划,并已基本确定了走向,中国政府对此明确表示支持。航空方面,昆明已开辟了通往东盟国家主要城市仰光、曼谷、万象、新加坡、吉隆坡、河内等多条航线,景洪亦有通往东盟的国际航线。水运方面,澜沧江—湄公河上的思茅到老挝谅勃拉帮段正式通航。此外,云南电力外送和通往东盟的网络通道正在建设当中。①

　　在宏观经济学的所有概念中,最重要的指标是国内生产总值(GDP)。一国的 GDP 增长主要是由人力资本、自然禀赋、技术和资本来推动的。对于开

---

　　① 吴砚峰:《基于中国—东盟自由贸易区的区域性物流中心建设研究》,《中国物流与采购》2012 年第 5 期;黄永新:《区域性国际公共产品视角下中国—东盟自由贸易区基础设施建设》,《特区经济》2011 年第 8 期。

放经济的增长来说,要求采取最好的工艺技术从而尽可能逼近技术可能性边界,为投资和培养企业家精神创造条件,同时还涉及贸易政策、知识产权、投资政策、宏观经济气候等影响因素。① 随着世界经济的发展,国家与国家之间的经济联系日益密切,贸易、投资自由化的呼声越来越高。一些地域接近、经济发展水平相似或具有互补性的国家之间结成区域经济一体化组织,通过取消贸易壁垒,使生产要素配置、社会分工更加合理,实现优势互补、产业互补,可以全面提高区域内经济运行效率和促进区域内国家的投资、消费和社会福利的增长。面对世界经济特别是美国经济的衰退,中国和东盟都在寻求美国之外地区的投资和贸易,建立中国—东盟自由贸易区,增加本区域内的投资和贸易无疑是较好的卡尔多—希克斯改进。中国—东盟经济合作专家组的研究分析表明,中国—东盟自由贸易区的建立,将使东盟 GDP 年增加 0.9%,总量增长 54 亿美元;中国 GDP 增加 0.3%,总量增长 22 亿美元。② 自由贸易区建成以来,区域经济合作所带来实际经济增长效应超过预期。

　　中国—东盟自由贸易区的建立,积极促进泛珠三角区域与东盟国家和相关地区的经济合作进程,将使双方开展更深层次的区域贸易合作,拉动成员国国内投资增长、消费增长、社会福利增长。能够有效避免区内各国及企业间为争夺投资而进行的无序竞争,市场范围的扩大以及市场协调机制的建立将使区内投资环境更为优越,有助于双方在削减关税和非关税壁垒、促进投资自由化和促进经济合作等各个方面进行谈判。③ 投资壁垒的逐步消除,将使各国按照比较优势进行投资和生产,使区域内资源获得最有效的配置,还能吸引区域外的投资,拉动成员国国内投资的增长。关税和非关税壁垒的逐步消除,将促进区域内成员国之间商品和服务的自由流动,降低交易成本,促进成员国的消费增长和社会福利的增长。为促使自由贸易区如期建立,中方承诺要与东

---

　　① ［美］保罗·克鲁格曼、威廉·诺德豪斯:《经济学》,萧琛等译,人民邮电出版社 2012 年版,第 314、419、494 页。

　　② 资料来自 http://www.aseansec.org,由专家根据相应静态经济模型模拟而得的结果,实际动态结果已高于该理论测算值。

　　③ 颜银根:《中国—东盟自由贸易区建立后 FDI 流入能替代进口贸易吗? ——基于新经济地理贸易自由化的研究》,《经济评论》2011 年第 4 期;马莉:《中国—东盟自由贸易区的贸易效应》,《经济导刊》2011 年第 3 期;范爱军:《贸易自由化与经济收敛的关联性研究——基于中国—东盟自由贸易区视角》,《亚太经济》2010 年第 6 期。

盟共同努力,早日完成自由贸易区操作细节的协商谈判;已经向东盟的老挝、缅甸、柬埔寨3个不发达成员国提供特殊优惠关税待遇;帮助东盟进行信息基础设施建设,加大对东盟人员的信息技术培训;加强双方在医疗卫生、地区安全方面的合作;出资援助兴建公路、铁路。这一系列措施实施后,必然会进一步推动区内外贸易与投资的活跃,促进区域范围内人员、资金、物资的自由流动,促使东盟各国与中国泛珠三角区域互利的关系更加密切,有效拉动各国和地区经济增长。

第四章　泛珠三角与东盟跨边界区域合作的问题研究

研究泛珠三角与东盟之间因区域合作而产生的问题可以从诸多方面展开,但是概括起来,问题的核心和关键集中于两个层面:战略层面与技术层面。因此,本章注重综合两种分析方法的优点与长处来研究泛珠三角与东盟的区域合作问题。

第一节　跨边界区域合作中战略层面的问题研究

在战略研究层面,泛珠三角与东盟的区域合作实际上涉及理性定位与制度缺位、内在困境与协调机制的问题。从战略研究的层面考量,泛珠三角与东盟的区域合作实际上是双方对外经济战略和对外开放战略研究的范畴,是从属于中国—东盟自由贸易区这一地区战略下的子战略。其中,对于泛珠三角区域经济整合战略而言,它是一种国内的经济区域化现象,也是一种地区一体化战略。

一、泛珠三角与东盟区域合作的理性定位研判

中国—东盟自由贸易区战略是从属于和平崛起大战略和东亚地区战略的区域战略的一个重要组成部分。所以,研究泛珠三角与东盟区域经济合作中存在的战略障碍和问题,实际上必然涉及泛珠三角区域整合战略与中国—东盟自由贸易区战略这两大战略的理性定位以及战略衔接问题。然而,正如本文后面的理性分析显示,目前中国—东盟自由贸易区和泛珠三角区域合作的战略定位都还欠缺清晰明确,国内外对相关问题的探讨和研究都还存在一定

的不足和欠缺。

1.中国—东盟自由贸易区战略的理性定位

因应中国和平崛起的历史进程,对外经济战略成为我国当前在经济起飞阶段的首要战略筹划,其中最关键的是在东北亚和东南亚地区的谋划。由于中国在东北亚战略方向上面临的合作困局,从而引致 CAFTA 的构筑在我国地缘经济战略中处于优先地位,且势必发挥着相当程度的溢出效应。但是,中国与东盟的区域经济合作使和平崛起战略直面地区考量和检验,这集中体现于必须协调解决以下层面难以规避的问题:确保南中国海的海洋资源权益,维护经济主权;拓展资源进口渠道,开辟安全的能源运输通道;国内区域经济的协调发展,消除地缘经济安全隐患。我国顺应时代变局,不是依赖炮舰外交争夺资源和市场来构筑支撑经济可持续发展的战略平台,而是通过谋划对外经济战略性质的区域整合,从而实现对资源和能源市场化供应渠道的合理诉求,进而谋求区域经济整合的地缘政治和安全溢出效用,这也是构筑和平崛起的区域经济基础。

市场经济国家的定位以及和平崛起的发展模式,协调中国需要谋求域内市场的整合和构筑以自身为核心的区域经济一体化战略。把内地的区域市场统合以及两岸四地的 CEPA 进程与正在发展的中国—东盟自由贸易区进行对接,则有利于消除东盟和其他国家的疑虑,并通过中国与东盟的区域经济整合策略,也反过来推动内地市场整合战略的实施。事实上,考量国内改革开放的历史变迁之路,厘定推进中国和平崛起与民族复兴的智慧和战略战术,迂回策略的应用可谓驾轻就熟。当国内经济改革出现趋缓乃至停滞危险时,适时引入外界干预变量,进而由外向内推动国内经济一体化进程,破除大中华地区以及国内各地区的市场和技术壁垒等干扰因素,当前泛珠三角区域的整合,大中华经济圈整合的加快与中国—东盟自由贸易区的推进就堪称相辅相成的典范。

2.泛珠三角区域经济合作战略的理性定位

泛珠三角区域经济整合是一个动态发展过程,其价值既包括经济地理概念的延伸,又蕴涵区域融合理念的认同。目前泛珠三角地区是"9+2"(粤、闽、赣、桂、琼、湘、川、云、贵、港、澳),总面积约为 200 万平方公里,约 4.46 亿人,2003 年区内 GDP 总量约为 6000 亿美元。在中国—东盟自由贸易区架构中,泛珠三角处于其中心位置,地缘优势突出,在区位功能上形成直接与港澳、东盟国际开放市场连接的地缘经济板块。就当前国际经济集团化和东亚区域经济一体化的发展背景而言,泛珠三角地区的整合客观上是直接应对国内的区域竞争和中国—东盟自由贸易区建设进程的产物。有的学者因此认为"泛珠三角"经济圈不应是一个精确的以行政区域作为基础相加的概念,而应该是一个动态发展的模糊概念。① 考虑到区域经济合作有许多不同的发展模式,泛珠三角并不是一个自然形成的经济区域,而是用人为的方法把地缘相近具有较大发展潜力的省区组合起来成为经济区域,实际上是将传统的行政区经济转变为经济区经济的发展模式,打破地区行政壁垒。整合泛珠三角的主要任务主要不是为了解决区域现存问题,而是谋求区域的共同发展。因此,泛珠三角整合的目标是形成一个紧密和有机联系的经济体系,实现优势互补,资源共享,共同发展。因此,泛珠整合至少应该包括如下内容:要构筑区域共存共赢的意识,通力合作,共同发展;加强内部资源整合,形成有明显特色的共同市场,促进区域经济体系内资金、信息、技术、人力等各种要素和服务的自由流动;构筑相对独立的经济体系,要内外有别,重新分配利益,协调一致行动,联合对外,提升区域整体竞争力。

从地缘经济角度看,泛珠三角处在我国与东盟自由贸易区的前沿。要建成这个自由贸易区,仅靠中央政府的力量是不够的,必须要有与东盟直接和间接接壤的省区的密切配合,形成一个前沿阵地,构建"10+1"自由贸易区的前沿阵地,是泛珠三角应该扮演的重要角色。云南、广西、广东、香港、澳门、海南、福建都处在与东盟陆上、海上接壤的前沿,是前沿阵地的第一梯队。为了实现自身的更快发展,"9+2"的每个成员,都在如何形成地区内统一市场、实现区域经济的紧密联系和合作上有着强烈诉求。在原有合作基础之上,泛珠三角地区成员应该进一步加强政府层面合作,消除制度障碍,促进生产要素的自由流动,为经济互动和融合创造更便利的条件,最终形成整个区位的竞争优势。出于积极应对中国—东盟自由贸易区建设的现实需求,泛珠三角地区的对外经济发展战略必须作出相应调整,整合华南和西南地区的资源,加快国内

---

① 梁桂全等:《差异、互补、共赢:泛珠三角区域合作的基础与趋势》,《广东社会科学》2005年第1期。

的区域经济一体化进程和市场化程度与水平，从而在后续合作中掌握战略主动权。其实考量地区经济合作进程的历史与现实，这总是经济发展到一定程度的必然诉求。CEPA实施和中国—东盟自由贸易区构筑以来，泛珠三角区域是最直接的地区受益者。考虑到大珠三角和粤港澳的紧密经贸合作范围有限，资源要素受制，偏重于以外向型和服务型经济形式为主，缺乏战略腹地，区域经济中农业和重工业的强劲支撑与实质支持也有明显的缺失和不足。面临发展新机遇，如何调整发展新思路，形成发展新突破，如何有效整合华南和西南地区的资源、劳动力、区位、人缘、产业等方面的综合优势，泛珠三角的提出和实施无疑是广东联合其他十省区的重大尝试与战略决策，也是当前国内区域经济合作的重要突破。可以预期，这个新生地缘经济板块与东盟区域经济合作深度和广度的提升，势必形成强大的区域竞合力量，对中国—东盟自由贸易区的建设，将日渐显示出难以估量的核心支撑作用。

基于上面的分析，笔者以为泛珠三角区域经济整合战略的理性定位在于：作为国内的区域整合战略，将西部大开发、中部崛起与东部开放结合起来，实现东中西互动，寻求国内区域经济的均衡良性发展与经济增长。伴随国内区域经济梯度的拉大，弥补地区差异，协调国内区域平衡发展就具有国家战略的作用。然而没有进入国家战略的规划层次，一方面说明中央政府的审慎态度，泛珠三角整合还存在诸多战略和技术障碍，需要时间和实践的检验，不能变成政绩项目和随意工程。另一方面意味着中央政府对于国内不同行政区域的自发整合抱持不置可否的态度，其中可能既有权力分配方面的考虑和对地区自治倾向方面的顾虑，涉及一些体制改革中的敏感问题。同时也是保持对地方自行发展的理性态度：鼓励探索，同时不反对也不提倡。

中国—东盟自由贸易区战略在经济层面的功能定位：实际上是中国参与国际区域经济合作的尝试，具有先行区的功能，带有实验性质，这也符合国内经济改革的探索路径。即摸着石头过河，从相对内向型的大国封闭模型逐渐向融入世界的大国开放模型转变。然而目前对于其溢出效应的研究似乎有点言过其实，对外区域经济合作战略作为国家的对外经济战略的重要部分，应该是在适宜时机情况下的发力举措。中国—东盟自由贸易区战略首先是从属于我国东亚地区战略的子战略，同时更应该契合国家大战略的目标与意图，即和平发展与顺利崛起。将两者战略衔接时，就可能会导致一定的战略错位和越位。战略定位不够清晰,战略模糊会导致国家和地区经济发展的非理性与盲目性,进行宏观调控与战略规划显得非常关键。而目前对于泛珠三角经济圈的理性定位和中国—东盟自由贸易区战略的经济层面功能定位就欠缺清晰和整体,因此完全有必要加强区域合作战略目标与行动议程的理论与操作性研究。

二、泛珠三角与东盟区域合作的制度缺位分析

政府和市场是协调区域经济整合与完善市场机制的主要手段,但是他们的作用程度不一样,在消除区域经济整合障碍方面具有不同的协调方式。制度性障碍主要应该由政府推动来解决,制度的公共产品的特性和制度建立的协调成本决定了政府在消除体制性障碍中的独特作用。政府可以通过建立规则规范经济活动中各经济主体的经济行为,实现经济发展整体长远目标。由于中国是一个从计划经济向市场经济转型中的国家,政府和因行政区域形成的体制因素对国内的区域经济发展和整合产生着重要影响。体制性障碍是导致国内市场分割、市场机制不能在区域资源配置中充分发挥作用以及区域内优势难以形成的基本原因。例如,由于户口和户籍以及城乡差别导致的对劳动力的就业歧视,影响了统一的劳动力市场的形成。地方政府追求发展政绩引起投资冲动和扩张欲望,导致了重复建设和产业同构,严重影响了资源配置的效率。为了维护局部利益而形成的各种法规和政策,会阻碍资本和商品的自由流动。这些制度性的障碍最终破坏了市场机制在资源配置中作用,国内市场被分割,斯密在古典自由主义经济学中阐述的那种市场扩大引起分工,分工会产生普遍富裕的情况很难发生。① 相对于和东盟国家的国际区域经济合作而言,从理论上来说,若在中央政府的主导下,在主权国家内部的泛珠三角区域经济联合可能要更加容易操作,所涉及的问题也要简单得多。但是从操作层面上来看,目前泛珠三角区域建立一体化协调发展机制,仍然会受到地方政府行政边界利益的强力制约,无论是由中央政府来协调还是由地方政府之间自己组织协调,可以预期,仍然会存在诸多困难和障碍。最根本的原因,是

---

① 邓翔:《经济趋同理论与中国经济区域经济差距》,西南财经大学出版社 2003 年版,第216—220 页。

因为目前的地方政府主导发展的格局中,缺乏统一协调的有效的竞争规则。一个统一协调的有效的制度规则,对建立泛珠三角地区一体化乃至泛珠与东盟的区域经济一体化的发展机制而言非常重要。因为根据欧盟运行的实际经验,如果没有它的支撑,就无法在泛珠三角地区大市场范围内,协调各地区政府的行为,就无法使区域内的市场主体进行充分、有效、公平的市场竞争,就无法防止市场竞争被各地区行政权力和垄断势力扭曲以及实现大市场范围内的资源有效配置。

1.泛珠三角区域经济合作

泛珠合作有着坚实的合作基础和良好前景,但能否达到共赢,关键在于政府政策的协调。构建区域统一大市场,必须加强区域协调沟通,以制度整合为突破口,扫清体制障碍。构筑泛珠三角区域合作与发展论坛,承诺建立区域内行政首长联席会议制度、秘书长协调制度和部门衔接制度,致力于扫除各种形式的制度障碍和市场障碍。区域内各个省区经济整合最大的困难是在实际操作过程中如何对各个省区进行制度层面的规划协调。

第一,地区利益分割。行政区划经济容易形成以邻为壑的区域内恶意竞争,并建立提高地区壁垒排斥竞争的封闭经济体系。第二,地区发展动力与目标趋同。泛珠三角内地各省区的经济增长基本上依赖于两个核心因素:投资与工业。由此而产生的产业结构同质性容易使得各地失去产业差异与分工。没有专业分工,地区一体化就容易流于形式主义,区域经济合作就会失去市场需求的根基。第三,地方决策者的政绩意识和地方本位主义倾向。[①] 要从根本上克服这三大制度性障碍,需要在政策和制度上进行一系列的改革与创新。泛珠合作应本着统筹兼顾、资源共享、优势互补、错位竞争、互惠互利和共同发展的原则来促进区域的整合。周边8省区需要充分利用粤港澳的资金、技术、信息、国际市场网络,开发西南各省的能源、矿产、农副产品,变资源优势为经济优势。把大珠三角先进的制造业、西南的原材料装备工业、香港的现代服务业有机地整合,充分发挥港、澳、穗、深等中心城市对中西部地区的辐射带动作用,依托粤港澳编织一个集资源链、加工链、产业链、营销链、物流链为一体的区域经济大网,成为中国—东盟自由贸易区的制造业中心和商业中心。加强

① 姜德波:《地区本位论》,人民出版社2004年版,第70页。

基础设施合作,成立泛珠三角合作基础设施规划协调会议组织,共同规划合作区域内的铁路网、高速公路网、航运网、信息高速公路网,共同打造泛珠江流域24小时通勤圈,实现区域"同城效应"。加强市场合作。培育区域制度协调效应、资源互补效应和需求放大效应,在谋求共赢利益组合的基础上建立开放、规范、竞争、有序的统一大市场,消除地方保护主义和行政壁垒,促进区域资源共享、产业合作、市场准入、区域经济协调发展的制度保障。

2.泛珠三角与东盟区域经济合作

当前,中国—东盟博览会、中国—东盟商务与投资峰会、中国—东盟金融合作与发展领袖论坛、泛珠三角—东盟国家的国际性区域合作磋商会等政府部门主导的协调机制对推动泛珠三角与东盟的区域经济合作发挥了重要主导作用。但从长远来看,泛珠三角与东盟区域合作的发展进路必须形成市场主导型和机制推动型的发展模式,而不能始终依赖于政府高层官员之间对话的推动。与此同时,泛珠三角省区和东盟国家之间政府间协调机制的建立,比起欧盟和东盟国家之间的地区协调机制的构筑要存在更大困难,原因在于泛珠三角区域是一个主权国家内部的区域性经济组织,是一个比较松散尚未成型的区域经济合作组织,其制度化的运作模式还远没有成熟和定型。而东盟国家也是一个还在整合进程中面临重重困难的国家间组织,这种国家内部的区域经济组织和国家集团之间的跨边界区域合作涉及的协调问题非常复杂,领土争端、资源权益归属争议、国家主权等政治性因素也增加了区域合作的复杂性,而地区社会经济制度和政府运作模式的差异性更是增加了区域合作中利益分配和利益补偿的难度。概而言之,双边的区域合作面临以下主要问题和挑战:

第一,共有信念的缺位意味着需要建立政府主导的强制性制度变迁预期。区域经济一体化的制度安排是参与国政府关于经济一体化博弈实际进行方式的共有信念的塑造。离开了共有信念,地区一体化容易丧失地区经济合作的动力。鉴于中国—东盟自由贸易区将是世界上人口最多的自由贸易区,也将是发展中国家组成的最大的自由贸易区。建立东盟—泛珠自由贸易区,不仅促进中国—东盟自由贸易区的建设进程,而且将对泛珠三角区域和东盟的经济发展起到重要作用,有利于扩大东盟和泛珠三角区域之间的贸易和投资,增强本地区对外资的吸引力和竞争力,这就是推动泛珠三角区域和东盟不断推进制度化合作的共有信念。同时,我们也应清楚地看到,东南亚国家联盟的10个成员国仍然需要在与中国的经济关系和与日本、美国等东盟国家传统贸易伙伴的关系之间进行平衡。作为实施开放的外向型经贸政策的泛珠三角区域和东盟,推动同自由贸易区之外国家和地区的经贸合作也应成为共有信念的一部分。传统的自由贸易区理论更强调以市场的作用来实现有利可图的区域性专业化分工,但从实际操作来看,专业化分工往往会受到原来相关既得利益集团的影响。一旦这些利益集团的寻租活动取得经济政策的支配权,自由贸易区的进程就要受到迟滞,所以在地区经济一体化过程中,往往会突破传统自由贸易区理论的限制,由各国中央政府或地方政府决定现有或新兴工业专业化分工的适当范围,然后利用各种政策工具,如对外关税、财政刺激(包括集团内部关税优惠)和行政控制,使生产模式发生预期的变化。因此,通过设立或修订相关法规,广泛建立政府主导的强制性制度变迁预期应成为自由贸易区制度安排过程中不可缺少的一部分。为构筑共有信念,广泛建立制度变迁的预期,可以采取扩大中国泛珠三角区域与东盟国家的经贸往来,提升双边贸易总量,提高双方贸易的依存度;加快中国泛珠三角区域与东盟在农业、信息通讯、人力资源开发、相互投资、湄公河流域开发等5个重点合作领域的谈判和合作;整理并修订国内相关法规,在使国内法与WTO规则相一致的基础上,促使泛珠与东盟自由贸易区的制度安排拥有法律基础等经济政策手段与措施。

第二,自我实施机制的缺失要求降低交易成本释放制度的规模递增效应。美国著名新制度经济学家科斯首先提出了交易成本的概念。综合众多新制度经济学家的观点,在市场交易过程中必然存在交易成本,这种交易成本包含信息成本、监督成本和对策成本等方面。在泛珠与东盟的区域经济一体化过程中,交易成本具体表现为地区内部和国际市场的分割、地区关税和非关税壁垒、专业化市场细分等成本,而自由贸易区的制度安排可有效降低这些交易成本,释放出更多的潜在经济效应,从而给经济区带来报酬递增效应和扩散效应。著名新制度经济学家诺斯指出,当一种制度给人们带来了巨大的好处时,人们对之产生了强烈而普遍的适应性预期或认同心理,从而使制度找到了存在下去的基础,并依此建立制度的自我实施机制,从而降低泛珠—东盟自由贸易区的交易成本。因此,从技术手段的角度考察,为降低泛珠—东盟自由贸易区的交易成本,可采取的技术措施包括:利用现代化计算机技术,简略关税手续,使电子通关效率化;加快对社会基础设施的信息化改造,大力促进无纸化贸易;加快实施和完善初步建立的《对外贸易壁垒调查暂行规则》,着力降低我国对外贸易壁垒;提高我国政策改革和宏观稳定的信用度,提升我国经济对外竞争力。

第三,机会主义行为的滥觞导致需要审慎构建自由贸易区的行动集团,并应建立相关的制度性安排。我国泛珠三角区域和东盟经济综合实力比较接近,产业结构和水平也比较相似。在由发展中国家组成的区域经济一体化组织中,要特别防止"搭便车"行为,以免区域集体行动的失败。东盟成员国于1992年达成协议,逐步建立东盟自由贸易区,目标是从1993年1月起的15年内将东盟内部的制成品关税率降至0—5%,该协议还提出消除关税壁垒,但没有制定具体的操作程序,随着关税削减计划得不到贯彻和例外条款的广泛使用,东盟一体化进程进展受阻。所以在建立中国—东盟自由贸易区的过程中,在促进泛珠三角区域和东盟国家的区域经济合作进程中,我们要特别注意慎重构建推进自由贸易区制度安排的"第一行动集团",比如可以选择和地区贸易依存度高,共同利益多的国家先行合作,同时要通过谈判和协调,建立相关制度安排,防止"搭便车"行为。当然,从防患于未然的角度出发,为防止"搭便车"行为,可注意把握以下战略举措:先行与越南等周边国家重点进行大湄公河流域开发和打造泛北部湾经济合作区,形成示范效应;在致力于泛珠三角区域与东盟的区域经济合作中,应当把制度化合作放在首位。

三、泛珠三角与东盟区域合作的内在困境评估

从世界范围内考察区域经济的合作模式,不管是国际之间还是国内的区域经济合作,至少有两种表现形式,一种是紧密型的合作模式,另一种是松散型的合作模式。如欧盟属于紧密型的合作模式,而亚太经合组织则属于松散型的合作模式。前者有统一的权威机构,统一的规章制度,要求成员的共同遵守。后者主要是一种协调机制,各成员有相当大的行动自由。虽然这两种不同的合作模式各有优缺点。就现实的情况而言,泛珠三角和东盟之间的区域合作目前采取松散型的合作模式是比较可行的。即遵循循序渐进、自愿参与、市场主导、开放共赢的原则。但是,我们要充分注意到,前者的效果要远远高

于后者。实际上,泛珠三角区域作为中国—东盟自由贸易区建设的核心支撑区域,泛珠与东盟之间的区域经济合作必然成为先行示范区和试验田。从某种意义上而言,先搞好泛珠三角区域内部的整合才是目前我们的首要关切所在,这是研究泛珠三角与东盟之间区域经济合作的前提和基础。如果单从泛珠三角的基本定位出发,泛珠三角未来的合作模式应该逐渐过渡到前者。利益分配机制是合作模式的核心和难点。从理论上讲,区域的自由贸易一定会增加全体成员的福利效应,但事实上,区域间的自由贸易仅是一种理论上的理想状态。缪尔达尔指出,市场力量的作用倾向于扩大而不是缩小区域间的差距,一个区域的发展速度一旦超过了平均发展速度,它的效率工资(即货币工资增长率与劳动生产增长率之比)就会趋于下降,于是,这一区域就获得了其他发展速度缓慢的区域所不具有的累积性的竞争优势,这样,区域之间的差距就会越来越大。可以说,要整合泛珠三角,实现资源共享,优势互补,必须最大限度削弱甚至消除地方保护,而要做到这一点,首要的是建立一个利益分配机制,使分工得来的利益能够在内部比较合理地分配。在泛珠三角目前松散型的合作模式框架下,利益的分配相对容易,因为各个省(区)可以根据自己获益的大小来决定参加合作的程度与方式。但如果泛珠三角的合作发展到紧密型模式,利益的分配就会是一个很难协调的问题。因为泛珠三角是在 WTO 框架下属于同一国家主权下不同关税区之间的合作。说泛珠三角是国内的一个经济区,区内又有不同的关税区;说泛珠三角是跨关税区的合作,但又只有国内的部分区域参加。如何解决区内的贸易创造和贸易转移? 它对本经济区域以外的区域都实行歧视性的做法吗? 如果是,它如何处理与国内其他经济区域的关系? 如果不是,它就不可能发展到紧密型的合作模式,又会使构筑泛珠三角的初衷大打折扣。这是一种非常特殊的现象,比国际区域合作中的利益分配还难,需要创造出新的利益分配模式才能解决问题。

目前,泛珠三角区域合作还处在启动阶段,在这一阶段,地方政府的协调机制发挥了重大的作用,但从长远来看泛珠三角地区的发展必须走一条内生性可持续发展的模式,而不能仅依赖政府高层之间对话的推动。我们在前文第二章有关泛珠三角区域整合困境部分的研究中已经指出,从根本上说,泛珠三角区域经济合作是我国市场经济不完善的产物,从长远来看,政府主导只是暂时弥补市场经济模式的不足。政府主导型合作模式的优势在泛珠三角经济合作初期完全展现出来,充分体现了在合作初期政府主导型的经济合作的高效率。泛珠三角区域的地方政府和特区政府,再加上中央政府,合作与发展涉及两种制度和两级多个政府,政府行为的协调就显得十分重要。在当前的一国两制、中央政府和地方政府的事权划分和财税体制下,各级政府是代表地方利益的主体。因此,区域合作中的利益协调是政府行为协调的主要内容。从国内一些区域经济合作发展的实践看,由于行政体制分割,各自为政,行政性区际关系削弱甚至替代了市场性区际关系,因地方行政主体利益导向而难以做到资源的优化配置及经济融合。泛珠三角区域产业同构现象比较突出,大都以劳动密集型产业为主,积极发展第三产业,高新技术产业发展缓慢。高新技术产业的合作不是泛珠三角内部产业合作的主要领域,而是外资企业在中国投资战略的重新布局。在泛珠三角内部,本着做大做强为目标的企业间战略联盟数量不多。没有产业合作的区域经济合作是松散的、暂时的区域合作,很难使区域经济合作富有成效。在泛珠三角区域合作中政府容易形成思维惯性,从而过度参与区域经济的合作,弱化企业在区域经济合作中的主导性,进而使得市场主导型区域合作模式更难形成

(一)泛珠三角区域经济合作的内在困境

区域经济合作有利于发挥各区域的优势,形成合理的区域分工格局,对区域经济的发展起着举足轻重的作用。由于泛珠三角区域和东盟内部具有区域广泛、区域内部经济差异大、经济制度和经济体制迥异、发展目标不同等特点,这些因素提升了双方之间的区域合作难度,加大了预测合作成效的难度。为了充分发挥泛珠三角经济区域的自然、社会、经济等各方面的综合优势,生成最佳的合作模式,实现区域合作的长期绩效,需要首先对泛珠三角区域的复杂性有充分的认识和了解。

1.区域内部的差异性

第一,区域经济差异。泛珠三角区域广泛给区域合作带来了难度,合作区域之间必须具有合作的核心和凝聚力,区域之间存在不同的区域经济增长极,增长极之间存在网状结构,这样区域经济合作才能够实现。否则泛只能是散的代名词,合作也只能停留在表面。在泛珠三角经济区域中,存在四种不同的经济发展水平的地区:东部发达地区、中部发展地区,西部落后地区和港澳富裕地区;存在三种货币,人民币、澳元和港元。在市场机制的作用下,区域经济

合作的本质不是以消除地区经济差异为己任,而是寻求区域利益最大化为目标。经济差异既是使区域合作成为可能的因素,也是阻碍区域合作的因素。从产业角度分析,只要存在产业级差,就存在产业梯度转移的可能,但是若产业集聚过程没有完成,或者是产业黏性强,虽然存在产业级差,这种产业级差只能阻碍次发达区域经济的发展,次发达区域的经济发展如果不愿意忍受这种掠夺式的合作,他们就会中止合作。反之,经济差异小的地区更容易进行互补合作。

第二,制度安排差异。泛珠三角区域存在两种不同的制度形式:资本主义制度和社会主义制度,两种制度形成的意识形态冲突继续存在;存在三种经济体制:市场经济体制、比较完善的市场经济体制和不完善的市场经济体制。香港、澳门属于特别行政区,他们在 CEPA 框架内与内地进行合作。虽然其市场化程度最高,但是在与其他地区的区域合作中存在着制度障碍,这种障碍的结果导致加大合作成本。厦门、深圳、珠海和海南是经济特区,享受特区优惠政策,在与内地的人、财、物的流通过程中,也受到特区特殊政策的消极影响。不同体制和制度安排给区域合作带来一定难度。珠三角地区企业能够根据发展的需要,比较自由地转移生产要素,向外开拓发展空间,政府部门较少设置壁垒予以阻止,这样其内部合作成本低,合作相对比较容易。而江西、湖南、四川、云南和贵州等大批中西部地区的体制环境则带有"弱市场,强政府"的转型特质。

第三,发展定位差异。泛珠三角经济区合作主体的目标是多元的。目标多元化缘于各个省市都希望以资源为工具,以合作为途径,实现各自小区域利润最大化。香港希望继续充当内地商品走出去的窗口,泛珠三角合作扩大了"前店后厂"模式中的"后厂"。澳门的目标是打造旅游品牌。江西要做珠三角的后花园,要加快工业化并借助泛珠三角走向世界。湖南要建立区域内统一市场,进行产业对接、走向世界。广东希望获得更大的市场空间,为其产业退出和产业转移服务。海南要建立泛珠三角和周边城市的花园,并想借区域合作之际实现工业化。贵州要在泛珠三角合作中起到通道作用,发展物流产业。云南和广西要借助泛珠三角合作契机,推广经济博览会和拓宽与东盟的经济合作。四川则想通过合作营造宽松的市场环境、获得更大的区域市场。发展目标和定位差异增加了区域经济合作的难度,协调统一的地区合作机制以及单一的合作模式在区域内短时间内难以形成,然而这又是必须协调解决的重要问题。

2.区域经济合作的障碍因素

然而,从当前泛珠三角区域资源整合的机制来看,还有人员、物资、信息、资金顺畅流动的平台还未能建立,这直接影响泛珠地区资源、产业优势的发挥,制约了发达经济地区的辐射能力。主要体现在以下几个方面:

第一,劳动力流动限制。劳动力自由流动程度是市场经济发展水平的一个重要指标,市场经济需要根据经济学的内在原理和作用机制把人才配置到最有效率的地方。泛珠三角经济融合的关键首先是人才的融合,区域经济一体化必然要求人才开发一体化。而目前我国人力资源市场配置机制还不成熟,计划经济体制下形成的户口、档案、住房、社会保障制度等因素仍然是地区人才流动的羁绊。这对泛珠三角地区各城市而言,实现真正的自由流动意味着统一人才与职业准入标准,剥离户籍制度上附加的行政功能,完善各种社会保障制度,搭建人员流动平台等等,但这些措施的实现并不是靠政府间搭建的政策平台一朝一夕就能解决的。

第二,信息流通渠道问题。信息资源一体化是区域经济一体化中的根本通道,通过信息资源在全社会的共享,能促进政府信息在全社会范围的优化配置,努力营造出交易成本更低、商业机会更多、综合服务功能更强的市场环境,最终将提高整个区域的经济竞争力。搭建覆盖整个泛珠三角地区的信息平台,一是要建设区域一体化的个人与企业征信平台,二是要建立地区政务公开系统。[①] 目前,内地9省市的省会城市都开始建立个人征信系统和企业征信系统。但如果在泛珠三角更大区域范围内实现信息一体化,建立既涵盖泛珠三角地区内所有企业的信息、又包括区域内各政府部门拥有的大量技术、政策法规等信息资源的系统库,无疑是对区域合作各方的巨大挑战。

第三,行政体制制约。以各级地方政府为代表的诸多利益主体的存在,又使得泛珠三角的区域整合将困难重重。在地方发展尤其是承接国际产业资本的大规模转移中,政府的作用不可或缺。但是,市场竞争的主体应该是企业而不是政府,而且应该有相对统一的规则。但在现实中情况往往恰恰相反,有时

---

① 陈广汉:《论泛珠三角区域合作格局的新发展》,《华南师范大学学报(社会科学版)》2010年第4期;邓志阳:《整合两种资源增强泛珠三角整体国际竞争力》,《国际经贸探索》2004年第5期。

地方政府之间招商引资的竞争最终演变为单纯的地价和税收之争。而在行政区经济牵引下,地区发展模式的相似和产业安排的雷同也使得这种内耗更加突出。以小珠江三角洲为例,广州、深圳、东莞、中山、顺德等城市均提出要重点发展汽车、精细化工、电子通信设备、家电等产业。事实上,由于资源类似、区位相近,甚至政府部门的职能、目标与任务也大同小异,直接导致以下后果:一是区域内同类产品竞争的内耗过大而外部竞争力不足,影响了珠三角整体联动效应的发挥;二是基础设施和产业结构的重复进行、重复布局;三是产业的空间组织缺乏专业协作基础上的适度集中,企业规模趋向小型化以及分布均衡化,降低了经济组织的规模效应。

第四,资金流动阻碍。资金流动的"梗阻"势必拖累泛珠三角区域经济运行的效率,按照区域发展的梯度递进理论,香港、广州、深圳等处于成熟阶段城市的金融业应该对其他省、自治区的产业起飞形成支持,而且只有通过金融等高附加值产业为泛珠三角整合做贡献,香港、广州、深圳等成熟城市才能带动其他省份实现产业的梯度转移。目前,桂、湘、琼、闽、赣、云、贵、川等省均计划进行新的产业规划,启动一系列工业园区、产业带、技术开发区、制造业走廊等重大的跨省市项目,这些项目所需大量资金需要跨地区的金融支持。另一方面,泛珠三角区域中小城市的民营企业在经济高速增长的同时,当地银行能够提供的贷款额度却在持续下降,急需金融支持。与此相对,巨量资金却在呈阶梯状向泛珠三角成熟的大型城市流动。由于我国商业银行体制的改革,各商业银行从成本利润率考虑出发,纷纷从农村撤走分支机构,农村金融机构只剩下农村信用社和邮政储蓄。本来农村资金就不充足,大量的资金从农村流出,造成农村金融的严重贫血现象。资金由乡镇到县城、再到中心城市、省会城市、金融中心城市流动的格局和广大中小城市和农村地区对资金的需求形成逆向错位,导致大量企业的资金需求不能满足,严重影响了这些地区经济的发展。对区域经济合作和发展来说,更深层次的影响在于,由于大量来源于周边省区的资金难以以信贷资金的形式回流到这些省区的经济运行中去,进而无法实现由资本流动带动产业梯度转移。

（二）东盟自由贸易区的内在困境分析

东盟自由贸易区构想从 1992 年提出,2002 年开始正式运作 6 个老成员国将大部分商品的关税降至 0—5%,其余 4 个新成员 2006 年之后陆续加入,按照有关规定,到 2010 年,6 个老成员国必须达到零关税的目标,而另外 4 个新成员国则在 2015 年达到这个目标,东盟自由贸易区的正式启动,极大地促进了东盟成员国内部的贸易,在 1993 年,东盟区域内贸易总额只有 442 亿美元,1999 年增至 978 亿美元,6 年内增长了 1 倍多,区域内贸易比重达到 25% 左右。① 东盟自由贸易区已经于 2002 年 1 月 1 日在原东盟 6 国中如期启动,但仍存在许多影响东盟自由贸易区进展的因素:6 国经济处于关税减让初期,各国进行关税减让的产品多限于对本国影响不大的产品;各国经济结构如何调整存在问题;各国经济发展水平相差很大,一些成员国经济不稳定;各国经济对东盟外部依赖性强;内部经济竞争性大于互补性等。原东盟 6 国、东盟 10 国尚难协调一致,与中国要达成共识则更非易事。东盟内部贸易自由化的步伐也正在面临挑战,尤其是来自东盟内部正在日益抬头的贸易保护主义的挑战。1997 年东南亚金融危机和近年来美国经济减速对东盟经济带来巨大的消极影响。到目前为止,在一些东盟国家仍然还存在一定的影响,经济复苏较为缓慢的印尼、泰国等国家从振兴国内经济的角度考虑,要求放缓减免关税的步伐,例如,印尼就曾提出,要为目前经济困难国家创设例外条款,允许印尼的一些商品暂时不减免关税,以缓解贸易自由化带来的冲击。最近一段时间以来,马来西亚的媒体出现一些文章,抱怨印尼只考虑本国的利益,不热心东盟自由贸易区的建设,从总统到政府官员都仍然热衷于贸易保护主义,并且主流舆论认为东盟自由贸易区本身存在一系列潜在矛盾。部分国家仍死抱保护主义,没有勇气和决心落实贸易自由化,其次是可继续享有关税保护,但仍不免产生各国步伐不一的矛盾。在人口最多地域最广的印尼,东盟自由贸易区却备受冷遇,印尼作为东盟最大的国家却在自由贸易区面前死守保护主义,为东盟自由贸易区的建成增添不确定因素。东盟媒体也批评新加坡作为东盟的成员国,却单独与区域外的国家签署自由贸易协议是自乱阵脚,无非是出自身经济利益的考虑。然而这种单独性的交易,却破坏了东盟实现区域自由贸易计划的有效性,等等。② 此外,东盟目前许多国家的政府都是"弱势"政府,经

---

① 王勤:《东盟自由贸易区发展的现状与前景》,《南洋问题研究》2004 年第 3 期。

② 沈红芳:《中国—东盟自由贸易区谈判与运作艰巨性初探》,《南洋问题研究》2003 年第 3 期;[泰]狄塔帕:《东盟新成员与中国东盟自由贸易区市场准入与激烈竞争》,《南洋问题研究》2003 年第 2 期。

常频繁要面临议会或政府改选。因此它们会更多地顾及本国的因素,而把东盟的团结与区域整体的利益暂时放到一边,出于选票的考虑,或者迫于国内劳工集团和其他利益集团的压力,一些东盟成员国有可能减缓贸易自由化的步伐。例如,马来西亚的汽车业就已经表示这样的担心,一旦实现完全的贸易自由化,竞争力较弱的马来西亚的国产汽车便会受到廉价的泰国汽车的严重冲击,甚至有可能完全崩溃。对于东盟自由贸易区(AFTA)的发展前景,各方评论褒贬有加不一而足,但是一个显然的共识是所有参与方都已经认识到要将这一计划付诸实施显然并非易事,谈判过程会相当的艰难。东盟各国对自由贸易区的态度有着明显的差别,在东盟内部的自由贸易区尚步履维艰的情况下,实现同中国的自由贸易区更加不容盲目乐观。对中国而言,当务之急是需要进一步认清形势,以更为灵活、更为积极的态度去应对。既然东盟暂时无法求得统一思想,那么中国泛珠三角区域就应该在区域经济合作中树立区别对待的策略。

(三)泛珠三角与东盟自由贸易区的构筑障碍

总体而言,区域合作面临的主要障碍来自地区国家的态度及能否建立一个恰当可操作性强的合作机制。就中国—东盟自由贸易区而言,谈判涉及的内容十分广泛,包括货物贸易、服务贸易,投资和经济合作等诸多内容,而且双方可能会在具体的实施条例上不断发生争执,其中包括虽然宣称2010年建立了自由贸易区,但是中国是否应该在协议实施期继续保留非关税壁垒等问题,诸多因素决定了泛珠—东盟自由贸易区的建立与实施将是一个缓慢的过程。

1.东盟国家存在诸多内部问题。泛珠与东盟的合作绝非一般意义上的国际区域经济合作,而是同这些国家内部问题的解决直接相关。一直以来东盟各国内部被经济问题及穆斯林极端势力等政治问题所困扰,许多国家无法求得经济的稳定发展和政治的和谐协调。

2.东盟各国对自贸区的态度各异。根据各国对中国—东盟自由贸易区反应的积极程度不同,可将东盟10国大体分为三类:其一是积极推进型,包括泰国、新加坡等国;其二是谨慎型,如印尼、菲律宾等国;其三是期待型,主要包括经济发展水平较为落后的越南、老挝、柬埔寨、缅甸等国。态度不同决定了各国在行动上不可能保持相当的一致性。

3.双边及多边政治关系问题成为合作发展的一大滞障。在中国—东盟自由贸易区推进过程中,不可避免地要受到涉及双方许多政治关系问题的影响。如时有发生的泰、缅边境冲突;新、马供水问题;东盟国家对中国由来已久的不信任感等问题影响着东盟内部国家及东盟与中国泛珠三角区域之间政治关系的稳定与健康发展。

4.在同泛珠推进区域经济合作的同时,东盟国家面临多种选择,也在积极设法同美国、日本、印度等其他国家签署自由贸易协定。时下,新加坡同美国、日本等国达成的自由贸易区协定,其他一些国家如泰、菲、印尼等也在积极向外开拓发展经济合作。那么,与中国泛珠三角区域建立自由贸易区的动机有多大,泛珠三角区域在东盟的诸多选项中居于什么样的定位,处于何种地位仍是一个有待深入探讨的问题。

四、泛珠三角与东盟区域合作的协调机制研究

理论上来说,政府是区域经济合作的发动者和组织者,在规划产业布局、推进区域市场开放和协调,在基础设施建设等方面发挥着非常重要的作用。但在泛珠三角和东盟国家区域经济协调机制建设过程中,政府的作用仅仅是区域合作的主体组织机制,而不具备动力功能的意义,具有动力功能意义的是市场机制。市场机制这只看不见的手沿着比较优势的原理引导资源要素的区域流动,通过资源互补、产品互补、产业互补链条,实现区域优势的共增和传递。因此在泛珠三角和东盟国家之间的区域经济合作过程中充分发挥政府的作用是必要的,特别是对于泛珠三角内地省区和东盟部分不发达国家而言,在处于体制转型尚未到位、市场机制还不完善的情况下,政府在协调区域经济合作方面的作用就显得越发重要。但要正确处理好政府与市场的关系,坚持政府推动、市场运作的发展模式。政府的作用建立在促进区域经济合作的市场机制基础之上,其主要任务应是培育区域经济合作的市场机制和为市场机制发挥作用创造良好的环境,并在市场机制发生失灵或出现缺陷时,弥补市场机制的不足。总体上而言,区域合作协调机制的设计大致有两种类型可供选择:一是制度化的协调机制,二是非制度化的协调机制。这两种协调机制的运作方式及内容是不同的,其成效也有所不同。

区域合作协调机制的不同范式比较

制度化	非制度化
缔结条约或协议,具有法律强制性。	由领导人作出承诺,缺乏法律效力。
进行集体谈判	采取集体磋商形式
组成严密的组织	松散的组织形式

一般来说,制度化的协调机制更有利于推进区域紧密型合作与发展,但是这需要具备相应的条件。如相互关系、行政体制框架、外部竞争环境、内部经济关联等。从当下泛珠三角和东盟区域合作的实际情况来看,实行制度化的协调机制条件尚不具备,适宜通过非制度化的协调机制来不断扩大地区经济合作的范围。因此,泛珠三角与东盟之间的区域经济合作,需要建立起某种稳定长效的利益协调机制。这种区域合作与发展的利益协调机制的设计,首先需要遵循以下基本原则:

第一,利益原则。泛珠三角区域的合作与发展,期望用行政推动型方式来实现合理的区域分工是不现实的整合思路,而要以利益关系为纽带,以企业为主体,以市场运作的模式来推进。在此过程中,不能靠损害一个地区的利益去增加另一个地区的利益,而要在充分尊重各地不同利益的基础上,通过利益协调和利益分享的机制使各地都能从区域合作中获得好处,取得双赢局面。

第二,分工原则。区域经济合作的目的在于获取分工协作的好处,使总体利益最大化。因此,泛珠三角地区和东盟国家的经济发展要以市场机制为基础性的协调力量,通过强化市场的资源配置功能来扩展地区合作秩序,深化区域分工体系。通过区域内生产要素的合理流动实行互补,充分利用各地有利的自然资源、经济条件和社会条件,消除不必要的重复建设,尽可能节约人、财、物的消耗,使不具有产业绝对优势或相对优势的地区也能获得的发展机会,使具有绝对优势的地区能够集中配置于一个或少数几个具有更高利益的产业上,最大限度地促进区域经济的协调发展。

第三,协调原则。泛珠三角和东盟之间的区域合作是整体性合作,要从理顺区域合作有关各方关系的角度入手,形成多边性的利益协调关系,注重区域内的整体性行动,实现各地区相互之间的联动效应。可以采取"自主参与、集体协商、共同承诺"等办事方针,以相互尊重、平等协商、自愿渐进的方式来处理各种事务,采取协商一致和约束性的运作方式。①

　　因此,泛珠三角和东盟之间区域经济的利益协调,首先是双方多边政府部门和职能机构之间的协调。如果缺乏政府间的协调机制,市场经济的利益最大化和资源配置规律决定双方区域经济合作的发展终局可能会是差异性发展和掠夺性竞争。就范围来说,泛珠和东盟国家政府之间的协调机制可以体现为各自中长期经济发展规划的协调、大型基础设施建设和对接的协调、大型工程建设项目的协调、区域产业转移和产业升级方面的协调、政府间产业政策和吸引外国直接投资政策的协调等方面。泛珠三角地区和东盟国家之间的政府间协调机制的建立,比起欧盟和东盟国家之间的地区协调机制的构筑要存在更大的困难,原因在于泛珠三角区域是一个主权国家内部的区域性经济组织,是中国内部新近成立的一个比较松散尚未成型的区域经济合作组织,其制度化的运作模式还处在初始阶段。而东盟国家也是一个还在整合进程中面临重重困难的国家间组织,这种国家内部的区域和国家集团之间的合作涉及的协调问题自然非常复杂,主权和政治性因素增加了区域合作的复杂性,而地区社会经济制度和政府运作模式的差异性更是增加了区域合作中利益协调的难度。因此,泛珠三角和东盟国家政府间协调机制的模式至少应该包含如下四个层次的利益协调机制:第一个层次是中国中央政府和东盟国家之间的整体性利益协调机制;第二个层次是泛珠三角区域和东盟之间的区域经济利益协调机制;第三个层次是泛珠三角内部不同省区与东盟不同国家之间的次区域经济合作的利益协调机制;第四个层次是中国中央政府和泛珠三角地方政府以及泛珠三角区域内部的利益协调机制。

　　区域经济主体的合作行为能否顺利展开,依赖于区域或国家之间信息的对称性和区域与国家之间信息的完备性,包括政府决策和经济信息的完备性,这是国际与国内区域经济合作关系建立和巩固的基础,在此基础上各个行政区域或国家之间通过协商能够形成一系列互利政策,提高区域经济合作的效果。然而现实世界中,区域信息不对称是普遍存在的,且区域经济利益主体信息不对称会导致逆向选择与道德风险,从而引发区域间的利益

————————

　　①　参考洪银兴等:《长江三角洲地区经济发展的模式和机制》,清华大学出版社 2003 年版,第 49、50 页。

矛盾。泛珠三角区域与东盟国家之间的区域经济合作就需要建立不能与市场竞争规则相违背,不能单纯以片面的经济指标来衡量经济绩效,而要以区域经济协调、可持续发展和正当的国家利益与地区利益的实现作为重要指标的激励机制。然而事实上,泛珠三角区域和东盟之间区域经济合作的激励评价机制还没有生成。在市场失灵、市场不完善和政府推动的前提下,缺乏区域经济合作的绩效评价和激励机制的作用,区域经济合作是难以持续有效推进的。在当前各方合作还处于初始阶段的约束条件下,评价和激励机制对象应该主要针对区域合作中的地方政府,区域经济合作主体的积极性是受利益驱动的。

明确区域合作章程中的行为规则条款,制定区域合作各方在合作关系中应遵守的规则,在违反区域合作条款后应承担的责任、对违反区域合作规则所造成的经济和其他方面损失应做的经济赔偿规定;建立一种区域合作冲突的协调组织,负责区域合作中的矛盾和冲突的裁定;不同国家或一个主权国家的中央政府通过相关的政策和法规对不同层次的区域经济合作关系进行规范,对区域合作中的非规范性行为做出惩罚性的制度安排。所以,合作行为实质上是在法律框架下的契约行为,而不只是政府间的协调行为。总之,泛珠三角区域经济合作具有很浓的中国特色,而泛珠与东盟区域经济合作模式的选择是实现合作的长期绩效的重要因素之一。在合作初期的合作模式选择和机制设计更多的只能是根据区域自身特点各自做出最佳选择。总之,当前处在启动阶段的泛珠三角区域经济合作和中国—东盟自由贸易区建设进程中,地方政府的协调机制发挥了重大的作用,但从长远来看,泛珠与东盟之间区域经济合作的发展进路必须走一条市场主导型的协调机制模式,而不能仅依赖政府干预和政府高层官员之间对话的推动。

第二节 跨边界区域合作中技术层面的问题研究

在技术分析层面,泛珠三角与东盟的区域合作研究主要涉及公共产品的供给与需求、区域内外资流向与争夺、区域产业同构与竞争、区域内外市场的分割与争夺等一系列问题。

一、泛珠三角与东盟的区域公共产品分析

按照美国著名经济学家萨缪尔森教授的经典性定义,所谓公共产品就是所有成员集体享用的集体消费品,社会全体成员可以同时享用该产品,同时每个人对该产品的消费都不会减少其他社会成员对该产品的消费。① 或者说"公共产品是这样一些产品,无论每个人是否愿意购买它们,它们带来的好处不可分割地散布到整个社区里"。因此,公共产品具有消费的非排他性和非竞争性两大重要特征。作为泛珠三角区域与东盟国家之间的跨国界公共产品或地区公共产品,就是具有一定的非排他性和非竞争性消费群分布在不同国家或国家内部不同地区的公共产品。1997 年亚洲金融危机爆发,东盟国家外资流出严重,外来投资下降,此后,东盟国家制定了很多的吸引外资的优惠政策和措施,起到了一定的作用。中国加入 WTO 后,投资市场更加开放,中国的泛珠三角区域近年来吸引外资的速度加快,由于吸引外资的来源地存在相似性和同构性,因此,可以初步判断今后中国泛珠三角区域与东盟在吸收外资方面的竞争估计将会日益激烈。

(一)公共产品的缺失与供给

对于公共产品的供给,理论上还存在着不同的认识,当代两大经济思潮在理论与政策上的分歧,集中表现在政府制度与非政府制度在解决公共产品供给问题上的不同认识。理论上对公共产品的供给问题大致形成了以下三种观点:一是政府供给论。以凯恩斯学派的代表人物萨缪尔森为代表。萨缪尔森认为公共产品具有非排他性和非竞争性,那么公共产品的供给和需求就难以通过市场机制来反映,而且公共产品始终存在着递增规模报酬的性质,具有递减的边际成本,市场机制供给公共产品由于其成本小能有价格进行弥补,故供给量往往低于有效率的水平。因此,为了弥补市场的这一缺陷,公共产品应由政府供给。二是市场供给论。科斯认为只要产权明晰化,不需要政府直接干预经济,以私有制为基础的市场经济就能自发的消除外部性,解决公共品生产与消费中的免费搭车问题,从而实现公共产品的有效供给。三是其他非政府解理论。如布坎南的"俱乐部理论"模型就是其中的代表性观点。在没有政

① [美]保罗·萨缪尔森、威廉·诺德豪斯:《经济学》,萧琛等译,人民邮电出版社 2012 年版,第 267 页。

府强制下,处于私利的一组公共产品的消费者,能够通过自愿协商方式,达成一种联合供给的契约,来解决公共产品的供给问题。只要满足一些严格假定条件,这种方式不仅能够实现各自私利的最大化,而且能够实现集体利益的最大化。另外,奥斯特罗姆提出了多中心公共经济下的效率解。萨尔蒙等倡导公民社会理论的一些学者则提出了公共产品供给的效率模型及慈善经济学模型,等等。① 虽然在理论上,政府供给论、市场供给论和其他非政府解理论对公共产品的供给存在分歧,但是这些理论对于政府在公共产品的供给中所起的作用都没有加以否认。这些理论分歧的焦点在于政府与市场各自应供给多少公共产品,即"以谁为主"的问题。因此,本论文研究中涉及地区公共产品缺失与供给问题的实质就是如何解决在泛珠和东盟这种跨国界层次的区域公共产品的有效供给难题。所以,这里有必要首先探讨清楚公共产品的形成原因和有效供给模式。

从理论上来说,地区公共产品的产生是国际间生产专业化分工过程的衍生物,是国际间专业化过程中为了协调和承担分工利益的产物。如果从亚当•斯密的分工理论角度来分析,地区公共产品产生的主要原因在于:第一是专业化分工。分工的演进相对于分工前永远是一个不断从封闭转向开放的过程。在这个永不停止的过程中,市场的范围越来越大,原先相互独立的市场之间的融洽程度越来越强。当分工水平达到一个高级的地步以后,就需要国际化的市场来容纳分工所带来的生产效率的提高,分工专业化所带来的网络式交易就使经济主体之间的交易量呈现几何级数的增长。这样必然产生这种交易中的共同利益和冲突协调。于是,用来协调和解决利益或矛盾的国际组织就产生了。相应地,地区性或国际性公共产品就产生了。第二是在专业化分工不断地演进中,市场一体化范围不断扩大的背后,必然是信息不对称的上升。当分工发展到需要一个国际市场之时,信息不对称也就达到一个很高的水平。信息不对称意味着不确定性的增强。如同产品生产专业化后需要贸易相连接形成更广的统一市场一样,信息不对称的加强也需要信息的沟通,并最终形成更大的信息沟通网络。那么,谁来增进信息交流以减少信息不对称,这

---

① 贾晓璐:《简论公共产品理论的演变》,《山西师大学报(社会科学版)》2011 年第 2 期;赵艳芹:《西方公共产品理论述评》,《商业时代》2008 年第 28 期;秦颖:《论公共产品的本质——兼论公共产品理论的局限性》,《经济学家》2006 年第 3 期。

自然就需要国际性的组织以提供地区性或国际性公共产品的方式来完成这项任务。

因此,地区公共产品可以分为以下类别:其一,以专业化分工为基础,依附于自由贸易的全球性公共产品。主要包括多边多边贸易体系、国际货币金融体系,以及以维持这些体系为责任的国际或地区性组织。这些国际性公共产品,主要是为了协调专业化分工之后的交易行为,以及相应的资金对流。其二,协调利益冲突的地区或国际性组织以及被普遍认同的国际法准则。主要包括一些商业仲裁机构、和平维持机构。另外一些国际法及其准则,如果被普遍所认同并成为协调利益冲突的一致依据,我们也把它们看做一种能够被世界范围所运用的地区性或国际性公共产品。其三,以环境保护为基础的集体行为。环境问题往往是不同国家在各自的领地上造成的,但是环境问题具有很强的外部性。[①] 因此,出于自身利益的考虑,各个国家有动力加入改善环境的集体行动。这一类地区公共产品又可细分为两类:一是政府间的协调行为;一是民间发展起来的环境保护组织。其四,作为分工体系下信息不对称的应对物出现的地区公共产品。为了实现这种不同国家和地区间的信息沟通,人类社会早就已经在邮政、电讯等方面建立了统一的标准,并为此建立了相应的大量国际性或地区性组织。这些标准和机构都属于这一类型的地区公共产品。

(二)地区公共产品的有效供给

公共经济学认为,政府的职能因公共产品而存在,公共产品的生产能力主要由政府财政投资形成,政府是公共产品的最大投资商。就区域经济一体化建设而言,政府提供公共产品表现在几个方面:建设一体化的公路、铁路、港口、机场等基础设施,将跨越行政区或国界的一个特定区域从地理集聚概念转变为社会经济概念,建立起联系密切的人流、物流、资金流和产业链。建设一体化的公共信息平台,为区域内的各级政府、各类企业或个人提供决策资源。加强环境保护领域的合作,保证经济发展的可持续性。

---

① 黄河:《区域公共产品与区域合作:解决 GMS 国家环境问题的新视角》,《国际观察》2010 年第 2 期;许航敏:《全球公共产品:演进的公共产品理论》,《地方财政研究》2007 年第 4 期;王勇辉:《浅析中国在东亚区域合作中提供公共产品的若干问题》,《东南亚研究》2005 年第 5 期。

基础设施的一体化是区域一体化的基本架构,也是政府推进区域经济一体化的重要切入点。在发展区域经济过程中,各地都提出类似交通先行的原则,利用政府的公共资源和行政执行力,大力推进道路交通基础设施建设,构筑经济发展平台。区域经济一体化,意味着区域内经济往来日益密切,经济关联度不断提提升。信息不对称是每个市场主体极力规避的风险,信息资源是每个市场主体最宝贵的决策资源。区域内各级政府有责任加快公共信息平台建设,为企业或个人提供信息服务。以电子政务和企业信用信息资源共享为重点和切入点,共同开发建设综合性或专业性的公共信息交换平台,同时积极推进通讯网络一体化建设,实现区域内信息资源共享。信用是市场经济的入门证。建成一体化的信用信息平台,在这个平台上发布区域内企业的信用情况,实现区域内企业信用信息的共享和交换具有重要的实用价值。区域经济一体化总是伴随着快速城镇化和工业化,伴随着人口高度集中和产业的高度集聚,资源和环境压力不可避免地会不断加大。而区域一体化建设的"跨行政区"特性又容易形成环境保护的死角。泛珠三角区域地方政府目前不同程度地对环境污染关注不够,由此引发的矛盾冲突很多。工业污水和生活污水的排放量急剧增加,恶化了本区的生态环境,使本区域的可持续发展受到严重威胁。抑制环境污染等经济发展中的负外部效应,需要区域内的政府制定统一的政策措施,从制度安排上提供保证。如广东省与国家环保总局正在进行珠三角环保规划,制定具体措施,建立区域环保协调机制和补偿机制,协调流域、区域环境保护问题。在区域经济一体化的进程中,政府要建设完善的组织制度,发挥强有力的调控作用,提供区域内优良的公共产品。强有力的组织协调机制,是各地区加强交流与合作的内在要求。

区域合作组织制度建设主要体现在以下方面:第一,编制区域合作规则。应在国家指导下制定区域合作规则,为企业提供咨询或信息服务。规则应以解决区域性共同问题、协调区域关系为基本目标,重点内容一般包括区域性能源、交通、水利、通信等重大基础设施建设、区域性产业组织和产业结构调整、区域市场形成、区域环境保护等内容。第二,实行各种层次的对话,加强经验和信息交流。各区域应充分发挥各级政府的主导作用,着眼于发展和长远利益,最大限度地降低谈判等交易成本。要尽快建立规范的高层协商制度和协调机制,在公共产品和服务的提供上共同规划相互协调,在生态环境建设上彼此支持联合治理;在资源共享和企业合作方面给予共同的鼓励和支持合作。区域内不同地区之间开展双向经验交流和参观学习,高层领导互访、沟通信息、联络感情;定期轮换地点召开高层领导人联席会议;建立省或地区常务联席会。在高层架构之下,应尽快完善原有的促进双边合作的制度和机构,同时,尽快设立顺应形势发展要求的各种部门性、行业性的专门协调机构,以协商机制和协调行为来获取规模经济、范围经济和外部经济效应,增进区域内的共同利益。与此同时,应加快区域性行业中介和商会组织的建设,协调政府与企业的关系,为企业提供市场信息和政策信息,制定行业发展规划、生产标准,协调企业投资行为与市场行为,促进企业间的分工协作,维护企业的合法利益等。

同时,由于经济全球化和区域经济一体化进程正使得东盟国家与中国泛珠三角区域的国内经济和社会问题日益广泛地扩散到周边国家或地区。区域化使得地区性的经济和社会问题外溢性提高,也使主权国家不得不面对许多共同的地区性问题。这些跨国界的地区性问题的解决需要泛珠三角区域与东盟国家之间的有效合作。东盟国家与中国泛珠三角区域如果采取以邻为壑的竞争或垄断政策最终也必然会损失自身利益。因此,这种现实会加强东盟国家与中国泛珠三角区域之间谋求国际合作的动机。

伴随中国—东盟自由贸易区的建设进程,泛珠三角区域加强与东盟区域经济一体化进度必然对地区公共产品的提供与完善迫在眉睫。区域内制度、规则、基础设施建设等方面都属于重要的公共产品范畴。然而,公共物品仍然是典型的组织产品,因为一般的非集体产品总可以通过个人的行动获得,而且只有当涉及公共意图或集体产品时,组织或集团的行动才是不可或缺的。例如,在中国—东盟自由贸易区框架下,泛珠三角地区和东盟国家实行的原产地规则是一个重要内容,当地成分标准的确定是原产地标准的关键。一般来说,当地成分或附加价值要求越高,会越有效地防止区域外产品享受自由贸易区的优惠,促进区内贸易增长,但也可能造成对区外产品的贸易壁垒,产生贸易转移;当地成分或附加价值要求越低,则越可能增加区外产品通过简单加工享受自由贸易区优惠的机会。中国—东盟自由贸易区将确定削减非关税措施的原则,确保非关税措施不成为自由贸易的障碍。这些非关税措施包括《框架协议》涉及的反倾销和反补贴关税、标准和认证、定价、进口许可证、进口配额和动植物卫生检疫等,原则上这些非关税措施的贯彻落实属于泛珠与东盟的地区公共产品供给层次。除了减少关税和非关税壁垒,实行有利于自由贸易的优惠政策,制定促进自由贸易的法律、法规,中国泛珠三角区域还可以和东盟还在交通、信息、能源等方面进行合作,通过逐步改善各国的基础设施等硬件环境来促进区域内自由贸易的发展。基础设施的落后,会从能源、交通、通讯、城市建设等各个方面直接影响着国民经济的发展,影响着外来投资和对外贸易,从而也从根本上制约着自由贸易区建设的进程,也直接影响着泛珠三角区域与东盟国家的区域经济合作实效。因此,中国泛珠三角区域不仅应该积极向东盟成员国开放自己的市场,还应该通过泛珠三角区域的企业在东盟各国的投资以及政府为这些国家基础设施项目提供资金来帮助他们加强基础设施建设。东盟内部经济发展水平较高的国家,为了更好地推动自由贸易区的建设,也在为几个东盟新成员国提供技术与基础设施援助,帮助这几个国家改善基础设施。例如在陆路交通方面,连接中国泛珠三角区域西南省区与中南半岛各国的西南国际大通道的建设已经启动,这将为中国泛珠三角区域与东盟经贸关系的发展提供最直接、最便利的条件。曼昆公路云南段全程高等级化正在分段建设。目前只有老挝段路况较差,急需改建。泛亚铁路的建设已经开始列入东盟国家的合作计划,并已基本确定了走向,中国政府对此明确表示支持,未来泛珠三角区域所属省区必然受益良多。此外,泛珠三角区域的云南省电力外送和通往东盟的网络通道已经在积极的操作之中。

二、泛珠三角与东盟的区域外资流向评估

外资的流向由投资环境的优劣、获利的高低决定。中国泛珠三角区域和东盟都面临着发展经济,提高人民生活水平的紧迫任务,都在积极吸引外资,吸收外资的重点也都放在交通、资源、电力等基础设备方面,因而存在着竞争。

与东盟比较起来,我国目前吸引外资的巨大优势主要在于以上三点。一是低廉的劳动力成本。二是巨大的国内市场规模。我国现有 1 万亿美元的国内生产总值,而且以每年平均8%左右的速度递增。其中有近 8 亿人口将随着城市化而形成一个巨大的消费阶层,一个稳定的中产阶层已经形成并且规模正在扩大。三是我国内地有很强的企业集聚效应,往往很多企业集中在一个地区,一个企业的产品就是另一个企业的上游产品,这样在华投资降低了企业

的采购成本,进一步扩大了成本优势。而我国加入 WTO,外商投资面临更大更好的投资良机,可以更充分地利用上述优势。所以外商纷纷前在我国投资,或者是增加在华投资。一些外商尤其是跨国公司不仅把生产厂家,而且把亚洲或亚太地区总部的投资中心、培训中心和研究发展中心也设在我国。外资的大量涌入,归因于我国投资环境的日趋改善,而金融危机后东盟国家经济急剧波动,投资环境仍然没有改观,直接影响其对外资的吸引力。在劳动生产率方面,根据国外相关统计资料显示,中国的劳动生产率只相当于泰国的 1/2、菲律宾的 55%、马来西亚的 1/6。因此,我国的劳动生产率水平和整体科技实力还是很低,以吸引外资的长期趋势在必行不可过分乐观。此外,东盟国家的政府和企业界都很重视劳动生产率问题,在他们的观念里,已经非常正确地认识到不能狭隘地把劳动生产率理解成只是生产上的效率,政府和企业还要重视物流产业劳动生产率的提高,所以新加坡和马来西亚等国家都已正在致力于发展本国的物流产业,在政府和战略上都把目标定为建设亚太地区的物流中心。因此,从这方面来看,可以说是我国对东盟的外资吸引和经济发展提出了挑战。

1.东盟方面

从东盟国家的对外经济开放时间先后和经济发展水平看,新加坡对外经济开放的时间最早,属于亚洲新兴工业化国家;泰、马、印尼、菲对外经济开放的时间次于新加坡,属于亚洲地区准新兴工业化国家;越南对外经济开放的时间迟至 80 年代末,属于新经济增长区(90 年代被世界银行列为亚太地区新经济增长区);缅、老、柬属于低水平经济开发国家。东盟四国的外资引进主要是在经济对外开放阶段以后,特别是 1986 年亚太地区区域内资本投资高潮形成以后。越南直到 1988 年才开始实行对外经济开放政策,缅、老、柬还处于发展进口替代工业化阶段。20 世纪 60 年代,发达国家进行了战后第一次产业结构调整,将一些劳动密集型的工业生产基地转移到劳动力价格低廉的发展中国家。在这样的国际经济背景下,韩国、台湾、新加坡、香港于 60 年代中期采取了积极引进外国直接投资发展面向出口工业的政策,接着东盟初始四国也从 70 年代初开始仿效上述四个国家与地区采取此类政策,它们设立出口加工区,并在外资政策中强调了鼓励外资投资发展面向出口工业的政策优惠,导致了 70 年代东盟四国的"出口工业生产基地型"外资投资获得了较为迅速的发展。70 年代中后期发达国家的贸易保护主义不断加强,他们的海外投资也开始从"转移出口工业生产基地型"转向"回避贸易壁垒型"。1980 年代上半期东盟国家吸引投资的优势趋于减弱,外资投资衰减。如图 4-1 所示,1986年以后在亚太地区形成了一股区域内投资东盟老成员国四个主要国家的高潮。来自日本与亚洲新兴工业化经济群体(韩国、台湾、新加坡、香港)的投资比重迅速增大,最终占了主导地位,面向出口工业生产基地型的投资迅速增强。

(单位:亿美元)

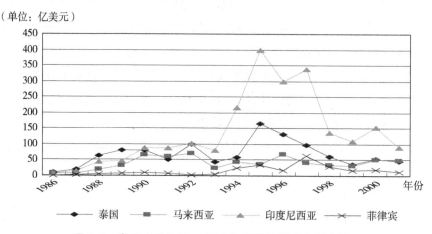

图 4-1 东盟 4 国 1986—2001 年期间 FDI 变化示意图

备注:根据日本《贸易振兴会白皮书:投资篇》(1987—2002 年各年版)数据资料绘制。

从投资结构来分析,20 世纪 80 年代下半期,由于东盟国家外资主要来自日本与亚洲新兴工业化经济群体,从而导致欧美国家的投资比重趋于下降。进入 20 世纪 90 年代以后,由于欧美国家对东盟国家的石油与天然气开发,炼油,石化工业以及社会基础设施等产业部门的投资迅速增加,欧美国家在东盟国家外资投资中所占的比重趋于回升。此外,东盟区域内的投资也不断有所增大。20 世纪 90 年代以后,外资开始较大规模地投向亚洲地区的新经济增长区(中国大陆、印度、越南、菲律宾),东盟地区内的新经济增长区如菲律宾和越南等国家吸引的外资投资与中国在引进外资方面开始面临越来越强劲的竞争。20 世纪 80 年代末到金融危机前,流入东盟的 FDI 增长很快,1991—1996 年均为 203.23 亿美元,1997 年为 340.99 亿美元。自从金融危机以来,由于东盟国家多数是外向型经济、国内市场狭小、经济对出口贸易的依赖程度高、出口对美国市场的依赖程度高、出口商品又主要是电子产品。国际经济环境的恶化导致了东盟国家出口贸易的大幅度衰减,进而导致这些国家经济的大幅度衰退与严重衰退,东盟 FDI 流入量持续下滑,2002 年,东盟 10 国吸收 FDI 为 139.57 亿美元,仅占亚洲当年 FD1 流入量的 14.69%。与之形成鲜明反差的是 20 世纪 90 年代以来,中国吸引外商直接投资保持了高速增长,90 年代前五年中国吸引外商直接投资仅超出东盟 51.53 亿美元,而到 2002 年,这一差额扩大到 387.43 亿美元,中国当年吸引外商直接投资总额为东盟国家总和的 3.77 倍。随着中国—东盟自由贸易区的全面建成,我国与东盟相互投资的规模也在不断扩大。2003 年至 2009 年,东盟对中国实际年投资额从 29.3 亿美元增长到 46.8 亿美元;我国对东盟的实际年投资也从 2003 年的 2.3 亿美元,迅速增长到 2009 年 26.98 亿美元,增长了 10 倍之多。① 目前,双方之间吸引外国直接投资的差距越来越大。因此,东盟国家的有部分官员和学者认为,最近几年进入东盟的外资减少,是因为外资被中国夺走了,是中国和东盟在投资方面存在激烈竞争导致的。

2.中国与泛珠三角区域方面

促进区域内资本流动和增强对区外直接投资的吸引力,建立自由、便利、透明和具有竞争力的投资体系,是中国—东盟自由贸易区投资框架协议的目标。中国和东盟将在增加投资规则和管理的透明度,建立有利于资本自由流动的投资制度等方面加强合作。中国与东盟自由贸易区投资协议适用范围为直接投资,投资限制与股权规定受各国国内投资相关法规约束。中国—东盟自由贸易区可能给外资带来的利益大致包括两方面:一方面,对于市场型投资,建立自由贸易区无疑扩大了外资企业的市场,在任何成员国投资的企业都能以较低的成本进入其他成员国的市场;另一方面,建立自由贸易区提高了关联度高的产业资源整合能力,外资企业可以在自由贸易区内配置企业资源,降低生产成本。为了增强自由贸易区对外资的吸引力,自由贸易区投资框架协议除了在透明度、对外资在股权限制、本地含量要求、出口业绩要求以及利润

---

① 数据资料参见中华人民共和国商务部网站发布的 2003—2009 年度中国对外直接投资统计公报。关于东盟经济数据的资料转引自李慧中、黄平:《中国 FDI 净流入与贸易条件恶化悖论及解释》,《国际经济评论》2006 年第 3 期;李皖南:《东盟投资区的提出与发展》,《亚太经济》2006 年第 4 期。

汇出等方面放松限制,还将为区域内技术流动、资本流动和专业技术人才流动提供便利。

　　从中国和东盟之间的相互投资来看,虽然中国与东盟成员国在地理位置上毗邻,但是双方之间的投资并不活跃。2002 年,印度尼西亚对华直接投资实际使用金额为 1.2164 亿美元,菲律宾是 1.86 亿美元,泰国为 1.8772 亿美元,马来西亚是 3.6786 亿美元,新加坡是 23.372 亿美元,该年东盟成员国中只有新加坡排进对华投资的前 15 位。2001 年,中国向东盟直接投资金额仅为 1.4826 亿美元。可见双方之间的相互投资占各自对外直接投资的比例并不高。而美国、日本、欧盟国家才是双方各自重要的资本和技术的提供者。根据联合国贸发会议《2001 年世界投资报告》的统计,1995 年中国引进外商直接投资金额为 358.49 亿美元。东盟为 253.67 亿美元;2001 年中国引进外商直接投资金额为 468.46 亿美元,东盟为 132.41 亿美元。[①] 从统计数字上看,1995—2001 的六年间,东盟引进的外商直接投资呈下降趋势,而中国则呈上升趋势。

（单位：亿美元）

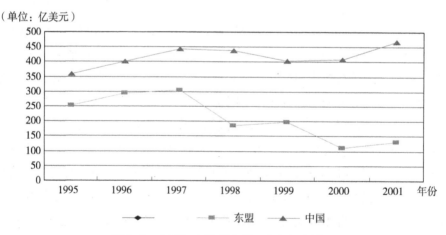

图 4-2　中国与东盟吸引 FDI 变化示意图
备注:根据《世界投资报告》(2002 年)的相关数据资料编绘。

　　当然,这并不能说明东盟减少的外商直接投资都转投了中国。以日本为

---

① 参见韦倩青:《中国与东盟贸易投资关系分析及共同自由贸易区运行模式思考》,《宏观经济》2004 年第 3 期。

例,日本是向中国和东盟投资最多的国家和地区之一,据日本贸易振兴会
2001 年对日本国内企业投资意向的调查显示、绝大多数计划在中国进行直接
投资的日本企业是从日本本土而并非从东盟国家转移资产。中国目前虽然也
推行"走出去"的战略,鼓励有条件的企业到海外去投资设厂,但是,目前中国
真正有实力有条件"走出去"的企业并不多。近年来,也有一些中国企业在东
南亚投资设厂,但与日本、美国及亚洲"四小龙"在该地区的投资相比,中国在
该地区的投资可以说是微不足道的。以 2004 年东盟国家吸收的外国直接投
资分析,中国内地向东盟国家的投资总额也只有 2.26 亿美元,不足东盟当年
吸引外资总额的不足 0.9%。

表 4-1　2004 年东盟 10 国外商直接投资统计表

地　区	外商直接投资(亿美元)	来自中国的投资(亿美元)		
	2004 年	内地	香港	台湾
东盟 10 国合计	256.54	2.26	3.45	11.87

数据来源:《东盟 2005 年统计年鉴》(ASEAN Statistical Yearbook 2005)。

　　东盟有许多大中型企业在中国投资,在农业技术、矿产开采、化工机电、旅
游设施、金融服务等行业独资或与中国企业合资。到 2003 年双边签订自由贸
易区框架协议前,东盟国家累计在华投资项目 20713 个,协议投资金额
609.06 亿美元。截至 2003 年 6 月,中国累计在东盟国家投资项目也仅为 822
个,协议投资金额 13.72 亿美元。[①] 中国赴东盟国家投资起步较晚,但增长势
头良好,以越南、泰国为例,中国的新希望集团、TCL 集团、力帆集团等在国内
较有影响力的企业纷纷进驻越南,组建生产性企业。从国家层面的合作来看,
东盟是中国吸引外资的重要地区之一。东盟国家每年对我国实际投资约为
30 亿美元,占我国年度吸收外资总额的 6%左右。中国—东盟自由贸易区启
动后,国内外专家预测东盟对华投资将增长 48%,对华实际投资规模将由现
在每年的 30 亿美元增加到近 50 亿美元。伴随 2009 年《中国东盟自由贸易区
投资协议》的签署和 2010 年中国—东盟自由贸易区宣布建成后,双边投资额

———————

　　① 王望波:《东南亚华商对华投资分析》,《当代亚太》2006 年第 4 期;汪慕恒:《东盟国家外
资投资的发展特点与趋势》,《南洋问题研究》2003 年第 1 期。

大幅度上升,2009 年,东盟对中国实际年投资额为 46.8 亿美元,我国对东盟的实际年投资额为 26.98 亿美元,而到 2011 年 1—12 月仅东盟的新加坡一国对华投资就已经高达 63.28 亿美元。① 与东盟相比,国内的泛珠三角地区在市场规模、劳动供给、生产成本方面占有优势,加上中国经济的强劲发展势头,所以外商直接投资选择中国泛珠三角区域的机会更高一些。而且外商还会根据各个国家或地区的资源禀赋差异选择投资地点。此外,东道国的某一行业是否已有其他外资企业投资,也是外商直接投资时考虑的一个因素,因为外资企业集中有利于促进该行业的发展。例如,近年来日本企业根据比较优势,将一系列大型汽车工业纷纷落户泛珠三角区域,而将化工行业投资选择东盟成员国印度尼西亚和越南等国。

毫无疑问,亚洲金融危机的发生对东南亚的资本流入和经济增长带来了巨大的负面影响,而我国广阔的市场和良好的增长前景将有利于东盟各成员国的经济复苏和重新获得海外投资者的青睐。国内学者张蕴岭指出,如果在中国与东盟之间建立自由贸易区,可以使东盟向中国的投资大幅度增加,也会促进外部对区内的投资以及区内本身的投资,中国对东盟国家的投资会大大增加。美国—东盟商业理事会的相关研究结论是中国—东盟自由贸易区的建立使市场融为一体,区域外国家会把中国和东盟作为一个整体市场通盘考虑,外资也会流向东盟,因为流入东盟同样可以方便进入我国市场;而且建立自由贸易区实现投资自由化后,我国会大大增加对东盟的投资。然而相关最新研究结果表明,FDI 与进口贸易之间并没有必然的正相关关系,当地区间贸易自由度突破某个"临界值"时,贸易自由化进程中 FDI 的流入将会替代进口贸易。中国—东盟自由贸易区建立后,外商直接投资流入可能会降低中国的进口贸易。但是如果能够同时提高中国与其他国家贸易自由化水平,则完全可以促进中国进口贸易的增加,FDI 的流入将与进口贸易成为互补关系。中国—东盟自由贸易区的建立,使得中国减少了在与东盟有引资竞争力国家的直接投资。同是中国—东盟自由贸易区的成员,由于各国经济发展水平、对外开放程度等方面存在差异,在吸引中国 FDI 方面的力度也不同,因此,中国对

---

① 数据资料参见中华人民共和国商务部网站发布的 2009、2011 年度中国对外直接投资统计公报。

外直接投资在各成员国之间也存在着转移效应。新加坡、印度尼西亚、马来西亚等经济水平较高、引资环境较好的国家,是中国对东盟直接投资的首选国。① 实际上,从动态长期的观点来看,投资创造及自由贸易区外部国家或地区对区内的投资转移将占主导地位,随着中国—东盟自由贸易区内产业布局的优化,区内整体引资总量会持续增加,中国对东盟投资各成员国的投资在2010年以后已经出现大幅增长,同时,随着区外投资者对东南亚地区经济发展信心的恢复,进入东盟成员国的外商直接投资金额也会有较大的提高。

三、泛珠三角与东盟的地区产业竞争预测

国内学者通过实证研究先后发现,东亚区域内的相互贸易作为形成东亚产业结构整体性成长的基本关联机制之一,突出表现在两个方面:一是区域内相互贸易不断扩大和贸易依存度的不断提高;二是区域内贸易结构从垂直贸易向带有水平贸易的方向发展。② 伴随"雁行模式"的日渐式微,中国与东盟自由贸易区的推进,双边的产业竞争与关联机制的演进也符合上述的演绎逻辑。市场分割通常是用来研究国内区域经济现象时使用的专业术语,主要指一国范围内各地政府为了本地的利益,通过行政管制手段,限制外地资源进入本地市场或限制本地资源流向外地的行为。与这种以政府强制力为基础形成的分割的市场格局相对应的,是一种联结成一个整体的国内或地区统一市场,又称为一体化市场。经济优势的互补性是区域经济实现整合的先决条件。泛珠三角各省区与东盟国家之间存在明显的经济互补性,但是双方在部分产业之间更在相当程度的相似性与竞争性。我们下文的分析揭示,中国泛珠三角区域与东盟各国作为劳动力资源丰富的发展中国家和地区,其经济结构的调整与演化情况,由于要素禀赋的相似性,其产品面临着激烈竞争,其中制造业领域中初级产品的竞争最为激烈。随着产业结构向机械电子制造调整,机电

---

　　① 李轩:《中国—东盟自由贸易区建设对中国 FDI 的影响效应》,《国际贸易问题》2011 年第 4 期;颜银根:《中国—东盟自由贸易区建立后 FDI 流入能替代进口贸易吗？——基于新经济地理贸易自由化的研究》,《经济评论》2011 年第 4 期。

　　② 汪斌:《国际区域产业结构分析导论:一个一般理论及其对中国的应用分析》,上海人民出版社 2001 年版,第 162、165 页;卢荻:《外商投资与中国经济发展——产业和区域分析证据》,《经济研究》2003 年第 9 期。

产品的竞争也正在加剧。因此,中国泛珠三角区域与东盟在产业结构、贸易结构和商品出口等方面形成了不可避免的竞争局面。

1.三次产业结构的份额变化趋势相同,制造业所占份额明显上升。

自从改革开放以来,中国泛珠三角区域内地各省区的产业结构和出口商品结构发生了显著的变化。从总体上看,第一产业的比重迅速下降,第二产业稳定发展,第三产业呈上升态势。而香港和澳门目前已经是第三产业占据地区国民经济发展的主体和优势地位。与中国泛珠三角区域相比,东盟各国的经济结构调整在时间上比中国要早,但是近几年随着东盟经济结构优化的放慢和中国泛珠三角区域产业结构调整的加快,双方的产业结构表现出了明显的趋同性。例如香港和新加坡的经济结构趋同性和竞争性就非常激烈,而对于其他大部分发展中国家和地区而言,最为明显的表现是第二产业在各国和省区的比重逐渐接近。据统计,从 1980 年到 1993 年,马来西亚、印度尼西亚、泰国和菲律宾等国的制造业在国民经济中的份量则趋于上升,在 GDP 中的比重分别从 19.6%、11.6%、21.5% 和 27.6% 变化为 30.1%、22.4%、28.6% 和 24.7%。此后,各国的产业结构虽然也有所调整,制造业所占比重进一步上升,已经基本在 30%—50% 之间徘徊。① 由于统计资料收集的困难,我们这里给出 1997 年到 2002 年泛珠三角区域的对应变化值。而对于泛珠三角区域内地各省区的产业结构而言,除了海南省因为自身发展定位和经济结构调整问题导致发展停滞并有所下降外,其他省区非农产业(含制造业和第三产业)所占的百分比更是逐年上升。从 1997 年到 2002 年,福建、江西、湖南、广东等省区非农产业占当地 GDP 比重分别从 80.78%、72.30%、71.41% 和 86.51% 上升为 85.80%、78.10%、80.10% 和 91.20%。而制造业所占的比重也分别在 37%—50% 之间上下浮动,高于同期东盟相应国家的制造业所占比重。与全国比较,泛珠三角地区的产业结构呈现出一定的第三产业比重较高的趋势,第三产业的发展水平高于全国水平。以 2002 年各地区的产业结构为例,具体结构见表4-2。香港、澳门的第三产业所占比重均在 85% 以上,即使第三产业所占比重最小的贵州地区,其第三产业所占比重 36.2% 也高于全国水平

---

① 张彬:《中国—东盟自由贸易区贸易结构效应的实证分析——基于 1995~2008 年 HS92 商品分类面板数据》,《世界经济研究》2011 年第 1 期;汪慕恒:《东盟国家外资投资的发展特点与趋势》,《南洋问题研究》2003 年第 1 期。

33.6%。港澳已进入后工业化阶段,第三产业居绝对优势,而第二产业比例很小;广东和福建正处于快速工业化和城市化时期,第二产业所占比重比较大,广东超过50%,福建也在45%以上;海南第三产业所占比重较大,但第二产业则欠发达;其他省区处于经济发展的较低阶段,第一产业所占比重相对较大,产业结构的集中化程度较低。

表4-2 2002年11省区的产业结构分析表 单位:%

地区	第一产业比重	第二产业比重	第三产业比重
广东	8.8	50.4	40.8
福建	14.2	46.1	39.7
海南	37.9	20.8	41.4
广西	24.3	35.2	40.5
四川	21.1	40.7	38.2
贵州	23.7	40.1	36.2
云南	21.1	42.6	36.3
湖南	19.5	40.0	40.5
江西	21.9	38.8	39.3
香港	0	12.2	87.8
澳门	0	14	86

备注:资料根据上海财经大学编著《2003年中国区域经济发展报告》上的统计数据整理而来。

因此,双方产业结构上的相似性不可避免。因为双方经济结构、产品结构、技术结构和产业结构较为趋同,东盟长期以来与中国泛珠三角区域的贸易份额比例很小。中国泛珠三角区域作为一个特殊的后起的经济区域,产业结构具有多层次阶梯状的特点,在比较优势方面也呈现为多样性和综合性。一方面,中国泛珠三角区域拥有一个较为松散复杂的区域经济体系,虽然在资源密集型产品及劳动密集型产品方面,中国泛珠三角区域可以以较低的劳动成本及丰富的资源与东盟展开竞争。但是在技术密集型行业,中国泛珠三角区域技术的低成本优势使其在部分技术和资金密集型行业不是与东盟,而是与日本和亚洲"四小龙"展开竞争。而东盟国家作为一个整体,在服务业和第三产业的发展上还是明显优于中国泛珠三角区域。

2.泛珠三角和东盟各国的出口商品结构趋同。

东盟等国基本上走的是加工贸易为主的出口导向的发展道路,加之本国的经济容量较小,因此对外贸易依存度非常之高,2000 年,印度尼西亚、泰国、菲律宾和马来西亚四国的外贸依存度分别达到 69%、127%、106% 和 229%。中国最近几年的外贸依存度也是逐年急剧上升,2006 年已经高达 70%。并且分析 1990 年至 1998 年中国出口商品的结构可以发现,初级产品所占比重下降剧烈,工业制成品则从 74.4%上升到 88.8%。而马来西亚等国的制成品比重也在不断上升。对于泛珠三角区域各省区而言,按照表 4-3 提供的统计数据,我们从出口依存度、外贸依存度、外资依存度、对外开放度等 4 个方面来具体比较分析泛珠三角地区的对外开放程度,基本上可以得出上述的类似结论。

表 4-3　2006 年泛珠三角内地九省区对外开放度统计表

省区	出口依存度	外贸依存度	外资依存度	对外开放度	开放度排名
广东	94.13	174.62	9.59	184.21	1
福建	33.33	55.82	6.43	62.25	2
海南	10.31	27.03	6.89	33.93	3
江西	4.39	7.40	4.71	12.11	4
广西	5.97	9.67	1.38	11.05	5
云南	5.65	8.98	0.57	9.55	6
四川	4.87	8.56	0.88	9.44	7
湖南	3.83	6.68	2.68	9.35	8
贵州	3.62	6.06	0.35	6.41	9

备注:统计数据来自泛珠合作信息网。

在相似的出口商品结构下,中国泛珠三角区域与东盟各国的出口竞争性表现十分明显。在制造业生产和贸易领域,中国泛珠三角区域与东盟各国的优势也不尽相同。国内学者的研究结果表明,中国泛珠三角区域与东盟各国在商品贸易、技术贸易和服务贸易方面的差别仍然较大,在东盟 10 国和中国泛珠三角区域里,除了新加坡和香港势均力敌,在制成品和技术贸易、服务贸易具有比较全面的贸易优势以外,其他国家和省区都只是在某些领域具有优势。对于泛珠三角区域而言,广东具有明显优势的产业是制造业、中医药业、旅游、航运等,机电产品如电子、电气、机械设备、化工等和高新技术产品对东盟国家具有较高的竞争优势。从加快中国—东盟"经济走廊"建设的要求来看,云南出口东盟的产品主要是化工、矿产品、食品、纺织品和农产品等,广西在交通、电力、通讯、港口、码头、金融、口岸、工业园区、物流等配套设施以及服务设施的建设力度还需要进一步加大。贵州具有电力优势,可以向邻近的东盟国家如老挝、缅甸等电力极其稀缺的国家送电。四川的优势产业有机械、电子、宇航、冶金和食品等。在出口贸易中,蔬菜、生丝、肠衣、猪肉、中药材和生漆等初级产品和工业制成品如纺织品、服装、钢坯、粗锻件、医药品、二极管、半导体、手用或机用工具、锯材、电视机、医疗仪器和器械等方面较有比较优势。湖南生态资源独具特色,旅游资源、农业资源和多种有色金属和非金属储量资源都非常丰富。江西的铜、钨、钽等有色金属资源型产品在东盟具有比较优势,江西还号称中国药都,中药材资源和药材产品也是优势产业。福建的优势领域在生产加工和资源性等开发项目,如远洋渔业、种养业、林产业、矿业。海南可以利用东盟国家的化肥主要依靠进口的机会,扩大海南化肥生产和出口的能力。同时海南还可以瞄准东盟国家医药制造业薄弱的良机,扩大对东盟国家的药品出口,热带农产品的开发和合作也有广阔前景。相对于泛珠三角区域来说,东盟国家的情况则是印度尼西亚、泰国、马来西亚和菲律宾这四个国家的经济发展水平与泛珠内地的经济发展水平比较接近。印尼是初级产品出口大国,泰国、菲律宾、马来西亚等国在机械设备方面都具有竞争优势。双方产业结构相似,我方产业整体水平略高,在各方面都会具有比较强烈的区域竞争性因素。越南、老挝、柬埔寨、缅甸和文莱五国工业水平落后,工业体系不健全,属于农业占据主导地位的国家。泛珠三角区域西南省区在产业结构上和它们接近,产业同构性和竞争性也比较大。

四、泛珠三角与东盟的区域市场分割研究

在泛珠三角区域与东盟国家的区域经济合作进程中,市场分割不仅存在与泛珠三角省区与东盟国家在国际市场上产业竞争与市场份额的争夺,而且必然会涉及泛珠三角区域和东盟国家内部的市场一体化建设问题,也就是触及泛珠三角内部省区和东盟国家之间各自内部壁垒和干预因素。内部市场一体化的建设进程与外部市场开放的建设相互作用相互影响,尤其是对于泛珠

和东盟之间的区域经济合作来说,泛珠三角地区自身的市场统合是发展的关键所在。由于推进中国—东盟自由贸易区建设成为泛珠整合的重要外源性动力,因此,国内的市场分割与国际的市场争夺是研究泛珠三角区域与东盟区域经济合作中绕不开的重要研究议题,甚至是研究泛珠和东盟区域经济合作的重要前提与内容。

(一)泛珠三角区域的市场分割研究

区域经济协调机制的形成过程实际上也是区域市场一体化的过程。市场分割是制约泛珠三角区域经济协调机制的又一重要因素。这种市场分割包括两个方面:一是不同关税区造成的市场分割,尽管 CEPA 的实施为泛珠三角区域市场一体化创造了制度条件、但区域市场融合仍需要一个很长的时间和过程,所面临的具体技术问题也还存在一定的难度。另一个是内陆同港澳关税区内的市场分割,由于中国内地正处在体制转型和工业化过程中,市场经济发展水平还不高,某些因素在一定程度上阻碍着区域统一大市场的形成与发展。这些因素包括行业垄断、地区封锁、城乡分割、物流和信息网络不配套等。社会信用缺失、市场秩序不规范以及缺乏协调的基础设施网络和统一开放的信息平台都成为区域市场一体化的制约因素。泛珠三角内地省区的地方市场分割随着经济发展水平和市场发育程度的提高,其表现形式也会不断变化。在市场经济发育的中前期,市场分割主要表现为限制本地的一些特色产品,主要是基础原材料流到外地。伴随市场经济体制的日渐完善,地区性买方市场出现以后,除产品与服务市场以外,劳动力市场、资本市场包括产权市场也都存在大量的地方市场分割现象。地方市场分割的主要形式也从一些明显的"硬性"分割形式,如全面禁止或限制性地禁止进入或流出,发展到一些隐蔽的"软"形式如技术壁垒等开始大量出现。针对不同的对象,采取的形式也有相当的差异。

1.产品市场分割

产品市场的分割包括进入壁垒和流出壁垒两个方面。在进入壁垒方面,泛珠三角省区的地方政府通常可能会通过行政协调手段,限制外地商家的产品进入本地市场,借以保护本地商家的利益。设立进入壁垒,有些借助于地方政府或政府部门下发的"红头文件"或办公会议纪要,更多的则采取隐蔽形式,如采取类似于非关税壁垒的办法,借用技术标准、规划等名义。就其使用手段来说,包括以下层面:第一,完全禁止或数量限制。这主要发生在地方可以垄断经营的领域,通过垄断性的经营渠道,地方政府可以比较容易地实施限制进入的政策。第二,采取类似于非关税壁垒特别是技术壁垒的做法。在国际贸易中,非关税壁垒特别是技术壁垒就成为国际贸易战的重要形式。技术壁垒是指贸易进口国在实施贸易进口管制时,通过颁布法律、法令、条例、规定、建立技术标准、认证制度、卫生检疫检验制度、检验程序以及包装、规格和标签标准等,提高对进口产品的技术要求,增加进口难度。这通常是在诸如环境保护、质量、适用性等名义下进行的。① 国内泛珠三角区域的地方封锁中,这类做法将会屡见不鲜。第三,费率控制。目前,泛珠三角区域地方政府可以利用多种名义收费,这就为地方限制外地产品进入本地市场打开了方便之门。价格和消费环境一直是制约企业消费的重要因素,尽管近年来社会舆论和消费者呼吁取消企业消费的不合理政策,但作用不大。许多地方的政府部门通过"红头文件"或"只有精神、没有文件"的默许下,征收多种费用。② 其次在流出壁垒方面,限制资源流出是地方市场分割的一种重要表现形式。从产品市场来看,限制流出的对象一般是资源类产品或农产品,而且通常会采取完全禁止或限制流出以及费率控制等手段来实施。

2.劳动力市场分割

近年来,整个中国的社会就业问题变得越来越突出,泛珠三角区域也不例外。企业职工下岗、在职失业、农村劳动力向城市流动、落后省份劳动力盲目流向发达地区等问题日益突出。为了确保社会稳定,减少地方政府对失业职工的补助性支出,泛珠三角地方政府应加强对劳动力市场的保护。近年来,各地主要是泛珠三角地区的发达城市普遍加强了对劳动力市场的管制。市政府以对流动人员就业加强管理为借口,对本地区及外地农村劳动力就业、对外地非农业劳动力就业纷纷实行歧视性的做法。第一是禁止进入或有限制的准入。这主要体现在限制工种方面,即列出允许和限制使用外地人员的行业、职

---

① 宋明顺:《基于知识产权与标准化的贸易技术壁垒——"国际贸易技术壁垒与标准化问题"研讨会综述》,《经济研究》2009年第3期;杜凯:《技术壁垒与技术创新激励:贸易壁垒制度安排的国别差异》,《世界经济研究》2009年第11期。

② 吴敬琏、刘吉瑞:《论竞争性市场体制》,中国大百科全书出版社2009年版,第184、186页。

业范围,如录用外地人员到被限制工种,用人单位要额外交纳费用,否则被处以罚款。第二是设立技术壁垒。主要包括一是限制资质,即列出外地就业职业工种的文化程度要求、上岗持证要求等,违反者予以罚款处理;二是限定职业介绍所范围,即一般要到劳动部门指定的职业介绍机构招收外地人员,有偿收费。第三是费率控制。外地人员要交纳一些不合理收费,导致外地劳动力就业成本偏高。当前农村劳动力外出就业除携带身份证外,还必须有计划生育证明、外出务工证明、技术专长证明等供流入地管理部门查验,这在流出地就要收取不少费用。到流入地后,还要办理"暂住证"等。外地劳工除收入低于本地户籍同类劳工外,还没有各种与户籍有关的补贴、劳保、公费医疗、养老金等福利。由于受身份的限制和体制内外及社区性、功能性的劳动力市场分割的存在,进城务工农民大多集中在险、脏、难等传统职业岗位上。

3.资本市场分割

泛珠三角区域的资本市场分割主要表现在资产重组过程中,对外地企业进入本地并购采取歧视性做法。在资金上,限制本地企业资金流出,同时限制外地企业在本地的投资活动。例如在国企改革的进程中,泛珠三角发达省区不少优势企业充分利用这一时机,实施低成本扩张经营战略,积极开展并购活动。而在整个兼并重组过程中,很多场合可以看到地方政府的身影。在并购前,初始推动者很多是地方政府,而不是企业自身。在并购过程中,很多环节受到地方政府的影响,如批准企业的兼并重组申请,非经营性资产的剥离,协调兼并方与被兼并方的讨价还价,对利益相关者出面做说服动员工作等等。在并购后,政府可以从很多方面发挥重要影响,一些地方政府为了保护本地企业,经常在排斥外地企业进入本地并购的同时,直接策划、干预乃至包办本地国有企业的资产重组活动,甚至不考虑客观实际和市场行情以及企业之间是否有内在的经济联系和产业间的关联度,就盲目策划和撮合企业间的资产组合扩张,追求形式上的而不是经济意义上的企业资产规模。有时一些地方特别是落后地区虽然在开始时积极欢迎外地投资者,但一旦企业完成并购或重组,开始发挥效益时,则由于某些纠纷而不利于外来者,俗称"关起门来打狗",投资环境非常不利。泛珠三角部分省区的一些优势企业在开展跨地区并购或投资活动时,有时也会遇到本地政府的干预。地方政府为了增加当地投资,促进当地经济发展,同时也为了帮助本地区劣势企业脱困,往往对本地企业的资本外流采取种种限制措施,阻止其资金流向外地,或对这类企业在当地投资提供种种优惠条件,以达到限制其资本外流的目的。限制外地企业在本地投资,最常用的是采取"软的"限制形式,对于不愿让外地企业进入的领域,本地政府常常借用城市规划、环境保护、产业发展重点等名义,不批准外地企业的项目申请或故意拖延审批时间。在这方面,比较典型的是利用不对称信息,事实上将外地企业排斥在投标、中标之外。因为在一些政府项目的招标过程中,政府部门对本地企业透露很多信息,有时甚至是标底,从而把外地企业排斥在外。

泛珠三角区域地方政府对地方市场加以保护,从而割裂全国统一市场的做法,在某种程度上的确收到了一些实效,有助于提高本地企业的生存能力,增加地方财政收入,利于本地社会稳定,从而在一定程度上有助于校正本地市场中的一些市场失灵现象。但是,地方政府的这种行政干预可能使整个国民经济运行受到扭曲,导致经济运行机制扭曲,市场信号失真,干扰宏观经济平衡,社会资源无法实现最优配置。泛珠三角区域地方政府对当地市场的保护、对外地商品的封锁所造成的市场地方性的分割,则扭曲了价格信号。而各地的市场分割的负效应累加起来,将导致全国性的市场失衡放大,并使社会净福利减少。在这种保护或封锁下,本地企业会享受到比统一市场条件下更大的利润,但这种保护或封锁的社会成本会很高,消费者蒙受的损失将超过本地生产者的收益。地方市场分割也不利于培育企业的市场意识和竞争能力。地方市场分割为本地企业的发展创造了一个温室环境,在政府羽翼保护下成长起来的企业,当其遇到经营困难时,往往不是改进经营方式,致力于加快产品升级换代,而是谋求市场垄断或权力寻租。

(二)泛珠三角与东盟的市场竞争研究

国际市场分割是用来分析泛珠三角区域和东盟国家在国际和地区市场层次由于竞争性关系而可能导致的状态或行为。它往往导因于不同国家或地区之间的产业国际竞争力和对外开放水平,因此其中既有市场竞争因素的作用,也有政府干预的因素存在。而地区市场分割则更多的表现为政府因素的干预。一种国际性产品的市场半径究竟有多大,产品的生命周期有多长,是面向全球还是面向特定的区域,在很大程度上取决于该产品的某些特性,取决于该种产品的生产成本,交易费用的高低,保存的难易程度,运输条件是否便利,地区性的消费习惯,以及生产经营商的营销能力等等。① 因此严格地说,是建立和垄断国际性市场还是区域性市场,决定性因素不应该是政府,而取决于产品本身的特性和生产经营该产品的商家竞争能力,尽管政府在其中发挥一定的作用,如改善交通等基础设施,但在究竟是形成统一市场还是形成分割性的市场方面,政府的影响则至关重要。例如我国泛珠三角区域内部还存在市场分割现象,原因就在于地方政府通过行政手段强制性地使管辖范围内的本地市场变成封闭半封闭的市场,而国际市场则是不以行政边界为限度的开放型市场。中国泛珠三角区域与东盟各国的出口市场接近,有很强的竞争关系。限于研究资料和数据的制约,同时考虑到泛珠三角区域的对外贸易和地区经济结构占据我国总体份额 1/3 的实际情况,在这里我们采取大样本分析的办法,试以东盟国家与我国整体的出口市场作为分析案例,以此从中推断泛珠三角区域和东盟国家的在国际市场中大约数值和变化情况。

东盟各国的出口市场十分集中,主要是东亚地区、美国以及欧盟,这几个地区的出口份额之和高达 90%以上。而中国泛珠三角区域的出口市场也主要集中在日本、美国和欧盟。中国泛珠三角区域和东盟国家的出口市场相似性指数非常高,尤其是表现在纺织品和服装上。以美国市场为例,中国整体和东盟国家的出口相似系数从七十年代以来不断提高,从 1977 年的 29.04%提高到 1996 年的 43.50%。其中服装与纺织品的相似性指数更是高达 70%以上。以 2002 年为例,中国对美国的出口占中国总出口额的 10.8%,远远高于日本的 6.5%;而东盟对美国、欧盟和日本的出口分别占东盟出口总额的9.2%、14.8%和 13.6%。② 从国别比较来看,在美国市场上,中国与东盟中的泰国和印度尼西亚的竞争最为激烈,而与新加坡的竞争最为缓和。中国和东盟(不含新加坡)在持续推进工业化进程中都是以相似的劳动密集型产品出口为特色,而这种不断缩小的出口专业化范围意味着它们在第三方市场(或世界市场)上的激烈竞争。纺织品和服装是典型的劳动密集型产品,在双方出口中占有相当的比重,因此也是中国与东盟国家竞争最激烈的一个领域。

在农产品出口方面,中国是亚洲最大的农产品出口国,农业在我国国民经

---

① 吴建伟:《国际间产业竞争与市场容量》,上海人民出版社 1999 年版,第 123—128 页。

② 吴建伟:《国际间产业竞争与市场容量》,上海人民出版社 1999 年版,第 110—115 页。

济中占有举足轻重的地位;而东盟各国的农产品出口也占到各自出口的相当
比例,东盟 10 国作为一个整体的农产品出口规模甚至大大超过中国。从总体
来看,中国和泰国的出口主要集中在劳动密集型产品上,如肉、鱼及海鲜制品、
蔬菜、水果及坚果制品、肉及食用杂碎、其他动物产品及杂项食物制品等,这反
映出两国丰富的劳动力资源优势;而在印度尼西亚和马来西亚的出口商品中,
资源型商品占相当比重,如天然橡胶、木材及动植物油等,这是由两国独特的
资源条件决定的。在出口市场分布结构方面。中国与泰国市场相似程度最高
(61.81%),其次是印度尼西亚(54.77%)和马来西亚(43.65%)。东盟三国
与中国在农产品出口相似度(包括产品相似度与市场相似度)上表现出很高的
趋同速度。中国与东盟三国农产品出口市场分布相当接近,在中国排名前 10 位
的农产品出口市场中,分别有 8 个市场与泰国和印度尼西亚一致,有 7 个市场与
马来西亚一致,而且基本都分布在东亚、北美及欧盟 3 个经济发达地区。①

因此,即便在中国—东盟自由贸易区真正建立以及双边关税大幅度减少
以后,由于受整体经济的限制,现有的中国泛珠三角区域与东盟的对外贸易格
局不会有很大改变,各自的出口产品仍将以劳动密集型或资源密集型为主,出
口市场仍将集中在美、欧、日等发达国家市场。中国泛珠三角区域与东盟出口
结构的趋同态势越来越显著,这意味着在未来相当长时间内中国泛珠三角区
域在出口市场上将遭遇到来自东盟越来越强劲的竞争。究其原因,中国泛珠
三角区域与东盟在自然禀赋、生产传统、技术水平、市场辐射以及地理位置等
方面均有相似之处,各自基于自身比较优势或其他因素,在东亚产业转移和传
递的过程中,主动地或被动地选择以资源密集型或劳动密集型产业为主导出
口产业,从而导致了相似的出口结构,这反映出双方在国际分工调整中相似的
演化路径。从产业升级和经济发展的长远角度来看,中国泛珠三角区域与东
盟自身的特点决定了双方无法固守"10+1"框架内的合作,双方未来在自由贸
易区内进行产业升级合作的潜力不大,中国泛珠三角区域需要更多的加强与
域外发达国家,尤其是日本、韩国、美国、欧盟等发达国家或地区的经贸合作,
加快技术引进和对传统出口产业技术改造的步伐,不断增强传统出口产业的

---

① 刘澄:《贸易结构趋同化与中国—东盟自由贸易区的隐忧——以农产品和高新技术产
品贸易为例》,《山东社会科学》2010 年第 4 期;李红梅:《中国—东盟自由贸易区双边农产品贸易
状况分析》,《世界农业》2010 年第 6 期。

国际竞争力。

综上所述，从战略层面考察，泛珠三角区域经济整合作为国内的区域战略，将西部大开发、中部崛起与东部开放结合起来，实现东中西互动，寻求国内区域经济的均衡良性发展与经济增长。中国—东盟自由贸易区战略实际上是中国参与国际区域经济合作的尝试，具有先行区的功能，带有实验性质，这也符合国内经济改革的探索路径。中国—东盟自由贸易区战略首先是从属于我国东亚地区战略的子战略，同时更应该契合国家大战略的目标与意图，即和平发展与顺利崛起。将两者战略衔接时，就可能会导致一定的战略错位和越位。战略定位不够清晰，战略模糊会导致国家和地区经济发展的非理性与盲目性，进行宏观调控与战略规划显得非常关键。而目前对于泛珠三角经济圈的理性定位和中国—东盟自由贸易区战略的经济层面功能定位就欠缺清晰和整体，因此完全有必要加强区域合作战略目标与行动议程的理论与操作性研究。

从操作层面上来看，目前泛珠三角区域建立一体化协调发展机制，仍然会受到地方政府行政边界利益的强力制约，无论是由中央政府来协调还是由地方政府之间自己组织协调，可以预期，仍然会存在诸多困难和障碍。最根本的原因是因为目前的地方政府主导发展的格局中，缺乏统一协调的有效的竞争规则。一个统一协调的有效的制度规则，对建立泛珠三角地区一体化乃至泛珠与东盟的区域经济一体化的发展机制而言非常重要。共有信念的缺位意味着需要建立政府主导的强制性制度变迁预期。自我实施机制的缺失要求降低交易成本释放制度的规模递增效应。机会主义行为的滥觞导致需要审慎构建自由贸易区的行动集团，并应建立相关的制度性安排。利益分配机制是区域合作模式的核心和难点。从当前泛珠三角和东盟区域合作进程中资源整合的机制来看，还有人员、物资、信息、资金顺畅流动的平台还未能建立，这直接影响泛珠和东盟在地区资源、产业优势的发挥，制约了发达地区的辐射能力。

但在泛珠三角和东盟国家区域经济协调机制建设过程中，政府的作用仅仅是区域合作的主体组织机制，市场机制这只看不见的手沿着比较优势的原理引导资源要素的区域流动，通过资源互补、产品互补、产业互补链条，实现区域优势的共增和传递。泛珠三角地区和东盟国家之间的政府间协调机制的建立，比起欧盟和东盟国家之间的地区协调机制的构筑要存在更大的困难，原因在于泛珠三角区域是一个主权国家内部的区域性经济组织，是中国内部新近成立的一个比较松散尚未成型的区域经济合作组织,其制度化的运作模式还处在初始阶段。而东盟国家也是一个还在整合进程中面临重重困难的国家间组织,这种国家内部的区域和国家集团之间的合作涉及的协调问题自然非常复杂,主权和政治性因素增加了区域合作的复杂性,而地区社会经济制度和政府运作模式的差异性更是增加了区域合作中利益协调的难度。因此,泛珠三角和东盟国家政府间协调机制的模式至少应该包含如下四个层次的利益协调机制:第一个层次是中国中央政府和东盟国家之间的整体性利益协调机制;第二个层次是泛珠三角区域和东盟之间的区域经济利益协调机制;第三个层次是泛珠三角内部不同省区与东盟不同国家之间的次区域经济合作的利益协调机制;第四个层次是中国中央政府和泛珠三角地方政府以及泛珠三角区域内部的利益协调机制。

从技术层面考察,由于经济全球化和区域经济一体化进程正使得东盟国家与中国泛珠三角区域的国内经济和社会问题日益广泛地扩散到周边国家或地区。区域化使得地区性的经济和社会问题外溢性提高,也使主权国家不得不面对许多共同的地区性问题。这些跨国界的地区性问题和地区公共产品的的解决需要泛珠三角区域与东盟国家之间的有效合作。伴随中国—东盟自由贸易区的建设进程,泛珠三角区域加强与东盟区域经济一体化进度必然对地区公共产品的提供与完善迫在眉睫。而区域内制度、规则、基础设施建设等方面都属于重要的公共产品范畴。

泛珠三角区域与东盟各国作为劳动力资源丰富的发展中国家和地区,其经济结构的调整与要素禀赋的相似性,导致其在产品和吸引外资面临着激烈竞争,其中制造业领域中初级产品的竞争最为激烈。随着产业结构向机械电子制造调整,机电产品的竞争也正在加剧。因此,中国泛珠三角区域与东盟在产业结构、贸易结构和商品出口等方面形成了不可避免的竞争局面。此外,在泛珠三角区域与东盟国家的区域经济合作进程中,市场分割不仅存在于泛珠三角省区与东盟国家在国际市场上产业竞争与市场份额的争夺,而且必然会涉及泛珠三角区域和东盟国家内部的市场一体化建设问题,也就是触及泛珠三角内部省区和东盟国家之间各自内部壁垒和干预因素。中国泛珠三角区域与东盟出口结构的趋同态势越来越显著,这意味着在未来相当长时间内中国泛珠三角区域在出口市场上将遭遇到来自东盟越来越强劲的竞争。

第五章　泛珠三角与东盟跨边界
区域合作的对策研究

在泛珠三角与东盟国家的区域经济合作中,考虑到泛珠三角区域和东盟国家在总体利益与局部利益方面具有一定的相互关联性和相对独立性,因此,促进区域经济合作的利益协调和利益协调机制的有效构筑,这必然成为解决泛珠三角与东盟之间以及各自内部地区间利益冲突和利益摩擦的重要路径选择。本着问题导向的研究思路和解决路径,我们认为,这种利益协调可以分为战略层面的利益协调和技术层面的利益协调。其中,战略层面的利益协调包含政府层面和市场层面的协调,而技术层面的协调则主要地区公共产品的协调机制和区域经济政策的协调机制两个部分。对于区域经济政策的协调协调机制而言,实际上又包含了对于泛珠三角和东盟之间区域产业竞争与合作的利益协调、区域跨国投资的利益协调乃至区域金融货币政策的协调等方面。

第一节　跨边界区域合作中政府层面的利益协调研究

因应泛珠三角和东盟在推进区域经济合作进程中面临的战略性问题,战略和宏观层面的利益协调研究是其中的重要环节。对于泛珠三角和东盟之间的区域经济合作而言,战略层面的利益协调包含政府层面的利益协调和市场层面的利益协调两种模式和机制。当然,目前在学术界和政府操作层面对市场原教旨主义和政府干预的作用和取舍在国际上仍然存在不同观点。在经济区域化趋势不可逆转的形势下,以市场为动力来推进区域经济一体化,还是以政府为主体来推进区域经济一体化,在学术界也一直存在着争论。事实上,非此即彼的两个极端主张,都背离我国社会主义经济体制转轨和市场经济发展的现实。市场的发展离不开政府的作用,市场经济条件下政府的主要职能之一,就是建立健全市场规则和维护市场秩序,尤其是当市场发展处于横向扩展阶段时,政府间的合作对市场一体化的形成是至关重要的。从这个角度而言,区域经济一体化的最终实现是市场动力和政府合作的统一。张可云教授认为,市场先于区域经济组织而出现,但是区际交易市场组织中存在的"市场失灵"导致了政府主导型区域经济合作组织的诞生。另一方面,市场组织不能克服经济的外部性,尤其是在区域公共产品生产领域,而市场失灵另一个主要表现是无力缩小地区差距。[1] 因此,对于泛珠三角区域和东盟国家之间的区域经济合作究竟是以市场为动力还是以政府为主体来推进区域经济一体化,这一争论并无实际意义。但是在推动泛珠三角和东盟区域经济一体化的过程中,政府主导与市场动力的有效结合,必须从制度、组织结构和行为方式上有一个根本性的转变。

虽然泛珠三角内部各省区和东盟国家之间的经济合作与交流源远流长,但是毋庸质疑的是,目前泛珠三角作为一个整体,它和东盟之间的区域经济合作还只是作为中国—东盟自由贸易区建设的先验地区,处在在战略探讨和合作的初始阶段,因此,从发展的眼光来看,双方多边政府在操作层面的具体政策设计和推进方面至少需要制定和贯彻落实以下行动议程:

一、加快构筑有效区域合作运行模式研究

首先要解决动力机制问题,要把设定泛珠三角区域和东盟之间的共同发展目标作为推动力,确立明确的目标和实现这个目标的内容。进而为实现这个目标制定行动议程,并且可以结合自身实际通过单边行动或集体行动来逐步落实相关议程。这样,目标本身就成为泛珠三角和东盟区域整合和不断发展的一个动力机制。要拟订一套制度化的区域性的议事和决策机制,定期召开行政首脑高层会议,为各地政府就地区经济发展问题进行协商并形成共识提供必要的经常性机制。它既应该有相对的灵活性,包括在议程安排和方式上的多样性和可调节性。又有一定的约束力,即任何议程一

---

[1]　张可云:《区域经济政策》,商务印书馆 2005 年版,第 49、50 页。

且达成共识,形成议程和进行承诺,就有了隐形压力,必须完成。同时需要建立起一套功能性机构。除负责日常联络和组织工作的秘书处外,还应该设立各种专业委员会和工作小组。他们具有一定的管理、协调、研究分析和组织职能,并越来越具有一定的常设性质。如可以设立泛珠三角和东盟之间的区域规划委员会等专业或综合职能管理机构。还应积极促进有利于推动泛珠与东盟国家经济合作的信息交流机制、组织机构和协调机制的建立。此外,还要建立合理的投资管理机制和区域共同发展基金制度。可以按照区域开发银行的模式,先组建泛珠三角和东盟之间的区域或次区域性的开发银行,参与双方投资项目的开发融资,也可以按照商业银行法则,经过严格审贷,对地区性的开发项目实行一般商业贷款或短期融资。在此基础上,尝试建立泛珠—东盟区域共同发展基金,使协调机构具有相当的经济调控能力和投资管理能力,以促进区域合作与发展。鼓励建立各类半官方的跨国界性的地区合作组织,例如尝试建立在政府指导下的泛珠—东盟之间的区域城市联合商会和行业协会、大企业联合会、企业联谊会、产权交易联合中心等,等到机会比较成熟时,还可以考虑建立泛珠—东盟区域合作发展研究院和发展研究中心等常设性研究机构。

二、推动泛珠三角区域经济整合进程研究

泛珠和东盟之间区域合作的深度和广度首先寄望于泛珠三角区域的自身整合程度,它的成败是泛珠与东盟之间的区域合作是否具有可持续性的重要前提和基础。因此,泛珠三角地区一是要注重制度建设和体制创新,使完善区域市场经济体制与建设区域经济协调机制统一起来。要加快法律法规的清理、规范和完善,增加法规、政策的统一性和透明度。进一步转变政府职能,加快形成行为规范协调、公正高效的行政管理体制。深化行政审批制度改革,切实减少行政审批和对微观事务的干预,在提高政府依法行政水平基础上,切实把政府经济管理职能转到主要为市场主体服务和创造良好发展环境上来。尽快在规范市场环境方面使泛珠三角内地省区与港澳实现对接,为区域经济整合创造条件。二是要积极探索一国两制和独立关税区之间进行区域经济合作的体制框架。这既需要建设务实的区域经济合作组织制度,包括建立"9+2"最高行政首长联席会议制度、政府秘书长协调制度和政府部门协调制度,推动民间多种形式的交流与合作,充分发挥企业的主体作用,发挥行业协会、商会的积极作用,把坚持"泛珠三角区域合作与发展论坛"作为常设论坛,并每年举办一次"泛珠三角经贸合作洽谈会"等。三是要促进区域内经济体制改革的合作。建立适应区域合作的财税体制和着眼于中国—东盟自由贸易区发展的涉外区域经济管理体制,依法管理涉外经济活动,进一步提高贸易和投资的自由、便利程度。要进一步确立企业的投资主体地位,形成市场导向与政策指导相结合的决策机制,加快完善区域金融体制,积极探索区域金融开放与合作的新途径,促进区域内金融投资自由化,充分发挥香港国际金融中心对整个区域经济发展的金融辐射和带动作用。四是要深化企业改革,建立区域经济协调机制的微观基础。在建立健全国有资产管理监督体制基础上,加快国有经济布局的战略调整,积极推行投资主体多元化,大力发展以股份制为主要形式的混合所有制经济。同时,要加快垄断行业的改革,放宽市场准入,充分发挥市场机制的作用。建立健全私有财产的法律保护制度,消除阻碍非公有经济发展的体制约束和不平等待遇,完善相关财税、金融政策和投资服务体系,促进非公有制经济的发展,规范民营企业制度建设。通过微观领域的改革,形成区域经济合作的动力机制。

三、全面启动中国对东盟的合作战略研究

国内学者陈泽民先生认为,我国泛珠三角各省区政府应出面组织有关职能部门,包括政府研究室、省发改委、省商务厅等有关政府部门和高等院校、科研机构对东盟国家进行全方位的深入研究,在综合研究成果的基础上,提出构筑对东盟不同国家开展区域经济合作的战略和具体实施方案。具体而言,一是需要拿到中国—东盟自由贸易区谈判桌上讨论的重大建议、安排和问题,各省区需要向中央反映和争取中央支持的政策。二是各省区有关部门在职权范围内可以推出的具体行动方案与政策措施。三是在学术研究的基础上,尽快出版一批介绍东盟国家与我国互补优势及与东盟国家进行区域合作的文献资料。四是开展区域合作专题的深入研究。我国泛珠三角区域应该选择重点合作项目,根据企业的需要,尽可能征得目标企业的配合和支持,提出战略实施的具体方案,重点对项目合作的经济效益评价,战略实施的步骤,经济回报、风

险评估等方面进行综合性研究。①

四、积极提供政策层面利益协调措施研究

对于这点,国内学者陈泽民先生建议首先应该考虑建立为企业合作服务的组织机构,包括政府的组织网络和市场化的企业社团组织。我国应有专门的政府机构负责中小企业出口东盟市场战略和规划的制定,对这些企业提供指导和实施适度监管。各级政府要成立专门的服务组织机构,协助中小企业开拓东盟市场,疏通销售渠道。政府部门应制定鼓励与东盟合作的政策措施,健全鼓励企业合作的财税金融政策,设立政府引导基金。对我国的跨国企业应该通过项目融资、国际租赁、抵押融资等方式给予扶持。鼓励企业以技术和设备,特别注意以商标、品牌、管理经验等形式投资。政府和金融部门应尽快切实解决中小企业与东盟合作中出现的融资难问题,对中小企业出口提供必要的信用担保。对生产能力过剩,提供紧缺资源和战略储备开发,有良好技术能力和比较优势的行业和企业,给予优惠政策。② 但是,目前各级政府部门政策的支持力度仍然不够,特别是在外汇管理和信用担保方面,企业缺乏充裕的发展资金。当然,我们也应该看到,广东、广西、云南等地方的政府部门依托自身的经济、地缘和人文优势,已经先后大规模组织企业考察东盟市场,积极寻找合作商机,推进我国"走出去"战略的实施进程,并业已取得显著成效。

第二节　跨边界区域合作中市场层面的利益协调研究

在区域合作形式的发展演进中,除了地方政府的主导作用外,应当充分利用市场经济下的微观主体的作用来推进泛珠和东盟之间的区域经济合作进程,尤其是要不失时机地引导企业和社会组织积极参与到区域合作中来。在区域合作中,泛珠三角地区的地方政府和东盟国家之间可以在主权授信的范围内,运用行政协议、行政合同、委托授权等多种形式,建立起由政府部门与政

---

① 参考自陈泽民:《区域合作通论:理论、战略、行动》,复旦大学出版社 2005 年版,第 366、367 页。

② 参考自陈泽民:《区域合作通论:理论、战略、行动》,复旦大学出版社 2005 年版,第 368、369 页。

府部门、政府部门与企业、政府部门与社会组织构成的规范有序的区域合作网络,并使这种区域合作网络成为泛珠与东盟之间区域经济一体化制度层面的结构要素。构建区域合作网络,不仅中央政府和地方政府以及相应的政府部门需要通过规范竞争,建立稳定的合作关系,同时也需要大力发展能够参与区域合作的企业和新型社会组织。而参与区域合作,不仅要求企业在跨地区和跨国界的经营中进一步提高自身的竞争力,同时也要求其具有必要的社会责任意识。对社会组织而言,市场化进程要求其建立自主自律的运行机制,而参与区域合作则是对其提出的更高要求。从现实情况看,目前的社会组织发展,如各类社会中介组织、商业协会等远远不能适应区域经济发展的需要,而这一现状与泛珠和东盟之间合作的复杂性有关,同时也与政府层面的管理体制滞后于经济体制改革相关。

区域经济整合的动力是市场机制和资源流动,市场机制和资源的流动能够令区域整合之后创造额外的价值,政府的作为体现在推进和加速这种流动,而不是人为地设置障碍。在市场的力量面前,对于泛珠三角区域来说,大珠三角内部的香港、广州、深圳和东莞等地的竞争与合作关系目前处于十分微妙的状态。香港开始放下自己高高在上的领导地位,希望加强与珠三角其他地区的合作。而深圳经过过去数年追求领导地位的历程之后,由于其原有特区地位的优势在逐渐流失,开始强调与香港的整合,并承认广州在珠三角内部的中心作用。广州集聚资源的能力很强,其南沙开发计划等战略部署,就是重树广州在珠三角领导地位的标志。虽然短期内广州会从香港和深圳等地吸取市场资源,但是从长远看,唯有广州能够推动珠三角的重化工业发展,深圳和香港都不具备这种能力。即使再好的体制,如果没有开放的市场,区域经济的利益协调机制也难以形成。泛珠三角内地九省区与港澳属于不同关税区,双方的市场开放既要遵循国际惯例和世贸组织规则,考虑到其他世贸成员的关切,也要照顾港澳自身的利益和内地市场发育的程度。CEPA 的实施在商品贸易、服务贸易以及贸易投资便利化等方面为推进区域市场一体化创造了制度条件,但由于支撑商品、服务市场一体化的物流和信息平台并不完备,内地要素市场发育水平比较低,因此内地九省区与港澳之间的区域市场一体化必须循序渐进。在重点加强市场一体化的基础建设同时,首先实现大珠三角商品、服务市场对接,再逐步向中西部推进,创造条件最终实现要素市场的一体化。同时大力推进中西部地区经济市场化,扩大对内对外开放,废止妨碍公平竞争、设置行政壁垒、排斥外地产品和服务的各种分割市场的规定,打破行业垄断和地区封锁,促进商品和各种要素的自由流动和充分竞争。同时要加快要素市场的培育和发展,实现要素价格的市场化。

前文谈到,处在启动阶段的泛珠三角区域经济合作和中国—东盟自由贸易区建设进程中,地方政府的协调机制发挥了重大的作用,但从长远来看泛珠三角区域与东盟之间的区域经济合作的发展进路是必须走一条内生性的市场主导模式,而不能仅依赖政府干预和政府高层官员之间对话的推动。因为市场化是一个渐进的演化过程,在影响区域经济合作长期绩效的因素中,首要解决的不是市场化的问题,而是泛珠三角区域与东盟内部区域经济合作过程中可能存在的信息不对称、利益不对称以及政府的不作为问题。由此,目前在泛珠三角区域与东盟内部区域经济合作过程中亟需完善带有路径依赖性质的机制设计:信息合作机制、利益补偿机制、绩效激励机制、规则约束机制。同时由于泛珠三角区域和东盟国家整体上来说还不能称之为完善的市场经济体制,双方处在区域经济合作的萌发期内,市场层面的利益协调机制不能完全绝对的借助发达市场经济国家之间区域经济经济的合作模式与协调机制,实际上完全离不开政府层面的配合与互动。

一、泛珠三角与东盟区域经济主体的信息合作机制研究

信息具有价值,许多市场范畴都具有不对称信息的特征。不对称信息是某些人拥有但是另一些参与人没有拥有的信息,信息经济学就是研究不对称信息下最优交易契约的机制设计理论。[1] 价格机制虽然能够反映市场经济中稀缺性的关键信息,但是当代理人能够控制所传递的信息时,他们就会操纵与委托人进行市场交易时的价格。因此,由信息问题而产生的市场无效率具有多种形式,区域经济主体的合作行为能否顺利展开,依赖于信息对称性和完备性。[2]区域经济主体的合作行为能否顺利展开,依赖于区域或国家之间信息的对称性和区域与国家之间的信息完备性,包括政府决策和经济信息的完备性,

---

①　张维迎:《博弈论与信息经济学》,格致出版社 2012 年版,第 398 页。

②　OMeyer,M.andJ.Vickers,1997,Performance comparison and dynamic incentives,Journal of Political Economy 105;547–581.

这是国际与国内区域经济合作关系建立和巩固的基础,在此基础上各个行政区域或国家之间通过协商能够形成一系列互利政策,提高区域经济合作的效果。然而现实世界中,区域信息不对称是普遍存在的,且区域经济利益主体信息不对称会导致逆向选择与道德风险,从而引发区域间的利益矛盾。在同一个主权国家的区域内,不同利益主体的机会主义行为会损害地方政府所代表的地方利益,因此地方政府有积极性去解决信息不对称问题。在不同主权国家的区域之间,不同利益主体的机会主义行为无疑会损害不知情地区或国家的利益,但有可能使知情区域受益。受益区的地方政府或国家在利益驱动下,对微观主体的机会主义行为可能会采取支持或放任的态度,从而加剧潜在的或显性的地区矛盾与冲突。① 对泛珠三角区域而言,地区内部的信息合作机制虽然已经启动,原定建立并开通省会城市信息互通平台,以此来整合和及时发布泛珠三角各省会城市的政务、社会、经济贸易、技术咨询、商品供求、招商引资、旅游、交通等各方面政策法规、办事信息和动态信息,但是目前很多的信息交换只是停留在表面,网站信息和真实的潜规则差距较大,真正的信息交换机制没有建立。在泛珠—东盟自由贸易区的建设进程中,同样存在类似的信息合作机制问题。为了使区域间的资源配置达到最优状态,各区域之间经济政策和相关措施要尽可能公开,这样可使任何一个地区增加经济合作中的可预测性,最大限度地减少由于信息封锁而导致的合作风险。因此,区域合作机制的建立,首先要做的是建立各个国家或国家内部不同经济区域之间经济政策及其更新变化的信息沟通交流机制。通过网络、传媒和其他信息渠道定期地规范详尽地将本区域的经济政策信息发布出来,接受公众的监督、查询和评价。这样既可以避免具有地方保护主义色彩的政策制约,又可以鼓励促进区域合作的政策创新。可以说,信息互动,特别是地方性局部区域政策信息的公开是建立区域经济合作协调机制的基础性措施。

二、泛珠三角与东盟区域竞争博弈的利益补偿机制研究

通过聚类分析,在泛珠三角区域中,存在四种不同经济发展水平的地区:

---

① Rodrik, D,. A. Subramanian and F. Trebbi, 2002, *Intiiution Rule: The Primary of Institutions over Geography ad Integration in Economic Development. Harvard University CID Working Paper*, No. 97.

广东、福建和海南属于东部较为发达地区;湖南、江西属于中部发展地区;四川、广西、云南、贵州属于西部落后地区;港澳富裕地区。而对于东盟国家来说,同样可以划分为三类不同经济发展水平的国家和地区:文莱和新加坡属于发达国家;马来西亚、印度尼西亚、泰国、菲律宾属于经济发展水平较高的发展中国家;越南、柬埔寨、老挝、缅甸则属于比较落后的发展中国家。国内经济学学者姜德波先生通过对不同类型地区间竞争博弈模型的分析,认为具有竞争优势的地区偏好选择开放市场,处于竞争劣势的地区总是偏好地方保护。而且,开放方被保护方侵占的市场的份额越大,地方政府实行地方保护的愿望越强烈。保护成本越低,地方政府越容易偏好地方保护主义政策。这就需要建立地区间的利益补偿机制,实行规范的地区转移支付制度,对博弈各方的利益进行再分配,使欠发达地区的利益得到保障,开放格局的纳什均衡才能在较长时期内稳定实现。① 这意味着,该结论不仅适合于泛珠三角区域内部的经济合作,也同样适用于泛珠三角区域与东盟之间的区域经济合作。实际上,在市场经济条件下,区域间经济合作的本质不是以消除经济差异为目的,而是以寻求区域利益最大化为目标。经济差异既是使区域合作成为可能的因素,也是阻碍区域合作的因素。从产业角度来看,只要存在产业级差,就存在产业梯度转移的可能,可是如果产业积聚过程没有完成,或者是产业粘性强,虽然存在产业级差,这种产业级差只能阻碍次发达区域经济的发展,次发达区域的经济发展如果不愿意忍受这种掠夺式的合作,他们就会中止合作。反过来,经济差异小的地区更容易进行互补合作。泛珠三角区域合作与中国—东盟自由贸易区的建设各方已经签订了多项合作协议,可是仍缺乏关于利益补偿的合作协议,这个空缺必然会造成区域合作过程中的不合作或抵制行为。区域经济合作方关注更多的是自己一方的现实和未来利益。区域间合作利润的分配不均衡是不可避免的,在结构松散和多个行政区域合作的前提下,要使区域合作能够长期保持下去,区域间的利益补偿变得非常必要,这就需要有一种促进区域合作的利益补偿机制,做出一种制度安排,把区域合作建立在区域间利益互补的基础上。区域合作的利益补偿机制可以通过更高级别行政机构的协调给予补偿,也可以通过区域间的贸易差额决定补偿的金额,或者通过产业关联和技

---

① 姜德波:《地区本位论》,人民出版社 2004 年版,第 94 页。

术转移等形式给予补偿。

三、泛珠三角与东盟区域经济合作的绩效激励机制研究

激励结构的一个基本方向在于回报必须按照绩效的不同而有所差异,形式简单的线性激励契约虽然并不总是最优的,但能够在很多情况下都达到满意的激励效果。所以,充分利用信息指标,设计多任务多指标的激励机制往往效果会更为理想。① 泛珠三角区域与东盟国家之间的区域经济合作就需要建立不能与市场竞争规则相违背,不能单纯以片面的经济指标来衡量经济绩效,而要以区域经济协调、可持续发展和正当的国家利益与地区利益的实现作为重要指标的激励机制。如果一个国家或者国家内部的地区政府在适度的激励机制作用下能够有所作为,从政府质量与政府强度两方面着手,有效地将外部要素和内部要素结合起来,促进区域集聚和产业集聚,那么它将赢得现实的区域优势。一旦区域内的要素集聚和地区资源禀赋磨合成功,进而内化为创新机制,这个区域将会赢得长远的竞争优势。② 然而事实上,泛珠三角区域和东盟之间区域经济合作的激励评价机制还没有生成。在市场失灵、市场不完善和政府推动的前提下,缺乏区域经济合作的绩效评价和激励机制的作用,区域经济合作是难以持续有效推进的。在当前各方合作还处于初始阶段的约束条件下,评价和激励机制对象应该主要针对区域合作中的地方政府,以此提高他们在区域经济合作中的积极性。然而,区域经济合作主体的积极性是受利益驱动的。例如对于泛珠三角区域合作而言,问题在于各地方政府推动区域合作除了获取区域利益之外,还希望得到我国中央政府的认可。中央政府应担当起激励机制制定的主体,为了从根本上打破地区封锁的格局,中央政府要用政策手段对区域合作给予鼓励和支持。如对区域合作项目的投资给予政策倾斜,对跨区域产业给予目标性政策扶持,对跨区域企业给予工具性政策优惠,对跨区域合作开发给予制度性政策肯定,这一切都将成为区域合作的原动力。同时对于积极推进区域合作的部门和领导的政绩评价也应通过量化指标予以认可,以鼓励、保护和推动区域合作。

---

① 陈钊编著:《信息与激励经济学》,格致出版社 2010 年版,第 176 页。
② 王燕:《区域自主创新论》,科学出版社 2012 年版,第 132、133 页。

四、泛珠三角与东盟区域市场运行的规则约束机制研究

在区域市场上,政治权力与道德良心是不能交易的,否则会导致腐败和道德沦丧。如果利用政治权力和道德良心来人为平衡区域之间的利益诉求,势必违反市场经济的竞争规则,抑制区域主体的积极性和主动性,从而造成区域经济的低效率和区域经济冲突。① 但是区域市场的魔力需要规则约束,制度是制衡市场的一部分力量,可以起着建设和维护市场机制的作用。因此,为了防止区域经济合作中的机会主义行为,以保障区域经济合作关系健康发展,就需要建立一种区域合作中的规则约束机制。这个机制的构成要件至少应该包括以下内容:明确区域合作章程中的行为规则条款,制定区域合作各方在合作关系中应遵守的规则,在违反区域合作条款后应承担的责任、对违反区域合作规则所造成的经济和其他方面损失应做的经济赔偿规定;建立一种区域合作冲突的协调组织,负责区域合作中的矛盾和冲突的裁定;不同国家或一个主权国家的中央政府通过相关的政策和法规对不同层次的区域经济合作关系进行规范,对区域合作中的非规范性行为做出惩罚性的制度安排。② 因此,泛珠三角区域经济合作法以及泛珠与东盟之间区域经济合作的制度性规定是非常紧迫的。这是由政府主导型合作模式向市场主导型模式转变的前提条件,也是区域经济合作中具有长期经济绩效的保证。因为从国家层面来看,市场经济体制基本上已经是东亚地区和国家的主流经济运行机制,而市场经济的本质就是自由交换与契约自由,其核心指向就是法治经济。所以,合作行为实质上是在法律框架下的契约行为,而不只是政府间的协调行为。总之,泛珠三角区域经济合作具有很浓的中国特色,而泛珠与东盟区域经济合作模式的选择是实现合作的长期绩效的重要因素之一。在合作初期的合作模式选择和机制设计更多的只能根据区域自身特点各自做出最佳选择。从长远来看,市场主导型的合作模式是实现泛珠三角与东盟之间区域经济合作长期绩效的前提条件。在实现路径上,要形成市场主导型的区域经济合作模式,需要采取政府主导、企业跟进和协会生成的多头并进方式逐步完成。

---

① 张可云:《区域经济政策》,商务印书馆 2005 年版,第 244、245 页。

② Nalebuff, B. and J. E. Stiglitz, 1983, Prizes and incentives: towards a general theory of compensation and competition", Bell Journal of Economics 13:21-43.

第三节　跨边界区域合作中技术层面的利益协调研究

从技术层面的角度来考察,对于泛珠三角和东盟双边之间的区域合作形式,可以采取各方共同参与的区域协定或区域公约形式,开放共同市场,统一开发利用自然资源和区域生态保护,在招商引资、土地批租、技术开发方面形成统一法规或规则约束机制,建立利益协调和管理制度等,也可采用次区域和泛珠三角个别省区与东盟国家之间的局部区域经济政策的协调或双方经济协议的形式,对产业转出地进行适当的税收返还,给予资本和产业转出地区适当补偿,以调动各方进行区域合作协调的积极性。区域经济政策的协调本质上就是一种区域经济利益的协调机制,因此要在确保公平竞争的条件下,注重采用利益兼顾适当补偿原则,以地区分工产生的财富效应作为区域经济整合的目标与依归。促进区域经济整合和构建跨国家与跨区域的基础设施,促进资本、技术、劳动力、自然资源等生产要素在区域内的自由流动,逐步形成泛珠与东盟国家之间的区域统一市场,为区域之间的产业转移和产业升级构筑发展平台。通过签署各种地区性的协议,协调分配地区公共产品的供给,通过完善区域内部的水陆空交通运输网络,共同开发建设综合性和专门的信息交换平台,逐步实现区域信息一体化。重视对重点和支柱产业的技术改造和扶持引导,进行产权制度改革,完善公司治理机制,恰当组织淘汰产业和夕阳产业的地区转移与升级。而作为区域内部产业吸收方的相对落后不发达地区更应该积极找合作项目和资金,加强与泛珠三角区域和东盟国家第一、第二梯度经济发达地区和国家在区域经济合作政策等方面的利益协调,发挥本地比较优势,各个国家或中国泛珠三角的省区无论是接受产业转移转移还是向外转移资本和技术,还是进行区域货币金融政策的利益协调,都要从区域的整体利益出发,把发展区域经济一体化,繁荣地区经济作为基本目标,积极推进"泛珠三角经济圈"和东盟国家之间产业转移与区域经济政策协调。

一、泛珠三角与东盟区域公共产品的利益协调研究

就区域经济一体化建设而论,政府提供公共产品表现在各个方面:建设一体化的公路、铁路、港口、机场等基础设施,将跨越行政区或国界的一个特定区

域从地理集聚概念转变为社会经济概念,建立起联系密切的人流、物流、资金流和产业链。建设一体化的公共信息平台,为区域内的各级政府、各类企业或个人提供决策资源。加强环境保护领域的合作,保证经济发展的可持续性。

（一）基础设施领域的对接

基础设施的落后,会从能源、交通、通讯、城市建设等各个方面直接影响着国民经济的发展,影响着外来投资和对外贸易,从而也从根本上制约着中国—东盟自由贸易区建设的进程。基础设施的一体化是区域一体化的基本架构,也是政府推进区域经济一体化的重要切入点。因此,中国—东盟建立自由贸易区的过程中,中国泛珠三角区域不仅向东盟成员国开放自己的市场,还将通过泛珠三角区域的企业在东盟各国的投资以及政府为这些国家基础设施项目提供资金来帮助这些国家加强基础设施建设。东盟内部经济发展水平较高的国家,为了更好地推动自由贸易区的建设,也在为几个东盟新成员国提供技术与基础设施援助,帮助这几个国家改善基础设施。建立中国—东盟自由贸易区将促进泛珠三角区域和东盟的基础设施建设,基础设施的完善又将促进自由贸易区更好地发展。加快公路水路交通发展,改善区域交通运输条件,缩小区域内交通时空距离,加快区域交通一体化进程,是区域经济社会发展的主要组成部分,也是加强泛珠和东盟之间区域合作的基础条件。构建一个完善的泛珠三角区域和东盟之间的公路和水运网络,对于拓展资源和市场两个空间,促进经济要素的高效交流,培育和支撑区域内部的现代化物流体系具有深远的意义。加强跨地区跨国界的公路交通、水路通道、沿海港口和重要公路口岸通向腹地的通道建设,完善公路水路之间及与其他综合运输方式的衔接,从而构建一个高效的交通运输服务系统,为泛珠和东盟之间的区域合作提供坚实的交通保障。

在发展区域经济的过程中,应该依据交通先行的原则,利用泛珠和东盟政府的公共资源和行政执行力,大力推进道路交通基础设施建设,构筑经济发展平台。区域经济整合离不开基础设施建设一体化,要统一区域内交通网络的规划和建设,使铁路、公路、水运、航空等运输方式相互配套,形成方便快捷的综合交通运输网络。泛珠三角省区与东盟各国地缘相邻,有着传统的友好往来。近年来,我国与东盟国家主要就湄公河航运、昆明至泰国公路、泛亚铁路和民用航空等项目开展了一系列的合作。2000 年 4 月,中、老、缅、泰四国签署了澜沧江—湄公河商船通航协定,并在疏通航道、整治滩险方面开展合作,取得了良好成效。昆明至泰国曼谷的公路,是连接中国泛珠三角区域与东盟的一条重要陆上通道。在中、老、泰三国政府和亚洲开发银行的共同努力下,建设昆曼公路的技术方案和融资安排已基本确定。在铁路交通方面,由马来西亚率先提出的泛亚铁路的构想是促进中国与东盟交通联系的重要通道。铁路建成后,可在中国境内与亚欧大陆桥衔接,把中国泛珠三角、越南、老挝、泰国、柬埔寨、马来西亚和新加坡连接起来,形成一条重要的南北经济走廊,有助于双方贸易的开展。在民用航空运输合作方面,为加强大湄公河次区域航空联系,自 2001 年以来,中国加快了与东盟国家的航空谈判进程,已分别与泰国、越南、新加坡、印尼、缅甸等国家达成了新的航权安排。

　　例如泛珠三角地区的云南、广西等省份应将国际大通道建设放到中国—东盟自由贸易区建设的大格局中去统筹规划和建设,用开放的思路和市场的办法,为建立中国—东盟自由贸易区构筑立体、开放、现代化和最便捷的国际大通道。一是要具有前瞻性,要充分考虑到其作为中国—东盟自由贸易区重要通道的流量和容量的增长趋势;在技术的选择上要高标准、高起点,对区域经济一体化具有长远的支持作用。二是要具有全局性,国际大通道建设决非地方性行为,要从确保我国的经济安全、周边安全的战略高度来设计,使之上升到国家战略的高度;三是要具有区域性。① 国际大通道涉及中国—东盟自由贸易区内若干国家的切身利益,不能只从我国的角度考虑,要坚持平等互利的双赢原则,使通道建设兼顾到中国—东盟自由贸易区区域内各国经济社会发展的要求,才能使之成为各国的共识,得到各国的支持并付诸实施。大湄公河次区域合作首次领导人会议批准实施的次区域合作南北三大经济走廊项目,具体走向为:昆明—河口—河内—海防;昆明—景洪—会晒—曼谷;昆明—瑞丽—曼德勒—仰光。以此为契机,建设以昆明为中心的面向东南亚国际大通道也应该以上述路线为骨干,重点建设由公路、铁路和水路构成的东、中、西三条复合型国际大通道。东线:包括滇越铁路、昆河公路和红河为骨架的陆水联运,由越南进入东盟;中线:以曼昆公路、中泰铁路和澜沧江—湄公河国际航

---

　　① 　参考自刘稚等:《参与中国—东盟自由贸易区建设与云南发展》,中国书籍出版社 2004 年版,第 136—140 页。

运为骨架的陆水联运,由缅甸进入东盟。这将是三条连接中国泛珠三角区域与东盟的水陆空立体大通道和国际经济大走廊。

1.公路通道建设情况分析

结合国内学者刘稚等人的研究成果,笔者认为泛珠三角与东盟的合作应以曼昆、昆仰、昆河"三纵"国际高等级公路建设为重点,加快建设和改造步伐,使云南通往东南亚的核心路网全部实现高等级化;同时,开工建设一批包括口岸公路、旅游专线在内的支线公路,与正在建设中的东盟公路网对接。

第一,开通昆明—曼谷国际高等级公路。昆明—曼谷国际高等级公路是由中国云南昆明经老挝到泰国曼谷,全长1805公里。曼昆高等级公路开通,将以便捷的通道将泛珠三角、老挝与泰国连接在一起,而且与马来西亚和新加坡的陆上通道连为一体,将使我国泛珠地区与东南亚的经贸往来从现在主要依靠航空和海上航运的格局发生重大转变。

第二,修筑昆明—仰光国际高等级公路。昆仰公路总长1857公里,是未来泛珠三角区域发展与东南亚、南亚经贸关系的重要通道。其中,昆明—瑞丽760公里中约有630公里路段已经实现高速或高等级化,2005年全线建成二级以上的高等级公路。近期建设重点一是安宁—楚雄高速公路,该路段132公里,2006年建成;二是保山—龙陵高速公路,全长78公里,2006年通车。境外段瑞丽—缅甸腊成段约182公里,腊成—仰光段长97公里,路段建设需要与缅甸方面加强协商。

第三,建设昆明—河内国际高等级公路。昆明—海防公路从昆明经开远、蒙自、河口和越南老街、富寿、河内至海防港,全长775公里。境内段昆明—河口476公里中,大部分路段已经是二级公路,目前建设重点是将石林—蒙自203公里二级公路改建为高速公路,二是将蒙自—河口170公里三级公路改造为高速公路。境外段由老街经端雄、越池直达河内,全长328公里。越南政府已经于2003年开工建设河内—老街高等级公路,中越双方应加强沟通协调,争取在2007年全线贯通。

2.铁路通道建设情况分析

以泛亚铁路建设为重点,形成与泛珠铁路网紧密相连,由东、中、西三个方向——昆河、中缅、中泰3条铁路干线出境,与东南亚铁路网对接的铁路大通道。泛亚铁路新加坡至昆明通道除最南端的新加坡—吉隆坡—曼谷既有铁路为共用段外,自曼谷向北至昆明的线路分为东、中、西三个方案。从战略全局的角度看,各条线的建设都具有必要性,建设只是个时间序列安排问题。由于东线方案可充分利用既有铁路设备,方案的可操作性强,运营里程最长且带动范围较广,并且新建铁路里程最短投资最省,东盟国家对泛亚铁路倾向于首选东线。目前,东线方案已经率先启动。从技术方案上来看,东线方案自昆明—河口进入越南,经河内、胡志明市、禄宁进入柬埔寨,经金边至泰国曼谷,再经马来西亚吉隆坡至新加坡,全长约5520公里,其中需要新建总长433公里的铁路。当前,为支持泛亚铁路早日贯通,我国政府决定投资全面改造和修建昆明至河口的铁路线。预定方案是利用现有昆明至玉溪铁路,新建、改建玉溪—蒙自—河口的准轨铁路。新建线路全长314.5公里,投资估算90.5亿元。

3.水运通道建设情况分析

在泛珠与东盟的区域合作进程中,双边政府应积极谋求疏浚澜沧江—湄公河航道,争取开通中越红河陆水联运和中缅陆水联运,建成一个北以昆明为中心联结大西南,南部和西部由澜沧江、红河、依洛瓦底江联系东南亚的水运国际通道。在具体实施方案方面,云南省社会科学院的专家学者已经提出了一系列可行性方案与政策建议。

第一,实现澜沧江—湄公河国际航运。该航线沟通中国—缅甸—柬埔寨—越南—泰国六国,可通航段3200多公里,是泛珠三角西南地区通往东南亚的天然交通大动脉。从建设角度而言,该河航线的恢复一是需要六国合作共同整治和疏浚航道,二是需要流域六国签署国际通航营运协议。我国应注意加强与湄公河流域国家合作,按照通航300吨级船舶五级航道标准整治景洪港至中缅243号界桩航道;合作开展中缅243号界桩至老挝会晒航道二期整治工程,合作整治会晒至万象774公里航道,在孔埠瀑布处建设过船设施,逐步实现澜沧江—湄公河六国国际航运。

第二,实现红河国际航运。该航线是连接云南与越南以及云南通往北部湾的水陆通道。主要通航段是从中越边境的河口、老街至出海口越南太平的505公里河段。2005年以来,流域所属国家正积极开展红河河口至海防过境货物联运及河口至越池、河内等地中越两国航运里程,扩大航运规模,并建设河口、蛮耗、新街等配套码头。

第三,实现中缅陆水联运。该航运既是沟通云南与缅甸重要城市商贸交流的通道,又是云南进入孟加拉湾和印度洋的通道,现通航段从中缅边境的八莫港至仰光港1307公里。在中缅双方磋商协调的基础上,合作开展缅甸八莫港建设,一期工程建设年吞吐量28万吨的通用码头和年吞吐量为24万吨的杂货码头,远期码头的建设规模应达年吞吐量390—500万吨。

总之,建立泛珠三角和东盟之间的交通合作,需要发展政府间协调机制,统筹规划建设跨省乃至跨越国界的重要基础设施,全面协调建设方案和技术标准等。对主要港口、重要铁路枢纽和区域公路运输枢纽城市等,要统筹规划集多种运输方式为一体的枢纽港站,使这些城市发展成为区域性重要的综合交通枢纽。要注意协调区域高速公路在运营、服务,保障信息方面的互联互通,加大在交通管理、重大紧急事件预案制定及处理等方面的协调力度。同时应该加强各级交通主管部门与同级其他职能部门的协调,统筹公路水路交通与铁路、民航、城市交通的协同发展。注重强化泛珠与东盟的协商沟通,保障泛珠三角区域与东盟之间重大交通基础设施的合理规划与建设。

(二)其他地区公共产品的协调研究

东盟国家建设"电子东盟"的进度很快,泰国、老挝、缅甸、越南、柬埔寨的信息传输网络已经相连,并正向中国边境延伸,计划与云南进行光缆对接。为尽快构建起中国泛珠三角区域与东盟的信息通道,现阶段的主要工作包括借助建立中国—东盟中小企业电子交易市场、中国—东盟旅游信息服务系统、中国—东盟综合信息库以及信息服务系统,建设中国—东盟自由贸易区网站等契机,使泛珠地区成为中国与东盟区域合作的重要信息中心。虽然目前泛珠三角区域与东盟之间的信息合作机制已经启动,但是目前依然没有太大进展,很多的信息交换只是停留在表面,没有真正得以落实,网站信息和真实的潜规则差距较大,真正的信息交换机制没有建立。实现帕累托效率最优状态的条件之一是具有完全信息。区域经济主体的合作行为能否顺利展开,依赖于区域之间信息的对称性和区域之间的信息完备性,包括政府决策和经济信息的完备性。从某种意义上来讲,这是区域经济合作关系建立和巩固的基础,在此基础上各个行政区域通过协商能够形成一系列互利政策,避开不利于经济合作的因素,提高区域经济合作的效果。为了使区域间的资源配置达到最优状态,各区域之间经济政策和相关措施要尽可能公开,这样可使任何一个地区增加经济合作中的可预测性,最大限度地减少由于信息封锁而导致的合作风险。因此,区域合作机制的建立,首先要做的是建立各个经济区域之间经济政策及其变化的信息交互机制。通过网络、传媒和其他信息渠道定期地、规范地、详尽地将本区域的经济政策信息发布出来,接受公众的监督、查询、了解、分析和评价。可以说,信息互动,特别是不同国家和地方性局部区域政策信息的公开是建立区域经济合作机制的基础性措施。

在区域经济一体化的进程中,政府要建设完善的组织制度,发挥强有力的调控作用,提供区域内优良的公共产品。强有力的组织协调机制,是各地区加强交流与合作的内在要求。区域合作组织制度建设主要体现在以下方面:第一,编制区域合作规则。应在国家指导下制定区域合作规则,为企业提供咨询或信息服务。规则应以解决区域性共同问题、协调区域关系为基本目标,重点内容一般包括区域性能源、交通、水利、通信等重大基础设施建设、区域性产业组织和产业结构调整、区域市场形成、区域环境保护等内容。第二,实行各种层次对话,加强经验和信息交流。各区域应充分发挥各级政府的主导作用,着眼于发展和长远利益,最大限度地降低谈判等交易成本。要尽快建立规范的高层协商制度和协调机制,在公共产品和服务的提供上共同规划相互协调,在生态环境建设上彼此支持联合治理;在资源共享和企业合作方面给予共同的鼓励和支持合作。区域内不同地区之间开展双向经验交流和参观学习,高层领导互访、沟通信息、联络感情;定期轮换地点召开高层领导人联席会议。在高层架构之下,应尽快完善原有的促进双边合作的制度和机构,同时,尽快设立顺应形势发展要求的各种部门性、行业性的专门协调机构,以协商机制和协调行为来获取规模经济、范围经济和外部经济效应,增进区域内的共同利益。与此同时,应加快区域性行业中介和商会组织的建设,协调政府与企业的关系,为企业提供市场信息和政策信息,制定行业发展规划、生产标准,协调企业投资行为与市场行为,促进企业间的分工协作,维护企业的合法利益等。

地区公共产品的提供还包括区域统一市场的建立,可以通过各种措施来促进区域经贸合作,促进货物、服务和资金自由流通。第一,逐步建立健全规模不等、层次不同、功能各异的区域性市场体系。包括泛区域大市场、省级区域市场、地区级区域市场、基层区域市场等不同层次、规模和功能的商品流通中心,最终构成完整的泛区域市场体系,即形成区域内相互依赖和相互协作的统一大市场格局。第二,清除所有妨碍贸易的政策障碍。以市场为核心,消除区域合作的各种障碍。打破地区封锁的格局,消除不合理的行政干预和区域内的市场壁垒,规范市场经济秩序,统一规划和建设市场网络,使商品、资金、劳动力和人才、技术、产权、信息等都实现无障碍流动。第三,加强流通领域合作,促销区域产品和服务。以市场为导向积极调整优化结构,重点利用双放在国际采购和营销的渠道、资信服务、资金融通和现代物流手段等方面的优势,区域内企业联手开拓国际市场,提高各地经济的合作程度。

同时,由于经济全球化和区域经济一体化进程正使得东盟国家与中国泛珠三角区域的国内经济和社会问题日益广泛地扩散到周边国家或地区。区域化使得地区性的经济和社会问题外溢性提高,也使主权国家不得不面对许多共同的地区性问题。这些跨国界的地区性问题的解决需要泛珠三角区域与东盟国家之间的有效合作。东盟国家与中国泛珠三角区域如果采取以邻为壑的竞争或垄断政策最终也必然会损失自身利益。因此,这种现实会加强东盟国家与中国泛珠三角区域之间谋求国际合作的动机。例如,一国或地区通过采取环保措施减少二氧化碳的排放可以提高地区环境质量;随着知识流动性的提高,公共资助的研发机构可以通过技术转移使其他国家或地区受益;随着人员、物品流动性的提高,那些地方性的危险病毒和细菌以前不为人所知,现在有可能扩散到整个区域。如一度肆虐我国泛珠三角区域和东南亚部分国家的萨斯病毒和禽流感,地区公共卫生产品和公共安全应急机制的提供就曾经显得非常迫切。总之,虽然这些公共产品的形式和内容有所不同,但它们都具有共同的外溢性特征:即虽然是由国内供应的,但可以输出到周边国家或地区,并被众多国外消费者所使用。因此,不同地区消费者不需要为消费付出相应代价。当然,对这几类典型的公共产品的供给必然会存在国际上所谓的搭便车性的消费行为。

伴随中国—东盟自由贸易区的建设进程,泛珠三角区域加强与东盟区域经济一体化的进度必然对地区公共物品的提供与完善迫在眉睫。区域内制度、规则、基础设施建设等方面都属于重要的公共物品范畴。然而,公共物品仍然是典型的组织物品,因为一般的非集体物品总可以通过个人的行动获得,而且只有当涉及公共意图或集体物品时,组织或集团的行动才是不可或缺的。① 例如,在中国—东盟自由贸易区框架下,泛珠三角地区和东盟国家实行的原产地规则是一个重要内容,当地成分标准的确定是原产地标准的关键。一般来说,当地成分或附加价值要求越高,会越有效地防止区域外产品享受自由贸易区的优惠,促进区内贸易增长,但也可能造成对区外产品的贸易壁垒,产生贸易转移;当地成分或附加价值要求越低,则越可能增加区外产品通过简单加工享受自由贸易区优惠的机会。中国—东盟自由贸易区将确定削减非关税措施的原则,确保非关税措施不成为自由贸易的障碍。这些非关税措施包括《框架协议》涉及的反倾销和反补贴关税、标准和认证、定价、进口许可证、进口配额和动植物卫生检疫等,原则上这些非关税措施的贯彻落实属于泛珠与东盟的地区公共产品供给层次。因此,泛珠三角区域不仅应该积极向东盟成员国开放自己的市场,还应该通过泛珠三角区域的企业在东盟各国的投资以及政府为这些国家提供资金来帮助他们加强建设。

二、泛珠三角与东盟区域产业竞合的利益协调研究

2010 年 1 月 1 日,中国—东盟自由贸易区正式全面启动,这标志着中国和东盟国家的区域经济合作进入了一个崭新的阶段,而中国参与东盟经济合作可能程度最高、受"10+1"框架影响最大的就是与东盟接壤的泛珠三角地区。泛珠三角作为中国与东盟合作的活跃地带和桥梁,双方在产业上有梯度,在外商直接投资方面既有争夺性也有互补性,区域的货币政策也存在一定差异,而梯度与差异的存在正是区域经济合作与政策协调的基础和前提。

(一)区域产业竞合协调研究

泛珠三角地区和东盟国家应该积极依托中国 13 亿多人口的大市场和"大东盟"形成后的 5 亿人口的区域,逐步减轻对西方发达国家和地区的经济依赖,依靠本区域内的经济增长和需求拉动来推进区域经济的发展,为东亚发展中国家顺利实现产业升级,保持经济持续发展创造重要条件。这也

---

① ［美］曼瑟尔·奥尔森:《集体行动的逻辑》,陈郁等译,格致出版社 2011 年版,第 14—15 页。

是在西方发达国家的市场也日趋饱和,近年来中国泛珠三角区域与东盟在美日欧市场上的份额增长达到一定程度后的出路。在中国与东盟达成的初步协议中,农业、信息通讯、人力资源开发、相互投资和湄公河开发成为了近期合作的重点,这标志着东盟与中国的区域经济合作进入了一个新的阶段。此外,中国正式成为世界贸易组织成员国和中国的对外开放已经进入了制度性开放的阶段将为中国经济注入新的活力,也将为世界各国特别是地域相近的东盟国家提供更好的投资环境和更多的商业机会,并促进"10 十 1"的进程。

1.区域产业竞合的协调机制

因此,泛珠三角地区要加强与中国—东盟自由贸易区的协调发展,促进"9+2"与"10+1"两种机制的良性互动。泛珠三角各省区要牢牢把握自己所拥有的地缘优势,充分发挥人数众多的生活在东南亚地区的华人华侨的力量,凭借长期的经贸交流合作经验,不断扩大泛珠三角地区与东盟区域经济合作的领域,提高经济合作水平。泛珠三角经济圈各省区最大的特点就是经济结构呈梯级分布,而且有不同的产业特色。除了传统的产业合作,泛珠三角经济圈的合作领域还应有更大的拓展空间。在东南亚地区,东盟国家的区域经济合作就是从最开始的贸易合作和工业合作,不断渗透到经济生活的各个领域,形成全方位的网络合作。例如,在旅游合作方面,《东盟旅游协议》强调了旅游对东盟经济一体化、东盟各民族扩大共识和团结的重要性。在能源合作方面,东盟积极建设跨东盟电力网,旨在连接各国的电力设施,构成单一的电力网,以提高东盟地区电力网络的使用效率。因此,泛珠三角区域和东盟国家之间的经贸合作要积极通过中国—东盟自由贸易区框架下的各种协议与约定,利用和搭建各种区域合作与发展论坛、经贸合作洽谈会、区域经济博览会等合作平台,注重次区域经济合作与开发,着重在基础设施、产业与投资、商务与贸易、旅游、农业、信息化建设、环境保护、等领域推进区域经济合作。在合作过程中,要充分考虑到泛珠三角各省区与东盟国家经济状况的差异以及经济发展的不确定性,必须坚持因地制宜的原则,可同时或分别在经济合作、制度整合、产业整合等不同层面展开。

泛珠三角区域和东盟国家的区域经济合作是一种大跨度、多层次、宽尺度的区域协调模式,这样一个复合型经济圈的发展必然是一个循序渐进的过程。

因此,前期应该由政府主导、市场推动,而后逐步走向市场主导,民间组织和企业层面的积极推动,要充分发挥市场作为资源配置和实施产业转移和产业整合的的基础性手段的作用。东盟国家和中国泛珠三角区域要积极依靠市场这只"看不见的手"作为资源配置的基本手段,首先打破各自区域内部条块分割、国家或地区封锁、各自为政互相掣肘的局面,从根本上解决区域内部重复投资、重复建设、恶性竞争的问题,形成一个结构合理、布局优化的区域经济综合体。最关键的是要充分发挥企业在泛珠三角区域和东盟国家在产业梯度转移和整合中的主体作用。处于经济发展高梯度地区的衰退产业和劳动密集型产业可以在市场机制的作用下,通过企业主体转移到自然资源和劳动力丰富的低梯度地区,获得了产业升级的基础条件,而长期受资金、技术等约束的低梯度地区和国家可以得到快速发展。市场经济条件下,企业的跨国投资和跨地区的协作、兼并、技术转移与生产环节的分工是产业转移的多种实现形式。只有企业善于挖掘市场,把握产业转移的巨大商机,及时采取行动,制定转移战略,充分利用吸收方的优势资源,泛珠三角区域与东盟国家的产业转移和结构调整才能取得实效。

我国整体(含泛珠三角区域)对东盟国家投资的海外公司规模偏小,泛珠三角区域对东盟国家协议投资总额不高,单位平均数一般在 100 万美元以内。而国际上单一项目跨国投资的平均投资额,发达国约为 600 万美元,发展中国家约为 450 万美元,都大大高于我国目前的水平。对我国这样的中小型跨国公司而言,它的劣势是抗风险能力弱,规模效益较差。因此我们应当在具有区位比较优势的产业内,组成优势企业集团,在强强联合的基础上,化单个企业的分散优势为产业整体优势,以不断拓展对东盟直接投资的经济空间。实际上无论是欧美跨国公司,还是日本综合商社,它们都是以大型企业为核心,进而组织多方企业联合的经济共同体。我国的跨国公司只有从产业整体优势出发,组建跨国经营集团,才能在国际市场的激烈竞争中,为发展对东盟的直接投资争得一席之地。因此,对于泛珠三角区域而言,要积极鼓励以优势企业、大型企业为龙头,组建跨地区的大型企业集团,实现地区企业优势互补,获取规模经济效益,提高区域整体竞争力,进而积极拓展东盟国家的市场。通过制定和争取区域性的优惠政策,鼓励企业跨行业和跨地区协作,鼓励企业重组合并,实现产业结构优化。同时充分发挥民营企业和外资企业市场化程度高、市场意识超前等比较优势,充分发挥跨地区产业协作和产业转移的先锋作用。积极推进泛珠三角区域内地省区国有企业改革,推进企业产权重组,实现产业组织结构的优化组合,进一步完善企业风险经营机制,这样才能避免投资结构趋同、规模不经济、效益低下等问题,使产业转移向合理化方向发展。与此同时,政府力量应该合理介入区域市场失灵和不足的领域和环节。政府力量作为一种干预变量,合理介入市场失灵的领域和环节,对于推进泛珠三角与东盟的区域合作必不可少。比如,在基础设施整合和建设、区域利益协调机制统一、生产要素市场扶持、区域产业的竞合乃至可持续发展等方面政府可以大有作为。产业布局中的协同有序原则需要正确发挥政府在产业结构调整中的指导、规范、协调、服务的职能。政府可以通过向企业提供充分的信息而影响企业的迁移,政府的影响还能使未来的工业布局比较接近区域规划目标。

2.区域产业竞合的战略协调

在中国—东盟自由贸易区的发展架构下,首先要在区域内就关税减让尽快达成一致的意见,要让各方的贸易额有较大幅度的增长,提高区域内的贸易依存度,从而带动技术贸易、服务贸易等相关领域的合作。在已经形成的产业内贸易形式的互补性分工基础上,加强各自优势领域的发展,在技术和信息等方面进行高度的合作,利用产业集中的外溢效应使中国的泛珠三角区域与东盟的产业形成良好的互补与进步机制,使区域内的产业分工逐步合理化、细分化。各国和地区根据自己的比较优势建立相应的产业结构和主导产业,使区域内的产业发展既有竞争力又能够协调发展,同时优化各自国内的产业结构,促进产业升级,发挥规模经济优势,发展双方产业内贸易,提高产业结构的互补性,增强区域的整体经济实力,打造世界制造中心。具体来说,当前可以注重进行如下层面的合作:

第一,旅游业合作。东盟国家已经成为中国公民尤其是泛珠三角地区中国公民海外旅游的首选目标。应该培育区域大旅游概念,泛珠三角各省区和东盟各国区域旅游资源丰富,地理上又彼此相邻,山、河、海旅游资源和热带、亚热带、温带各种气候自然环境都具备,粤港澳地区拥有开发区域旅游资源的资金、技术和与国际接轨的运作方式。泛珠拥有悠久的历史文化、优美的自然风光与独特的人文景观,具有较多的垄断性的旅游资源;而东盟国家则拥有神秘迷人的热带雨林、岛屿风光和奇异的风俗习惯。近年来,广西、云南边境旅游的大发展和广东、海南对新、马、泰等国旅游业务的开发等,都是地缘空间优势的充分体现。[①] 随着中国与东盟在旅游等诸多服务领域的合作的不断加深,旅游活动对道路、交通、通讯、食宿等具有很强的协作要求,各方的共同利益较多,一体化效益明显。而且旅游一体化建设的障碍相对较小,可以作为泛珠三角与东盟国家区域合作的先行者。因此,需要建立和健全泛珠三角各省区和东盟各国旅游合作协调机制,加快制定旅游业发展的整体规划,加大旅游市场拓展、项目开发和基础设施建设等方面的合作力度,共同构建区域性的旅游网络和旅游品牌。同时,可以联合对外推介和招商开发。

第二,制造业合作。东盟的制造业从总体上看基础还比较薄弱,而泛珠各省区特别是广东和香港在这方面有着明显的优势。双方存在着巨大的互补空间。具体而言,一是产品的互补性。这类商品主要以资源禀赋的差异为基础,约占双方贸易额的一半。东盟具有比较优势的商品是自然资源类商品以及电子产品等;泛珠具有比较优势的产品主要是金属及其制品、纺织品、汽车工业等。二是产业的互补性。泛珠与东盟在产业转移和产业结构调整中,已经逐步从传统的产业间贸易走向产业内贸易形式的互补性分工。三是科技水平的互补。东盟部分国家正处于工业化发展的关键阶段,其产品提升和经济发展中的科技因素至关重要,而泛珠在一些资本、技术密集型的高新技术方面具有比较优势,在与东盟合作方面大有可为。随着珠三角劳动密集型产业向资金、技术密集型产业发展,珠三角地区产业发展的方向是利用其技术与品牌优势,在本地保留科技含量较高的高、精、尖产品的生产和研究开发中心,将原来的资源型和劳动密集型产业通过外包、外购与委托加工的方式可以逐步向周边省区以及东盟发展中国家转移。东盟国家也可以通过市场机制加强与泛珠三角地区相应企业的合作,利用土地、部分设备和资金建立生产基地,采用技术转让、产权置换、产品调整、市场转移等形式兴办合作开发项目,同时鼓励有条件的企业到泛珠珠三角地区寻找更多的商机,形成发展泛珠三角地区与东盟

---

① 参考自李馨:《中国—东盟自由贸易区旅游合作探析》,《经济纵横》2012 年第 4 期;罗有亮:《中国—东盟自由贸易区框架下的云南旅游业发展思考》,《经济问题探索》2011 年第 12 期;广东省社会科学院国际经济研究所课题组:《促进泛珠东盟合:构建"9+2+10"经济圈》,《广东社会科学》2005 年第 6 期。

国家良好的分工合作、优势互补的产业发展格局。①

第三,服务业合作。泛珠三角与东盟在服务领域有较大的互补性,双方在承包工程、劳务、人力资源开发和培训等方面的合作会得到有效的促进。伴随中国入世和中国—东盟自由贸易区的建设进程,中国与东盟的国际贸易增量急剧膨胀,这已经为双边急剧增加的进出口贸易额数据所验证。

表5-1　中国与东盟进出口额的变化(单位:亿美元)

年份	进出口总额	出口额	进口额
2010	2928	1382	1546
2011	3629	1701	1928

资料来源:根据国家统计局历年全国年度统计公报相关数据整理。

从地区经济发展的实际来看,泛珠三角区域对中介服务需求强烈,特别是拥有国际经验和视野的法律、经济、会计、物流管理等专业人才将会大受欢迎。泛珠三角地区可以香港作为培训基地,有计划地引入及培训专才,提升泛珠整体实力。总之,泛珠三角区域与东盟应该积极依托区域大市场,逐步减轻对西方发达国家和地区的经济依赖,依靠本区域内的经济增长和需求拉动,为顺利实现区域产业结构调整和产业升级,保持经济持续发展创造重要条件。同时,积极打造会展业的区域性品牌。会展业作为一个高收入、高赢利的服务性行业,具有强大的关联带动效应。有关研究成果显示,国际会展业的产业带动系数约为1:9。当然1:9的产业带动系数只是一个变数,不能以一个常数值来决定行业带动系数,它不可能只遵循一个投入产出比例。因为会展经济本身也是受倒很多因素制约,例如会展的主题、规模、持续时间、品牌效应、国际化程度等,其中任何一个因素发生变化,都可能影响整个会展的效益。② 例如中国进出口商品交易会(广交会前身)、中国—东盟博览会的经济效应的产业带动比例甚至已经超过这一系数。当前,泛珠三角区域的会展业发展如火如荼,

---

① 参考自张皞:《论中国企业在中国—东盟自由贸易区中面临的机遇和挑战》,《特区经济》2011年第3期;张彬:《中国—东盟自由贸易区贸易结构效应的实证分析——基于1995～2008年HS92商品分类面板数据》,《世界经济研究》2011年第1期;广东省社会科学院国际经济研究所课题组:《促进泛珠东盟合:构建"9+2+10"经济圈》,《广东社会科学》2005年第6期。

② 过聚荣:《中国会展经济发展报告2012》,社会科学文献出版社2012年版,第67、182页。

展会的数量、规模和展馆面积增长了数倍,会展业已成为泛珠三角区域许多城市重点扶持的产业。而东盟国家的会展业的发展也存在很大的发展空间,双方拓展合作的比较优势明显。珠三角地区是中国三大会展经济产业带之一,不仅会展资源丰富,而且企业密集,产品种类齐全,广西和云南可以利用毗邻东盟国家陆地优势,借助在交通业、运输业、电信业、环保业等优势基础产业和丰富经验,充分发挥沟通东盟的海上交通运输和物流优势,举办各种会展,为区域特色产品、特色资源提供一个展示的平台,为周边省区与东盟国家提供更多的发展机会。同时加强区域会展资源的整合,实现信息共享,共同打造会展业的区域性品牌,推动区域会展经济的性速发展,使会展经济成为区域经济发展的强劲动力。

总体来看,新加坡积极发展吸收外资又大量向外投资的外向型经济,并在技术研究和开发领域进行了大规模投资,目前新加坡基本形成了以信息产业、电子资讯、化工、精密机械等高新技术为主的制造业,以及以金融、贸易为主的服务业相结合的经济结构,已经发展为东亚地区资本和技术密集型的城市国家。中国泛珠三角区域应积极加强与新加坡在能源、机电、环境工程、信息产业等方面的合作,增加对这一领域的投资,将有助于中国泛珠三角区域吸收新加坡先进的技术和管理经验,带动区域内部产业升级。由于新加坡经济规模持续扩大,劳动力资源日趋短缺,引起工资水平急剧上涨,导致新加坡在劳动密集型产业上优势丧失。中国泛珠三角区域内地不发达省区应积极发挥廉价劳动力的比较优势,吸引新加坡的产业投资,以大力发展地区经济和实现产业结构升级。

马来西亚、印尼、泰国、菲律宾在利用外资和劳动密集型工业的发展方面与中国泛珠三角区域非常接近,竞争也比较激烈,它们在国际市场上正发挥着劳动力成本上的优势,并开始进入发展重化工业的阶段。这一层次的国家与泛珠三角区域的经济合作可以发展宽尺度的水平型分工合作,进行企业相互投资,寻求不同产业、不同产品和不同地区的竞争与互补。例如泛珠三角区域劳动密集型产业附加值低,产业结构的层次低,而马来西亚的产品结构较先进,出口商品层次较高,特别是在电子、电器行业的相对优势显而易见。泛珠三角区域对马来西亚应发展原料制品、食品、纺织、木材加工、电力与电子产品、化工行业,并形成一定的产业结构互补,通过双边贸易获益。而泰国的工业仍以劳动密集型的消费品工业集群为主,资本密集型和技术密集型的生产工业群发展并不平衡,高科技工业方面仍处在起步阶段。在加工制造技术方面,泛珠三角区域明显优于泰国,中国应加大制造业对泰国投资的力度。目前珠三角地区形成产业集聚现象,并由此产生的群聚效应极大地增强了中国泛珠三角区域在高新技术产业方面的比较优势,而这一优势为泛珠三角区域在泰国进行高科技产业投资奠定了坚实的基础。

越南、缅甸、老挝、柬埔寨等国家对外界经济技术资源有很大的需求,它们在发展经济合作上属于输入型为主的国家,是以自己的市场和原生资源来与外界的经济资源相结合。对于泛珠三角区域来说,这既是进行国际产业转移的场所,也是发展产业扩大市场的地方。东盟第三层次国家人力资源丰富,劳动力成本低,工资水平低于我国泛珠三角区域大部分地区的平均工资,因此适时转移一些劳动密集型产业到东盟第三层次国家,有利于保持竞争优势,腾出力量来发展高新技术和重化工业,促进产业结构调整与升级。特别是像深圳、广州等大珠三角地区人力资源成本不断上涨,直接把一些劳动密集型产业向东盟第三层次国家转移,有利于把产业重心转移到发展高新技术产业上。东盟第三层次的国家毗邻泛珠三角区域,交通便利,拥有丰富的矿产资源、木材资源、石油资源等,很多资源因资金缺乏开发不足,泛珠三角发达经济区域应积极建立一批战略性资源开发供应基地,可通过对这些国家资源开发型产业投资或共同开发资源,以减轻泛珠三角区域的资源和环境压力。

三、泛珠三角与东盟区域跨国投资的利益协调研究

区域经济一体化对泛珠三角区域和东盟国家的影响与它们所参与的区域经济一体化的层次和程度密切相关。自 1967 年东盟成立至今,东盟国家的区域经济合作经历 40 多年的发展历程,但其合作形式仍然比较松散,合作层次比较低级。对于东盟来说,由于其对外没有设立统一的关税,同时在建立自由贸易区之前,日本、亚洲"四小龙"等一些国家和地区对东盟进行了大量的投资。因此,在东盟自由贸易区的建立过程中,这些国家和地区并没有大幅增加对东盟的直接投资。东盟国家吸引外来直接投资的投资区目前主要对在制造业、农业、林业、渔业、矿业及与上述五个行业相关的服务业中进行的直接投资提供优惠措施,并非是针对所有的行业,而且对上述五个行业的投资自由化的

时间是 6 个老成员国截止日期是 2010 年,新成员国则可以延展到 2015 年。因此,对于现阶段的东盟区域经济合作来说,实现资本在区域内的完全自由流动是比较困难的。区域经济一体化对市场规模的影响就在于将"国内市场规模"扩展为"区域市场规模",带动需求的扩大,使跨国公司在价值链的所有环节都获得规模经济,实现区域内的合理化经营。目前,东盟仍是一个内部分割的各个市场组合,东盟成员国相互之间的贸易额占其对外贸易总额的比例保持相对稳定,2004 年和 2005 年分别为 24.3% 和 25%。[①] 实际上,东盟各国高素质的专业人才一直是比较缺乏的,此外东盟各国还缺乏熟练和半熟练的劳动力,如何培育一大批具有较高素质的劳动力和技术人才从而提升区域内的人力资本含金量,成为东盟各国吸引外国直接投资的一道难题。经历了 20 世纪 80 年代中期的经济萧条后,东盟各国进行了放宽限制、实行自由化和私有化改造的经济改革。这些改革除了要建立开放的贸易体制,而且还要建立自由的投资体制。为吸引更多的直接投资,东盟各国采取了相似的 FDI 激励政策。[②] 因此,东盟区域经济合作对东盟投资环境的改善是不显著的,对促进东盟吸收 FDI 的成效也不明显。区域经济一体化对直接投资的效应包括投资创造和投资转移,而一体化对直接投资流量和方向的影响程度最终取决于一体化对成员国综合区位优势的改变程度,而且最终会体现在对各种区位决定因素的影响上。东盟区域经济合作引资成效不明显的原因就在于对主要区位因素的改善作用不明显,使得东盟综合区位优势没有得到迅速提高。与东盟相比,中国以及国内的泛珠三角区域在市场规模、劳动供给、生产成本方面占有优势,加上中国经济的强劲发展势头,所以外商直接投资选择中国泛珠三角区域的机会更高一些。

1.区域投资政策的协调模式分析

关于区域跨国投资政策的协调,现行区域层次上的投资政策协调主要可

[①] 　数据分析参考自范爱军:《贸易自由化与经济收敛的关联性研究——基于中国—东盟自由贸易区视角》,《亚太经济》2010 年第 6 期;廖少廉等:《东盟区域经济合作研究》,中国对外经济贸易出版社 2003 年版,第 77—82 页。

[②] 　参考自颜银根:《中国—东盟自由贸易区建立后 FDI 流入能替代进口贸易吗?——基于新经济地理贸易自由化的研究》,《经济评论》2011 年第 4 期;李轩:《中国—东盟自由贸易区建设对中国 FDI 的影响效应》,《国际贸易问题》2011 年第 4 期;廖少廉等:《东盟区域经济合作研究》,中国对外经济贸易出版社 2003 年版,第 208—209 页。

以划分为三个类型:一是区域经济集团内的协调,它一般是在地区经济一体化协议中包含投资问题的条款,如东盟国家投资协定等。二是专项能源和原材料输出国组织内的协调。主要是通过分配销售份额、避免成员国内部削价竞争来防止消费国操纵国际市场价格。三是不同类型国家所组成的综合性组织内的协调,它主要涉及投资问题或独立的投资协议。① 区域层次上的 FDI 政策协调涉及的投资问题广泛,各区域内所采取的解决问题的方法不尽一致,呈现多样化。因此,在中国—东盟自由贸易区框架下,就泛珠三角地区和东盟国家的区域经济合作来说,实际上还涉及主权国家与主权国家内部省区之间的利益协调,它就表现为一种跨越边界的次区域国际性合作,因此,区域经济合作政策的协调又远较上面的三种情形复杂,目前来说主要应该做好以下两个方面的工作:

第一,积极参与区域经济政策协调。在世界经济多极化发展的状态下,各国要取得更大的竞争优势,仅靠一国本身的实力是不够的,而需要组织排他性的国际组织,以此为战略依托,扩大国际贸易,争夺国际市场。在当前区域经济组织迅猛发展和多边贸易体制日益加强的背景下,中国面临被区域组织边缘化的危险。游离于区域经济合作组织之外的状况使中国和泛珠三角区域不仅不能得到区域合作的利益,而且还可能受到不同程度的排斥。从发展的眼光看,今后国际经济关系将由国家之间的较量转向区域经济组织之间的角逐,由国家之间的谈判协商逐步转变为区域组织之间的经济协调。而国际经济协调从本质上讲是参与各方对全球和区域经济利益和资源如何分割和合理化配置所进行的协调,参与各方往往都抱有约束他国优势而保护本国劣势的心理和行为偏好。这样,国际经济竞争的游戏规则通常是参与各方利益相互妥协的结果,而未参与制定规则的国家,其利益在规则中没有或难以得到充分反映。因此,泛珠三角区域和东盟国家之间应该积极对话,搭建对话和合作的平台,积极主动地参与国际和地区经济协调,拥有平等参与制定国际经济竞争规则的决策权,为推进中国—东盟自由贸易区的建设进程和实现各自的经济增长与可持续发展营造良好的国际经济竞争环境。

----

① 商务部跨国经营管理人才培训教材编写组编:《中外对外投资合作政策比较》,中国商务出版社 2009 年版,第 19、20 页。

第二,完善吸引 FDI 的政策协调。这主要是因为:其一,FDI 的国际协调旨在为区域经济合作组织提供某些共同标准,减少或废除歧视性、为市场带来扭曲的做法,促进国际直接投资的自由化。近年来,在全球经济自由化浪潮的影响下,FDI 政策的自由化改革与调整已经成为越来越多的国家改善投资环境以充分利用 FDI 的根本性举措。为此,我们必须积极参与 FDI 政策的自由化改革进程,以便于与国际规范接轨。① 当务之急是尽快全面清理由泛珠和东盟国家内部各级政府、各部门制定的有关外资政策或地方性法规,深入、细致、全面地研究现行外资政策法规与 WTO 等国际组织组织投资规则的差距,以便于规范我国泛珠三角区域的外资政策法规,朝着更加正确的改革方向调整。外商对华直接投资在促进我国泛珠三角区域的固定资本形成、技术进步和管理水平提高、产业结构调整与升级、就业机会扩大与就业质量提高、市场经济体制的构建与完善等方面而起着越来越重要的作用,FDI 已经成为我国泛珠三角区域名副其实的经济增长的发动机。因此,我们必须从全局出发,将 FDI 政策的改革协调置于我国泛珠三角区域和东盟国家区域经济合作进程加快的背景下,将其提高到泛珠三角区域推进对外开放进程建立开放型的社会主义市场经济体制的重要战略地位。从发展的观点来看,泛珠三角区域和东盟国家在吸引外资政策方面必然会从不协调走向协调的演化轨迹,比如对于非敏感的部门,可允许 100% 的外资参与。对于涉及一些主权和安全的部门如通讯、交通、能源、新闻传媒、金融等部门禁止或限制外资参与,敏感性的部门如农业等可以限制外资进入额度。限制措施一般都包括有当地含量要求、当地雇员要求、出口业绩要求、技术转移要求等。在激励政策方面,可以通过区域内部的财政和税收优惠措施来广泛使用于吸引外国直接投资中,而且东盟国家可以与泛珠三角区域在中国—东盟自由贸易区框架下签署和落实《避免双重征税协定》等政策性利益协调机制。

2.区域跨国投资政策与利益的双重协调分析

我国泛珠三角区域与东盟国家虽然存在争夺国际资本的竞争现象,但在

---

① 章文光:《后危机时代中国 FDI 政策调整与发展走向》,《国际经济合作》2010 年第 11 期;杨德才:《改革开放以来外商直接投资在我国的真实效应分析——兼评我国 FDI 政策调整》,《当代经济研究》2010 年第 10 期;魏后凯:《外商直接投资对中国区域经济增长的影响》,《经济研究》2002 年第 4 期。

区域经济合作进程中,我国泛珠三角区域与东盟只有在竞争中不断协作,建立实质性的伙伴关系,双方才能在经济贸易发展方面取得双赢。实际上除了东盟投资区要求对外资采取一些共同措施外,泛珠三角地区由于政治体制和市场经济体制发育程度的约束,区域内的国家和地区在吸引外国直接投资方面存在的竞争更多时候带有零和博弈的色彩。而对于如何开展泛珠三角区域与东盟国家在投资政策方面的利益协调而言,按照《中国—东盟自由贸易区全面经济合作框架协议》(2002 年 11 月签署)第一部分第五条的规定:为了促进投资并建立一个自由、便利、透明并具有竞争力的投资体制,各缔约方同意:第一:谈判以逐步实现投资机制的自由化;第二:加强投资领域的合作,便利投资并提高投资规章和法规的透明度;第三:提供投资保护。① 促进区域内资本流动和增强对区外直接投资的吸引力,建立自由、便利、透明和具有竞争力的投资体系,是《中国—东盟自由贸易区全面经济合作框架协议》的重要目标。中国和东盟将在增加投资规则和管理的透明度、建立有利于资本自由流动的投资制度等方面加强合作。2009 年 8 月签署的《中华人民共和国政府与东南亚国家联盟成员国政府全面经济合作框架协议投资协议》(简称《投资协议》)第二条明确规定促进东盟与中国之间投资流动,建立自由、便利、透明和竞争的投资体制。在推进中国—东盟自由贸易区的进程中,逐步实现东盟与中国的投资体制自由化;为缔约方的投资者在另一缔约方境内投资创造有利条件;促进缔约方和在其境内投资的投资者之间的互利合作;鼓励和促进缔约方之间的投资流动和缔约方之间投资相关事务的合作;提高投资规则的透明度以促进缔约方之间投资流动;以及为中国和东盟之间的投资提供保护。第四条、第五条通过双方相互给予投资者国民待遇、最惠国待遇和投资公平公正待遇,为双方创造更为有利的投资条件和良好的投资环境。这两个核心条款在确保给予双方投资者公平公正的非歧视待遇方面将会起到关键作用。此外,投资待遇、透明度、投资促进与便利、争端解决等条款为改善双方投资环境、提高外资政策透明度、促进投资便利化、提高投资争端解决公平与效率、加强投资保护等方面提供了有效的法律保障。因此双方应在上述协调范围内,共同努力确

---

① 《中国—东盟自由贸易区全面经济合作框架协议》的相关文件内容转引自陈泽民:《区域合作通论:理论、战略、行动》,复旦大学出版社 2005 年版,第 419、420 页。

保国际投资者的安全性、获利性和变现性，以争取更多资金流入，促进共同发展和繁荣。

从具体的政策协调层面来说，泛珠三角和东盟国家在中国—东盟自由贸易区《投资协议》框架下，在吸引跨国直接投资的区域经济政策的利益协调方面可以遵循以下原则和制度性规定与内容：第一，国民待遇原则和最惠国待遇原则；第二，透明度规定，中国泛珠三角区域和东盟国家主要可以加强相互提供颁布的法律、法规、产品标准、卫生防疫措施的信息两方面的合作，在中国泛珠三角区域可以与东盟国家之间实行比较灵活机动的投资政策对话制度；第三，允许投资者自由汇回和转移与投资有关的资金（如利润、红利、版税、贷款利息和清算资金）的规定；第四，禁止业绩要求的规定；第五，对没收和补偿的规定，防止对外国投资的随意没收或不公平补偿；第六，专业技术人员流动规定；第七，审议机构设立，设立投资理事会和联合委员会。① 总之，促进区域内资本流动和增强对区外直接投资的吸引力，建立自由、便利、透明和具有竞争力的投资体系，是中国—东盟自由贸易区投资框架协议的目标。泛珠三角区域和东盟将在增加投资规则和管理的透明度，建立有利于资本自由流动的投资制度等方面应该加强合作。因此，泛珠三角和东盟在双边自由贸易区的建设过程中，可能给外资带来的利益大致包括两个方面：一方面，对于市场型投资，建立自由贸易区无疑扩大了外资企业的市场，在任何成员国投资的企业都能以较低的成本进入其他成员国的市场；另一方面，建立自由贸易区提高了关联度高的产业资源整合能力，外资企业可以在泛珠三角区域和东盟国家自由配置企业资源，降低生产成本。为了增强泛珠三角与东盟国家对外资的吸引力，目前的自由贸易区投资协议除了在透明度、对外资在股权限制、本地含量要求、出口业绩要求以及利润汇出等方面放松限制，还为区域内技术流动、资本流动和专业技术人才流动提供便利。

---

① 参见《中华人民共和国政府与东南亚国家联盟成员国政府全面经济合作框架协议投资协议》（2009 年）协议文本，相关分析参考自颜银根：《中国—东盟自由贸易区建立后 FDI 流入能替代进口贸易吗？——基于新经济地理贸易自由化的研究》，《经济评论》2011 年第 4 期；李轩：《中国—东盟自由贸易区建设对中国 FDI 的影响效应》，《国际贸易问题》2011 年第 4 期；孙志煜：《区域经贸争端解决的制度与实践——以中国—东盟自由贸易区为例》，《法学评论》2011 年第 1 期。

　　总而言之,区域经济一体化的进展要求泛珠三角省区与东盟国家之间积极参与产业分工和市场协作,这是区域跨国投资政策协调模式顺应时势的理性选择。其实,在泛珠三角与东盟国家的区域经济合作进程中,市场一体化的培育也是区域经济一体化发展的必要条件,这就意味着区域内部经济增长的各种支撑要素通过无障碍的市场得以流动,从而提高资本、技术、自然禀赋、劳动力等生产要素的配置效率。因此,对于泛珠三角和东盟国家来说,既需要克服不同地区的经济政策和经济体制差异,又需要构筑比较完备的地区内部法律协调下的市场经济规则。在现有国家和地区差异的背景下,打破泛珠三角和东盟国家之间不同程度存在的区域市场壁垒和分割,促进商品和生产要素在泛珠和东盟范围内自由流动,降低生产要素自由流转的交易成本,需要区域内东盟国家和泛珠三角地区各个省区的政府尽力克服短期行为,要由边界效应和行政区域壁垒下的产业发展规划转向经济区域的产业发展规划,把地区内部的产业链打造起来,从而提升区域整体产业的国际竞争力。与此同时,中国泛珠三角区域和东盟大多数成员国的经济结构相似,出口产品在国际市场上具有很强的竞争性。而经济结构相似的国家如果不采用相近或相似的汇率制度,就会由于汇率制度的差异和变化而导致彼此竞争力的波动进而导致区域竞争行为的加剧和地区经济的动荡。

　　根据中国泛珠三角和东盟各成员国经济发展水平和金融市场方面的差异情况,短期内开展区域金融合作可以采取相对松散的组织形式,在策略上可以把握先易后难循序渐进的原则,分层次逐步推进。在泛珠与东盟区域合作机制运行的初始阶段,除了港澳地区比较特殊而享有高度经济自治权外,双方货币政策的协调与合作不能强求区域内部的国家让渡货币自主权,而是需要在确保各经济体货币自主权继续行使的基础上,通过机制性的组织和协调,推动各参加方不断对各自的货币政策进行适度微调,使货币政策运作尽量向以经济体利益为主、兼顾地区整体利益的方向发展,实现实质性货币政策的合作,进而借助区域货币政策的合作与协调,有意识地区域经济政策的协调发展。

　　此外,在区域经济一体化进程中,金融发展和金融深化成为区域经济产业升级和结构转型的重要标志。这就势必要求加快区域金融资源的优化配置,重点经营和优化区域金融机构整合、扩大金融对外开放深度、建设区域金融中心等,以此不断提高区域金融的国际竞争力和产业支撑力。同时应该加强泛珠与东盟之间区域金融的基础设施建设,大力加强区域内金融中介、金融科技和金融人才等的交流与合作,努力营造有利于区域金融发展的良好环境。加强泛珠三角部分发达省区和东盟国家之间金融监管当局的合作,尝试建立区域金融预警体系,建立区域金融救助体系,进而筹划建立中国与东盟之间的汇率合作机制。在协调基础上联合抗击国际投机资本大规模流动对区域经济的冲击,确保地区经济运行机制的稳定和金融安全。先以不同经济体之间间的个别磋商和自发性政策协调为主,适时就相关经济体的行动进行实质性的组织和协调,推动区域经济政策协调模式和机制的制度化。

综上所述,我们认为从实施区域经济合作策略的角度来看,泛珠三角地区和东盟国家之间既可以通过区域性的整体性合作与利益协调的方式运作,也可以借助次区域性的经济合作来推动区域繁荣与经济发展。譬如可以大力推动澜沧江—湄公河流域、泛北部湾等增长三角的次区域经济合作进程,进而成为泛珠—东盟乃至中国—东盟之间区域经济合作的先行示范区和试验田。不仅如此,泛珠三角区域和东盟之间的利益协调尚需要在现实博弈的基础上,建立相对固定的组织机构来贯彻实施地区公约或协议,该组织机构可以采取常设机构或定期协商机构的形式,内容上应该包括政府的和市场两种力量的协调机构。政府层面的协调可以由中国的中央政府、泛珠三角地方政府与东盟国家和有关多方参与,进而充分发挥区域和次区域政府间经济合作组织等类似官方机构的主渠道作用,同时也要充分利用市场机制的自我调整功能,发挥区域性行业组织、民间组织等的作用,逐步建立和完善各方之间事前协调与事后协调相结合的区域利益协调机制。在现有国家和地区差异的背景下,打破泛珠三角和东盟国家之间不同程度存在的区域市场壁垒和分割,促进商品和生产要素在泛珠和东盟范围内自由流动,降低生产要素自由流转的交易成本,需要区域内东盟国家和泛珠三角地区各个省区的政府尽力克服短期行为,要由边界效应和行政区域壁垒下的产业发展规划转向经济区域的产业发展规划。努力营造有利于区域金融合作与发展的良好环境,加强金融监管当局的合作,尝试建立区域金融预警体系,建立区域金融救助体系,进而筹划建立适宜的汇率合作机制。当然,双方货币政策的协调与合作更多应该是在中国中央政府和东盟国家之间的合作框架下进行,不能强求区域内部的国家让渡货币自主权,需要通过机制性的组织和协调,推动各参加方不断对各自的货币政策进行适度微调,使货币政策运作尽量向以经济体利益为主、兼顾地区整体利益的方向发展,进而借助区域货币政策的合作与协调,有意识地区域经济政策的协调发展。

第六章　主要结论与研究展望

厘清广东积极整合大珠三角,适时加强并率先落实粤港澳紧密经贸合作,进而积极筹划和构筑泛珠三角等诸多努力与尝试,可以认为,这是泛珠三角区域各省区在积极应对中国—东盟自由贸易区的建设进程中,不遗余力地开始从制度层面与经济协作层面推动落实自身的宏观筹划和多赢战略,当前泛珠三角的地区整合是所属地区参与中国—东盟自由贸易区建设能够获取综合收益最大化的帕累托改进。泛珠整合是一个动态发展过程,其价值既包括经济地理概念的延伸,又蕴涵区域融合理念的认同。在中国—东盟自由贸易区架构中,泛珠三角处于其中心位置,地缘优势突出,在区位功能上形成直接与东盟国际开放市场连接的地缘经济板块。就当前国际经济集团化和东亚区域经济一体化的发展背景而言,泛珠三角地区的整合客观上是直接应对国内的区域竞争和中国—东盟自由贸易区建设进程的产物。在当前的一国两制、中央政府和地方政府的事权划分和财税体制下,各级政府是代表地方利益的主体。因此,区域合作中的利益协调是政府行为协调的主要内容。从国内一些区域经济合作发展的实践看,由于行政体制分割,各自为政,行政性区际关系削弱甚至替代了市场性区际关系,因地方行政主体利益导向而难以做到资源的优化配置及经济融合。政府行为的协调工作并不是十分有效的,区域经济一体化有可能导致分散化和碎片化。区域合作具有路径依赖的特质,在区域合作经济合作中政府会不自觉过度参与。

因应中国和平崛起的历史进程,对外经济战略成为我国当前在经济起飞阶段的首要战略筹划,其中最关键的是在东北亚和东南亚地区的谋划。由于中国在东北亚战略方向上面临的区域经济合作困局,从而引致自由贸易区的构筑在我国地缘经济战略中处于优先地位,且势必发挥着相当程度的溢出效应。市场经济国家的定位以及和平崛起的发展模式,协调中国需要谋求域内市场的整合和构筑以自身为核心的区域经济一体化战略。事实上,考量国内改革开放的历史变迁之路,厘定推进中国和平崛起与民族复兴的智慧和战略战术,迂回策略的应用可谓驾轻就熟。当国内经济改革出现趋缓乃至停滞危险时,适时引入外界干预变量,进而由外向内推动国内经济一体化进程,破除大中华地区以及国内各地区的市场和技术壁垒等干扰因素,泛珠三角区域的整合进程,大中华经济圈整合加快并实现与中国—东盟自由贸易区的顺利对接,就是未来经济发展的重要战略方向。

对于东南亚国家的区域一体化来说,由于他们越来越将重点放在集体联合自主的区域政策上,区域一体化不再将国家经济利益作为唯一的合作内容,东盟国家倾向于采取共同的对外战略和政策来应对第三国或区域外集团,并希望协调立场与政策,争取在更广泛的领域内重新定义区域合作的内容。与发达国家的区域一体化进程相比较而言,东盟国家与泛珠三角地区的区域合作制度建设事实上在未来可能会涉及比较激烈的政治争议和利益冲突,即使区域经济方面的合作也可能被认为包含相当的风险,这主要是由以下几个方面原因造成的:第一,本国或者地区的发展目标和战略取向成为东盟和泛珠三角地区采取区域合作政策的主要动机,只有与本国或地区发展战略相符的区域制度安排才具有现实意义;第二,作为发展中国家,东盟内部将国家主权视为头等大事,维护政府权威的迫切需求有自然使区域合作的影响力降低,对于东盟国家来说,短期内超国家机构与决策方式难以成型,而对于泛珠三角区域和东盟之间的区域合作制度的构筑更是一个比较敏感的话题;第三,东南亚部分国家由于历史、安全与种族等原因与区域外部的美国、日本、印度等不同大国维持着某种特殊的关系,因此东盟和中国的合作可能只是策略性的而非战略性的,双方有需要彼此借重的需求和动力。因此,当内部约束条件和外部战略形势发生改变时,泛珠三角地区和东盟之间的区域合作只是其中的一个选项,而不是最优选项。在这样的前提条件下,东盟国家对所处区域内的中国和外部力量对比与权力格局的变化会相当敏感,因此在考察泛珠三角与东盟未来区域合作的可行性方面,成本收益的分配自然上升为双方继续开展合作问题的关键。从合作前后可能造成的力量对比或力量格局来看,东盟国家与泛珠三角乃至中国的合作情况则可能演化为当相对获益不利于本国时,区域合作可能会受到影响甚至停滞。因此,满足东盟国家的发展目标需要,又能确实对泛珠三角区域各个省区的经济发展具有相当程度的促进作用,既不会造成各自部分国家或地区在区域利益分配中的边缘化,又能提高整个区域的整体利益和实力的区域合作最容易得到成员国和地区的大力支持和热情拥护。东盟国家和泛珠三角地区在区域合作成本收益之间的关系上,至少将会面临次国家行为体、国家、国家集团等不同层面因素的影响。

我国泛珠三角区域和东盟国家地域辽阔,各地区差异大,市场化发展的基础和条件不同,国内的体制改革和对外开放进程因地区差异而已经形成市场化在地区间的模式差异,并在市场容量、结构、范围和规模上具有明显的地区和国别差异,泛珠三角—东盟之间的统一大市场首先通过次区域经济一体化进程来推进可能将会是较为现实的理性选择。在不断扩大的对外开放过程中,通过主动参与国际经济竞争,不断扩大对东盟国家的贸易与产业合作成为泛珠三角地区发展的机遇。由于东盟国家与我国泛珠三角地区经济结构比较复杂,部分国家和泛珠部分省区已经处于比较发达的工业化阶段,有的东盟国家和泛珠三角省区正处在工业化中期阶段,还一些东盟国家和我国泛珠三角省区则还处于比较落后的工业化初始阶段,经济结构的自身差异和泛珠三角与东盟之间巨大的市场空间,使得区域内发达国家和地区在新的国际分工体系调整和世界产业结构升级中,可以各自把对方作为重要的产业转移基地。但是另一方面,我国泛珠三角省区和东盟国家经济结构的趋同现象严重,在地区的国际分工体系中仍然处于产业链和价值增值的中低端地位,产业、贸易和投资之间的竞争与合作并存趋势明显。

泛珠三角处在我国与东盟自由贸易区建设的前沿,要建成这个自由贸易区,仅靠中央政府的力量是不够的,必须要有与东盟直接和间接接壤的省区的密切配合,形成一个前沿阵地,构建"10+1"自由贸易区的前沿阵地,是泛珠三角应该扮演的重要角色。云南、广西、广东、香港、澳门、海南、福建都处在与东盟陆上、海上接壤的前沿,是前沿阵地的第一梯队。其中云南与越南、缅甸在陆上相连,并通过澜沧江及其中下游湄公河与缅甸、老挝、泰国、柬埔寨、越南相接;广西与越南有陆地和北部湾海域形成紧邻,广东、海南则位于北部湾东侧,与越南隔湾相对;我国濒临南海的广东、海南、福建、香港、澳门,通过南沙群岛与文莱、印度尼西亚、菲律宾、马来西亚、新加坡诸邻国隔海相望。反之,东盟面对经济体系庞大复杂的中国广阔市场,也需要采取分布开拓、层次推进的方法,东盟固有的开放性为其与地理相连的泛珠地区发展更为紧密的关系提供充分的可行性。由于东盟的开放性使其在对外合作中具有相当大的灵活性,它的对外合作战略中的圈层理论在处理与中国经济关系中也是适用的,因此,东盟可以跟泛珠三角的部分省区建立更为密切的关系,使之成为中国—东盟经济圈中的小圈。

泛珠三角区域和东盟同属于发展中国家和地区,产业结构和竞争力水平有很大的相似性。从中国泛珠三角区域以及东盟各国的主要贸易伙伴国之间的贸易商品结构来看,泛珠三角区域内地省区的主要贸易伙伴国是日本、美国、欧盟和我国的香港、台湾以及韩国等,同这些国家的贸易额占泛珠三角区域对外贸易份额极高。东盟的主要贸易伙伴国是日本、韩国、北美和欧盟,而贸易商品结构也有很大的相似性,中国泛珠三角区域和东盟与区域外的贸易多属比较优势的互补型贸易,泛珠三角区域和东盟各国主要向欧美日等发达国家出口初级产品和低附加值的劳动密集型制成品为主,主要有服装、鞋类、电子产品以及日用品等品种上,在进口商品结构上以从欧美日等发达国家进口资本技术密集型的制成品为主。因此,贸易的国别结构和商品结构决定了泛珠三角区域和东盟间双方的贸易都很难替代各自与区外发达国家间的贸易往来,因此建立自由贸易区后虽然会扩大区内的贸易往来,但是贸易转移效应受到较大影响。在泛珠三角与东盟之间的区域经济一体化进程中,贸易创造与贸易转移的静态经济效应不如规模经济、促进竞争、扩大区域市场等动态经济效应明显。

对于泛珠三角区域的整合战略而言,它是国内的经济区域化现象,也是地区一体化战略。而中国—东盟自由贸易区战略是从属于和平崛起大战略和东亚地区战略的区域战略的一个重要组成部分。所以,研究泛珠三角与东盟区域经济合作中存在的战略障碍和问题,实际上必然涉及泛珠三角区域整合战略与中国—东盟自由贸易区战略这两大战略的理性定位以及战略衔接问题。本课题研究认为泛珠三角区域经济整合战略的理性定位在于:作为国内的区域整合战略,将西部大开发、中部崛起与东部开放结合起来,实现东中西互动,寻求国内区域经济的均衡发展与经济增长。伴随国内区域经济梯度的拉大,弥补地区差异,协调国内区域平衡发展就具有国家战略的作用。然而没有进入国家战略的规划层次,一方面说明中央政府的审慎态度,泛珠三角整合还存在诸多战略和技术障碍,需要时间和实践的检验,不能变成政绩项目和面子工程。另一方面意味着中央政府对于国内不同行政区域的自发整合抱持不置可否的态度,其中可能既有权力分配方面的考虑和对地区自治倾向方面的顾虑,涉及一些体制改革中的敏感问题,保持对地方自行发展鼓励探索的理性支持态度。

中国—东盟自由贸易区战略在经济层面的功能定位实际上可以认为是中国参与国际区域经济合作的尝试,具有先行区的功能,带有实验性质,这也符合国内经济改革的探索路径。即摸着石头过河,从相对内向型的大国封闭模型逐渐向融入世界的大国开放模型转变。然而目前对于其溢出效应的研究有点言过其实,与双边战略与政治关系的发展现状多有不符之处。中国—东盟自由贸易区战略是从属于我国东亚地区战略的子战略,应该契合国家大战略的目标与意图:和平发展与顺利崛起。将两者战略衔接时,就可能会导致一定的战略错位和越位。战略定位不够清晰,战略模糊会导致国家和地区经济发展的非理性与盲目性,进行宏观调控与战略规划显得非常关键。而目前对于泛珠三角经济圈的理性定位和中国—东盟自由贸易区战略的经济层面功能定位就欠缺清晰系统的战略与规划,因此完全有必要加强对区域合作战略目标与行动议程的理论与操作性研究。

相对于泛珠三角和东盟国家的跨边界区域经济合作而言,从理论上来说,若在中央政府的主导下,在主权国家内部的泛珠三角区域经济联合可能要更加容易操作,所涉及的问题也要简单得多。但是从操作层面上来看,目前泛珠三角区域建立一体化协调发展机制,仍然会受到地方政府行政边界利益的强力制约,无论是由中央政府来协调还是由地方政府之间自己组织协调,可以预期仍然存在诸多困难和障碍。在泛珠三角和东盟的区域经济合作进程中,共有信念的缺位意味着需要建立政府主导的强制性制度变迁预期,自我实施机制的缺失要求降低交易成本释放制度的规模递增效应,机会主义行为的滥觞导致需要审慎构建自由贸易区的行动集团,并应建立相关的制度性安排。

泛珠三角和东盟之间区域经济的利益协调,首先是双方多边政府部门和职能机构之间的协调。如果缺乏政府间的协调机制,市场经济的利益最大化和资源配置规律决定双方区域经济合作的发展终局可能会是差异性发展和掠夺性竞争。就范围来说,泛珠三角和东盟国家政府之间的协调机制可以体现为各自中长期经济发展规划的协调、大型基础设施建设和对接的协调、大型工程建设项目的协调、区域产业转移和产业升级方面的协调、政府间产业政策和吸引外国直接投资政策的协调等方面。泛珠三角地区和东盟国家之间的政府间协调机制的建立,比起欧盟和东盟国家之间的地区协调机制的构筑要存在更大的困难,原因在于泛珠三角区域是一个主权国家内部的区域性经济组织,是中国内部新近成立的一个比较松散尚未成型的区域经济合作组织,其制度化的运作模式还处在初始阶段。而东盟国家也是一个还在整合进程中面临重重困难的国家间组织,这种国家内部的区域和国家集团之间的合作涉及的协调问题自然非常复杂,主权和政治干扰等因素增加了区域合作的复杂性,而地区社会经济制度和政府运作模式的差异性更是增加了区域合作中利益协调的难度。因此,泛珠三角和东盟国家政府间协调机制的模式至少应该包含如下四个层次的利益协调机制:第一个层次是中国中央政府和东盟国家之间的整体性利益协调机制;第二个层次是泛珠三角区域和东盟之间的区域经济利益协调机制;第三个层次是泛珠三角内部不同省区与东盟不同国家之间的次区域经济合作的利益协调机制;第四个层次是中国中央政府和泛珠三角地方政府以及泛珠三角区域内部的利益协调机制。

目前,泛珠三角和东盟之间区域经济合作有效的激励评价机制还难以成型。在市场失灵、市场不完善和政府推动的前提下,缺乏区域经济合作的绩效评价和激励机制的作用,区域经济合作是难以持续有效推进的。在当前各方合作还处于初始阶段的约束条件下,评价和激励机制对象应该主要针对区域合作中的地方政府,区域经济合作主体的积极性是受利益驱动的。当前处在启动阶段的泛珠三角区域经济合作和中国—东盟自由贸易区建设进程中,地方政府的协调机制发挥了重大的作用,但从长远来看,泛珠三角与东盟之间区域经济合作的发展进路必须走一条市场主导型的协调机制模式,而不能仅依赖政府干预和政府高层官员之间对话的推动。同时,由于经济全球化和区域经济一体化进程正使得东盟国家与中国泛珠三角区域的国内经济和社会问题日益广泛地扩散到周边国家或地区。区域化使得地区性的经济和社会问题外溢性提高,也使主权国家不得不面对许多共同的地区性问题。这些跨国界的地区性问题的解决需要泛珠三角区域与东盟国家之间的有效合作。东盟国家与中国泛珠三角区域如果采取以邻为壑的竞争或垄断政策最终必然会损害自身利益。伴随中国—东盟自由贸易区的建设进程,泛珠三角区域加强与东盟区域经济一体化进度必然对地区公共产品的提供与完善迫在眉睫。区域内制度、规则、基础设施建设等方面都属于重要的地区公共产品范畴。

在泛珠三角与东盟国家的区域经济合作进程中,市场分割不仅存在于泛珠三角省区与东盟国家在国际市场上产业竞争与市场份额的争夺,而且必然会涉及泛珠三角区域和东盟国家内部的市场一体化建设问题,也就是触及泛珠三角内部省区和东盟国家之间各自内部壁垒和干预因素。内部市场一体化的建设进程与外部市场开放的建设相互作用相互影响,尤其是对于泛珠和东盟之间的区域经济合作来说,泛珠三角地区自身的市场统合和一体化是深化泛珠三角与东盟区域经济合作的前提条件和关键所在。

在泛珠三角与东盟国家的区域经济合作中,考虑到泛珠三角区域和东盟国家在总体利益与局部利益方面具有一定的相互关联性和相对独立性,因此,促进区域经济合作的利益协调机制的有效构筑,这必然成为解决泛珠三角与东盟之间以及各自内部地区间利益冲突和利益摩擦的重要路径选择。这种利益协调可以分为战略层面的利益协调和技术层面的利益协调,其中战略层面的利益协调包含政府层面和市场层面的协调,而技术层面的协调则主要地区公共产品的协调机制和区域经济政策的协调机制两个部分。对于区域经济政策的协调机制而言,包含了对于泛珠三角和东盟之间区域产业竞争与合作的利益协调、区域跨国投资的利益协调乃至区域金融货币政策的协调等方面。因此,从实施区域经济合作策略的角度来看,泛珠三角地区和东盟国家之间既可以通过区域性的整体性合作与利益协调的方式运作,也可以借助次区域性的经济合作来推动区域繁荣与经济发展。

与此同时,要把设定泛珠三角和东盟之间的区域合作的共同发展目标作为推动力,确立明确的目标和实现这个目标的内容。进而为实现这个目标制定行动议程,并且可以结合自身实际通过单边行动或集体行动来逐步落实相关议程。这样,共同目标本身就成为推动泛珠三角和东盟区域经济整合和不断发展的一个动力机制。要拟订一套制度化的区域性的议事和决策机制,定期召开行政首脑高层会议,为各地政府就地区经济发展问题进行协商并形成共识提供必要的经常性联系机制。它既应该有相对的灵活性,包括在议程安排和方式上的多样性和可调节性。同时又要有一定的约束力,任何议程一旦达成共识,形成议程和进行承诺,就有了隐形压力而必须完成。另外还需要建立起一套功能性机构。除负责日常联络和组织工作的秘书处外,还应该设立各种专业委员会和工作小组。他们具有一定的管理、协调、研究分析和组织职能,并越来越具有一定的常设性质。如可以设立泛珠三角和东盟之间的区域规划委员会等专业或综合职能管理机构,进而积极促进有利于推动泛珠与东盟国家经济合作的信息交流机制、组织机构和协调机制的建立。此外,建立合理的投资管理机制和区域共同发展基金制度。可以按照区域开发银行的模式,先组建泛珠三角和东盟之间的区域或次区域性的开发银行,参与双方投资项目的开发融资,也可以按照商业银行法则,经过严格审贷,对地区性的开发项目实行一般商业贷款或短期融资。在此基础上尝试建立泛珠—东盟区域共同发展基金,使协调机构具有相当的经济调控能力和投资管理能力,以促进区域合作与发展。鼓励建立各类半官方的跨国界性的地区合作组织,例如尝试建立在政府指导下的泛珠三角—东盟之间的区域城市联合商会和行业协会、大企业联合会、企业联谊会、产权交易联合中心等。

泛珠三角区域经济合作与中国—东盟自由贸易区的建设各方已经签订了多项合作协议,可是仍缺乏关于利益补偿的合作协议,这个空缺必然会造成区域合作过程中的不合作或抵制行为。区域间合作利益的分配不均衡是不可避免的,在结构松散和多个行政区域合作的前提下,要使区域合作能够长期保持下去,区域间的利益补偿变得非常必要,这就需要有一种促进区域合作的利益补偿机制,做出一种制度安排,把区域合作建立在区域间利益互补的基础上。区域合作的利益补偿机制可以通过更高级别行政机构的协调给予补偿,也可以通过区域间的贸易差额决定补偿的金额,或者通过产业关联和技术转移等形式给予补偿。

从技术层面的角度来考察,对于泛珠三角和东盟双边之间的区域合作形式,可以采取各方共同参与的区域协定或区域公约形式,开放共同市场,统一开发利用自然资源和保护区域生态环境,在招商引资、土地批租、技术开发方面形成统一法规或规则约束机制,建立利益协调和管理制度等,也可以采用次区域和泛珠三角个别省区与东盟国家之间的局部区域经济政策的协调或双方经济协议的形式,对产业转出地进行适当的税收返还,给予资本和产业转出地区适当补偿,以调动各方进行区域合作协调的积极性。通过签署各种地区性的协议,协调分配地区公共产品的供给,通过完善区域内部的水陆空交通运输网络,共同建设综合性和专门的信息交换平台,逐步实现区域信息一体化。根据泛珠三角和东盟各成员国经济发展水平和金融市场方面的差异情况,开展区域金融合作可以采取相对松散的组织形式,在策略上可以把握先易后难循序渐进的原则分层次逐步推进。等等。

泛珠三角区域和东盟国家的区域经济合作是一种大跨度、多层次、宽尺度的区域经济协调和利益协调模式,因此前期应该由政府主导、市场推动,而后逐步走向市场主导,民间组织和企业层面的积极推动,要充分发挥市场作为资源配置和实施产业转移和产业整合的基础性手段的作用。东盟国家和泛珠三角区域要积极依靠市场机制作为资源配置的基本手段,首先打破各自区域内部条块分割、国家或地区封锁、各自为政互相掣肘的局面,从根本上解决区域内部重复投资、恶性竞争的问题,形成一个结构合理、布局优化的区域经济综合体。要充分发挥企业在泛珠三角区域和东盟国家在产业梯度转移和整合中的主体作用。从发展的观点来看,泛珠三角区域和东盟国家在吸引外资政策方面必然会从不协调走向协调的演化轨迹。在激励政策方面,可以通过区域内部的财政和税收优惠措施来广泛使用于吸引外国直接投资中,而且东盟国家可以与泛珠三角区域在中国—东盟自由贸易区框架下签署和落实《避免双重征税协定》等政策性利益协调机制。

对于泛珠三角和东盟国家来说,既需要克服不同地区的经济政策和经济体制差异,又需要构筑比较完备的地区内部法律协调下的市场经济规则。在现有国家和地区差异的背景下,打破泛珠三角和东盟国家之间不同程度存在的区域市场壁垒和市场分割现实,促进商品和生产要素在泛珠三角和东盟范围内自由流动,降低生产要素自由流转的交易成本,需要区域内各个国家和省区政府部门尽力克服短期行为,要由边界效应和行政区域壁垒下的经济发展规划转向经济区域的经济发展规划,把地区内部的产业链和价值链整合起来,从而提升区域整体产业的国际竞争力。

参 考 文 献

一、著作类

曹和平主编:《新世纪亚洲经济合作:中国地位与影响》,北京大学出版社 2003 年版。

陈广汉主编:《港澳珠三角区域经济整合与制度创新》,社会科学文献出版社 2008 年版。

陈乔之等:《冷战后东盟国家对华政策研究》,中国社会科学出版社 2001 年版。

陈秀山、张可云:《区域经济理论》,商务印书馆 2003 年版。

陈秀山主编:《中国区域经济问题研究》,商务印书馆 2005 年版。

陈岩:《国际一体化经济学》,商务印书馆 2001 年版。

陈玉刚:《国家与超国家:欧洲一体化理论比较研究》,上海人民出版社 2001 年版。

陈泽民:《区域合作通论:理论、战略、行动》,复旦大学出版社 2005 年版。

程毕凡、谢陈秀瑜编:《中国与东盟国家经济关系:国内发展及其对双方关系的影响》,中国社会科学出版社 1989 年版。

程毕凡、谢陈秀瑜编:《中国与东盟国家经济关系:太平洋合作伙伴》,中国社会科学出版社 1991 年版。

程士国等:《经济走势分析:中国、日本与东盟联合》,中国经济出版社 2008 年版。

杜肯堂等主编:《区域经济管理学》,高等教育出版社 2004 年版。

樊纲等:《中国市场化指数:各地区市场化相对进程 2011 年报告》,经济科学出版社 2011 年版。

樊勇明:《西方国际政治经济学》,上海人民出版社 2006 年版。

范恒山等:《中国区域协调发展研究》,商务印书馆 2012 年版。

范祚军:《区域开发与金融支撑:以环北部湾经济区开发为例》,人民出版社 2011 年版。

冯之浚等:《战略研究与中国发展》,中共中央党校出版社 2002 年版。

伏润民等:《中国—东盟自由贸易区建设与西部外向型经济发展研究:云南案例》,中国社会科学出版社 2007 年版。

高洪深编著:《区域经济学》,中国人民大学出版社 2002 年版。

宫占奎等:《中国与东盟经济一体化:模式比较与政策选择》,中国对外经济贸易出版社 2003 年版。

古小松:《中国—东盟博览会可持续发展报告》,社会科学文献出版社 2009 年版。

古小松:《中国与东盟交通合作战略构想》,社会科学文献出版社 2010 年版。

郭宏:《全球市场:国内政治与东盟区域经济一体化》,中国经济出版社 2009 年版。

国彦兵:《西方国际贸易理论:历史与发展》,浙江大学出版社 2004 年版。

海闻等:《国际贸易》,上海人民出版社 2012 年版。

洪银兴等:《长江三角洲地区经济发展的模式和机制》,清华大学出版社 2003 年版。

呼书秀:《中国与东盟发展相互投资的法律机制研究》,北京大学出版社 2005 年版。

华欣:《东盟五国对外经贸战略研究》,中国经济出版社 2010 年版。

黄静波等:《中国—东盟经济合作与广州经济贸易的发展》,经济管理出版社 2011 年版。

霍伟东:《中国:东盟自由贸易区研究》,西南财经大学出版社 2005 年版。

姜德波:《地区本位论》,人民出版社 2004 年版。

姜鸿:《对外贸易对我国经济增长的影响与对策研究》,中国财政经济出版社 2004 年版。

蒋永甫:《中国—东盟合作框架中的区域公共管理:基于广西北部湾经济

区的实证研究》,中国社会科学出版社 2011 年版。

　　李富有:《区域货币合作:理论、实践与亚洲的选择》,中国金融出版社 2004 年版。

　　李继东等:《21 世纪中国地缘经济战略:华南经济圈研究》,中国经济出版社 2001 年版。

　　李建伟:《中国与东盟双向投资合作研究》,中国社会科学出版社 2012 年版。

　　李立民等:《中国西南与东盟国家产业内贸易发展研究》,对外经济贸易大学出版社 2010 年版。

　　李荣林等:《中国与东盟自由贸易区研究》,天津大学出版社 2007 年版。

　　梁庆寅、陈广汉:《粤港澳区域合作与发展报告(2010—2011)》,社会科学文献出版社 2011 年版。

　　梁庆寅等编:《2007 年:泛珠三角区域合作与发展研究报告》,社会科学文献出版社 2007 年版。

　　梁庆寅等编:《泛珠三角区域合作与发展研究报告 2008》,社会科学文献出版社 2008 年版。

　　廖东声:《中国—东盟农业领域相互投资问题研究》,经济管理出版社 2011 年版。

　　廖少廉等:《东盟区域经济合作研究》,中国对外经济贸易出版社 2003 年版。

　　林平凡等:《企业集群竞争力:珠江三角洲企业集群竞争力提升战略研究》,中山大学出版社 2003 年版。

　　林毅夫等:《中国的奇迹:发展战略与经济改革》,格致出版社 2012 年版。

　　刘力、宋少华:《发展中国家经济一体化新论》,中国财政经济出版社 2002 年版。

　　刘巍:《中国南方 9 省区宏观经济模型:泛珠三角区域经济协作基础研究》,中山大学出版社 2004 年版。

　　刘兴华:《东盟汇率安排研究》,经济管理出版社 2011 年版。

　　刘稚等:《参与中国—东盟自由贸易区建设与云南发展》,中国书籍出版社 2004 年版。

柳剑平：《当代国际经济关系政治化问题研究》，人民出版社 2002 年版。

卢光盛：《地区主义与东盟经济合作》，上海辞书出版社 2008 年版。

卢现祥、朱巧玲：《新制度经济学》，北京大学出版社 2007 年版。

罗肇鸿、陈润和编：《中国与东盟国家经济关系：中国与东盟国家产业结构调整》，社会科学文献出版社 1995 年版。

马淑琴、孙建中：《国际经济合作研究》，中国财政经济出版社 2003 年版。

马嫒：《区域主义与发展中国家》，中国社会科学出版社 2002 年版。

梅平、邹明榕主编：《中国—东盟自贸区建设：产业互补与中小企业合作》，世界知识出版社 2007 年版。

孟夏：《亚太区域贸易安排研究》，南开大学出版社 2005 年版。

庞中英：《权力与财富：全球化下的经济民族主义与国际关系》，山东人民出版社 2002 年版。

乔林生：《日本对外政策与东盟》，人民出版社 2006 年版。

丘杉、梁育民、刘伟主编：《携手蓝海：国际视野下广东与东盟的战略合作》，人民出版社 2010 年版。

盛斌等：《APEC 发展的政治经济分析》，南开大学出版社 2005 年版。

盛斌：《中国对外贸易政策的政治经济分析》，上海人民出版社 2002 年版。

盛洪主编：《现代制度经济学》（上），中国发展出版社 2009 年版。

首届泛珠三角区域合作论坛与洽谈会组委会编：《合作发展共创未来：泛珠三角区域合作与发展报告 2005》，人民出版社 2005 年版。

苏长和：《全球公共问题与国际合作：一种制度的分析》，上海人民出版社 2009 年版。

孙久文：《区域经济规划》，商务印书馆 2004 年版。

孙林：《中国与东盟区域经济合作：贸易关系、潜力及合作模式选择》，中国农业出版社 2008 年版。

汤正仁：《"泛珠三角"区域合作的经济学分析：统筹区域协调发展新举措》，中国经济出版社 2008 年版。

唐文琳：《中国—东盟自由贸易区进程与金融支撑体系构建》，广西人民出版社 2006 年版。

汪斌:《国际区域产业结构分析导论》,上海人民出版社2001年版。

汪世银:《区域产业结构调整与主导产业选择研究》,上海人民出版社2004年版。

王娟:《中国—东盟国家国际服务贸易研究》,中国社会科学出版社2012年版。

王士录、王国平:《从东盟到大东盟:东盟30年发展研究》,世界知识出版社1998年版。

王燕:《区域自主创新论》,科学出版社2012年版。

王玉主:《东盟40年:区域经济合作的动力机制(1967—2007)》,社会科学文献出版社2011年版。

王元等:《区域科技合作:中国西南地区与东盟国家经济技术合作战略研究》,北京出版社2008年版。

王正毅:《边缘地带发展论:世界体系与东南亚的发展》,上海人民出版社1997年版。

王子昌:《东盟外交共同体主体及表现》,时事出版社2011年版。

韦民:《民族主义与地区主义的互动:东盟研究新视角》,北京大学出版社2005年版。

吴建伟:《国际间产业竞争与市场容量》,上海人民出版社1999年版。

吴敬琏:《当代中国经济改革》,上海远东出版社2004年版。

肖欢容:《地区主义:理论的历史演进》,北京广播学院出版社2003年版。

熊义杰:《区域经济学》,对外经济贸易大学出版社2011年版。

徐长文主编:《中国领跑东亚区域经济合作》,中国海关出版社2003年版。

徐秦法、林勇灵:《中国—东盟多元政治体制下的政治合作研究》,人民日报出版社2012年版。

许宁宁编著:《中国—东盟自由贸易区》,红旗出版社2003年版。

杨英等:《CEPA与"泛珠三角"发展战略》,经济科学出版社2005年版。

俞剑平编著:《全球化经济合作学》,浙江大学出版社2001年版。

俞正梁等:《大国战略研究》,中央编译出版社1998年版。

张彬、余振:《APEC经济技术合作研究》,南开大学出版社2005年版。

张二镇等:《贸易投资一体化与中国的战略》,人民出版社2004年版。

张二震、马野青:《国际贸易学》,南京大学出版社2009年版。

张纪康主编:《跨国公司与直接投资》,复旦大学出版社2004年版。

张可云:《区域经济政策》,商务印书馆2005年版。

张敏谦:《美国对外经济战略》,世界知识出版社2001年版。

张维迎:《博弈论与信息经济学》,格致出版社2012年版。

张幼文、李刚编著:《世界经济概论》,高等教育出版社2010年版。

张幼文:《体制竞争:全球化经济机制与开放战略》,上海财经大学出版社2004年版。

赵仁平:《中国:东盟自由贸易区财政制度协调研究》,经济科学出版社2010年版。

郑军健编:《中国—东盟博览会发展报告2009》第6卷,广西师范大学出版社2010年版。

郑军健编:《中国—东盟博览会发展报告2010》第7卷,广西师范大学出版社2011年版。

中国科技发展战略研究小组主编:《中国区域创新能力报告2010:珠三角区域创新体系研究》,科学出版社2010年版。

朱彤等:《APEC贸易自由化、便利化研究》,南开大学出版社2005年版。

[埃及]萨米尔·阿明:《世界一体化的挑战》,任友谅等译,社会科学文献出版社2003年版。

[澳大利亚]约瑟夫·A.凯米莱里、吉米·福尔克:《主权的终结?——日趋"缩小"和"碎片化"的世界政治》,李东燕译,浙江人民出版社2001年版。

[美]C.兰德尔·亨宁:《东亚金融合作》,陈敏强等译,中国金融出版社2005年版。

[美]巴里·诺顿:《中国经济:转型与增长》,安佳译,上海人民出版社2010年版。

[美]保罗·克鲁格曼等:《国际经济学》,黄卫平译,中国人民大学出版社2011年版。

[美]保罗·克鲁格曼主编:《战略性贸易政策与新国际经济学》,海闻等译,中国人民大学出版社2000年版。

［美］丹尼·罗德里克：《新全球经济与发展中国家：让开放起作用》，张军扩等译，世界知识出版社 2004 年版。

［美］道格拉斯·A.欧安：《备受非议的自由贸易》，陈树文等译，中信出版社 2003 年版。

［美］拉尔夫·戈莫里、威廉·鲍莫尔：《全球贸易和国家利益冲突》，文爽等译，中信出版社 2003 年版。

［美］罗伯特·基欧汉：《霸权之后：世界政治经济中的合作与纷争》，苏长和等译，上海世纪出版集团 2012 年版。

［美］罗伯特·吉尔平：《国际关系政治经济学》，杨宇光译，上海人民出版社 2011 年版。

［美］罗伯特·吉尔平：《全球政治经济学：解读国际经济秩序》，杨宇光译，上海人民出版社 2003 年版。

［美］迈克尔·波特：《国家竞争优势》，李明轩、邱如美译，中信出版社 2012 年版。

［美］曼瑟尔·奥尔森：《集体行动的逻辑》，格致出版社 2011 年版。

［美］塞缪尔·P.亨廷顿：《变化社会中的政治秩序》，王冠华等译，三联书店 1989 年版。

［美］约瑟夫·斯蒂格利茨等：《经济学》，梁小民等译，中国人民大学出版社 2010 年版。

［英］保罗·赫斯特、格累厄姆·汤普森：《质疑全球化：国际经济与治理的可能性》，张文成等译，社会科学文献出版社 2002 年版。

［英］伯纳德·霍克曼、迈克尔·考斯泰基：《世界贸易体制的政治经济学》，刘平等译，法律出版社 1999 年版。

二、英文参考文献

Ali M.El-Agra：economic integration worldwide，New York Macmillan 1997.

AlisonBroinowski：Understanding ASEAN.London Macmillan Press Ltd.1982.

Altaf Gauhar：Regional integration：the Latin American experienced，London Third World Foundation for Social and Economic Studies 1985.

Asher，Mukul G：Indirect taxation in ASEAN.Kent Ridge Singapore University

Press 1983.

Avinash Dixit, SusanSkeath: Games of strategy. New York W. Norton & Co. Inc.1999.

Baladas Ghoshal: Asean and south Asia development experience. New Delhi Sterling Publishers 1998.

Bende-Nabende, Anthony: Globalization, FDI, regional integration and sustainable development theory, evidence, and policy, Aldershot, Hants, England Ashgate 2002.

Corazon M. Siddayao: ASEAN and the multinational corporations: Summary and proceedings of a roundtable discussioned. Singapore Institute of Southeast Asian Studies 1977.

DanielGros, Niels Thygesen: European monetary integration: from the European Monetary System to Economic and Monetary union, Essex Addison Wesley Longman Limited 1998.

DavidBesanko: The economics of strategy, New york John Wiley & Sons, Inc.1996.

David J.Myers: Regionalismhegemons: threat perception and strategic response, Boulder, Colo. Westview Press, Inc.1991.

Donald Barry and Ronald C. Keith: Regionalism, multilateralism and the politics of global trade, Vancouver University of British Columbia Press 1999.

GeorgeMacesich: Political economy of money emerging fiat monetary regime, West Port, CT Praeger Publishers Inc.1999.

Gordon De Brouwer: Financial integration in East Asia, Cambridge, UK Cambridge University Press 1999.

Gregor Irwin and David Vines: Financial market integration and international capital flows, Cheltenham, UK Edward Elgar 2001.

Hans.Christoph: ASEAN co-operation and intra-ASEAN trade Rieger, Singapore Institute of Southeast Asian Studies 1985.

HaroldMolineu: U. S. policy toward Latin America: from regionalism to globalism, Boulder, Colorado West view Press 1990.

Harrison.Ewan：*The post-Cold War international system strategies*，*institutions*，*and reflexivity*，*London Routledge* 2004.

Jean-MarcFortaine：*Foreign trade reforms and development strategy*，*London Routledge & Kagan Paul Ltd.*1992.

John H.Jackson：*The world trading system law and policy of international economic relations*，*Cambridge The M.I.T.Press* 1989.

Jonathan Story andIngo Walter：*Political economy of financial integration in Europe*：*the battle of the systems*，*Cambridge*，*Mass.The MIT Press* 1997.

Kodama，*Yoshi*：*Asia Pacific economic integration and the GATT-WTO regime*，*The Hague Kluwer Law International* 2000.

Linda G.Martin：*The ASEAN success story*：*social*，*economic*，*and political dimensions*，*Honolulu*，*Hawaii East-West Center* 1987.

Margaret Allen：*The Times guide to international finance*：*how the world money system works*，*New York Times Books* 1991.

Michael T.Skully，*ASEAN regional financial co-operation developments in banking and finance*，1979.

MiroslavJovanovic：*International economic integration limits and prospects*，*London Routledge* 1998.

MohamedAriff：*Malaysia and ASEAN economic cooperation. Singapore Institute of Southeast Asian Studies* 1981.

Molle，*Willem*：*The economics of European integration*：*theory*，*practice*，*policy*，*Aldershot Ashgate* 2001.

Monetary and financial integration in East Asia：*the way ahead*，*Asian Development Bank volume 2*，*New York Palgrave Macmillan* 2004.

Mordechai E.Kreinin and Michael G.Plummer：*Economic integration and developments regionalism delivered for developing countries*？ *Chltenham*，*UK Edward Elgar* 2002.

Muthiah Alagappa：*US-Asean security relations challenges and prospects*，*Honolulu*，*Hawaii East-West Center* 1989.

Narine. Shaun：*Explaining ASEAN regionalism in Southeast Asia*，*Boulder*，

Colo.Lynne Rienner Publishers 2002.

Neantro Saavedra-Rivano, Akio Hosono, and Barbara Stallings: Regional integration and economic development, Houndmills. Basingstoke Palgrave 2001.

Nesadurai, Helen Sharmini: Globalization, domestic politics and regionalismthe ASEAN Free Trade, London Routledge 2003..

Nesadurai, Helen Sharmini: Globalization, domestic politics and regionalism: the ASEAN Free Trade Area, Helen E.S. Nesadurai. London Routledge 2003.

PearlImada Iboshi, Michael G. Plummer: Building blocks of US-Asean economic co-operation: an evolutionary approached, Honolulu, Hawaii East-West Center 1994.

Proceeding of a conference onMNCs and ASEAN development in the 1980s, organized by the Institute of Southeast Asian Studies. Singapore Institute of Southeast A-sian Studies 1981.

Richard M. Hodgetts, Fred Luthans: International management: culture, strategy, and behavior, Beijing, tsuinghua university, 2003.

Robert C. Maddox: Cross-cultural problems in international business: the role of the cultural integration function, Westport, Conn. Quorum Books 1993.

Seiji Naya: Asean-U.S. initiative assessment and recommendations for improved economic relations: joint final report coordinated, Honolulu, Hawaii East-West Center 1989.

Seyom Brown: International relations in a changing global system: toward a theory of the world polity, Boulder, Colo. West view Press, Inc. 1992.

Sharma, Basu: Aspects of industrial relations in ASEAN, Singapore Institute of Southeast Asian Studies 1985.

Shaun Breslin: New regionalism in the global political economy, London Routledge 2002.

Siow-Yue, Chia: ASEAN economic co-operation proceedings of the ASEAN economic research unit workshop, Singapore Institute of Southeast Asian Studies 1980.

Stefan. A. Schirm: Globalization and the new regionalism global markets, domestic politics and regional co-operation, Cambridge, UK Polity Press in association with Blackwell Publishers 2002.

Suwidjana, Njoman: Jakarta dollar market, a case of financial development in ASEAN, Singapore Institute of Southeast Asian Studies 1984.

Tan, Gerald: Trade liberalization in ASEAN: an empirical study of the preferential trading arrangements, Singapore Institute of Southeast Asian Studies 1982.

W. MaxCorden: Economic policy, exchange rates, and the international system, New York Oxford University Press 1994.

William D. Coleman and Geoffrey R. D. Underhill: Regionalism and global economic integration; Europe, Asia and theAmericas, London Routledge 1998.

Yenko, Aleth: Exchange rate regimes of ASEAN countries: a critical evaluation, Singapore Institute of Southeast Asian Studies 1982.

三、参考论文

巴曙松:《主权财富基金:《金融危机后的国际监管与协作新框架》,《世界经济与政治》2010 年第 7 期。

白重恩等:《地方保护主义及产业地区集中度的决定因素和变动趋势》,《经济研究》2004 年第 4 期。

卜永详、秦宛顺:《关税、货币政策与中国实际均衡汇率》,《经济研究》2002 年第 5 期。

蔡鹏鸿:《东亚双边自由贸易区的国际政治经济学分析》,《当代亚太》2005 年第 3 期。

曹云华:《论东盟的内部关系:《东盟区域一体化的发展及主要成员国间的关系》,《东南亚研究》2006 年第 5 期。

查志强:《基于"单国模式"引力模型的区域贸易协定效应分析——以中国—东盟自由贸易区对广西的贸易效应为例》,《企业经济》2012 年第 5 期。

陈广汉:《论泛珠三角区域合作格局的新发展》,《华南师范大学学报》(社会科学版),2010 年第 4 期。

陈汉林:《中国—东盟自由贸易区下中国的静态贸易效应——基于引力模型的实证分析》,《国际贸易问题》2007 年第 5 期。

陈乔之、李锦元:《泛珠三角与中国—东盟自由贸易区》,《当代亚太》2004

年第 1 期。

陈乔之、张勇长:《东盟经济共同体发展前景展望》,《亚太经济》2005 年第 3 期。

陈文玲:《中国需要主动进行开放战略的调整》,《国际经济评论》2006 年第 2 期。

陈雯:《新区域主义下中国—东盟自由贸易区的非传统收益分析》,《国际贸易问题》2009 年第 11 期。

陈玉刚:《区域合作的国际道义与大国责任》,《世界经济与政治》2010 年第 8 期。

成新轩:《自由贸易区与多边贸易体制的冲突和协调——基于优惠原产地规则的经验分析》,《世界经济与政治》2009 年第 7 期。

程惠芳:《FDI、产业结构与国际经济周期协动性研究》,《经济研究》2010 年第 9 期。

程惠芳:《国际直接投资与开放型内生经济增长》,《经济研究》2002 年第 10 期。

邓杨丰:《探析泛珠三角区域经济金融合作机制》,《投资研究》2007 年第 9 期。

丁学良:《中国经济再崛起的薄弱环节》,《国际经济评论》2005 年第 2 期。

董江涛:《基于数据包络分析理论的区域公共管理评价——以泛珠三角为例》,《经济问题》2012 年第 8 期。

杜家元:《泛珠三角中心城市互动的动力、模式及合作领域分析》,《人文地理》2009 年第 4 期。

樊纲等:《中国各地区市场化相对进程报告》,《经济研究》2003 年第 3 期。

樊勇明:《从国际公共产品到区域性公共产品——区域合作理论的新增长点》,《世界经济与政治》2010 年第 1 期。

范爱军、王建:《东盟诸国信息产业发展战略及其对我国的启示》,《当代亚太》2005 年第 1 期。

范爱军:《贸易自由化与经济收敛的关联性研究——基于中国—东盟自

由贸易区视角》,《亚太经济》2010 年第 6 期。

范剑勇:《地区间产业分布的本地市场效应及其对区域协调发展的启示》,《经济研究》2010 年第 4 期。

范剑勇:《空间效率与区域协调发展战略选择》,《世界经济》2010 年第 2 期。

范志勇:《中国货币政策与汇率政策的协调与替代》,《世界经济》2005 年第 7 期。

冯邦彦等:《泛珠三角合作:〈现实与理论的冲突及解决途径〉,《南方经济》2005 年第 2 期。

付瑞红:《亚洲开发银行与湄公河次区域经济合作》,《东南亚研究》2009 年第 3 期。

高程:《区域合作模式形成的历史根源和政治逻辑——以欧洲和美洲为分析样本》,《世界经济与政治》2010 年第 10 期。

龚六堂、谢丹阳:《我国省份之间的要素流动和边际生产率的差异分析》,《经济研究》2004 年第 1 期。

广西社科联课题组:《主体功能区规划框架下深化泛珠三角区域合作研究》,《改革与战略》2012 年第 1 期。

郭树勇:《论区域共识的制度化道路》,《世界经济与政治》2006 年第 5 期。

郭晓磊:《中国—东盟自由贸易区的驱动机制分析》,《世界经济研究》2007 年第 1 期。

郭延军:《美国与东亚安全的区域治理——基于公共物品外部性理论的分析》,《世界经济与政治》2010 年第 7 期。

贺平:《日本的东亚合作战略评析——区域性公共产品的视角》,《当代亚太》2009 年第 5 期。

贺圣达:《大湄公河次区域合作:〈复杂的合作机制和中国的参与〉,《南洋问题研究》2005 年第 1 期。

黄海洲:《从国际市场看中国经济发展面临的挑战》,《国际经济评论》2006 年第 2 期。

黄济生、冉生欣:《信息不对称与非单一货币合作区政策协调》,《世界经济》2005 年第 11 期。

　　黄书权、尹希果:《中国对东盟农产品出口贸易结构变动趋势研究》,《亚太经济》2005 年第 6 期。

　　黄永新:《区域性国际公共产品视角下中国—东盟自由贸易区基础设施建设》,《特区经济》2011 年第 8 期。

　　黄志刚:《外国直接投资、贸易顺差和汇率》,《世界经济》2009 年第 4 期。

　　金熙德:《东亚合作的进展、问题与展望》,《世界经济与政治》2009 年第 1 期。

　　雷达、于春海:《金融自由化发展战略的内部深化与外部开放的冲突》,《国际经济评论》2005 年第 2 期。

　　雷明全:《泛珠三角区域各省区间核心竞争力评价》,《经济问题探索》2009 年第 8 期。

　　李慧中、黄平:《中国 FDI 净流入与贸易条件恶化悖论及解释,《国际经济评论》2006 年第 3 期。

　　李杰等:《WTO 与中国区域间地方贸易保护壁垒》,《世界经济》2005 年第 2 期。

　　李荣林:《中国—东盟自由贸易区与东亚区域经济一体化》,《当代亚太》2005 年第 8 期。

　　李善同、侯永志、刘云中、陈波:《中国国内地方保护问题的调查与分析》,《经济研究》2004 年第 11 期。

　　李绍荣:《中国和东盟人民币贸易结算的经济学分析》,《经济研究》2010 年第 2 期。

　　李天栋、许少强、朱奇:《FDI 的流向汇率预期的自我强化与冲销式干预的有效性》,《世界经济》2005 年第 7 期。

　　李皖南:《东盟投资区的提出与发展》,《亚太经济》2006 年第 4 期。

　　李文:《东南亚国家的政治变革与社会转型》,《当代亚太》2005 年第 9 期。

　　李晓:《东亚产业关联的研究方法与现状——一个国际/国家间投入产出模型的综述》,《经济研究》2010 年第 4 期。

　　李馨:《中国—东盟自由贸易区旅游合作探析》,《经济纵横》2012 年第

4 期。

　　李轩:《中国—东盟自由贸易区建设对中国 FDI 的影响效应》,《国际贸易问题》2011 年第 4 期。

　　李晔:《中国各区域对外贸易的决定因素分析》,《经济研究》2005 年第 8 期。

　　李占卫等:《试析中国—东盟自由贸易区的贸易和投资效应》,《亚太经济》2004 年第 6 期。

　　梁桂全等:《差异、互补、共赢:《泛珠三角区域合作的基础与趋势》,《广东社会科学》2005 年第 1 期。

　　梁琦:《中国制造业分工地方专业化及其国际比较》,《世界经济》2004 年第 12 期。

　　林江:《区域合作与科技成果转化效率——基于"泛珠三角"区域框架的实证分析》,《财经研究》2011 年第 12 期。

　　林其屏:《开放性区域经济合作一种新的世界经济合作模式》,《亚太经济》2004 年第 3 期。

　　林毅夫、刘培林:《中国的经济发展战略与地区收入差距》,《经济研究》2003 年第 3 期。

　　林永亮:《地区一体化语境中的东盟规范困境》,《世界经济与政治》2010 年第 7 期。

　　刘澄:《贸易结构趋同化与中国—东盟自由贸易区的隐忧——以农产品和高新技术产品贸易为例》,《山东社会科学》2010 年第 4 期。

　　刘力:《区域经济一体化与行政区经济的空间效应研究——基于"泛珠三角"区域合作与广东"双转移"的政策协同效应》,《经济地理》2010 年第 11 期。

　　刘伟:《经济发展和改革的历史性变化与增长方式的根本转变》,《经济研究》2006 年第 1 期。

　　刘小鲁:《地方政府主导型消耗战与制度性退出壁垒》,《世界经济》2005 年第 9 期。

　　刘小玄:《中国转轨经济中的产权结构和市场结构,《经济研究》2003 年第 1 期。

刘稚:《经济全球化与区域一体化下的中越两廊一圈合作》,《当代亚太》2006 年第 10 期。

刘稚:《云南在泛珠三角与东盟合作中的定位及发展》,《云南社会科学》2007 年第 5 期。

卢荻:《外商投资与中国经济发展——产业和区域分析证据》,《经济研究》2003 年第 9 期。

卢光盛:《试析东盟经济一体化的发展前景》,《亚太经济》2006 年第 4 期。

陆建人:《论中国的区域合作政策》,《当代亚太》2005 年第 10 期。

陆建人:《日本的区域合作政策》,《当代亚太》2006 年第 1 期。

陆建人:《中国—东盟自由贸易区进展与问题》,《亚太经济》2006 年第 3 期。

陆磊:《非均衡博弈、央行的微观独立性与最优金融稳定政策》,《经济研究》2005 年第 8 期。

陆铭:《分割市场的经济增长——为什么经济开放可能加剧地方保护?》,《经济研究》2009 年第 3 期。

吕炜:《基于中国经济转轨实践的分析方法研究》,《经济研究》2005 年第 2 期。

吕炜:《市场化进程与税制结构变动》,《世界经济》2004 年第 11 期。

吕艳君:《浅析中国与东盟国家经济合作框架》,《亚太经济》2004 年第 6 期。

罗有亮:《中国—东盟自由贸易区框架下的云南旅游业发展思考》,《经济问题探索》2011 年第 12 期。

马骏:《交易费用政治学现状与前景》,《经济研究》2003 年第 1 期。

马莉:《中国—东盟自由贸易区的贸易效应》,《经济导刊》2011 年第 3 期。

马元柱:《论中国与东盟国家区域合作的双赢模式》,《亚太经济》2006 年第 6 期。

莽景石:《东北亚一体化政治成本与演进路径》,《世界经济与政治》2005 年第 9 期。

莫莎:《贸易与环境问题的多边及区域协调》,《世界经济与政治》2006 年第 1 期。

聂影、杨红强:《CAFTA 的制度约束与中国双边自由贸易区建设路径》,《亚太经济》2005 年第 3 期。

潘向东、廖进中、赖明勇:《经济制度安排国际贸易与经济增长影响机理的经验研究》,《经济研究》2005 年第 11 期。

彭国华:《中国地区经济增长及差距的来源》,《世界经济》2005 年第 9 期。

彭支伟:《地区分工、外部冲击与东亚经济合作》,《世界经济》2010 年第 6 期。

祁怀高:《国际制度变迁与东亚体系和平转型———一种制度主义视角分析》,《世界经济与政治》2010 年第 4 期。

沈红芳:《中国—东盟自由贸易区谈判与运作艰巨性初探》,《南洋问题研究》2003 年第 3 期。

盛誉:《贸易自由化与中国要素市场扭曲的测定》,《世界经济》2005 年第 6 期。

史小龙、董理:《利益集团政治影响的经济学分析:《一个理论综述》,《世界经济》2005 年第 10 期。

史智宇:《出口相似度与贸易竞争:《中国与东盟的比较研究》,《财贸经济》2003 年第 9 期。

史智宇:《中国与东盟国家的出口相似性比较》,《亚太经济》2004 年第 2 期。

宋伟:《试论美国对亚太区域合作的战略目标和政策限度》,《当代亚太》2010 年第 5 期。

苏长和:《中国地方政府与次区域合作:动力、行为及机制》,《世界经济与政治》2010 年第 5 期。

孙立坚、孙立行:《对外开放和经济波动的关联性检验》,《经济研究》2005 年第 10 期。

孙天琦:《制度竞争、制度均衡与制度的本土化创新》,《经济研究》2001 年第 6 期。

孙学峰、陈寒溪:《中国地区主义政策的战略效应》,《世界经济与政治》2006 年第 5 期。

孙铮、刘凤伟、李增泉:《市场化程度、政府干预与企业债务期限结构》,《经济研究》2005 年第 5 期。

孙志煜:《国际制度的表达与实践——以中国—东盟自由贸易区争端解决机制为样本的分析》,《暨南学报(哲学社会科学版)》2012 年第 3 期.

唐世平、张洁、曹筱阳:《中国的地区研究成就差距和期待》,《世界经济与政治》2005 年第 11 期。

唐世平、张洁:《中国东南亚研究现状制度化阐释》,《当代亚太》2006 年第 4 期。

田野:《国际协议自我实施的机理分析:《一种交易成本的视角》,《世界经济与政治》2004 年第 12 期。

万志宏:《亚洲区域汇率变动:《对亚洲货币单位(AMU)指标的检验》,《世界经济》2009 年第 7 期。

汪慕恒:《东盟国家外资投资的发展特点与趋势》,《南洋问题研究》2003 年第 1 期。

汪威毅:《新形势下泛"珠三角"区域合作的困难与机遇》,《亚太经济》2010 年第 6 期

王鹏:《环境规制、对外开放与区域技术创新——基于泛珠三角区域内地九省区面板数据的实证研究》,《经济经纬》2011 年第 3 期。

王鹏:《技术引进、自主创新与出口商品结构——基于泛珠三角区域内九省区面板数据的实证研究》,《产经评论》2011 年第 4 期。

王勤:《东盟区域一体化的发展及成员国间的双边关系》,《当代亚太》2006 年第 11 期。

王勤:《东盟自由贸易区发展的现状与前景》,《南洋问题研究》2004 年第 3 期。

王勤:《中国参与湄公河次区域经济合作及其进展》,《南洋问题研究》2004 年第 1 期。

王勤:《中国的区域经济发展与新加坡在华投资》,《东南亚研究》2009 年第 1 期。

王士录:《大湄公河次区域经济合作的国际关系学意义解读》,《当代亚太》2006 年第 12 期。

王望波:《东南亚华商对华投资分析》,《当代亚太》2006 年第 4 期。

王小鲁、樊纲:《中国地区差距的变动趋势和影响因素》,《经济研究》2004 年第 1 期。

王勇辉:《浅析中国在东亚区域合作中提供公共产品的若干问题》,《东南亚研究》2005 年第 5 期。

王玉主:《东盟区域合作的动力 1967 — 1992》,《当代亚太》2006 年第 7 期。

王玉主:《亚洲区域合作的路径竞争及中国的战略选择》,《当代亚太》2010 年第 4 期。

王正毅:《理解中国转型:《国家战略目标制度调整与国际力量》,《世界经济与政治》2005 年第 6 期。

王子昌:《东盟的地理整体与利益整体意识——东盟意识与东盟的发展》,《东南亚研究》2003 年第 5 期。

王子昌:《国外东盟研究:《方法与观点》,《东南亚研究》2003 年第 1 期。

王子昌:《一体化的条件与东盟的发展》,《东南亚研究》2002 年第 2 期。

魏后凯:《外商直接投资对中国区域经济增长的影响》,《经济研究》2002 年第 4 期。

吴崇伯:《中国对东盟国家投资分析》,《南洋问题研究》2006 年第 1 期。

吴献金:《泛珠三角区域自主创新能力影响因素研究——基于九省面板数据的实证分析》,《科技管理研究》2010 年第 11 期。

吴砚峰:《基于中国—东盟自由贸易区的区域性物流中心建设研究》,《中国物流与采购》2012 年第 5 期。

武剑:《外国直接投资的区域分布及其经济增长效应》,《经济研究》2002 年第 4 期。

冼国民、严兵:《FDI 对中国创新能力的溢出效应》,《世界经济》2005 年第 10 期。

徐现祥等:《市场一体化与区域协调发展》,《经济研究》2005 年第 12 期。

许冰:《外商直接投资对区域经济的产出效应——基于路径收敛设计的

研究,《经济研究》2010 年第 2 期。

阎世平:《宏观经济、区域经济一体化与区域发展——国际区域经济合作与产业发展论坛综述》,《经济研究》2010 年第 7 期。

颜银根:《中国—东盟自由贸易区建立后 FDI 流入能替代进口贸易吗?——基于新经济地理贸易自由化的研究》,《经济评论》2011 年第 4 期。

杨光海:《东盟处理内部争端的原则、渠道和方式》,《东南亚研究》1999 年第 3 期。

杨汝岱、姚洋:《有限赶超和大国经济发展》,《国际经济评论》2006 年第 4 期。

杨瑞龙、聂辉华:《不完全契约理论:《一个综述》,《经济研究》2006 年第 2 期。

易纲、樊纲、李岩:《关于中国经济增长与全要素生产率的理论思考》,《经济研究》2003 年第 8 期。

于海洋:《东亚区域化的进展——基于核心价值与发展路径的探讨》,《东南亚研究》2010 年第 1 期。

于蕾:《从区位商视角论证构建城镇群的意义——以珠三角、大珠三角和泛珠三角区域为例》,《城市发展研究》2010 年第 1 期。

张彬:《中国—东盟自由贸易区贸易结构效应的实证分析——基于 1995~2008 年 HS92 商品分类面板数据》,《世界经济研究》2011 年第 1 期。

张兵:《区域内贸易在中国与东盟经济周期同步波动中的作用分析》,《亚太经济》2006 年第 1 期。

张伯伟:《东盟地位的历史变迁——区域经济一体化视角的考察》,《亚太经济》2010 年第 5 期。

张海冰:《中国—东盟区域经济合作的新进展与问题》,《当代亚太》2005 年第 8 期。

张皡:《论中国企业在中国—东盟自由贸易区中面临的机遇和挑战》,《特区经济》2011 年第 3 期。

张家寿:《泛珠三角区域合作的推进与对东盟开放合作的思路》,《东南亚纵横》2009 年第 11 期。

张磊:《国际气候谈判困局与东亚合作》,《世界经济与政治》2010 年第

7 期。

张林:《澜沧江—湄公河次区域合作的制度主义观》,《当代亚太》2005 年第 10 期。

张明、覃东海:《国际货币体系演进的资源流动分析》,《世界经济与政治》2005 年第 12 期。

张曙光:《制度分析的误区及其校正》,《经济研究》2005 年第 10 期。

张小明:《美国是东亚区域合作的推动者还是阻碍者?》,《世界经济与政治》2010 年第 7 期。

张学良:《长三角地区经济收敛及其作用机制:《1993～2006》,《世界经济》2010 年第 3 期。

张亚明:《"泛珠三角"经济差异与政府关系的策略选择》,《生态经济》2011 年第 7 期。

张宴、龚六堂:《地区差距、要素流动与财政分权》,《经济研究》2004 年第 7 期。

张幼文:《开放经济发展目标的动态演进》,《国际经济评论》2006 年第 1 期。

张蕴岭:《东亚区域合作的新趋势》,《当代亚太》2009 年第 4 期。

张蕴岭:《对我国外向发展战略的分析与反思》,《当代亚太》2006 年第 8 期。

张振江:《亚太自由贸易区:《美国战略与中国应对》,《世界经济与政治》2009 年第 4 期。

张宗斌、于洪波:《中日两国对外直接投资比较研究》,《世界经济与政治》2006 年第 3 期。

赵宏伟:《东亚区域一体化进程中的中日关系》,《世界经济与政治》2010 年第 9 期。

赵奇伟:《中国三大市场分割程度的比较分析:《时间走势与区域差异》,《世界经济》2009 年第 6 期。

赵伟、汪全立:《产业转移方式的动态均衡研究:《基于泛珠三角的研究》,《数量经济技术经济研究》2005 年第 3 期。

赵晓、柳阳:《再论中国崛起之国际经济摩擦时代》,《国际经济评论》2005

年第 2 期。

赵银亮:《地区主义与东盟的制度变迁相关性分析》,《亚太经济》2006 年第 5 期。

赵银亮:《东盟地区治理进程中的制度构建》,《亚太经济》2006 年第 11 期。

中国社会科学院经济研究所经济增长前沿课题组:《开放中的经济增长与政策选择》,《经济研究》2004 年第 4 期。

钟昌标:《外商直接投资地区间溢出效应研究》,《经济研究》2010 年第 1 期。

周茂荣、郭建泉:《放弃成本政府偏好与资本控制:《一个审慎的机会主义汇率制度选择模型》,《经济研究》2004 年第 5 期。

周其仁:《信息成本与制度变革》,《经济研究》2005 年第 12 期。

周天芸:《泛珠三角经济一体化的趋同效应实证研究》,《国际经贸探索》2012 年第 1 期。

周学仁:《FDI 与东道国可持续发展相互作用的研究综述》,《世界经济》2009 年第 8 期。

周玉渊:《政治安全共同体蓝图与东盟的外交协调》,《东南亚研究》2009 年第 3 期。

周忠菲:《从 CEPA 看中国四方一体化:《一项基于区域经济合作视角的分析》,《亚太经济》2005 年第 5 期。

朱恒鹏:《地区间竞争财政自给率和公有制企业民营化》,《经济研究》2004 年第 10 期。

朱玲:《后发地区的发展路径和治理结构选择》,《经济研究》2001 年第 10 期。

祝树金、赖明勇、张新:《开放经济中财政政策和内生增长的不确定性多重稳态和多重均衡》,《世界经济》2005 年第 6 期。

祝树金:《出口品技术水平的决定性因素:《来自跨国面板数据的证据》,《世界经济》2010 年第 4 期。

邹薇:《传统农业经济转型的路径选择:《对中国农村的能力贫困和转型路径多样性的研究》,《世界经济》2005 年第 2 期。

左连村:《发展泛珠三角经济区的思考》,《广东社会科学》2004 年第 4 期。

[美]罗伯特·S.罗斯:《中国崛起、地区权力转移与东亚安全:《从 1949 年到 21 世纪》,《世界经济与政治》2009 年第 11 期。

[泰]狄塔帕:《东盟新成员与中国东盟自由贸易区市场准入与激烈竞争》,《南洋问题研究》2003 年第 2 期。

[新加坡]黄朝翰、赖洪毅:《中国东南亚研究面临的学术挑战》,《东南亚研究》2006 年第 4 期。

[英]Christopher A llsopp:《双轨制中国经济与世界接轨的有效途径》,《国际经济评论》2006 年第 4 期。

Sylvic Demurgcr、杰夫·萨克斯:《地理位置与优惠政策对中国地区经济发展的相关贡献》,胡永泰、鲍曙明、张欣译,《经济研究》2002 年第 9 期。

后　记

搁笔之际,抚卷沉思。

本书稿试图用国际政治经济学的研究范式和方法,尝试理论分析、政策研究、战略评估与定量研究手段的交叉融合,谋求国内区域经济合作问题与国际区域经济合作问题研究的相互融通,探讨跨边界区域经济技术合作与战略合作的分析范式、演化路径、战略前景与应对方略,探索目前国内区域合作与国际区域合作的战略衔接,谋求跨边界区域合作中的利益协调和发展进路。文章以泛珠三角地区为案例,侧重从区域组织视角来探讨泛珠三角与东盟之间的区域经济合作问题,进而深入研究跨边界区域经济合作的基本分析框架、演进机理、发展路径、应对战略和政策建议等一系列问题。然而由于自身知识储备不足和知识结构的约束,加上形势与政策的不断变化和调整,使得这本书稿写得非常心酸和痛苦,几度差点被放弃。

在本书稿写作和修订期间,一方面发现自己的论文研究质量经历住了时间检验,不少观点或判断不仅具有学术价值和战略前瞻性,而且逐渐成为现实。另一方面也认识到书稿中存在着不少研究上的缺陷和不成熟之处,尤其是对实证研究部分很不满意,以至于部分章节内容想推倒重来。由于世易时移,学术界新知洞见迭出,书稿中涉及的不少理论、观点、数据和资料仍然觉得需要相应作出删削修改。于中,不仅深刻体会到研究选题的价值和重要性,而且感悟到学术研究既要契合现实,更要超越现实。经得起时间检验的研究成果,不仅需要好的观点、材料和方法来支撑,更需要作者秉持冷静淡定的态度和精益求精的精神。

此书稿最终得以正式出版,在此向广东外语外贸大学副校长石佑启教授、区域一体化法治研究中心常务副主任朱最新教授致以诚挚的谢意! 结识两位知名学者以来,有幸参与石佑启教授主持的教育部哲学社会科学重大课题攻关项目和广东外语外贸大学校级科研创新团队项目的研究工作,参与课题研究不仅给我提供了很好的锻炼机会,期间还受到石佑启教授和朱最新教授的诸多指导、关心和帮助,受益良深。与此同时,衷心感谢唐小松教授和李青教授,他们在学术上和工作上不仅给予我很多关照、引导和帮助,而且给我提供了良好的学术研究平台,让我得以开启个人学术和事业的转型契机。

余生也晚,虽有志于学术,多年来自觉勤奋不辍。然资质驽钝,学业上半路出家,又辗转歧路。徘徊于道术之间,困惑于行思之际,淡泊自守之余,蹉跎岁月多年。在此,由衷感谢在暨南大学攻读博士学位期间,各位导师给予自己的辛勤指导和无私帮助。衷心感谢复旦大学的张金清教授和姜波克教授,承蒙先生不弃与厚爱,让我有幸忝列金融研究院门墙,耳濡目染于复旦大学浓郁的学术氛围,逐渐弥补自身知识结构的缺憾和不足,日渐体会到博学笃志切问近思的旨趣与真味。更让我深刻感受到祛除浮尘杂念,简化生活沉淀自我,提升自身科研水平的压力和动力。同时,深深感谢复旦大学应用经济学博士后流动站导师组的各位导师,得益于诸位先生的关爱、指导与帮助,得到很多宝贵的学习和请教机会,让我在为人做事、治学敬业方面获益匪浅。工作以来,先后得到很多领导、同事和亲友的关心和照拂,因限于篇幅,故不再一一赘述,唯铭记于心。

我要特别感谢人民出版社李椒元社长对本书出版所做的帮助和努力,先生逐字逐句读完拙作,提出很多宝贵的修改建议,他对后学的点拨与教诲让我深受感动,先生严谨的治学理念和要求让我受益终身。在此,作为学林晚辈对李椒元先生表示深深敬意!

本书稿参考了国内外很多同行专家、学者的研究成果,于此一并表示谢意!书中若有不当或谬误之处,文责自负。端赖个人学力未逮,撰写文稿期间常心余力绌,希以此浅陋拙作,求教于方家。

最后,由衷感谢我的太太和父母,是他们的鼎力支持和帮助,使我可以潜心学术,是他们让我有了不断努力前行的意志和勇气。感谢所有关心和爱我的人!

程永林

2013 年 11 月

泛珠三角区域合作框架协议

泛珠三角区域包括福建、江西、湖南、广东、广西、海南、四川、贵州、云南九个省区和香港、澳门两个特别行政区(简称"9+2")。

在经济全球化和区域经济合作加快发展的大背景下,加强泛珠三角区域合作,是我们的共同愿望和要求,也是我们抓住本世纪头二十年发展战略机遇期的现实选择。这对于促进港澳经济社会繁荣发展,扩大内地省区对内对外开放,加快全面建设小康社会步伐,增强区域整体实力和竞争力,具有重要的现实意义和战略意义。

为推动合作事项的落实,经各方政府协商一致,特制订本框架协议。

第一条　合作宗旨

按照"一国两制"方针,参与合作的内地省区与香港、澳门开展合作,遵守中华人民共和国香港、澳门特别行政区基本法和全国统一的相关法律、法规,合作在《内地与香港关于建立更紧密经贸关系的安排》和《内地与澳门关于建立更紧密经贸关系的安排》框架内进行。根据国民经济和社会发展规划的总体要求,坚持区域协调发展和可持续发展,充分发挥各方的优势和特色,互相尊重,自愿互利,按照市场原则推进区域合作,拓宽合作领域,提高合作水平,形成合作互动、优势互补、互利共赢、共同发展的格局,拓展区域发展空间,共创美好未来。

第二条　合作原则

(一)自愿参与。各方本着发展的共同愿望自愿参加泛珠三角区域合作,并在合作框架中享有发展的平等地位和权利。香港、澳门特别行政区政府及其余协议各方有权根据法律、政策和需要,参与本协议全部或部分的合作项目。

（二）市场主导。按照"市场运作，政府推动"的方式推进区域合作。充分发挥市场机制在区域经济发展中资源配置的基础性作用，企业作为合作的主体，依法自主决策投资经营。政府主要是创造良好发展环境，引导区域合作发展方向。

（三）开放公平。坚持合作的公平、开放，坚持非排他性和非歧视性。打破地区封锁，促进市场开放，加强沟通交流，促进共同发展。

（四）优势互补。充分发挥各方的比较优势和合作的积极性、主动性、创造性，加强经济资源、产业建设、科技文化教育、人才培养交流等方面的优势集成与互补。

（五）互利共赢。各方应主动改善合作环境、深化合作内容、落实合作措施、提高合作效益和水平，推动加快发展、协调发展、可持续发展，实现互利共赢。

第三条　合作要求

各方政府着重从下列四个方面推动合作发展：

（一）创造公平、开放的市场环境，促进生产要素的合理流动和优化组合。

（二）加强基础设施建设的协调，推动解决发展过程中相互关联的重大问题。

（三）动员和组织社会各界共同推进，逐步构筑泛珠三角区域发展的著名品牌，增强区域的整体影响力、竞争力。

（四）共同促进可持续发展。

第四条　合作领域

（一）基础设施。

1.能源。各方积极推进泛珠三角区域内能源领域建立长期稳定的合作关系。积极实施"西电东送"等国家能源发展战略，加快能源建设项目的合作开发，鼓励省际间煤炭、天然气等能源的产销合作，实现区域内资源优势与市场需求的结合。

2.交通。在国家有关部门的支持下，按照国家统一规划，加快构建适应区域合作发展要求的综合交通网络，逐步实现区域内交通运输一体化。

——公路。加强省际高速公路、国省道建设规划和港澳路网发展规划的衔接，加快跨省、跨境和出海通道的建设，构筑和完善区域公路交通运输网络。

——铁路。进一步完善区域内铁路发展规划,构建区域铁路运输快达网络。加快云南国际铁路、东南沿海铁路等列入国家发展规划的跨省(区)铁路项目的建设,加快广深港高速铁路、珠三角城际轨道的建设及与港澳的衔接。

——航空。加强各地航空公司间、机场间的合作,增加区域内飞行航线,促进区域内客货快速运送。

——航运。研究制订区域航运发展规划,促进区域内河航运、海运事业发展及与其他运输系统的衔接。

——加快港珠澳大桥规划、论证、建设进度。

3.管道。按照国家规划,积极推动区域内输油、输气管道建设步伐。

(二)产业与投资。各方承诺加强协调,营造公平、开放和富有吸引力的投资环境,建立透明、便利、规范的投资促进机制。支持区域内企业间开展技术、生产、投资合作,形成优势互补、协作配套、共同发展的产业布局,提高整个区域的产业水平。

(三)商务与贸易。各方承诺加强信用建设,消除限制商品流通的地区障碍,建立健康、规范、有序的市场秩序。鼓励区域内贸易的合作与发展,共同推进落实《内地与香港关于建立更紧密经贸关系的安排》和《内地与澳门关于建立更紧密经贸关系的安排》。在国家指导下,依照内地与港澳《安排》的有关内容,在泛珠三角区域内推行工业制品和农产品质量标准、检验检测标准和认证标准的互认,加强地方和企业标准制订合作,互相认同法定检验单位出具的鉴定结果,促进商品自由流通。

(四)旅游。各方支持全面推进区域旅游合作,共同研究制定区域旅游发展战略和市场开发策略;建立区域旅游信息库;构建区域旅游网络营销系统,创建旅游电子商务服务平台;共同策划和推广区域精品旅游线路,树立区域旅游形象,打造区域旅游品牌。

(五)农业。各方同意建立稳定的粮食及其它农产品的购销关系,开辟区域农产品"绿色通道",支持建立农业龙头企业对接机制,加强农业科技开发、特色农业开发,以及农产品生产、加工、销售的合作,促进食品安全体系的建立。

(六)劳务。各方同意加强劳务合作,开展劳动力供求信息传递交流和劳务输出输入组织合作,促进劳动力规范有序合理流动,协调解决劳务人员的合法权益保护和相关的日常管理工作。建立和完善劳动力职业技能培训、技工教育、职业技能鉴定和资格认证制度。提高区域内劳动力素质。

（七）科教文化。加强各地高等院校和科研院所科技与教育资源应用的合作,加强文化和人才交流。加快推进科技文献、科技信息、专家库、动植物资源和水文资源等基础性科技教育资源的联网共享;加强协调,建立区域科技创新体系;以高新技术及产业化开发为主,逐步建立区域科技项目合作机制和成果转化平台,推进区域产业协作和战略合作联盟。

（八）信息化建设。各方支持建设区域信息化交流网;加强与国家及国际相一致的电子商务规则标准和法规等方面的建设;建立区域信息交流协作机制,加强区域信息技术的研发和应用合作,实现资源共享。

（九）环境保护。各方同意建立区域环境保护协作机制,在清洁生产、水环境保护、生态环境保护、大气环境保护等方面加强合作,制定区域环境保护规划,加大珠江流域特别是中上游地区生态建设力度,强化区域内资源的保护,提高区域整体环境质量和可持续发展能力。

（十）卫生防疫。各方同意建立卫生防疫协作机制,一旦发生疫情,依法及时如实通报,协同疫病防控组织工作和疫病防治科技攻关。

上述合作领域所列仅为原则性内容。涉及各方或部分地方的跨省（区）具体合作项目,由各地方政府或企业在其后的协议或合同中商定。

第五条 合作机制

为保证有效开展合作,拓展合作渠道,各方同意建立合作协调机制。

（一）建立内地省长、自治区主席和港澳行政首长联席会议制度。每年举行一次会议,研究决定区域合作重大事宜,协调推进区域合作。

（二）建立港澳相应人员参加的政府秘书长协调制度。协调推进合作事项的进展,组织有关单位联合编制推进合作发展的专题计划,并向年度行政首长联席会议提交区域合作进展情况报告和建议。

设立日常工作办公室,负责区域合作日常工作。九省（区）区域合作的日常工作办公室设在发展改革委（厅）,香港、澳门特别行政区由特区政府确定相应部门负责。

（三）建立部门衔接落实制度。各方责成有关主管部门加强相互间的协商与衔接落实,对具体合作项目及相关事宜提出工作措施,制订详细的合作协议、计划,落实本协议提出的合作事项。

第六条　论坛安排

各方认为,"泛珠三角区域合作与发展论坛"是推动区域合作的重要平台,按照"联合主办、轮流承办"的方式举办。该论坛与联席会议有机结合,原则上每年举办一次。下一届论坛承办方在当次论坛议定。论坛的规模、形式由承办方提出建议方案,经秘书长协调会议商定。统筹协调泛珠三角经贸合作洽谈会与九省区各自组织的赴港澳地区招商洽谈活动,泛珠三角经贸合作洽谈会原则上每年举办一次,方案由论坛承办方提出,经秘书长协调会议商定。

第七条　本协议二〇〇四年六月三日于广州签署。一式十一份,签署各方各执一份。

第八条　各方代表签字:

福建省人民政府

江西省人民政府

湖南省人民政府

广东省人民政府

广西壮族自治区人民政府

海南省人民政府

四川省人民政府

贵州省人民政府

云南省人民政府

香港特别行政区政府

澳门特别行政区政府

《泛珠三角区域合作发展规划纲要（2006—2020年）》

导　言

　　泛珠三角区域包括福建、江西、湖南、广东、广西、海南、四川、贵州、云南九个省区和香港、澳门两个特别行政区，简称"9+2"。推进泛珠三角区域合作与发展，有利于落实中央提出的科学发展观，实现东、中、西部经济优势互补、协调发展；有利于促进港澳经济社会繁荣发展；有利于"9+2"优化资源配置，增强区域整体实力和竞争力；有利于提高对外开放水平，推动中国—东盟自由贸易区合作和亚太区域合作的发展。

　　根据胡锦涛总书记关于做好泛珠三角区域发展战略规划的重要指示精神，为全面贯彻落实《泛珠三角区域合作框架协议》以及"9+2"政府部门间签订的相关合作协议，特制定泛珠三角区域合作发展规划纲要。

一、基础与条件

　　1.以新技术革命为内在动力的经济全球化，推动着世界新一轮产业结构的调整和国际投资与贸易的不断增长。当今世界，新技术广泛应用，新产品日新月异，生产方式、交换方式、消费方式，乃至经济社会发展的方方面面正在发生广泛而深刻的变化。新技术革命正在推动全球新一轮产业结构的调整和转移，导致国际投资和国际贸易的不断扩大，推动了各国和各地区之间的合作不断加强，从而推动了经济的全球化进程。在这种国际经济背景下，地缘相邻、人文相近、利益相关的区域合作方兴未艾，成为区域内各成员参与全球化、提升竞争力、实现共同发展的现实选择。世界经济发展的这两种趋势的相互作用,成为我们抓住机遇和迎接经济全球化挑战的共同选择。

2.在科学发展观的指引下,中国区域经济将出现东、中、西互动发展的新格局。沿海发达地区加快发展,西部开发稳步推进,中部正在崛起,海峡两岸经贸交流合作日益深化,中国区域经济格局重组、互动和一体化发展的态势日益明显。长江三角洲、珠江三角洲和环渤海湾区域的经济整合步伐较快,中国三大经济圈形成和发展推动了区域经济的发展。坚持以科学发展观统领经济社会发展全局,推进和落实"两个大局"和"五个统筹"的发展战略,泛珠三角区域经济合作反映了中国区域经济发展的新趋势和内在要求。

3.CEPA的实施使香港和澳门与中国内地的经济合作关系进入一个新的阶段。改革开放以来,香港和澳门成为中国内地经济走向国际市场的中介和桥梁,在中国经济的对外开放中发挥了独特的作用。《内地与香港关于建立更紧密经贸关系的安排》和《内地与澳门关于建立更紧密经贸关系的安排》的实施,为泛珠三角区域合作创造的良好的条件。泛珠三角区域合作,有助于推进落实CEPA,拓展港澳的发展空间,进一步加强内地与港澳的经贸合作,促进香港和澳门经济社会的繁荣和发展。

4.中国与东盟建立自由贸易区构想及其推进为泛珠三角区域合作提供了新的机遇。2002年中国与东盟领导人签署了《中国与东盟全面经济合作框架协议》,决定于2010建成中国—东盟自由贸易区。这标志着中国—东盟建立自由贸易区的进程正式启动,使中国与东盟的经贸合作进入了崭新的历史阶段;也标志着亚洲区域经济一体化步伐加快,中国成为推动亚洲区域经济合作的重要动力。泛珠三角区域毗邻东盟自由贸易区,与东盟各国具有广泛的地缘、人缘和经济的联系,泛珠三角区域合作有利于中国与东盟自由贸易区的建设与发展。同时,中国——东盟自由贸易区的建立也为泛珠三角区域经济合作提供了契机。

5.在中央的正确领导和国家有关部门的具体指导下,在"9+2"各方的共同努力下,泛珠三角区域合作呈现良好的发展态势。一是"9+2"政府共同签署了《泛珠三角区域合作框架协议》,制定了配套文件,区域合作机制初步形成。二是成功举办首届"泛珠三角区域合作与发展论坛"和"泛珠三角区域经贸合作洽谈会",建立了区域合作的两大平台。三是泛珠三角区域各方协同行动,不断推出务实合作新举措。到目前为止,泛珠三角九省区共同签署了一系列协议、宣言、守则及章程,进一步促进了泛珠三角区域合作的健康发展。四是着力抓好具体项目的落实,加快交通、能源、旅游等方面的合作项目建设,保证合作项目取得实实在在的效果。

二、指导思想与目标

(一)指导思想

以邓小平理论和"三个代表"重要思想为指导,全面落实科学发展观,认真贯彻"一国两制"方针,在香港、澳门特别行政区基本法以及《泛珠三角区域合作框架协议》和 CEPA 的框架下,遵循区域经济发展的规律,坚持自愿参与、市场主导、开放公平、优势互补、互利共赢的原则,按照政府推动、市场运作发展模式,坚持从具体项目做起的务实方法,整体推进、重点突破、分步实施,共同推动区域内各方经济社会持续快速协调健康发展。

(二)目标

泛珠三角区域合作的总体目标:建立适应经济社会发展需要的区域基础设施网络,建立公平开放的区域市场体系,构建优势互补的区域产业协作体系,打造"泛珠三角"区域合作品牌,提高区域整体国际竞争力和影响力,形成东中西互联互动、协调发展、共同繁荣的新格局。

泛珠三角区域合作的阶段性目标:

第一阶段是 2005—2010 年,以《泛珠三角区域合作框架协议》十个领域和重点项目的合作建设为基础,打造"泛珠三角"区域合作品牌。首先建成适应市场需求的区域综合性基础设施网络;其次是发挥政府的公共行政职能,为区域要素和产品市场体系建设提供良好的制度环境;凭借独特的区位优势,构筑中国—东盟经济合作的重要平台。

第二阶段是 2011—2020 年,通过市场配置实现区域产业协作发展,建立开放竞争的要素和商品市场体系,整体提高国际竞争力和影响力,形成东中西部互联互动的协调发展格局,不断提升本区域与东盟的交流水平。

三、主要领域与任务

（一）基础设施

在国家有关部委的规划下建设跨区域的立体综合快速运输网,以铁路、公路运输为主,航运、航空、管道运输多种途径相协调。

跨区域铁路网的建设重点推进跨省区及出境、内陆省区通向沿海及港澳港口及出境的铁路建设与改造。公路方面重点建设跨省、跨境和出(过)海通道。通过航道、深水码头、泊位的改造和扩建,形成泛珠三角经济圈发达的海运、水运体系。航空方面则注重区域内(包括与港澳特区)航线的增设与机场间的协作。

能源合作主要是加强区域电源与电网联网建设、电力输送以及煤炭、天然气、油品供应等方面的合作,积极实施"西电东送"和"东油西输"等战略。加快推进海洋油气资源开发利用,支持南海石油天然气资源的共同开发,建设南方能源基地。在建成"西电东送"、"五交三直"主通道的基础上,继续加强电源与电网联网建设、"西电东送"相关电力输送通道建设,到2010年完成"西电东送"新增1030万千瓦的目标。2011年至2020年间继续扩大区域能源合作,推进区域内电网特高压联网工程建设,促进区域内电力、煤炭、油气资源的优化配置。

（二）产业与投资

结合自身比较优势和发展阶段,由市场机制引导资源配置和资本流动,实现区域内的产业转移与承接,形成优势互补、合理分工的区域产业格局。着力营造公平、开放和富有吸引力的投资环境,建立透明、便利、规范的投资促进机制和投资促进网络,形成优势互补、协作配套和共同发展的区域企业联盟及共同体。

（三）商务与贸易

发挥各自的优势和特色,加快货物贸易、服务贸易和投资便利化等方面的交流和合作。通过信用体系的建设,消除限制商品流通的地区障碍,建立健康、规范、有序的市场秩序。鼓励区域内贸易的合作与发展,共同推进落实《内地与香港关于建立更紧密经贸关系的安排》和《内地与澳门关于建立更紧密经贸关系的安排》。依据有关法规,建立泛珠三角区域产品质量检测的互认制度。

(四)旅游

逐步取消国内旅游地陪制度,鼓励优势旅游企业开展"9+2"跨区域的境内、境外经营活动,消除旅游壁垒,推出旅游便利化措施,共同推进无障碍旅游区建设;建立泛珠三角区域旅游信息库,实施旅游信息互通,共同构建区域旅游营销网络和旅游电子商务服务平台、共同策划和推广区域精品旅游线路、打造区域旅游品牌;大力扶持发展海洋、山区等旅游产业;建立区域内旅游质监所联系制度,共同协调和管理好区域内的旅游市场,协调解决和完善突发事件的应对机制及重大事件通报制度;定期交流旅游业管理和市场监察的经验,联手整治市场秩序,联合打击不正当竞争行为和侵害消费者权益的行为,建立跨区域的旅游诚信体系。

(五)农业

加强区域农业规划和资源配置;开辟九省区农产品"绿色通道",促进农产品有序流通;建立农业龙头企业合作机制,推动区域农业投资及农产品生产、加工、销售发展;开展区域内农业科技合作与交流,促进区域内特色农产品开发和农业名牌产品保护;积极推进海洋渔业产业发展,联合推进扶贫攻坚。

(六)劳务

到 2010 年底前建成省际远程见工系统,实现企业和求职者双方异地同步可视见工,研究制订区域流动就业章程,消除流动就业的壁垒;建立统一的职业资格证书互认制度和质量保障体系;建立技能人才库和技能人才引进使用机制。加强地区劳动者权益保护,建立劳动保障维权信息沟通制度和劳动保障违法案件协同处理制度;加强跨省区就业服务体系建设,建立健全各省区外派劳务办事机构和流动就业跟踪服务体系。制定外出务工人员平等参加务工所在地社会保障的政策,建立完善的接续机制,确保返乡后社保关系可与本地顺利对接。

(七)科教文化

实行科技资源的开放和共享。相互开放国家级和省级重点实验室、工程技术研究中心、中试基地、大型公共仪器设备、技术标准检测评价机构;联合建立泛珠三角区域科技信息网络和交易网络,形成网上技术市场、推动科技成果交易;联合举办科技博览会、交易会、项目推介会,加快区域科技成果转化成生产力;组成区域产业协作和战略联盟,围绕泛珠三角区域重点领域、重点产业,引导区域内企业实行强强联合;逐步推进相互认可经科技行政管理部门认定的高新技术企业、高新技术成果、高新技术产品、科技型中小企业、外商研发机构、科技中介机构等,相互享受本地同等的优惠政策;建立科技项目合作机制,围绕泛珠三角的特色资源和共性技术开展联合攻关。加强各地各级各类学校的教育交流和联合办学,加强各地高等院校科研项目和产学研合作,为区域内高校科技成果转化提供平台;建立区域教育信息网络互联互通与共建共享机制;建立大中专院校毕业生就业的信息共享机制;建立区域内高校专家资源和教师培训交流合作。港澳高校在内地招生政策和教育项目优先在泛珠三角各省区实施。推动 9 省区重点高校与港澳地区著名大学之间在科学研究、人才培养和学术交流的合作。在统一平台下建设"泛珠三角文化资讯网",开展演艺信息交流、数字图书馆、数字博物馆、文化科研交流、艺术人才交流、文化旅游、文化产业招商项目洽谈、演出票务服务、有形和无形文化遗产保护利用,进一步加强区域内各省区文化领域尤其是文物博物与图书资讯等方面的合作与交流。通过专题培训、项目合作、学术研讨、挂职锻炼等形式加强文化人才培养,进一步提高泛珠三角区域文化发展水平。

(八)信息化

共同构建泛珠三角各领域信息化支撑环境,建设区域合作综合信息交流平台,促进九大领域信息化合作,加强公共应用基础设施共建共享;协作推动信息产业发展,积极承接国际信息产业转移;加强区域信息产业技术创新,共同开发重点产品和技术;联合推广信息技术的应用,推进制造业信息化。在推动电子政务联合应用,建设区域应急联动信息系统的基础上,建立区域行政执法案件信息通报制度,加强区域行政执法案件特别是食品、药品、农资案件的信息共享。形成区域信息化发展交流、互助、互动的长效机制,加强信息化基础设施建设,促进区域信息化协调发展,逐步缩小差距,以信息化推动区域社会经济发展,提升区域综合竞争力,将泛珠三角发展成为我国信息化协调发展的示范区,成为带动我国信息化发展的动力区,建成具有国际影响力和竞争力的信息产业研发和制造基地。

(九)环境保护

全面启动生态环境保护、污染防治、环境监测、环境宣传教育、环境科技与环保产业方面的全方位合作。实施《珠江水流域水污染防治"十一五"规划》,建立分别监测、相互通报、信息共享、共同防污治污为基础的跨界污染协调机制、跨界污染事故应急处理机制,跨行政区交界断面水质达到国家标准交接管理、水环境安全保障和预警机制。建立泛珠三角区域水环境监测网络和环境数据管理平台,协同推进包括自然保护区和生态保护建设项目、流域的综合治理项目和循环经济试点项目,实现环境、经济与社会全面、协调、可持续发展。

(十)卫生防疫

建立突发公共卫生事件防治协作机制、卫生监督协查和疾病预防控制联防机制,包括疫情通报、卫生监督、技术支援和资源共享;加强内地省区卫生部门和港澳卫生部门合作联系;加强食品药品和职业卫生监管区域合作,保障人民健康安全。

此外,根据泛珠三角区域合作的不断深化以及经济社会发展的需要,逐步扩大和加强其它领域的合作。

四、主要措施

(一)消除区域障碍,促进市场开放

1.全面清理实行地方保护和市场封锁的地方性法规和政策,创造公平竞争的市场环境。各方以《行政许可法》的实施为契机,清理和废止属于排斥和限制外地商品和服务、对本地商品和服务予以特殊保护的各种分割市场的规

范性文件。

2.开放商品市场,实行区域内市场一体化。各方应消除限制商品流通的地区障碍,各成员方在区域内流通的商品,实行同等待遇,不得设置不平等的条件,不得限制其在该地区内销售。建立名优产品市场绿色通道。对经区域省级政府或相关职能部门公布的优质农产品和其他商品,可向社会公布有效标识,并在区域内市场上市销售时予以保护。建立展销会登记的快速通道,为区域企业跨省(区)开办各类商品的展销会提供快速便捷的服务。加强区域内消费者合法权益保护工作的联系,做好区域间消费者投诉的通报、收集、处理和信息反馈等工作。建立消费者投诉协调处理制度。

3.建立规范公平的质量标准、技术标准、合格评定体系和监察及处理机制。各方不得有排他性和歧视性规定,不得有专门针对外地企业而且阻碍其产品和服务进入本地市场的限制性措施,例如重复检验、检定、备案和认证等;加强制订地方标准、企业标准制订、采用、推广方面的合作,在符合省级地方强制性标准的前提下,推行工业产品和农产品质量标准、检验检测标准和认证标准互认;互相认同各成员的认可合格评定机构依法或依法授权出具的检验、检测、计量检定和鉴定结果、省级名牌产品称号、C 标志、制造计量器具许可证、省级特种设备制造安装改造维修许可证、工业产品生产许可证受理通知书;各方省级名牌产品列入打假保优活动的保护范围。

4.改善市场主体准入环境。各成员方在依法履行登记注册职能基础上,共同推动落实市场主体登记注册条件、程序等的规范,推动审批制度改革的深化,打破市场主体准入上的地区封锁。打破所有制限制,鼓励各种不同所有制企业、不同经济成份的经济组织在区域内开展经济合作、相互投资参股,发挥不同所有制之间的经济优势。共同推进落实《内地与香港关于建立更紧密经贸关系的安排》和《内地与澳门关于建立更紧密经贸关系的安排》,特别是服务贸易项下的行业准入事项的落实工作。

5.推动企业跨区域合作。允许各方具备一定条件的企业在本省(区)设立的分支机构名称中使用本省(区)行政区划名;区域内的投资人在区域内其他地区投资兴办企业的,可以享受同等待遇;各成员单位之间建立企业登记管理信息交换制度,为区域内企业投资和开展经营活动提供相关信息咨询;积极支持个、私协会和外来投资企业联合会等行业协会定期举办经贸等交流活动,促进企业跨区域发展;各成员方互认对企业产检、个体工商户验照的方式和结果。

6.改善投资服务环境。建立并推行首办责任制、过错责任追究制等制度,积极推行政务公开和政务承诺,增加办事的透明度,提高工作效率。对投资经营《泛珠三角区域合作框架协议》中的十个合作领域的项目企业登记注册申请,提供快速通道服务。对区域内重点优势企业来本省(区)投资的,采取提前介入、指定服务窗口、指定专人负责等措施,积极协调和解决涉及工商行政管理工作的问题。推动企业信用建设,保护企业的合法权益,维护市场交易安全,降低交易成本,增强投资信心。

(二)提高通关、检验检疫效率,促进区域贸易

1.加快通关便利化。尽快实现泛珠三角区域主要城市机场实施"多点报关、机场验放"模式。积极探讨在泛珠三角区域内铁路、水路和公路运输方式实行"多点报关、口岸验放"的监管模式。积极探索适应进口货物属地验放的快速转关办法,经广东口岸进出的"9+2"各方货物,转关接驳享受直接通关的同等待遇,实现进出口货物的跨省区及出境快速流转。

2.简化铁路转关作业手续,促进铁路运输货物在"9+2"的快速转关。全力支持鲜活农产品"绿色通道",以及深圳、广州(黄埔)、湛江、防城、北海、福州、厦门"疏运通道"的建设,为内陆省区的外贸进出口货物建立便捷的出境及出海通道,实现内陆省区铁路运输与沿海港口及出境的顺畅衔接,最大限度地方便内陆省区外贸货物的进出。

3.加大泛珠三角区域水运监管改革力度和网络建设,促进区内水系航运的提速与发展。在目前来往港澳小型船舶中途监管模式改革在广东取得成功经验的基础上,逐步将改革后的新模式推广至福建、海南和广西等省(区),促进该四省(区)与港澳水运物流渠道的提速。同时积极开展泛珠三角区域内河小型船舶中转业务,促进区域水运物流业的发展。

4.进一步引导区内加工贸易转型升级、产业转移和调整。加工贸易企业区域内搬迁的,不分企业性质,涉及加工贸易项下不作价设备的转让或结转,免予转关运输,比照深加工结转分别在转出、转入地海关办理手续;涉及减免税设备的,转入企业持转入地海关核发的征免税证明,会同转出企业在转出地海关办理有关手续。进一步深化加工贸易深加工结转改革,推广加工贸易联网监管,落实守法便利的海关监管模式,为加工贸易的转型升级和发展创造条件。

5.加强与香港、澳门海关的合作,以快速通关系统为核心推进9省(区)与港澳间的贸易便利化。加强与香港和澳门海关的行政互助,实现信息资源的共享,积极寻求内地海关与港、澳海关之间的共同点、可兼容点、可简化点,不断拓展新的合作领域及合作形式,促进贸易便利化。当前着重统一并简化粤港、粤澳进出境监管单证,推进"西部通道"建设,加快建立与港澳跨境快速通关新模式,全面提高口岸通关能力和效率,进一步为泛珠三角地区间货物运输提供快速通关的便利。并以此为突破口,加强公路运输转关的管理,促进泛珠三角区域内公路运输物流渠道的提速,最大限度地方便企业办理通关手续,提高通关效率。

6.全力推进检验检疫监督管理电子化。加快检验检疫监督管理电子化进程,推行出入境货物检验检疫电子监管,继续深化检验检疫业务模式改革,创新出入境货物监督管理机制,实现检验检疫关口向前期监督和后续管理两端延伸,实现从源头抓质量,以质量促发展,促进企业建立现代企业制度、提高出口产品国际市场竞争力;把出入境检验检疫电子监管系统与电子审单快速核放系统、海港口岸快速查验系统有机结合起来,创新检验检疫机制,进一步简化手续,缩短检验周期,确保泛珠三角区域庞大的物流人流快进快出。

7.完善泛珠三角区域检验检疫协作机制,提高口岸检验检疫验放速度。完善合作区域内出境货物"产地检验、口岸查验"的业务协作机制,大力推广应用出入境检验检疫报检单位登记备案管理系统,实现报检单位注册登记电子数据共享,将检验检疫电子转单系统和检验检疫"绿色通道"制度有机结合起来,开辟货物快速验放通道,使泛珠三角地区更多实施绿色通道制度企业的出口产品通过产地检验之后,免于口岸查验,直接办理换证通关,提高口岸检验检疫验放速度;加强泛珠三角地区进出口敏感商品检验监管合作,建立进出口敏感商品电子联网监管机制,实现监管数据共享,提高进出口敏感商品的监管力度,确保进出口敏感商品安全质量;强化源头管理,积极推动动植物源性食品和农产品基地建设,鼓励和促进区域内出口企业间的合作。

8.构建完善的口岸疾病防治合作机制,维护合作区域人民身体健康。建立科学有效的口岸疾病监测应急控制系统和疫情快速反应机制,进一步完善九省二区的疫情防治机制、疾病监测预警机制和反应网络,在国家质检总局南方热带病卫生检疫联防组的基础上,扩大合作范围,进一步强化热带病卫生检疫联防机制建设,强化合作区域国境口岸热带传染病的防制工作;建立与完善食品安全卫生预警与快速反应机制,对食品进出口企业实施卫生注册登记和市场准入制度,把好进出口食品安全质量卫生关。

9.发挥香港与澳门的国际联系、及其金融市场和专业服务的优势,以鼓励和协助九省区企业走出去,并与国际市场接轨。

(三)加强机制建设,保障区域合作健康发展

1.进一步完善泛珠三角区域合作部门衔接落实制度,检查落实已签署的工商、税务、质检、投资、知识产权保护等协议,建立公平、透明、规范、有序的市场环境。加强各专业部门间的协调,对具体合作项目及相关事宜提出工作措施,落实合作事项。为落实泛珠区域合作自由参与、公开、透明的合作机制,各省区于筹备签订泛珠合作协议时,应通报全部泛珠省(区),让各方可以考虑是否加入及评估有关协议对其他省(区)的影响。而在协议签订后,应分发各省(区)存录,以确保各方能及时掌握及适时参与共同推进泛珠区域合作。

2.研究建立泛珠三角区域非官方(包括中介机构、民间组织等)的协调机制。鼓励泛珠三角区域充分利用中介机构和民间组织的协调网络和优势,发挥行业协会等非官组织在协调泛珠三角区域各成员企业、政府间的作用。

3.研究建立调解企业在不同省区贸易与投资的争端调解、解决机制,并逐步形成统一的投诉、调解、仲裁机制。企业对在区域内受到的不公平待遇可以进行投诉和申请仲裁。

4.研究建立区域合作发展的咨询机构,例如建立泛珠三角区域的经济和社会委员会,代表经济和社会活动的各个阶层的意见,并且向常设秘书处提供咨询。

(四)争取国家对泛珠三角区域合作与发展的支持

泛珠三角区域合作各方共同努力,争取国家支持,将泛珠三角区域合作列入国家"十一五"规划,将合作主要领域重点合作项目列入国家"十一五"专项

规划。

　　根据"一国两制"的方针,上述规划内容如有与香港、澳门特别行政区现行的法规政策和机制不一致的,港澳两地仍采用各自的法规政策及其运作方式。

《泛珠三角区域合作公路水路交通基础设施规划纲要》

开展泛珠三角区域合作,构筑一个优势互补、资源共享、市场广阔、充满活力的区域经济体系,对于保持和加快珠三角及广东省作为华南地区经济中心的进一步发展,带动和提升周边地区及中西部地区经济发展水平,促进香港、澳门特别行政区社会经济进步和繁荣稳定,具有重要的战略意义和现实意义。通过泛珠三角区域的紧密合作和共同进步,是贯彻落实科学发展观,实现我国继续推进西部大开发、促进中部地区崛起、鼓励东部地区率先发展等区域协调发展战略,加快全面建设小康社会的重大举措和必然要求。

泛珠江三角洲内地广东、福建、江西、湖南、广西、海南、四川、贵州、云南9省区总面积约200万平万公里,占全国的1/5;2004年区域生产总值46418亿元,占全国的34%.从社会经济发展的区位与水平看,泛珠江三角洲区域可分为珠江三角洲(含港澳)、粤港澳、泛珠江三角洲三大空间层次,区域经济呈现核心与周边并存的二元空间特点,已形成珠江三角洲(含港澳)核心区、珠江三角洲以东沿海和珠江三角洲以西沿海、沿边两大对外辐射带。核心区周边多个城市密集区为次核心区,与核心区经济联系紧密,人口密度、经济水平、产业层次、城市化水平明显高于周边地区。9省区资源禀赋各异,经济差异明显,各具比较优势。珠江三角洲外向型经济发达,具有资金、技术、人才、信息、管理等方面的优势,华南、西南等其他省区拥有良好的产业基础、丰富的劳动力、矿产、能源和旅游资源,9省区间经济互补性强,具有广阔的合作发展前景。

加快公路水路交通发展,改善区域交通运输条件,缩小区域内交通时空距离,加快区域交通一体化进程,是区域经济社会发展的主要组成部分,也是加强区域合作的基础条件。构建一个完善的泛珠三角公路和水运网络,对于拓展资源和市场两个空间,促进经济要素的高效交流,培育和支撑泛珠三角现代化物流体系具有重大和深远的意义。本规划旨在从战略上谋划未来泛珠江三角洲公路水路交通发展的方向、目标和重点,以公路水路交通基础设施为主,通过区域交通资源的整合和有效配置,加强跨地区的公路、水路交通通道、沿海港口和重要公路口岸通向腹地的通道建设,完善公路水路之间及与综合运输其他运输方式的衔接,从而构建一个高效的交通运输服务系统,为泛珠江三角洲区域合作提供坚实的交通保障。

本规划范围为广东、福建、江西、湖南、广西、海南、四川、贵州、云南 9 省区,并考虑与香港、澳门特别行政区的衔接。规划期至 2020 年。

一、公路水路交通在区域合作中的地位与作用

(一)公路水路运输量及主要公路通道交通量持续增长,在综合运输体系中的主体地位突出

经过多年的发展,泛珠江三角洲区域已经初步建立起运输方式齐全的综合运输网络。2004 年公路、铁路、内河运输线路总规模达到 79.7 万公里,线路密度为 39.9 公里/百平方公里,为全国平均水平的 2 倍左右,其中珠江三角洲地区的线路密度约为全国平均水平的 4 倍。泛珠江三角洲区域公路水路线路总里程为 77.8 万公里,占区域综合运输设施线路总里程的 97.6%,是区域综合运输设施的主体。

公路水路交通承担着泛珠江三角洲区域绝大部分的客货运输任务。2004 年,9 省区公路客运量、旅客周转量、货运量和货物周转量分别为 63.1 亿人、3340.4 亿人公里、34 亿吨和 2481 亿吨公里,水路客运量、旅客周转量、货运量和货物周转量分别为 1.03 亿人、23.01 亿人公里、4.8 亿吨和 4464.3 亿吨公里,公路水路运输承担着区域 95% 以上的客运量、近 70% 的旅客周转量、约 90% 的货运量以及超过 60% 的货物周转量。与此同时,区域主要公路通道还承担着区域内通往珠江三角洲以及西南地区通往北部湾出海口等主要综合运输通道上的大部分交通量,目前福州—广州、长沙—广州、南宁—广州通道的交通量已分别达到 2.9、3.8 和 2.2 万辆(小客车,下同)。公路水路交通在区

域综合运输体系中发挥了主导作用。

(二)区域快速公路网络骨架初步形成,内河高等级航道建设加快,对区域经济发展与合作作用明显

2004 年,9 省区公路总里程为 72.4 万公里,其中高速公路 11449 公里,一、二级公路 6.9 万公里,初步形成了包括同三、京珠、渝湛、沪瑞、衡昆等国道主干线,阿荣旗—北海、兰州—磨憨等西部开发省际公路通道在内的快速公路网骨架。珠江三角洲地区高速公路里程达到 1505 公里,基本形成了以广州为中心、连接主要城市、直通港澳的高速公路网。9 省区内河航道总里程为54561 公里,其中三级以上航道 2238 公里,珠江三角洲地区内河高等级航道建设正呈现加快发展态势。随着高速公路大通道的不断发展和内河运输优势的进一步发挥,已经并将更加推动区域经济合作步伐,不断增强粤港澳对内陆地区的经济辐射作用。

(三)港口外贸吞吐量和公路口岸过货量连年攀升,公路水路交通成为利用国际国内两个市场、两种资源的重要基础

2004 年区域沿海港口(不含港澳)货物吞吐量 7.2 亿吨,其中外贸货物吞吐量 2.9 亿吨,集装箱吞吐量 2451 万 TEU. 1995—2004 年区域沿海港口货物吞吐量年均递增 15.3%,其中集装箱吞吐量年均递增高达 32.5%。沿海港口承担了整个区域约 65%的外贸集装箱运输、100%的外贸进口原油和绝大部分的进口铁矿石一程接卸。珠江三角洲地区沿海港口作用尤为突出,其货物吞吐量、外贸吞吐量和集装箱吞吐量分别占整个区域沿海港口的 60.2%、61.3%和 79.2%.云南和广西与缅甸、老挝、越南等东盟国家接壤,边境上分布着 11个国家一类公路口岸,其中瑞丽和磨憨口岸 2004 年过货量已分别为 50 万吨和 9.9 万吨,公路运输为边贸往来提供了便利的交通条件。公路水路交通特别是沿海港口运输是区域发展外向型经济的重要保障。

(四)公路水路运输装备水平有所提高,运输企业组织结构不断优化,区域交通运输一体化建设开始起步

泛珠江三角洲 9 省区的交通运输能力有了较大提高,2004 年公路营运性

载货和载客汽车分别达到 177.2 万辆和 40.5 万辆,其中大型货车和专用载货汽车的比重为 27.6%,大型客车的比重为 11.9%;水路运输船舶为 5.4 万艘,其中货运机动船为 3.5 万艘,平均吨位 370 吨。目前 9 省区拥有公路客运一、二级资质的企业 130 多家,公路货运一、二级资质的企业 30 多家,市场经营主体的规模不断扩大,企业管理水平不断提高,已经涌现出一批具有全新经营理念和经营机制、具有较高管理水平和服务质量的高速客运和物流企业,运输经营结构调整进展明显,促进了运输效率和服务水平的提高。

泛珠江三角洲 9 省区已开通了大量的省际客运班线,广东省与周边省份开通的客运班线最多,达 700 多条,往来于广东与周边省区之间的营运性客车高达 16000 多台。《泛珠江三角洲经济圈九省区暨重庆市道路运输一体化合作发展议定书》的签订,为规范整个区域统一的客货运输市场、协调站场建设。共享信息资源、完善法规建设等方面的合作提供了良好的平台,标志着区域运输一体化建设开始起步。

二、公路水路交通发展面临的挑战

(一)应对经济快速发展产生的大量交通运输需求,区域公路水路交通基础设施面临严峻考验,整体运输能力亟待提高

2020 年以前,泛珠江三角洲区域大部分地区的经济增长速度将保持在 8% 左右,珠江三角洲地区将保持在 9% 左右。到 2020 年,泛珠江三角洲大部分地区人均 GDP 将达到 3000 美元左右,珠江三角洲地区将达到 18000 美元左右。经济高速增长、经济总量迅速扩大,必将带动交通运输需求的快速增长。

预计到 2020 年,泛珠江三角洲区域公路、水路货运量将分别达到 60 亿吨和 9 亿吨,分别为 2004 年的 1.7 倍和 1.8 倍;货物周转量将分别达到 5100 亿吨公里和 15000 亿吨公里左右,是 2004 年的 2.1 倍和 3.3 倍;客运量将分别达到 160 亿人和 1.2 亿人,是 2004 年的 2.5 倍和 1.3 倍;旅客周转量将分别达到 10500 亿人公里和 40 亿人公里,是 2004 年的 3.1 倍和 1.7 倍。主要通道平均交通需求将是目前的 4~6 倍,沿海港口吞吐量是现在的 3 倍多。面对未来快速增长的运输需求,加快公路水路交通基础设施建设,提高交通整体运输能力

十分迫切。

（二）以珠江三角洲地区产业提升及周边地区产业扩充为主要特征的产业转移与合作,必然产生大量的地区间运输需求,迫切要求提高地区间、特别是核心区与次核心区间的交通运输通道能力珠江三角洲地区已呈现出主体产业向技术、资金密集型方向升级、加工工业产业结构加快调整并向周边地区转移和扩散的趋势。周边地区工业化进程相对滞后,基础相对薄弱,正面临产业扩充的迫切要求。泛珠江三角洲区域原材料、能源、劳动力等要素呈现由西向东、由北向南的流动趋势,资金、技术、信息等要素呈现由东向西、由南向北流动的趋势,产品、旅游等则呈现双向流动态势。

经济要素在地区间的快速流动,将产生大量的地区间运输需求。预计到2020 年,广州—珠海(含澳门方向)通道的交通量为 34.4 万辆,比目前提高约 4 倍;广州—南宁通道的交通量为 14.2 万辆,比目前提高近 6 倍;广州—海口通道的交通量为 20.7 万辆,比目前提高约 5 倍;广州—汕头—福州通道的交通量为 20.5 万辆,比目前提高约 6 倍。

目前,泛珠江三角洲地区间交通运输通道能力面临严峻考验,突出表现在:南北方向公路通道交通压力大,东西方向快速公路通道缺乏,西江航运干线能力不足;珠江三角洲地区向周边省区放射的高速公路通道数量和能力不足;珠江东西两岸与港澳连接的公路通道通行能力紧张,通道数量仍显不足,连接珠江两岸的跨海(江)通道亟待增加;沟通滇、黔、桂的右江、红水河、柳江及黔江航道等级、通航条件亟待提高。

（三）充分发挥沿海港口、公路口岸对外窗口作用,迫切要求提高港口综合通过能力,加强集疏运通道和国际公路通道建设

广东、福建、广西、海南地处沿海,港口优势明显;广西、云南与越南、老挝、缅甸等接壤,具有沿边的区位条件。改革开放以来,泛珠江三角洲区域尤其是粤港澳地区借助沿海区位优势,对外贸易发展迅速,2004 年,广东省对外贸易额已达到 3571 亿美元,占全国对外贸易额的 31%。泛珠江三角洲区域尤其是广西和云南两省区,借助建设中国—东盟自由贸易区的机遇,大力发展对外贸易,2004 年,两地区与东盟的贸易额分别达 9.9 亿美元和 12.7 亿美元,占两省区贸易总额的 23.1%和 33.9%.作为对外开放的窗口,泛珠江三角洲区域的沿海港口、公路口岸面临不断适应未来对外贸易规模进一步扩大并在发展中完善功能、调整结构的战略任务。预计到 2020 年,沿海主要港口吞吐量将达到较高水平,其中广州、深圳、珠海、湛江、汕头、厦门、福州、防城港及海口等主要港口的吞吐量将达到 15 亿吨左右。

目前沿海港口、国际公路通道还远不能满足发展需要,主要表现在:沿海港口综合通过能力不足,结构性矛盾突出,主要港口公用码头能力不足,大型专业化码头短缺,集装箱码头能力严重不足,珠江口出海航道已成为制约港口发展的"瓶颈";集装箱港区与高速公路衔接不畅,主要港口的公路通道能力紧张;港口后方通道不完善制约了港口对内陆深远腹地的辐射和带动作用。连接公路口岸的公路技术等级偏低,口岸设施仍较为落后。以沿海主要港口为中心、各种运输方式有效衔接的综合交通体系有待进一步完善。

(四)旅游业的蓬勃发展以及旅游需求的不均衡分布,要求加强旅游消费地区与旅游资源富集地区的通道和突出旅游功能的客运枢纽建设随着人们生活水平的日益提高,泛珠江三角洲区域消费结构必将发生显著变化,而私人小汽车的快速增长将进一步加速消费结构升级。预计到 2020 年区域汽车保有量将达到 3700 万辆左右,是目前的 5 倍,其中,珠江三角洲地区将达到 1200 万辆左右,是目前的 6 倍多,其中以自家车增长为主。在未来的旅客出行中,旅游等消费性出行增长最快,并逐渐成为出行的主流。粤港澳地区人民生活水平相对较高,外出旅游需求很大,区域内其他省区旅游资源丰富,旅游市场巨大,目前仅云南年接待旅游人数达 5000 多万人次。

旅游业的快速发展以及旅游需求的不均衡分布,要求加强连接旅游消费地区与旅游资源富集地区通道和突出旅游功能的客运枢纽的建设,完善出行信息服务系统,提高运输的安全性、舒适性和便捷性,为人们提供个性化运输服务。

(五)促进区域交通一体化,必须加强省际间交通建设的协调与衔接,消除运输市场壁垒

泛珠江三角洲区域交通一体化建设刚刚起步,省际间公路基础设施建设在路线走向、建设标准、建设时机、运营模式、公路收费等方面协调衔接不够,影响了跨省公路通道作用的发挥。运输市场存在壁垒、地方运输法规存在不一致或相互矛盾的现象,运输环境有待改善,统一规范有序的运输市场和运输服务体系建设任务艰巨。运输服务信息化水平较低,信息的跨省区互联互通、重大紧急行动的联动还存在障碍。地处不同行政区的港口在公用航道、锚地等基础设施的建设、维护、管理方面协调不够,整合港口资源、提高深水岸线资源利用率成为地区间港口协调发展所面临的重大挑战。

(六)资源与环境压力逐步增大,区域公路水路交通可持续发展能力亟待提高

泛珠江三角洲区域尤其是粤港澳地区资源与环境压力明显。粤港澳地区面积仅约 18 万平方公里,集聚着约 8700 万人,人口密度高达 480 人/平方公里以上,是全国的 3.6 倍。粤港澳地区又是全球重要的制造业基地之一,对资源的依赖程度很高,持续发展的环境压力明显。区域内西南省区生态环境也较为脆弱,公路水路建设的环境形势应引起重视。

目前,各省区交通基础设施的规划、建设衔接不够,公路水路交通资源供给有限,必须按照可持续发展要求,积极推进现代综合运输体系的建立与完善,依靠科技创新和强化管理,建设节约型交通行业,以提高资源利用效率为重点,建立资源节约、环境友好的公路水路交通运输系统,努力实现交通建设与环境的协调发展。

三、指导思想与发展目标

(一)指导思想

为有力支撑区域合作,泛珠江三角洲公路水路交通应在科学发展观的指导下,以加快区域公路水路交通基础设施建设为主线,按照"核心辐射、周边通畅、'港路'联动、消除障碍、协同推进"的方针,全面推进区域公路水路交通的建设与发展。

"核心辐射"就是为发挥核心区、次核心区的辐射作用,拓展核心区、次核心区的范围,重点加强核心区与次核心区之间、次核心区之间、次核心区与周边地区之间的公路水路通道建设。

"周边通畅"就是为强化区域内部及与周边区域的便捷联系,重点加强沟通东盟等国际间、内地与港澳间、省际间、区域与其他省(区)间的公路水路通道建设。

"港路联动"就是以完善综合运输体系为主轴,充分发挥公路水路交通优势,注重公路水路的协调发展,优化交通资源配置,以区域内主要港口及通向腹地的主要公路通道建设为重点,实现点线结合、协调发展。

"消除障碍"就是消除市场壁垒、打破地区封锁,加强统一市场、统一标准、统一服务等建设,促进高效运输服务体系的形成。

"协同推进"就是调动一切积极因素,行业内外统筹协调,社会各方共同参与,建立协调机制,增加沟通渠道,采取多种手段,共同推动区域交通建设。

(二)发展目标
1.2010 年目标

基本形成区域公路水路基础设施网络骨架,公路水路基础设施能力进一步提高,结构更加合理,功能更加完善;公路水路交通基本适应泛珠江三角洲区域合作、珠江三角洲现代化建设的需要。

——公路交通:基本建成区域高速公路网络骨架和以区域高速公路网络上重要中心城市为节点的区域公路运输枢纽系统。区域高速公路网络里程达到 2.5 万公里,其中,珠江三角洲地区达到 3000 公里。基本形成以区域高速公路为载体,以区域公路运输枢纽为依托,以沿线大中城市为节点的区域快速公路客货运输网络。实现由珠江三角洲核心区与周边次核心区 400~500 公里范围内的中心城市间当日往返,800~1000 公里范围内当日到达。珠江三角洲地区基本形成以广州为中心的 2 小时交通圈。

——沿海港口:基础设施能力明显增加,港口货物综合通过能力达到近 14 亿吨,集装箱码头能力达 5600 万 TEU;进一步完善港口分层次布局,主要港口航道基本适应到港船舶大型化发展要求;完成重点建设大型专业化码头,形成多个大型专业化港区,使集装箱、煤炭、原油、铁矿石及琼州海峡滚装等运输系统建设取得明显进展。

——内河水运:基本建成珠江三角洲高等级航道网,提高西江航运干线的通过能力,实现珠江三角洲内河航运体系由适应内河运输向适应江海船运输的跨越;打通西南水运出海中线通道即南、北盘江及红水河通道;全面启动右江航电结合梯级渠化工程;相应配套建设主要港口、地区性重要港口的基础设施及航道支持保障体系。

2.2020 年目标

全面建成区域公路水路基础设施网络,区域协调机制高效运转,建立能力充分、衔接顺畅、运行高效、服务优质、安全环保的区域公路水路运输系统,全面适应泛珠江三角洲区域合作及全面建设小康社会的需要。

——公路交通:基本建成区域高速公路网络以及区域公路运输枢纽系统。区域高速公路网络里程达到 3.73 万公里,其中珠江三角洲地区达到 3300 公里。建成以高速公路为载体,以公路运输枢纽为依托,以区域内大中城市为节点的区域快速公路客货运输网络。区域内 400~500 公里大中城市间当日往返,800~1000 公里当日到达。珠江三角洲地区基本形成 3 小时交通圈。

——沿海港口:基础设施能力充分,港口货物综合通过能力达到近 23 亿吨左右,集装箱码头能力达到 1.1 亿 TEU 左右。形成布局科学、结构合理、功能完善的分层次沿海港口布局,全面建成高效便捷的沿海港口集装箱运输系统,外贸进口铁矿石、外贸进口原油运输系统,煤炭运输系统,琼州海峡滚装运输系统。珠江三角洲、粤西、广西、福建等地沿海主要港口,在泛珠江三角洲区域集装箱及大宗物资运输、临港产业及物流业发展中发挥综合服务功能。广州、深圳、厦门等主要港口发展成为功能完善、服务优质的现代化港口。

——内河水运:珠江三角洲及西江航运干线内河水运基本实现现代化,形成以三级及以上航道为骨架的泛珠江三角洲航道体系,按规划标准建成西南水运出海南、中、北三线通道,相应建设闽江、澜沧江等航道,完善航道支持保障系统和港口功能;基本建成泛珠江三角洲内河集装箱运输体系、大宗散货运输体系、西部地区物资江海转运体系,水运优势得到充分发挥。

四、重点基础设施规划

(一)区域高速公路网

1.布局方案

泛珠江三角洲区域高速公路网是加强区域联系、强化区域合作的重要公路通道,主要包括泛珠江三角洲核心区与次核心区域之间、相邻次核心区域之间、内地与港澳之间、中国与东盟等国家之间、主要港口与腹地之间的重要公路通道以及珠江三角洲城际高速公路网;覆盖泛珠江三角洲区域重要的中心城市及旅游城市、主要港口、机场、公路和铁路运输枢纽及重要的公路口岸。

泛珠江三角洲区域高速公路网由国家高速公路和部分地方高速公路组成,规划总里程约 3.73 万公里,其中国家高速公路约 2.85 万公里,地方高速公路约 8800 公里。珠江三角洲地区形成城际高速公路网,里程为 3300 公里。泛珠江三角洲区域高速公路网布局形态归纳为"十射、六纵、五横、六条国际通道及三个环线"。

十射:

(1)广州—深圳—汕尾—汕头—厦门—泉州—福州—宁德(延至闽浙省界)

支线:宁德—上饶

(2)广州—惠州—揭阳—漳州—福州

(3)深圳—惠州—河源—梅州—龙岩—三明—南平(延至闽浙省界)

(4)广州—河源—瑞金—南城—鹰潭—景德镇(延至赣皖省界)

支线:梅州—汕尾

(5)广州—连平—龙南—赣州—吉安(延至赣鄂省界)

支线:龙南—河源、吉安—南昌

(6)香港—深圳—广州—韶关—彬州—衡阳—株洲—长沙—岳阳(延至湘鄂省界)

支线:长沙—常德—张家界—吉首、韶关—赣州

(7)澳门—珠海—中山—广州—连州—永州—邵阳—娄底—常德(延至湘鄂省界)

(8)广州—贺州—桂林—麻江—贵阳—毕节—沪州—隆昌—内江—成都

支线:麻江—道义

(9)广州—肇庆—云浮—玉林—南宁—百色—富宁—开远—石林—昆明

支线:开远—元江、云浮—梧州—来宾—平果

(10)广州—佛山—开平—阳江—茂名—湛江—海口—三亚

支线:阳江—珠海

六纵:

（1）九江（起自赣鄂省界）—南昌—南城—南平—福州

支线：南平—衢州

（2）岳阳（起自湘鄂省界）—株洲—汝城—韶关—惠州—深圳

（3）达州（起自川陕省界）—重庆—黔江—吉首—怀化—桂林—梧州—茂名

（4）广元（起自川甘省界）—南充—重庆—遵义—贵阳—麻江—都匀—河池—南宁—钦州—北海—湛江

支线：钦州—崇左—富宁

（5）巴中（起自川陕省界）—遂宁—内江—宜宾—昭通—昆明

支线：内江—重庆

（6）广元（起自川陕省界）—绵阳—成都—雅安—西昌—攀枝花—昆明

支线：成都—遂宁—南充—垫江

五横：

（1）景德镇（起自赣皖省界）—九江—咸宁—岳阳—常德—吉首—道义—毕节—六盘水—曲靖—昆明

支线：六盘水—兴义

（2）上饶（起自赣浙省界）—鹰潭—南昌—宜春—株洲—长沙—湘潭—邵阳—怀化—麻江—贵阳—安顺—曲靖—昆明

（3）泉州—永安—吉安—衡阳—永州—桂林—柳州—南宁

（4）厦门—漳州—龙岩—瑞金—赣州—郴州—桂林

支线：桂林—平南—玉林—北海

（5）汕头—梅州—韶关—贺州—柳州—河池—百色—兴义—石林—昆明

六条国际通道：

（1）昆明—楚雄—大理—瑞丽

（2）昆明—元江—思茅—磨憨

支线：普洱—临沧—大理—丽江—香格里拉

（3）昆明—开远—河口

（4）南宁—友谊关

（5）南宁—钦州—防城—东兴

（6）景洪—打洛

三环：

（1）成渝环线：成都—绵阳—遂宁—重庆—合江—泸州—宜宾—乐山—雅安—成都

（2）海南环线：海口—琼海—三亚—东方—海口

支线：万宁—琼中—儋州—洋浦

（3）珠江三角洲环线：深圳—香港（口岸）—澳门（口岸）—珠海—中山—江门—佛山—花都—增城—东莞—深圳

支线：东莞—虎门—佛山

按上述路网布局，形成以广州为中心，以广深（港）和广珠（澳）为主轴，以环线及放射线为骨架，以纵横联络线为补充的城际高速公路网络，主要承担包括港澳在内的大珠江三角洲地区对外及区内中心城市之间的交通联系。

2.2010 年前建设重点

按照"强化辐射、优化结构、突出重点、注重实效"的思路，重点考虑以下几个方面的建设：

（1）加快珠江三角洲核心区向外辐射高速公路通道建设，深化琼州海峡公路通道研究论证工作，对交通压力大的主要高速公路通道及时扩容，增加珠江三角洲对外通道数量，构建珠江三角洲核心区全方位向外辐射骨架路网。

（2）加快次核心区域之间的高速公路通道建设，尽快形成次核心区域之间的有效连通，并向周边辐射，构建纵贯南北、横贯东西的区域高速公路。

（3）加快沿海港口快速集疏运通道建设，重点建设集装箱子线港疏港高速公路。

（4）强化连接河口、瑞丽、磨憨、友谊关、东兴等重要公路口岸的公路通道建设，构建与区域高速公路连通、与东盟国家便捷联系的国际公路通道。

（5）加快珠江三角洲城际高速公路网络建设，加快推进连接港澳高速公路通道建设，与其它干线公路和城际铁路共同构筑珠江三角洲城际快速交通网络。

（6）积极推进区域高速公路联网电子收费系统、交通事件管理系统和出行信息服务系统建设。主要加强珠江三角洲地区智能交通系统建设，建立高速公路交通事件自动侦测、突发事件处理系统，特殊车辆普及应用 GIS 系统。

按照以上思路，2010 年前应集中建设区域高速公路网中的"九射、四纵、三横、五条国际通道"以及三个地区环线与三个重要路段,并积极推进高速公路支持系统建设。

九射:

(1)广州—宁德(延至闽浙省界)

(2)深圳—南平(延至闽浙省界)

(3)广州—景德镇(延至赣皖省界)

(4)广州—吉安(延至赣鄂省界)

支线:龙南—河源

(5)香港—岳阳(延至湘鄂省界)

(6)澳门—常德(延至湘鄂省界)

(7)广州—成都

(8)广州—昆明

(9)广州—三亚

四纵:

(1)九江(起自赣鄂省界)—福州

支线:南平—衢州

(2)达州(起自川陕省界)—茂名

(3)广元(起自川甘省界)—湛江

(4)广元(起自川陕省界)—昆明

三横:

(1)景德镇(起自赣皖省界)—昆明

(2)上饶(起自赣浙省界)—昆明

(3)泉州—南宁

五条国际通道:

(1)昆明—瑞丽

支线:大理—丽江

(2)昆明—磨憨

(3)昆明—河口

(4)南宁—友谊关

(5)南宁—东兴

三个地区环线：

（1）成渝环线

（2）海南环线

（3）珠江三角洲环线

三个重要路段：

（1）内江—宜宾—昭通—昆明

（2）厦门—漳州—龙岩—瑞金—赣州

（3）贺州—柳州—河池—百色—兴义—石林—昆明

到 2010 年，泛珠江三角洲区域高速公路网总里程达到 2.5 万公里，其中珠江三角洲达到 3000 公里。

（二）区域公路运输枢纽

1.布局方案

泛珠江三角洲区域公路运输枢纽是依托区域高速公路网，位于重要节点城市，与其它运输方式有机衔接，具有重要经济意义的公路运输中心，由国家公路运输枢纽和重要的区域性公路运输枢纽城市构成，共计 65 个。布局方案见表 1。

表 1　区域公路运输枢纽城市布局方案

省份	城市
广东	广州　佛山　东莞　深圳　汕头　湛江　珠海　茂名　梅州　江门　韶关　肇庆　惠州　中山
福建	福州　厦门　泉州　漳州　南平　龙岩　三明
海南	海口　三亚
广西	南宁　柳州　防城港　桂林　百色　河池　梧州　北海　崇左　贵港
贵州	贵阳　遵义　六盘水
湖南	长沙　株洲　衡阳　岳阳　常德　邵阳　怀化　湘潭　张家界
江西	南昌　鹰潭　赣州　宜春　九江　上饶　吉安
云南	昆明　曲靖　大理　景洪　瑞丽　开远
四川	成都　宜宾　内江　南充　绵阳　乐山　泸州

对主要港口、重要铁路枢纽、枢纽机场所在地的区域公路运输枢纽城市,要统筹规划集多种运输方式为一体的枢纽港站,按照客运零距离换乘、货运无缝衔接的先进理念,实现 3 种以上运输方式转换,使这些城市发展成为区域性重要的综合交通枢纽。区域重要综合交通枢纽是区域综合运输网络的重要节点,是泛珠江三角洲对内、对外主要的客货集散地,对泛珠江三角洲区域合作与发展具有重要的支撑作用。泛珠江三角洲区域重要的综合交通枢纽包括:广州、深圳、福州、湛江、厦门、汕头、岳阳、长沙、南昌、南宁、成都、昆明、贵阳、柳州、桂林、海口等 16 个城市。

2.2010 年前建设重点

按照"统筹路站、同步发展,突出重点、引导方向,以点带面、逐步成网"的总体原则,尽快开展枢纽城市公路运输枢纽总体规划,在规划基础上,以构建省际快速客货运输系统、国际集装箱向内陆延伸的运输保障系统、旅游客运服务网络以及区域城际、城市、城乡交通一体化的客货运输系统为方向,2010 年前重点建设:

(1)以 9 省区省域中心城市为重点的综合客运枢纽,结合主要港口和重要铁路枢纽布局的综合货运枢纽。

(2)结合集装箱干线港及铁路集装箱节点站建设集装箱中转站。

(3)主要公路口岸城市的口岸货运站。

(4)重要旅游城市具有旅游集散功能的综合客运站。

(5)高速公路沿线重要的配客点。

(三)沿海港口

1.布局方案

沿海港口是泛珠江三角洲综合运输网络的重要枢纽、现代物流的中心节点,加强区域内经济合作的重要依托,参与全球经济活动的基础平台。以珠江三角洲、粤西、广西、福建等地区沿海为重点,形成布局科学、结构合理、层次分明、功能完善的分层次港口布局,建立与国际市场紧密连接的集装箱、原油、铁矿石运输系统,以及连接海南与内陆地区的琼州海峡滚装运输系统。

(1)港口布局

形成以广州港、深圳陆、珠海港、湛江港、汕头港、厦门港、福州港、防城港港、海口港为主要港口,虎门港、阳江港、惠州港、茂名港、汕尾港、莆田港、泉州港、漳州港、北海港、钦州港、洋浦港、八所港、三亚港为地区性重要港口,潮州港、揭阳港、海安港、宁德港、清澜港、乌场港等一般港口为补充的沿海港口分层次布局。

珠江三角洲港口将与香港港口优势互补、共同发展,成为泛珠江三角洲区域沿海港口的核心和最活跃的部分,在区域能源、原材料和外贸物资运输中发挥枢纽作用,提供优质和高效的综合物流服务。

(2)主要运输系统布局

——集装箱运输系统

在继续保持香港国际航运中心地位的前提下,充分发挥香港和珠江三角洲地区沿海港口的整体优势,形成以深圳、广州、厦门为干线港,福州、泉州、汕头、虎门、珠海、湛江、防城港、海口等港为支线港,其它港口为喂给港的集装箱运输系统。

深圳港作为华南地区重要的集装箱干线港和香港国际航运中心的重要补充,与香港优势互补、共同发展;广州港将逐步发展成为干线港;厦门港积极发展中、远洋集装箱干线运输,为海峡两岸经济区发展对台"三通"服务。

——煤炭运输系统

以电厂、钢厂等大型用煤企业的专用码头和广州港公用码头为主的煤炭接卸系统,通过改造、扩建等措施满足社会用煤需要。大型用煤企业建设专用煤炭码头时,应结合港口及航道条件,宜新建7万吨级及以上专用煤炭接卸泊位为主。

——石油及其制品运输系统

充分利用泉州、惠州、茂名、湛江港现有原油接卸码头,根据石化企业发展,相应建设大型原油接卸码头。

以广州、深圳、虎门和珠海港为主,为珠江三角洲地区成品油运输服务;泉州、汕头、湛江、钦州和海口等其它港口共同为各自腹地的成品油运输服务。

与国家规划的LNG(液化天然气)接收站项目配套,以深圳、珠海、湄州湾、广西沿海等港口为主形成LNG接卸转运系统。

——铁矿石运输系统

形成以湛江、防城港、广州等港口为主的外贸进口铁矿石运输系统。湛江港建设大型深水泊位;防城港港通过改善航道条件进一步提高铁矿石接卸能力;广州港根据大型钢铁企业的布局需要,相应配套建设大型铁矿石接卸泊位。

——琼州海峡滚装运输系统

形成以湛江(海安)、北海、海口三港为主、多个港口组成的较为完善的琼州海峡滚装运输系统。

2.2010 年前建设重点

——加快深圳港、广州港、珠海港、湛江港、厦门港、福州港、防城港港、海口港的集装箱码头建设,重点是深圳港的盐田港区、大铲湾港区、蛇口港区,广州港南沙港区,厦门港海沧港区、嵩屿港区。

——加快大型临港工业码头建设,重点是湛江、惠州、珠海、泉州、八所、钦州等港口的石化及干散货原料码头。

——加快广州港、虎门港成品油接卸中转基地的建设,形成珠江口内适宜江海联运的成品油接卸中转基地,逐步减少锚地过驳作业。

——重点发展深圳港、湄洲湾及广西沿海港口 LNG 接卸码头,并建设与之相配套的输气管线。

——发展海口港新海港区汽车轮渡码头。

——加快深圳港警铜鼓航道、广州港出海航道二期、湛江港 30 万吨级航道、珠海港高栏港区航道工程、厦门港 10 万吨级主航道、湄洲湾 30 万吨级主航道、钦州港进港航道、防城港港 20 万吨级航道等的建设。

(四)内河水运

1.布局方案

内河水运是沟通珠江流域上、中、下游地区经济联系的主要方式之一,是西南地区通江达海、沟通港澳的纽带。发展内河水运,是提高沿江土地利用价值,改善投资环境,促进沿江产业带形成和区域经济快速发展的重要途径。内河水运在能源、原材料等大宗货物运输及珠江三角洲集装箱等外贸物资运输中发挥了重要作用,促进了综合运输体系的完善。

内河航道

泛珠江三角洲地区内河航道体系以"一网一干三线"为核心,以珠江水系其它支流、国际和独立入海河流等其他航道为补充,为泛珠江三角洲区域集装箱、大宗散货运输及西南地区物资出海服务。

——一网:即珠江三角洲高等级航道网,主"三纵三横三线"16条三级及以上航道组成,规划里程939公里。

——三纵:西江下游出海航道;白泥水道—陈村水道—洪奇沥水道;广州港出海航道。

——三横:东平水道;潭江—劳龙虎水道—莲沙客水道—东江北干流;小榄水道—横门出海航道。

——三线:崖门水道—崖门出海航道;虎跳门水道;顺德水道。

——一干:即西江航运干线,从南宁至广州,由三级及以上航道组成,规划里程851公里。

——三线:即西南地区内河水运出海南(右江)、中(北盘江红水河)北(柳江黔江)三线通道。

——右江:从剥隘至南宁,由三、四级航道组成,规划三级航道里程355公里,四级航道里程80公里。

——北盘江红水河:从百层至石龙三江口,由三、四级航道组成,规划三级航道里程76公里,四级航道里程665公里。

——柳江黔江:从柳州至桂平,由三级航道组成,规划航道里程284公里。

其他航道:

——北江:从韶关至三水河口,由三、四级航道组成,规划三级航道里程74公里,四级航道里程184公里。

——东江:从河源至石龙,由三、四级航道组成,规划三级航道里程74公里,四级航道里程126公里。以后逐步提高航道等级。

——澜沧江:从思茅至244号界碑,由四级航道组成,规划航道里程188公里。

——闽江:从南平至马尾,由二、四级航道组成,规划二级航道14公里,四级航道里程214公里。

——韩江:从梅江桥至出海口,由四级航道组成,规划四级航道里程239公里。以后逐步提高航道等级。

——梧江:从双溪咀至汕头市,由一级航道组成,规划航道里程39公里。

内河港口

形成以南宁港、贵港港、梧州港、肇庆港、佛山港为主要港口,以富宁港、百色港、百层港、柳州港、来宾港、桂平港、中山港、清远港、云浮港为地区重要港口,其他港口为一般港口的分层次港口体系。

2.2010 年前建设重点

内河航道

主要建设对加强泛珠江三角区域经济合作有重要促进作用的重要航道,满足货物运输量增长的需要。

(1)扩大西江航运干线的通过能力

——实施西江航运干线航道改造工程和船闸扩建工程,提高航道标准。建设西江桂平二线船闸、梧州长洲枢纽 1 千吨级和 2 千吨级船闸各 1 座,实施航道改造工程。

(2)建设珠江三角洲高等级航道网

——加快珠江三角洲"三纵三幢三线"高等级航道网建设步伐,基本建成以三级及以上航道组成的高等级航道网。

(3)全面建设西南地区水运出海通道

——加快西南地区水运出海中线通道(南、北盘江及红水河通道)南线通道(右江)和北线通道(柳江、黔江)建设步伐。实施百龙滩枢纽复航工程,整治红水河漕渡河口至恶滩航道及来宾至桂平航道。继续实施有江渠化工程,建设那吉航电枢纽工程、鱼梁航电枢纽工程及整治航道。实施南、北盘江及红水河库尾回水变动段航道整治工程。

(4)其他航道工程

——整治北江中游韶关至清远 184 公里航道;整治东江河源至石龙航道;实施澜沧江大橄榄坝航电枢纽工程;实施闽江航道整治工程和航电结合梯级开发工程。

内河港口

改变目前大部分内河港口机械化程度低、规模小的现状,尽快实现港口作业机械化,通过集装箱、大宗散货等专业化泊位建设和港口技术改造,逐步实现港口规模效益,促进主要港口逐步发展成为区域性物流中心。2010 年前重点建设南宁、贵港、梧州、肇庆、佛山 5 个主要港口,适度发展富宁港、百色港、百层港、柳州港、来宾港、桂平港、中山港、清远港、云浮港等9个地区性重要港口，实现港口的结构性调整和内河港口布局的进一步完善。2010年前主要港口新建码头泊位27个，新增吞吐能力2200万吨，主要港口吞吐能力达到1.2亿吨。

（五）总体格局展望

——到2020年规划实施后，泛珠江三角洲公路水路交通将全面适应区域合作与发展以及全面建设小康社会的需要，为加快实现区域现代化战略提供坚实的基础。基本形成技术先进、运能充分、功能完善、结构合理、运转高效、环境友好的区域公路水路交通体系，为区域合作提供更安全、更便捷、更可靠、更舒适、更环保、更智能的公路水路运输条件。

——区域高速公路网、沿海港口和高等级内河航道网有力支撑泛珠江三角洲区域合作，珠江三角洲的核心辐射作用进一步增强，实现珠江三角洲与周边省份的便捷连接，省际之间形成2条以上的高速公路通道，珠江三角洲向外半日内到达广东其它地区、1日内达到广东周边各省、2日内到达泛珠江三角洲任意地区。

——由区域高速公路、高等级航道、干线铁路等组成的综合运输通道，将便捷连接泛珠江三角洲与长江三角洲、皖北、豫中、鄂中、关中、西北等地区，增强泛珠江三角洲与周边重要经济区域的交通联系。公路、水路、铁路等多种运输方式将形成西南出海大通道、珠江流域出海大通道、东盟国际口岸快速通道，缩短泛珠江三角洲与国际市场的时空距离，提升泛珠江三角洲区域国际竞争力。

——能力充分、布局合理、集疏运通畅的沿海港口将为构建区域现代物流体系发挥先导作用，形成多条分工明确、集中布局、规模化、集约化的临港产业带，以沿海港口为依托，形成多个高效便捷的物流中心。

——形成以地区中心城市和交通枢纽为节点的城际快速客货运输系统；形成连通泛珠江三角洲区域主要旅游景区及旅游路线的旅游客运网络。

五、保障措施

(一)将本规划纳入国家相关规划,加强规划的指导作用

编制泛珠江三角洲区域合作公路水路交通规划,是促进泛珠江三角洲区域合作、促进内地与港澳更紧密经贸关系以及加快建设中国—东盟自由贸易区的重要举措之一,建议将本规划纳入国家相关规划,各省区公路水路交通规划应与本规划相衔接。

(二)建立区域协调机制,确保规划顺利实施

——建立泛珠江三角洲交通合作发展政府间协调机制,统筹规划建设跨省区的重要基础设施,全面协调建设方案、建设时机、技术标准等。

——协调区域高速公路运营、服务,保障信息互联互通,加大在交通管理、重大紧急事件预案制定及处理等方面的协调力度。

——加强各级交通主管部门与同级其他职能部门的协调,统筹公路水路交通与铁路、民航、城市交通的协同发展,加强交通部门与国土、环保、水利、电力、旅游、信息、口岸等相关部门之间的沟通与联系。

——强化与港澳的协商、沟通,保障内地与港澳之间重大交通基础设施的合理布局与建设。

(三)改善运输市场环境,推动统一运输市场建设

——打破地区封锁,消除市场壁垒,制定、完善运输法规,规范、统一运输监管行为,推动统一市场建设。

——统一市场准入条件,鼓励运输企业异地设置分支机构,允许道路客运企业参与异地客运资源的招投标,完善运输服务网络。

——统一标准,搭建统一信息平台,促进跨地区、跨部门互联互通和信息共享,为建立一体化运输服务和管理体系创造条件。

——促进跨地区、跨行业、多主体参股的大型企业(集团)的形成,提高运输组织化程度,促进运输集约化。

——以实现跨省区高速公路联网收费、建立跨省区快速客货运输系统、建

设综合运输枢纽为突破口,推进泛珠江三角洲区域交通一体化进程。

(四)稳定政府资金渠道,建立多渠道投融资机制

——稳定公路建设的政府资金来源渠道,确保车购税、养路费、客货运输附加费等各项税费专项使用,进一步加大一般财政的投资力度。

——依据《港口法》要求,各级政府要充分重视改善沿海港口出海航道、防波堤等公用基础设施条件;并应加大对内河航道及港口码头基础设施的投资力度,加快内河航运发展。

——充分发挥市场在资源配置中的基础性作用,吸收民营资本进入交通基础设施建设领域,建立完善多主体、多渠道的投融资机制。

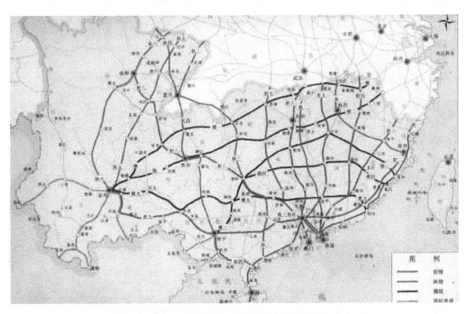

泛珠三角区域高速公路网布局方案

泛珠三角区域公路运输枢纽及综合交通枢纽布局方案示意图

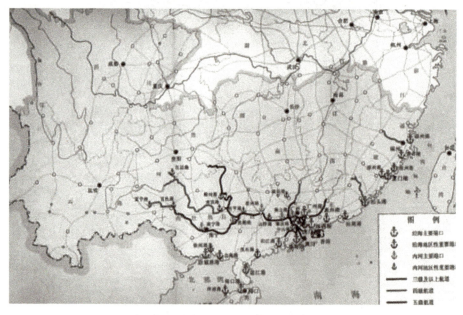

泛珠三角区域水运布局方案示意图(2020年)

泛珠三角高等级航道网布局规划图(2020 年)

《泛珠三角区域信息化合作专项规划（2006—2010年）》

前　言

进入二十一世纪，以信息技术为代表的高新技术的发展，带来生产力的新飞跃，使经济全球化和区域经济一体化进程加速发展。当前，国际产业结构进行新一轮调整，出现加快向中国等发展中国家转移的趋势，形成一个难得的发展战略机遇期。福建、江西、湖南、广东、广西、海南、四川、贵州、云南九省区和香港、澳门两个特别行政区，抓住发展机遇，提出泛珠三角区域合作战略，签订了《泛珠三角区域合作框架协议》，对促进港澳经济社会繁荣发展，扩大内地省区对内对外开放，促进区域协调发展，加快全面建设小康社会步伐，构建和谐社会，增强区域整体实力和竞争力，具有重要的现实意义和战略意义。

信息社会中，信息化是社会经济发展的基础领域，具有举足轻重的地位。在《泛珠三角区域合作框架协议》确定的合作框架下，按照"自愿参与、平等互利，市场主导、开放公平，统筹规划、资源共享，优势互补、互利共赢"的原则，建立泛珠三角区域信息化合作的长效机制。为此，2004年12月在海南召开的第三次泛珠三角区域合作信息产业厅（局）长联席会议上，各方一致同意，由九省区信息化主管部门共同承担，香港和澳门特区政府有关部门参与，编制《泛珠三角区域信息化合作专项规划（2006—2010年）》。2005年1月，经泛珠三角区域政府秘书长暨发改委主任会议审议，同意本专项规划列入2006—2010年泛珠三角区域合作专项规划。

第一章 合作基础

一、发展现状

(一)经济社会概述

泛珠三角区域包括福建、江西、湖南、广东、广西、海南、四川、贵州、云南九个省区和香港、澳门两个特别行政区(简称"9+2")。区域国土面积约两百万平方公里,占全国 1/5 强,人口四亿五千多万,占全国人口的 1/3 强,国内生产总值(GDP)4.642 万亿元人民币(2004 年,不含港澳),占全国 GDP 的 34%,是我国社会经济发展最具活力的区域之一。

(二)信息产业发展情况

泛珠三角区域是全国信息产业和信息化较为发达的地区。2004 年,泛珠三角区域九省区(不包括港、澳)的电子信息产业总产值约为 9800 亿元,约占全国的 37%。区域内各省区电子信息产业均保持了较快的增长速度,并将发展软件产业作为提升信息产业竞争力的关键环节。区域内有广州、长沙、成都、珠海四个国家级软件产业基地和深圳国家软件出口基地。各省区都设立了软件园区,引进跨国公司的设计中心或者实验室,大力推进软件产业和集成电路设计业的发展。

(三)信息化应用发展情况

泛珠三角区域社会各领域信息化应用不断扩大和深入。区域内各省区都已经不同程度的开展了电子政务建设,绝大部分省区基本建成了覆盖全省区的电子政务网络平台,并建设了公文流转等多种电子政务应用系统。区域内的大中型企业普遍开展企业信息化建设,各省基本也开展了企业信息化示范工程。电子商务的配套措施及环境也日趋成熟,电子商务业务量快速增长。

(四)信息化发展环境

信息化发展软环境不断得到优化,信息化法律法规体系不断完善。各省区都制定了各种信息化法律法规以及相关管理制度。在电子政务、电子商务、信息安全、无线电管理等方面进行了较为详尽的规范。其中,还创造了两个全国第一:湖南省出台了全国首部省级信息化综合性地方法规《湖南省信息化条例》,为电子政务和信息化建设的推进奠定了法律基础。广东省制定了全国第一部地方电子商务法规《广东省电子交易条例》。同时,国家《电子签名法》的颁布实施也为电子商务的发展创造了良好的法律环境。

二、合作现状

(一)区域合作具备良好基础。

泛珠三角区域合作战略虽然近期才明确提出来,实际上,长期以来,泛珠三角区域的九个省区在产业发展、交通运输、物资交流以及文化旅游等众多领域都有紧密的合作,例如,TCL、金山软件等一批电子信息产业领域的广东企业,在"9+2"其他省区就有投资或开办分支机构。而广东省与香港、澳门特别行政区的合作与交流更是源远流长,在 CEPA 框架下,粤港、粤澳以及港澳与"9+2"内地八省区的合作会更加密切。今后,泛珠三角区域各省区将在以往良好合作的基础上,在信息产业和信息化领域,进一步发挥互补的优势,推动各种信息资源的融合,在政府层面、基础设施、大型项目以及重点应用等各方面开展更紧密的交流与合作,形成区域信息产业及信息化联动发展的良好局面。

(二)政府层面信息化合作全面启动

泛珠三角区域信息化合作,在政府层面,已形成泛珠三角区域信息产业厅(局)长联席会议制度,并先后于 2003 年 10 月、2004 年 3 月和 12 月以及 2005 年 6 月和 10 月在广州、长沙、海口、南昌、桂林成功召开了五次联席会议,就区域内信息产业合作、公共信息技术开发、信息安全管理、电子商务发展、政策法规建设、无线电管理等方面进行了广泛交流和合作,达成了共识,取得了实质性进展。共同开通了泛珠三角区域信息化交流网,签订了《泛珠三角区域电子商务合作发展行动纲要思路框架》和《泛珠三角区域 CA 互联互通合作协议》,发布了成立区域 CA 联盟倡议书和软件行业协会合作倡议书,签订了《泛珠三角区域无线电管理合作框架》。

(三)区域合作对信息化有强大的需求

随着泛珠三角区域合作的全面展开,各省区之间合作的体制性障碍将逐渐消除,区域内的信息化合作将更加深入和广泛。一方面,《泛珠三角区域合作框架协议》确定的十大重点合作领域中,都迫切需要信息化作为其合作的支撑环境和实现手段。信息化已经渗透到区域合作的方方面面。另一方面,在泛珠三角区域内,既有东部沿海经济比较发达地区,又有中部加快发展的地区以及西部大开发地区,还有香港和澳门特别行政区。各方社会经济发展的互补性强,也为区域信息化合作提供了广阔的空间。

第二章 指导思想、原则和合作目标

一、泛珠三角区域信息化合作的指导思想

以邓小平理论、"三个代表"重要思想和党的十六大精神为指导,树立和落实科学发展观,坚持区域协调发展和可持续发展,从各方的社会经济发展的实际情况和信息化需求出发,在《泛珠三角区域合作框架协议》以及 CEPA 的框架下,根据泛珠三角区域合作宗旨、原则和香港、澳门特别行政区基本法的有关规定,"9+2"加强在信息产业和信息化建设方面的交流、协调,形成更紧密的合作关系,促进区域内信息产业和信息化资源有效利用和合理共享,努力创造区域信息化互补互利、协调发展的多赢格局。

二、泛珠三角区域信息化合作的原则和合作目标

合作原则:坚持"自愿参与、平等互利;市场主导、开放公平;统筹规划、资源共享;优势互补、互利共赢"的合作原则。

合作目标:形成区域信息化发展交流、互助、互动的长效机制,加强信息化基础设施建设,促进区域信息化协调发展,以信息化推动区域社会经济发展,提升区域综合竞争力,将泛珠三角区域发展成为我国信息化协调发展的示范区,建成具有国际影响力和竞争力的信息产业研发和制造基地。

第三章 合作重点

一、整合资源,共同构建泛珠三角各合作领域信息化支撑环境。

(一)建设区域合作综合信息交流平台。

建设统一的泛珠三角区域合作信息交流平台,使之成为涵盖《泛珠三角区域合作框架协议》确定的十大合作领域的综合性信息平台,为区域内各省区政府以及相应的各政府工作部门之间的广泛合作,提供便捷、高效的信息交

流、政务公开、协同办公等服务;形成一个政府、企业、个人之间开展合作、进行互动交流的网上社区;形成区域在网上统一的产品和服务市场;成为推动泛珠三角区域合作的信息化工具和宣传泛珠三角区域合作的"数字名片"。

(二)用信息化促进各领域的合作。

在泛珠三角区域发展与合作的整体框架下,围绕《泛珠三角合作框架协议》确定的各个合作领域对信息化的共同需求,充分发挥信息化在优化资源配置,提高工作效率等方面的作用,营造现代化的区域交流与协作平台,促进泛珠三角区域合作项目的信息资源整合和互联互通与共享。建设联通泛珠三角各省区的信息高速公路,建成覆盖泛珠三角区域的互联互通的公共信息平台,为区域内各领域的合作提供信息化技术支持,提高合作成效。

在泛珠三角区域合作信息交流平台的基础上,建立泛珠三角交通、能源、经贸、旅游、物价、工商、质监、环保、卫生、食监、药监、公安、三防、商会和企业等各个领域的信息应用系统,建立稳定通畅的信息沟通渠道,实现泛珠三角各领域信息互通共享、业务互动协作以及联合监管。

基础设施。为泛珠三角区域内能源、交通、管道建设等方面的合作提供信息化支撑。建立健全煤炭、天然气等能源信息交流系统;加强交通运输信息系统建设的合作,建设区域一体化的交通运输信息网,推广遥感、无线射频识别等信息技术在交通运输中的应用。建立基础管道数据库,提高管道建设、管理和利用的效率。

产业与投资。建设区域招商引资信息平台,开展网上联合招商,共同营造高效的招商引资投资环境。支持区域内电子信息、软件、信息服务业、汽车电子等产业的发展,开展研发、生产、投资、市场以及人才等各方面的合作,建设区域信息产业集群,形成优势互补、协作配套、共同发展的产业布局,提高整个区域的信息产业水平。

商务与贸易。加强信用建设,建设区域企业信用信息系统,促进区域建立健康、规范、有序的市场秩序。推进区域内各数字证书认证机构的相互认证。建设区域电子商务、经贸、工商、物价、质监、商会和企业等各领域的信息系统,实现信息交流、商贸洽谈、网上交易以及联合监管等各种业务应用。积极支持进一步提高区域内海关信息化水平,提高通关效率,促进贸易发展。

旅游。整合各省区和港澳旅游信息资源,建设区域旅游信息服务平台和旅游信息库。构建区域旅游网络营销系统,创建旅游电子商务服务平台,为建立泛珠三角区域统一的旅游大市场提供信息化支持。

农业。加快推进区域内农村和农业信息化,实施"信息兴农畅通工程"。加强农村地区信息基础设施建设,建立农业综合信息服务体系,加快农业信息资源的开发利用,建立农业专家系统、农业基础数据库系统和信息交换制度,交流和共享农业技术、农产品供求信息,解决农村地区信息难求、信息不灵等问题,消除数字鸿沟,为建设社会主义新农村提供信息技术支持和服务。

劳务。建立区域劳务合作信息系统,加快劳动力市场信息系统和人才交流信息系统的建设,及时交流省际劳务合作信息,实现区域劳动力供求信息收集、分析、评估和定期发布的制度,推进就业服务、职业培训、技能鉴定、劳动维权等领域的交流合作。

科教文化。建设区域科技、知识产权、教育、新闻出版以及电视媒体等各领域的信息应用系统,加强信息交流、资源共享,促进合作,开展科技成果、教育资源等的网上交流和交易、利用和开发,形成网上技术市场。

环境保护。建立泛珠三角区域环境信息交互平台和环境宣教网站,实现区域环境信息共享、交换和联网,强化环境宣教工作的区域联动。

卫生防疫。建立区域卫生防疫、食品安全和药品监管的信息系统,促进建立区域卫生防疫和协作、食品安全和药品监管的预警机制,实现通过网络及时发布预警信息和动态监管,提高应对突发公共卫生事件的能力。

(三)加强区域信息安全保障体系建设。

开展网络与信息安全工作深层次的合作,在风险评估、等级保护、事前预警、应急处置等方面建立联合防护、协同处置区域性合作体系,推进信息安全服务的发展,突出抓好网络信任体系建设,共同建设区域性的信息安全保障体系。以CA互联互通为切入点,共同建设区域性的信息安全保障体系。拟定规则和标准,推行电子认证和数字签名,加强信息安全和个人数据保护,进一步完善信息安全的法律法规,营造可信、安全的信息化应用环境。

(四)建设"信息兴农畅通工程"。

加强农村地区信息基础设施建设,实施"信息兴农畅通工程"。加快推进区域内农村和农业信息化,建立农业综合信息平台,交换和共享农业养植技术,病虫害防治技术,农产品加工技术,农产品供求信息,基础教育信息,农村党员教育信息,卫生医疗保健信息,涉农政策等,综合利用广播、电视、电话、手机等农村地区比较普及的信息终端,使农民需要的信息进村入户。

(五)加强公共应用基础设施共建共享。

建立健全泛珠三角区域信息基础设施共建共享机制。向整个区域开放已建成的公共信息基础设施。联合共建公共的行业信息技术研发支撑设施。为区域内的 IT 企业提供技术资源共享,降低企业投资风险和进入门槛、保障产品间的兼容性,并提供中介、合作、咨询与技术培训服务,提高整个区域信息产业链的竞争优势。重点建设产业公共技术开发平台、研发中心和产业化示范基地,以及基础性、公益性的数据库和数字图书馆,建设泛珠三角区域通用的电子数据共享与交换平台、信息安全认证中心、电子商务平台和现代物流信息平台。

二、协作推动信息产业发展

(一)加强产业合作,积极承接国际产业转移。

建立区域协调机制,充分发挥泛珠三角区域巨大的市场优势、成本优势和显著的产业集聚效应,吸引全球信息产业加快向区域内转移。在区域内,从产业结构调整的需要出发,选准互补性强的产业,大力推进区域性的产业转移和产业对接,逐渐提高整个区域的产业层次。鼓励大型信息产业企业集团跨区域兼并重组,建立好共同市场,促进以市场为基础的资源流动,实现利益共享,共同发展。

(二)加强区域信息产业技术创新,共同开发重点产品和技术。

集中泛珠三角区域内分散的信息产业技术资源,合理利用部分省区已经建立起来的集成电路设计、Linux 公共技术服务中心等基础性公共资源,加强区域信息产业技术创新。引导区域内企业与高校、科研机构、用户之间建立信息产业技术研发合作关系,建立产、学、研、用相结合的泛珠三角区域信息产业技术研发联盟,强化信息产业技术协作和利益共享,建立重点科研项目和重点实验室,共同开发关键信息技术和重点产品。

(三)推进家庭 3C 融合计划,形成新的产业增长点。

加强实施数字家庭行动计划方面的合作,按照"政府引导,企业为主,市场导向"的原则,推动区域内数字家庭产品和服务业的发展,形成分工协调、利益共享的生产、运营、消费数字家庭产品和服务的较为完整的产业链。从发展数字电视入手,加强数字电视产业的互利合作,启动数字电视消费市场。抓住数字电视消费市场启动的机遇,突出发展3C产品,形成消费类电子产品新的增长点。各方支持组建泛珠三角区域数字家庭3C重点实验室,引导传统家电企业与通信设备企业、计算机厂商合作,共同研发3C家电产品的关键技术和产品,包括数字电视、机顶盒、移动DVD、数字摄像机、数码相机、数字音响、家庭音像服务器等数字家庭娱乐消费产品。

(四)共同培育和开拓软件市场。

加强区域内软件产业在政策、产品、人才、技术、市场等方面的合作和交流,营造规范、统一的软件产业发展的政策环境,建立统一的软件产品与服务的市场。共享软件人才培训资源,加强软件人才培训合作,建立统一的软件人才市场,促进软件人才的有序流动。加强合作研发,联合推动Linux软件发展,共同制定支持Linux软件发展的政策,建立和共享Linux公共技术基础设施。定期举办泛珠三角软件产业合作与交易大会,使之成为区域内外软件产业界开展技术交流、产品展示、寻求合作、共享市场的公共平台。

(五)建立泛珠三角汽车电子产业基地。

充分发挥海南、广东、广西、福建、江西等省区的汽车产业优势,抓住世界汽车工业大国逐步向外转移零部件以及汽车电子产品制造的机遇,整合资源,完善基础设施建设,选择区位优势突出的地方,建立泛珠三角区域汽车电子产业基地,形成聚集效应,发展汽车电子产业,实现电子信息制造业与汽车电子产业的互动发展,形成新的产业经济增长点。

三、联合推广信息技术的应用

(一)联合推动电子政务应用。

建设好泛珠三角合作信息网。加快推进政务公开,消除地区和部门之间的信息孤岛,促进互联互通,资源共享,推动开展跨区域的电子政务应用。大力推进面向社会公众的公共服务。建设泛珠三角区域企业信用信息网,规范市场秩序,促进社会信用体系建设。

(二)务实推动电子商务发展。

加强在电子商务规则、标准、法规方面的联合研究,制定区域内统一的规范标准。推广电子签名的应用,促进区域内各电子商务认证机构交叉认证工作,形成区域互认的数字证书认证体系。加强电子商务应用合作,共同开发建设综合性或专业性的电子商务平台,大力推动以电子商务为主体的各项应用服务的发展。建立互联互通的区域企业信用信息网,统一企业信用信息服务的标准和市场。建立网上区域经贸洽谈和交流平台,为区域电子商务活动发展创造良好的环境。

(三)积极推广新技术应用。

大力推动新一代移动通信和下一代互联网的发展。目前,信息产业部已发布我国新一代移动通信标准——TD-SCDMA 通信行业标准。泛珠三角区域是国内最重要的移动通信服务市场,在国家政策框架下,积极引导和支持电信运营企业和新一代移动通信产品供应商,按照国家有关标准,建设新一代移动通信商用网,争取率先在国内开展新一代移动通信商业运营。推进区域内下一代互联网应用试点,开展下一代互联网的应用,建设泛珠三角区域省会城市之间下一代互联网主干网,促进下一代互联网的发展。

大力推动无线射频识别技术(RFID)应用。配合国家做好 RFID 的频率规划工作,各方联合参与、支持国家制定统一的 RFID 标准。按照"政府推动、企业为主、市场运作"的原则,在区域内推动 RFID 应用于高速公路网路桥自动收费、区域智能道路交通管理、跨境物流标签等应用示范试点,探索 RFID 应用存在的技术和体制方面的问题,共同培植 RFID 产业链,提高工作效率,降低成本。

(四)建设区域应急联动信息系统。

整合区域各种应急指挥、服务资源,在各省区已有的应急预警信息系统基础上,纳入地理信息系统、视频会议系统、GPS 定位系统、视频监控系统等,构建规范制式、统一标准的泛珠三角区域应急联动信息系统。协调公安、消防、医疗、交警、民政、灾情以及各个公共事业等政府职能部门,统一指挥,快速响应,联合行动,为社会的公共安全提供强有力的保障和支持。

建设区域数字集群通信共网平台,为应急指挥提供无线通信保障,提高抢险、救灾、救护等应急事态的通信保障能力。组建泛珠三角区域水上安全通信综合网,构建泛珠三角区域水上安全信息综合服务通信平台,将整个区域水上搜救中心、海事、海洋与渔业部门和社会搜救力量整合在统一的海上安全搜救指挥体系中,共享指挥平台、共享搜救资源、共享基础信息,共同承担海上搜救任务。

(五)推进制造业信息化。

建立区域制造业信息化推进机制。建设互联互通的制造业信息化网站,加强数据库、工件库等制造业信息化资源的建设与共享,积极推进具有自主知识产权的信息化软件在区域内应用,加强制造业信息化的沟通与交流。

四、加强无线电管理合作加快无线电管理合作的进程,进一步维护好空中无线电波秩序,促进泛珠三角区域无线电业务的发展。加强信息交流,建立各方工作交流和情况通报制度。共享边界地区的台站资料和电磁环境资料,交流无线电管理经验。加强联合监管,建立无线电监测网站的互联,制定区域无线电监管联动方案,加强无线电发射设备管理的协作,开展区域性联合行动。在区域内无线电管理、频率指配等方面建立有效合作机制。

第四章 合作机制

一、加强组织领导与协调力度。政府重点要放在创造公平、开放的市场环境,促进资源的优化配置、加强基础设施建设的协调,推动解决合作过程中相互关联的重大问题。

二、建立长效的合作机制。完善泛珠三角区域信息产业厅(局)长联席会议制度,充分发挥联席会议沟通、协调、议定事项的作用,建立健全强有力的泛珠三角区域信息化合作领导机制;建立长效的信息沟通协调机制,完善泛珠三角合作信息交流平台,建立各方工作交流和情况通报制度,对跨地区业务进行协调通报,促进相关行业协会、团体、企业的合作交流。三、建立区域内共建共享信息基础设施和信息资源的机制。

四、建立"泛珠三角区域信息产业协作机制",在信息产业领域内的投融资、市场拓展、技术研发、应用等多个层面开展广泛合作。

五、建立泛珠三角软件产业合作制度。充分利用各方资源,以不断创新的思路,以努力满足软件产业相关各方的需求为目标,务实办好泛珠三角软件产业合作与交易大会,使之成为区域内外软件产业界开展技术交流、产品展示、寻求合作、共享市场的公共平台。

六、建立"泛珠三角区域无线电管理合作工作会议制度"和"泛珠三角区域无线电管理合作专题会议制度",商讨、协调无线电合作事项。

七、建立区域电子商务合作与交流机制。定期举办本区域电子商务学术、技术和人才等方面的交流活动,为本区域高等院校电子商务专业学生实习、就业相互提供方便与服务。促进电子商务企业和中介组织的业务合作。

八、建立泛珠三角区域信息安全预警和应急处置合作机制,实现区域在信息安全领域的信息共享、优势互补、快速联动。

九、进一步完善区域内行业协会等组织的职能,建立协会工作交流机制,推动行业协会开展密切协作,充分发挥协会的桥梁纽带作用。

十、加强区域内信息化发展软环境建设合作,建立良好的信息化政策法制环境。制定科学合理的人才引进和流动机制。

附录1:《泛珠三角区域信息化合作专项规划》信息化合作重大项目表

序号	项目名称	建设内容
1	泛珠三角区域合作信息交流平台	建成涵盖《泛珠三角区域合作框架协议》确定的十大合作领域综合性信息平台,形成一个政府、企业、个人之间开展合作、进行互动交流的网上社区,成为推动泛珠三角区域合作的信息化工具。
2	信息兴农畅通工程	建立农业综合信息平台,交换共享农业养植技术,病虫害防治技术,农产品加工技术,农产品供求信息,基础教育信息,农村党员教育信息,卫生医疗保健信息,涉农政策等,通过广播、电视、电话、手机等农村地区比较普及的信息终端,使农民需要的信息进村入户。
3	泛珠三角数字家庭"3C"融合工程	组建泛珠三角区域家庭 3C 融合重点实验室,引导传统家电企业与通信设备企业、计算机厂商合作,共同研究开发 3C 家电产品的关键技术和产品,包括数字电视、机顶盒、移动 DVD、数字摄像机、数码相机、数字音响、家庭音像服务器等家庭娱乐数字产品,共同培育数字家庭产品和服务的较为完善的产业链。
4	泛珠三角汽车电子产业基地	充分发挥海南、广东、广西、福建、江西等省的汽车产业优势,抓住世界汽车工业大国逐步向外转移零部件以及汽车电子产品制造的机遇,整合资源,完善基础设施建设,选择区位优势突出的地方,建立汽车电子产业基地。
5	泛珠三角区域数字集群通信系统	以信息产业部提出的"共网运营、基础业务、先行试验、扶优扶强、规模经营、适度竞争、强化安全"为指导思想,建设泛珠三角区域数字集群通信共网平台,积极稳妥地推动数字集群通信业务在泛珠三角地区的率先发展和应用。

序号	项目名称	建设内容
6	泛珠三角区域应急联动信息系统	在各省区已有的应急事件预警信息系统建设的基础上,通过规范制式、统一标准,各方分头建设、系统互联的方式进行建设,整合各部门已有的网络资源和监控信号,纳入地理信息系统、视频会议系统、GPS 定位系统、视频监控系统等,构建泛珠三角区域应急联动预警和应急处置系统。
7	新一代移动通信商业运营试点	在国家政策框架下,积极引导和支持电信运营企业和新一代移动通信产品供应商,按照国家有关标准,建设新一代移动通信商用网,争取率先在泛珠三角区域内开展新一代移动通信商业运营试点。
8	泛珠三角下一代互联网应用试点工程	推动建设泛珠三角区域省会城市之间下一代互联网主干网,在省会城市和有条件的地级市构建城域网,开展下一代互联网应用试点。
9	泛珠三角区域无线射频识别(RFID)技术应用示范工程	积极配合、参与国家做好 RFID 频率的指配工作,共同参与、支持国家制定统一的 RFID 标准。在区域内推动 RFID 应用于高速公路网路桥自动收费、区域智能道路交通管理、跨境物流标签等应用示范试点,统筹协调 RFID 的应用频段、电子数据格式标准,以及读取设备、软件等应用技术的兼容和互通,共同培植 RFID 产业链。
10	泛珠三角区域企业信用信息网	建立健全企业信用信息公开制度,完善企业信用信息分类管理的标准和规范,整合泛珠三角区域整合各省区工商、国税、地税、质监、银行、海关等部门的企业信用信息资源,建立泛珠三角企业信用信息网,使企业信用信息网成为泛珠三角依法披露企业信用信息的公共平台。
11	泛珠三角区域 Linux 软件推进计划	在区域内共同制定支持 Linux 软件发展的产业政策,在电子政务建设中坚持推广应用 Linux 软件,促进形成统一的 Linux 软件政府采购市场,建立和共享 Linux 公共技术基础设施,提高区域内软件产业的自主创新能力,共同推动 Linux 软件产业的发展。
12	泛珠三角区域交通运输信息网	建设区域一体化的交通运输信息网,实现交通运输信息资源的共享和互换,逐步实现道路运输、水路运输、港航管理信息系统对接和信息资源的共享。推动本区域内货运信息交易平台的互联互通,提高货运管理的信息化水平,实现区域内各省区道路运输、水路运输、港航管理网站的互联,及时向社会公布道路运输行业的情况和资料。逐步建立区域内各省区 GPS、GIS 共用信息平台,不断提高道路运输的科技含量以及跨区公路规划的能力。在区域高速公路网推广应用无线射频识别(RFID)技术,建立路桥不停车自动收费系统,实施高速公路畅通工程。
13	中南暨泛珠三角十一省(区)刑侦协作网	依托公安网,在中南暨泛珠三角十一省(区)建立一个刑侦部门的动态协作网站,实现本协作区刑侦信息资源共享,及时、准确、方便地进行情报信息交流和串并案件,快速抓获重大逃犯。建立一个中南暨泛珠三角十一省(区)刑侦系统协作平台,实现本协作区一盘棋的"信息导侦"协作模式和"精确打击"效能。

序号	项目名称	建设内容
14	泛珠三角区域食品安全和药品监管合作信息交流网	建立区域食品安全和药品监管合作信息交流网,集成各方的监管稽查数据库,交流食品安全和药品监管政策、质量信息和食品药品生产质量、食品安全和药物滥用事故等重大情况、药品医疗器械监督抽验工作情况和质量公告等,各省区稽查动态以及查处药品和医疗器械重大违法案件的有关情况,发布并共享各方企业诚信状况等信息,推进诚信建设。
15	泛珠三角区域内电视媒体各台信息互动平台	建立各台信息互动平台,促进各台之间信息资源的交换、共享,为各台之间全面深入的合作提供基础。
16	泛珠三角出版合作信息网	建立统一的区域出版合作信息共享平台,加强区域内出版信息的沟通与交流,推动区域内出版事业和出版产业的发展,发布各省区相关出版政策、政务信息、行业动态和市场信息。开展出版物电子商务。
17	泛珠三角区域教育信息共享平台	加强教育信息化工作的合作与交流,建立区域教育信息网络互联互通与共建共享机制,构建区域的教育信息共享平台,推进教育信息资源的开发、共享和利用,加快区域教育信息化的进程。
18	泛珠三角区域旅游信息服务平台	整合各省区和港澳旅游信息资源,建立统一的区域旅游信息服务平台,建立区域旅游信息库,构建区域旅游网络营销系统,创建旅游电子商务服务平台,为建立泛珠三角区域统一的旅游大市场提供信息化支持。
19	泛珠三角区域质量技术监督信息互通平台	建立区域质量技术监督信息互通平台,实现地方标准、地方计量检定规程、技术规范制定、原产地域保护产品、名牌产品、免检产品、各方合作共建泛珠三角区域质量技术监督信息互通平台,实现产品监督抽查结果、工业产品生产许可证和制造计量器具许可证以及特种设备制造安装改造维修许可证获证企业、采用'C'标志企业、法定检验检定机构和其他经计量认证合格的检验检测机构、获准认证机构和咨询机构、企业质量诚信状况、执法打假、真假产品鉴别等质量技术监督和食品生产加工企业档案及食品生产加工环节安全信息的互通和共享。
20	泛珠三角区域商会和企业信息服务平台	由各商会负责当地信息资源的整合,并在这一基础上建立开放式分权管理的网络信息平台。信息交流内容包括:(1)区域内各地人文、经济、地理、资源等基本情况;(2)各地营商环境和政策法规;(3)行业及专业市场发展基本情况;(4)地区或区域性大型经贸(展览)活动;(5)合作项目推介;(6)商会基本情况及会务活动等。
21	泛珠三角区域工商信息共享平台	在国家工商总局数据交换平台基础上,实现9省区市场经营主体的有关信息的共享。待条件成熟后,建立泛珠三角统一的信息共享平台,实现泛珠三角区域内工商管理信息的互联互通。

序号	项目名称	建设内容
22	泛珠三角区域价格信息互通平台	加强区域价格信息的交流,建立长效信息沟通通道和机制。通过建立区域价格信息平台,实现区域各省区重要的价格文件、市场价格动态信息、价格监测信息、价格统计分析资料、农本调查资料、价格成本监审资料、价格监督检查信息、价格诚信信息的网上互通共享。
23	泛珠三角区域劳务合作信息交流平台	建立区域劳务合作信息交流平台,及时交流省际劳务合作动态,推进就业服务、职业培训、技能鉴定、劳动维权等领域的交流合作;加快劳动力市场信息系统建设,在此基础上,通过资源整合和联网,建立统一入口、互联互通的区域劳动力市场信息系统,形成区域劳动力供求信息收集、分析、评估和定期发布的制度,提高区域劳动力市场信息化水平。构建区域人才网络合作平台,共同组织网上招聘会或者发布信息,推进区域人才资源共享。
24	泛珠三角区域环境信息交互平台和环境宣教网	建立泛珠三角区域环境信息交互平台和环境宣教网络,实现区域环境信息共享、交换和联网,强化环境宣教工作的区域联动。

中华人民共和国政府与
东南亚国家联盟成员国政府
全面经济合作框架协议服务贸易协议

中华人民共和国(以下简称"中国")政府,文莱达鲁萨兰国,柬埔寨王国,印度尼西亚共和国,老挝人民民主共和国,马来西亚,缅甸联邦,菲律宾共和国,新加坡共和国,泰王国和越南社会主义共和国等东南亚国家联盟成员国(以下将其整体简称为"东盟"或"东盟各成员国",单独提及一国时简称"东盟成员国")政府;

忆及 2002 年 11 月 4 日在柬埔寨金边由中国和东盟领导人签署的《中华人民共和国政府与东南亚国家联盟成员国政府(以下将其整体简称为"各缔约方",单独提及东盟一成员国或中国时简称为"一缔约方")全面经济合作框架协议》(以下简称《框架协议》);

忆及《框架协议》第四条及第八条第三款关于尽快完成服务贸易协议谈判,以逐步实现自由化,并取消各缔约方间存在的实质上所有歧视,和(或)禁止针对服务贸易采取新的或增加歧视性措施,在中国与东盟各成员国根据《WTO 服务贸易总协定》所做承诺的基础上,继续扩展服务贸易自由化的深度与广度;

致力于加强各缔约方间的服务合作,以提高效率和竞争力,使各缔约方服务提供者的服务供给和销售多元化;按照《框架协议》各缔约方相互达成的时间表进行实施,并照顾到各成员的敏感部门;和对柬埔寨、老挝、缅甸和越南实行特殊和差别待遇及展现灵活性;

认识到各缔约方为实现国家政策目标,有权对其领土内的服务提供进行管理和采用新的法规,同时认识到由于各缔约方服务法规发展程度方面存在

的不平衡,发展中国家特别需要行使此权利;

达成协议如下:

第一部分:定义和范围

第一条 定义

就本协议而言,

(一)"行使政府职权时提供的服务"指既不依据商业组织提供,也不与一个或多个服务提供者竞争的任何服务;

(二)"商业存在"指任何类型的商业或专业机构,包括为提供服务而在一缔约方领土内:

1.组建、收购或维持一法人,或

2.创建或维持一分支机构或代表处;

(三)"直接税"指对总收人、总资本或对收入或资本的构成项目征收的所有税款,包括对财产转让收益、不动产、遗产和赠与、企业支付的工资或薪金总额以及资本增值所征收的税款;

(四)GATS 指《服务贸易总协定》;

(五)"法人"指根据适用法律适当组建或组织的任何法人实体,无论是否以盈利为目的,无论属私营所有还是政府所有,包括任何公司、基金、合伙企业、合资企业、独资企业或协会;

(六)"另一缔约方的法人"指:

1.根据该另一缔约方的法律组建或组织的、并在该另一缔约方或任何其他缔约方领土内从事实质性业务活动的法人;或

2.对于通过商业存在提供服务的情况:

(1)由该方的自然人拥有或控制的法人;或

(2)由(1)项确认的该另一缔约方的法人拥有或控制的法人;

(七)"法人":

1.由一缔约方的个人所"拥有",如该方的人实际拥有的股本超过50%,

2.由一缔约方的个人所"控制",如此类人拥有任命其大多数董事或以其他方式合法指导其活动的权力;

3.与另一缔约方具有"附属"关系,如该法人控制该另一人,或为该另一人所控制;或该法人和该另一人为同一人所控制;

(八)"措施"指一缔约方的任何措施,无论是以法律、法规、规则、程序、决定、行政行为的形式还是以任何其他形式;

(九)"各缔约方的措施"指:

1.中央、地区或地方政府和主管机关所采取的措施;及

2.由中央、地区或地方政府或主管机关授权行使权力的非政府机构所采取的措施;

(十)"各缔约方影响服务贸易的措施"包括关于下列内容的措施:

1.服务的购买、支付或使用;

2.与服务的提供有关的、各缔约方要求向公众普遍提供的服务的获得和使用;

3.一缔约方的个人为在另一缔约方领土内提供服务的存在,包括商业存在;

(十一)"服务的垄断提供者"指一缔约方领土内有关市场中被该方在形式

上或事实上授权或确定为该服务的独家提供者的任何公私性质的人;

(十二)"另一缔约方的自然人"指居住在该另一缔约方或任何其他方领土

内的自然人,且根据该另一缔约方的法律:

1.属该另一缔约方的国民;或

2.在该另一缔约方中有永久居留权[1],如该另一缔约方:

按本协议生效后所做通知,在影响服务贸易的措施方面,给予其永久居民的待遇与给予其国民的待遇实质相同,只要各缔约方无义务使其给予此类永久居民的待遇优于该另一缔约方给予此类永久居民的待遇。此类通知应包括该另一缔约方依照其法律和法规对永久居民承担与其他缔约方对其国民承担相同责任的保证;

(十三)"人"指自然人或法人;

(十四)服务"部门",

1.对于一具体承诺,指一缔约方减让表中列明的该项服务的一

个、多个或所有分部门,

2.在其他情况下,则指该服务部门的全部,包括其所有的分部门;

(十五)"服务"包括除在政府机关为行使职权提供的服务以外的任何服务;

(十六)"服务消费者"指得到或使用服务的任何人;

(十七)"另一缔约方的服务",

1.指自或在该另一缔约方领土内提供的服务,对于海运服务,则指由一艘根据该另一缔约方的法律进行注册的船只提供的服务,或由经营和/或使用全部或部分船只提供服务的该另一缔约方的人提供的服务;或

2.对于通过商业存在或自然人存在所提供的服务,指由该另一缔约方服务提供者所提供的服务;

(十八)"服务提供者"指提供一服务的任何人;[2]

(十九)"服务的提供"包括服务的生产、分销、营销、销售和交付;

(二十)"服务贸易"定义为:

1.自一缔约方领土向任何其他方领土提供服务;

2.在一缔约方领土内向任何其他方的服务消费者提供服务;

3.一缔约方的服务提供者通过在任何其他方领土内的商业存在提

供服务;一缔约方的服务提供者通过在任何其他方领土内的自然人存在提供服务;

(二十一)"资格程序"指与资格要求管理相关的行政程序;

(二十二)"资格要求"指服务提供者为了获得认证或许可而需达到的实质要求。

第二条　范围

一、本协议适用于各缔约方影响服务贸易的措施[3]。

二、本协议不适用于:

(一)在每一个缔约方领土范围内行使政府职权时提供的服务;

(二)管理政府机构为政府目的而购买服务的法规或要求,此种购买不得用于进行商业转售或用于为商业销售而提供的服务。

第二部分：义务和纪律

第三条 透明度

《服务贸易总协定》第三条，经做必要调整，纳入本协议并成为本协议的组成部分。

第四条 机密信息的披露

GATS 第三条之二款，经做必要调整，纳入本协议并成为本协议的组成部分。

第五条 国内规制

一、在第三部分下，在已作出具体承诺的部门中，每一缔约方应保证所有影响服务贸易的普遍适用的措施以合理、客观和公正的方式实施。

二、(一)每一缔约方应维持或尽快设立司法、仲裁或行政庭或程序，在受影响的服务提供者请求下，对影响服务贸易的行政决定迅速进行审议，并在请求被证明合理的情况下提供适当的补救。如此类程序并不独立于作出有关行政决定的机构，则该方应保证此类程序在实际中提供客观和公正的审查。

(二)(一)项的规定不得解释为要求一缔约方设立与其宪法结构或其法律制度的性质不一致的法庭或程序。

三、对在本协议下已作出具体承诺的服务，如提供此种服务需要得到批准，则各缔约方的主管机关：

(一)在申请不完整的情况下，应申请方请求，指明所有为完成该项申请所需补充的信息，并在合理的时间内为其修正不足提供机会；

(二)应申请方请求，提供有关申请情况的信息，不得有不当延误；

(三)如在申请被终止或否决，尽最大可能以书面形式毫不延误地通知申请方采取该项行动的原因。申请方应有自行决定重新提交的新的申请的可能。

四、为保证有关资格要求和程序、技术标准和许可要求的各项措施不致构成不必要的服务贸易壁垒，各缔约方应按照 GATS 第六条第四款的规定，共同审议有关这些纪律措施的谈判结果，以将这些措施纳入本协议。各缔约方注意到此类纪律应旨在特别保证以下要求：

（一）依据客观的和透明的标准,例如提供服务的能力和资格;

（二）不得超越为保证服务质量所必需限度的负担;

（三）如为许可程序,则这些程序本身不成为对服务提供的限制。

五、（一）在一缔约方已在第三部分下作出具体承诺的部门中,在本条第四款规定的纪律被纳入之前,该缔约方不得以以下方式实施使本协议下的义务失效或减损的许可要求、资格要求和技术标准:

1.不符合本条第四款第一项、第二项或第三项中所概述的标准的;且

2.在该缔约方就这些部门作出具体承诺,不能合理预见的。

（二）在确定一缔约方是否符合第五款第一项下的义务时,应考虑该缔约方所实施的有关国际组织[4]的国际标准。

六、在已就专业服务作出具体承诺的部门,每一缔约方应规定适当程序,以核验任何其他方专业人员的能力。

第六条　承认

一、为使服务提供者获得授权、许可或证明的标准或准则得以实施,一缔约方可承认在另一缔约方已获得的教育或经历、已满足的要求、或已给予的许可或证明。此类承认可通过协调或其他方式实现,或可依据与各缔约方之间或相关主管机构之间的协议或安排,或可自动给予。

二、两个或更多缔约方,为使服务提供者获得授权、许可或证明的标准或准则得以实施,可以开展或者鼓励与它们相关主管机构开展关于承认资格要求、资格程序、许可和（或）注册程序的谈判。

三、属第一款所指类型的协定或安排参加方,无论此类协定或安排是现有的还是在将来订立,均应向其他利害关系方提供充分的机会,以谈判加入此类协定或安排,或与其谈判类似的协定或安排。如一缔约方自动给予承认,则应向任何其他方提供充分的机会,以证明在该其他方获得的教育、经历、许可或证明以及满足的要求应得到承认。

四、一缔约方给予承认的方式不得构成在适用服务提供者获得授权、许可或证明的标准或准则时在各国之间进行歧视的手段,或构成对服务贸易的变相限制。

第七条　垄断和专营服务提供者

一、每一缔约方应保证在其领土内的任何垄断服务提供者在有关市场提

供垄断服务时,不以与其在减让表下的义务不一致的方式行事。

二、如一缔约方的垄断提供者直接或通过附属公司参与其垄断权范围之外且受该方具体承诺约束的服务提供的竞争,则该方应保证该提供者不滥用其垄断地位在其领土内以与此类承诺不一致的方式行事。

三、如一缔约方有理由认为任何其他缔约方的垄断服务提供者以与第一款和第二款不一致的方式行事,则在该缔约方请求下,可要求设立、维持或授权该服务提供者的缔约方提供有关经营的具体信息。

四、如一缔约方在形式上或事实上(1)授权或设立少数几个服务提供者,且(2)实质性阻止这些服务提供者在其领土内相互竞争,则本条的规定应适用于此类专营服务提供者。

第八条　商业惯例

一、各缔约方认识到,除属第七条(垄断和专营服务提供者)范围内的商业惯例外,服务提供者的某些商业惯例会抑制竞争,从而限制服务贸易。

二、在任何其他缔约方("请求方")请求下,每一缔约方应进行磋商,以期取消第一款所指的商业惯例。被请求方对此类请求应给予充分和积极的考虑,并应通过提供与所涉事项有关的、可公开获得的非机密信息进行合作。在遵守其国内法律并在就请求方保障其机密性达成令人满意的协议的前提下,被请求方还应向请求方提供其他可获得的信息。

第九条　保障措施

一、各缔约方注意到,根据 GATS 第十条,就紧急保障措施问题而进行的多边谈判是基于非歧视原则开展的。一旦完成这些多边谈判,各缔约方应进行审议,讨论适当地修改本协议,以将此类多边谈判的成果纳入本协议。

二、在第一款中提及的多边谈判完成之前,若实施本协议对一缔约方的某一服务部门造成了实质性的负面影响,受影响的缔约方可要求与另一缔约方磋商,以讨论与受影响的服务部门相关的任何措施。按照本款规定采取的任何措施应获得相关各缔约方的相互同意。相关各缔约方应视具体事件的情况,对寻求采取措施的缔约方给予同情的考虑。

第十条　支付和转移

一、除在第十一条(保障国际收支的限制)中设想的情况下,一缔约方不得对与其具体承诺有关的经常项目交易的国际转移和支付实施限制。

二、本协议的任何规定不得影响国际货币基金组织成员在《基金组织协定》项下的权利和义务,包括采取符合《基金组织协定》的汇兑行动,但是一缔约方不得对任何资本交易设置与其有关此类交易的具体承诺不一致的限制,根据第十一条或在基金请求下除外。

第十一条　保障国际收支的限制

如发生严重国际收支和对外财政困难或其威胁,一缔约方可按照 GATS 第十二条的规定对服务贸易采取或维持限制。

第十二条　一般例外

在此类措施的实施不对情形类似的国家构成任意或不合理的歧视手段或构成对服务贸易的变相限制的前提下,本协议的任何规定不得解释为阻止任何方采取或实施以下措施:

(一)为保护公共道德或维护公共秩序[5]所必需的措施;

(二)为保护人类、动物或植物的生命或健康所必需的措施;

(三)为使与本协议的规定不相抵触的法律或法规得到遵守所必需的措施

包括与下列内容有关的法律或法规:

1.防止欺骗和欺诈行为或处理服务合同违约而产生的影响;

2.保护与个人信息处理和传播有关的个人隐私及保护个人记录和账户的机密性;

3.安全;

(四)与第十九条(国民待遇)不一致的措施,只要差别待遇是为了保证对其他方的服务或服务提供者公平或有效地[6]课征或收取直接税;

(五)只要差别待遇是基于避免双重征税的协定或任何其他国际协定或安排中关于避免双重征税的规定的结果的措施。

第十三条　安全例外

本协议的任何规定不得解释为:

(一)要求任何缔约方提供其认为如披露则会违背其根本安全利益的任何信息;或

(二)阻止任何缔约方采取其认为对保护其根本安全利益所必需的任何行动:

1.与裂变和聚变物质或衍生此类物质的物质有关的行动；

2.与武器、军火和战争工具相关的交易以及与直接或间接为军事机关提供其他货物和原料的交易有关的行动；

3.为保护关键的交通基础设施免受故意破坏，防止这些设施丧失或降低功能；

4.在战时或国际关系中的其他紧急情况下采取的行动；或

（三）阻止任何缔约方为履行其在《联合国宪章》项下的维护国际和平与安全的义务而采取的任何行动。

第十四条　补贴

除非本条另有规定，本协议不应适用于一缔约方提供的补贴，或者附加于接受或持续接受这类补贴的任何条件，不论这类补贴仅给予国内服务、服务消费者或服务提供者。如果这类补贴显著影响了在本协议下承诺的服务贸易，任何缔约方均可请求磋商，以友好地解决该问题。

二、按照本协议的规定，各缔约方应：

（一）应请求，向任何请求方提供本协议下承诺的服务贸易的补贴信息；且

（二）在 WTO 制订出相关纪律时，审议补贴待遇。

第十五条　WTO 规则

各缔约方在此同意并重申它们承诺遵守有关并适用于服务贸易的 WTO 协议的规定，除非各缔约方根据第二十七条（审议条款）通过对本协议进行审议而在将来达成任何协议。

第十六条　合作

各缔约方应努力加强包括未包含在现有合作安排内的部门的合作。各缔约方应讨论并相互同意拟开展合作的部门，并制定这些部门的合作计划，以促进它们的能力、效率及竞争力。

第十七条　加强柬埔寨、老挝、缅甸和越南的参与

加强柬埔寨、老挝、缅甸和越南对本协议的参与应通过经谈判达成的具体承诺推动，这些承诺与以下措施相关：

（一）通过商业基础上的技术引进，加强它们国内服务的能力、效率和竞争力；

（二）促进它们进入销售渠道及信息网络；

（三）对它们有出口利益的服务部门的市场准入和服务提供方便，实现自由化；且

（四）对柬埔寨、老挝、缅甸和越南展现适当的灵活性，允许它们开放较少的部门和较少的交易种类，并按照它们各自的发展情况逐步扩大市场准入。

第三部分　具体承诺

第十八条　市场准入

一、对于通过第一条第二十项第一至第四目确认的服务提供方式实现的市场准入，每一缔约方对任何其他方的服务和服务提供者给予的待遇，在条款、限制和条件方面，不得低于其在具体承诺减让表中所同意和列明的内容。[7]

二、在作出市场准入承诺的部门，除非在其减让表中另有列明，否则一缔约方不得在其一地区或在其全部领土内维持或采取按如下定义的措施：

（一）无论以数量配额、垄断、专营服务提供者的形式，还是以经济需求测试要求的形式，限制服务提供者的数量；

（二）以数量配额或经济需求测试要求的形式限制服务交易或资产总值；

（三）以配额或经济需求测试要求的形式，限制服务业务总数或以指定数量单位表示的服务产出总量；[8]

（四）以数量配额或经济需求测试要求的形式，限制特定服务部门或服务提供者可雇用的、提供具体服务所必需且直接有关的自然人总数；

（五）限制或要求服务提供者通过特定类型法律实体或合营企业提供服务措施；以及

（六）以限制外国股权最高百分比或限制单个或总体外国投资总额的方式限制外国资本的参与。

第十九条　国民待遇

一、对于列入减让表的部门，在遵守其中所列任何条件和资格的前提下，每一缔约方在影响服务提供的所有措施方面给予任何其他方的服务和服务提供者的待遇，不得低于其给予本国同类服务和服务提供者的待遇。[9]

二、一缔约方可通过对任何其他方的服务或服务提供者给予与其本国同类服务或服务提供者的待遇形式上相同或不同的待遇,满足第一款的要求。

三、如形式上相同或不同的待遇改变竞争条件,与任何其他缔约方的同类服务或服务提供者相比,有利于该缔约方的服务或服务提供者,则此类待遇应被视为较为不利的待遇。

第二十条　附加承诺

各缔约方可就影响服务贸易、但根据第十八条(市场准入)或第十九条(国民待遇)不需列入减让表的措施,包括有关资格、标准或许可事项的措施,谈判承诺。此类承诺应列入一缔约方减让表。

第二十一条　具体承诺减让表

一、各缔约方应进行谈判以达成本协议下的一揽子具体承诺。各缔约方应努力做出超越 GATS 业已作出的承诺。

二、每一缔约方应在减让表中列出其根据本协议第十八条(市场准入)和第十九条(国民待遇)作出的具体承诺。对于作出此类承诺的部门,每一减让表应列明:

(一)作出此类承诺的部门;

(二)市场准入的条款、限制和条件;

(三)国民待遇的条件和资格;

(四)与附加承诺有关的承诺;以及

(五)在适当时,实施此类承诺的时限。

三、与第十八条(市场准入)和第十九条(国民待遇)不一致的措施应列入与第十八条和第十九条有关的栏目。

四、一缔约方具体承诺减让表只适用于那些通过谈判已经完成各自具体承诺减让表的缔约方。

五、结束谈判后,具体承诺减让表应成为本协议组成部分,并附在本协议之后。

第二十二条　承诺的适用与扩大

中国应在本协议第二十一条(具体承诺减让表)下做出一份具体承诺减让表,并应将该减让表适用于所有的东盟成员国。

每一个东盟成员国应在本协议的具体承诺减让表条款项下做出各自的具

体承诺减让表,并应将该减让表适用于中国和东盟其他成员国。

第二十三条　逐步自由化

一、涵盖每一缔约方具体承诺减让表的第一批具体承诺附在本协议之后。

二、各缔约方应在本协议生效之日起一年内完成第二批具体承诺的谈判,以实质性改善第一批具体承诺。

三、各缔约方应按照第二十七条(审议),在随后的审议中,通过连续的谈判回合,就该部分项下的进一步具体承诺展开谈判,以实现各缔约方间的服务贸易逐步自由化。

第二十四条　具体承诺减让表的修改

一、一缔约方可以在减让表中任何承诺自生效之日起 3 年后的任何时间修改或撤销该承诺,只要

(一)该缔约方将其修改或撤销某一承诺的意向,在不迟于实施修改或撤销的预定日期前 3 个月通知各缔约方及东盟秘书处;且

(二)该缔约方与任何受影响的缔约方进行谈判,以商定必要的补偿性调整。

二、为实现补偿性调整,各缔约方应确保互利承诺的总体水平不低于在此类谈判之前具体承诺减让表中规定的对贸易的有利水平。

三、依照本条规定制订的任何补偿性调整应在非歧视的基础上适用于所有缔约方。

四、如果有关缔约方无法就补偿性调整达成协议,应按照《框架协议》下的《争端解决机制协议》通过仲裁解决。修改方应在根据仲裁结果进行补偿性调整后,修改或撤销其承诺。

五、如果修改方实施了拟议的修改或撤销,并且没有执行仲裁结果,参与仲裁的任何缔约方可按照仲裁结果修改或撤销实质性对等的利益。尽管有第二十二条(承诺的适用与扩大)的规定,此类修改或撤销应仅适用于修改方。

第四部分:其他条款

第二十五条　国家、地区与地方政府

在履行本协议项下的义务和承诺时,每一缔约方应保证其领土内的地区、

地方政府和主管机构,以及非政府机构(行使中央、省、地区或其他地方政府或主管机关的授权)遵守这些义务和承诺。

第二十六条　联络点

一、各缔约方应指定一个联络点,以便利缔约方之间就本协议下的任何事务进行沟通,包括对本协议的执行和实施交换信息。

二、应任何一缔约方请求,被请求方的联络点应指定负责该事务的部门或官员,并为便利与请求方的沟通提供帮助。

第二十七条　审议

东盟经济部长和中国商务部部长或其指定的代表应在本协议生效之日起一年之内召开会议,此后每两年或任何适当的时间召开会议,审议本协议,以考虑进一步采取措施实现服务贸易自由化,并就本协议关于 WTO 纪律的第十五条或各缔约方同意的任何其他问题制定纪律和谈判协定。

第二十八条　杂项条款

一、GATS 附件,即《关于提供服务的自然人流动的附件》、《关于空运服务的附件》、《关于金融服务的附件》和《关于电信服务的附件》,经必要调整后,适用于本协议。本协议包括(1)附件和其涵盖的内容,它们应成为本协议的组成部分,以及(2)按照本协议达成的所有未来的法律文件。

二、除非本协议另有规定,本协议或依据本协议采取的任何行动不应影响或废止一缔约方依据其现为缔约方的协议所享受的权利和承担的义务。

第二十九条　修正

各缔约方达成书面协议即可对本协议进行修正,此类修正应在各缔约方达成一致的日期生效。

第三十条　争端解决

《全面经济合作框架协议争端解决机制协议》适用于本协议。

第三十一条　利益的拒绝给予

一缔约方可对下列情况拒绝给予本协定项下的利益:

(一)对于一项服务的提供,如确定该服务是从或在一非缔约方的领土内提供的;

(二)在提供海运服务的情况下,如确定该服务是:

1.由一艘根据一非缔约方的法律进行注册的船只提供的,及

2.由一经营和/或使用全部或部分船只的非缔约方的人提供的；

（三）对于一个具有法人资格的服务提供者，如确定其不是另一缔约方的服务提供者。

第三十二条 生效

一、本协议经各缔约方代表签署后，应于2007年7月1日生效。各缔约方应在2007年7月1日之前完成使本协议生效的国内程序。

二、如一缔约方未能在2007年7月1日之前完成使本协议生效的国内程序，该缔约方依照本协议的权利与义务应自其完成此类国内程序之日开始。

三、一缔约方一俟完成使本协议生效的国内程序，应书面通知所有其他缔约方。

第三十三条 交存

对于东盟成员国，本协议应交存于东盟秘书长，东盟秘书长应及时向每一个东盟成员国提供一份经核证的副本。

具名于下的经各自政府正式授权的代表，特签署《中华人民共和国政府与东南亚国家联盟成员国政府全面经济合作框架协议服务贸易协议》，以昭信守。

本协议于2007年1月14日在菲律宾宿务签署，一式两份，以英文书就。

中华人民共和国政府与东南亚国家联盟成员国政府全面经济合作框架协议货物贸易协议

中华人民共和国政府（以下简称"中国"）与文莱达鲁萨兰国，柬埔寨王国，印度尼西亚共和国，老挝人民民主共和国，马来西亚，缅甸联邦，菲律宾共和国，新加坡共和国，泰王国和越南社会主义共和国等东南亚国家联盟成员国政府（以下将其整体简称为"东盟"或"东盟各成员国"，单独提及一国时简称"东盟成员国"）；

忆及 2002 年 11 月 4 日在柬埔寨金边由中国和东盟领导人签署的《中国与东盟（以下将其整体简称为"各缔约方"，单独提及东盟一成员国或中国时简称为"一缔约方"）全面经济合作框架协议》（以下简称《框架协议》）以及 2003 年 10 月 6 日在印度尼西亚巴厘由各缔约方经济部长签署的《关于修改<中国—东盟全面经济合作框架协议>的议定书》；

再次忆及《框架协议》的第二条(1)，第三条(1)和第 8 条(1)款反映出的各缔约方的承诺，即对于中国和东盟六国，将在 2010 年建成涵盖货物贸易的中国—东盟自贸区，对于东盟新成员国，将在 2015 年建成自贸区；

重申各缔约方在规定的时间框架内建立中国—东盟自贸区的承诺，同时允许各缔约方按照《框架协议》规定，享有解决敏感领域问题的灵活性。

达成协议如下：

第一条 定义

就本协议而言，将适用下列定义，除非文中另有规定：

（一）"WTO"指世界贸易组织；

（二）"the GATT 1994"指《1994 年关税与贸易总协定》，包括附件一（注释

和补充条款);

（三)"盟六国"指文莱、印度尼西亚、马来西亚、菲律宾、新加坡和泰国;

（四)"东盟新成员国"指柬埔寨、老挝人民民主共和国、缅甸和越南;

（五)"实施最惠国税率"应包括配额内税率,且 1.对东盟成员国(2003 年7 月 1 日时为世界贸易组织成员)和中国,指其各自于 2003 年 7 月 1 日的实施税率;以及 2.对东盟成员国(2003 年 7 月 1 日时为非世界贸易组织成员),指其在 2003 年 7 月 1 日对中国产品实施的税率;

（六)"非关税措施"应包括非关税壁垒;

（七)"AEM"指东盟经济部长;

（八)"MOFCOM"指中华人民共和国商务部;

（九)"SEOM"指东盟经济高官会。

第二条　国内税和国内法规的国民待遇

一缔约方应根据《1994 年关税与贸易总协定》第三条向所有其他缔约方的本协议和《框架协议》涵盖的货物给予国民待遇。为此,《1994 年关税与贸易总协定》第三条的规定应在必要修正后纳入本协议,并作为本协议的组成部分。

第三条　关税削减和取消

一、各缔约方的关税削减或取消计划应要求逐步削减被列明税目的实施最惠国税率,并在适当时依照本条予以取消。

二、依照本协议纳入关税削减或取消计划的税目应包括所有未被《框架协议》第六条所列的早期收获计划涵盖的税目,这些税目应按如下规定进行关税削减和取消:

（一)正常类:一缔约方自愿纳入正常类的税目应依照本协议附件 1 中列明的模式逐步削减和取消各自的实施最惠国税率,并应实现模式中的降税门槛所规定的目标。

（二)敏感类:一缔约方自愿纳入敏感类的税目应依照本协议附件 2 中的模式削减或取消各自的实施最惠国税率。

三、根据本协议附件 1 和附件 2,各缔约方按照本条履行的承诺应适用于其它所有缔约方。

第四条　透明度

《1994 年关税与贸易总协定》第十条应在必要修正后纳入本协议,并作为本协议的组成部分。

第五条　原产地规则

适用于本协议和《框架协议》早期收获计划所涵盖产品的原产地规则及其

签证操作程序将在本协议的附件 3 中列明。

第六条　减让的修改

一、本协议的任一缔约方可同其已按照本协议做出减让的另一缔约方谈判并达成协议,修订或撤销在本协议下达成的上述减让。

二、在上述可包括关于其他产品的补偿性调整条款的谈判和协议中,所涉及的各缔约方应保持对等互利的减让水平总体上不低于在上述谈判和协议达成之前本协议中规定的水平。

第七条　WTO 规则

一、根据本协议的条款和各缔约方基于本协议第十七条对本协议进行所可能达成的任何未来的协议,各缔约方,由此同意并重申它们遵守 WTO 规则中有关条款的承诺,其中包括非关税措施,技术贸易壁垒,卫生和植物卫生措施,补贴和反补贴措施,反倾销措施和知识产权。非 WTO 成员的缔约方应根据它们加入 WTO 的承诺遵守 WTO 的条款。

二、在本协议中没有被特别提及或修正的 WTO 货物贸易多边协定的条款,应在必要修正后适用于本协议,除非文中另有要求。

第八条　数量限制和非关税壁垒

一、除非 WTO 规则允许,各缔约方不应在任何时候保留任何数量限制措施。非 WTO 成员的缔约方应自本协议生效之日起 3 年后[越南:4 年]或根据其加入 WTO 的承诺逐步取消其数量限制,以时间较早者为准。

二、各缔约方应在本协议生效后尽快列明非关税壁垒(数量限制除外)以逐步取消。取消这些非关税壁垒的时间框架应由各缔约方共同商定。

三、各缔约方在实施本协议时应公布其数量限制的有关信息并使这些信息易于取得。

第九条　保障措施

一、每一为 WTO 成员的缔约方,保留其根据《1994 年关税与贸易总协定》第十九条及《WTO 保障措施协定》所享有的权利及义务。

二、关于中国—东盟自贸区保障措施,一缔约方有权在某一产品的过渡期内针对该产品启动保障措施。上述过渡期始于本协议生效之日,终止于该产品完成关税减让或取消的五年之后。

三、如一缔约方因履行其依据本协议或《框架协议》早期收获计划所承担关税减让的义务,或者,如因不可预见的情况和一缔约方因履行其依据本协议或《框架协议》早期收获计划所承担的义务,导致其从其他缔约方进口的任何特定产品的数量有绝对的或相对于其国内产量的增加,且此种情况已对进口方生产类似或直接竞争产品的国内产业造成严重损害或严重损害威胁,则该缔约方有权采取中国—东盟自贸区保障措施。

四、一缔约方采取中国—东盟自贸区保障措施后,可将所涉产品的适用税率提高至保障措施采取时适用于该产品的 WTO 最惠国税率。

五、中国—东盟自贸区保障措施的最初实施时间不应超过三年,可最多延长一年。不论对某一产品的中国—东盟自贸区保障措施实施期限如何,该保障措施应于该产品过渡期届满之日终止。

六、在实施中国-东盟自贸区保障措施时,各缔约方应适用 WTO 保障措施协定中关于实施保障措施的规则,但《WTO 保障措施协定》第五条所列的数量限制措施及第九、十三、十四条不适用。《WTO 保障措施协定》的所有其它条款应在必要修正后纳入本协议,并作为本协议的组成部分。

七、对于来自一缔约方的产品,只要其在进口成员中所涉产品进口中的份额不超过从各缔约方进口总量的 3%,即不得对该产品实施中国-东盟自贸区保障措施。

八、在依据《WTO 保障措施协定》第八条寻求补偿时,各缔约方应寻求第十二款中提及的机构的斡旋,以在中止任何相等的减让义务前确定实质相等的减让水平。所有与此斡旋有关的程序应在中国—东盟自贸区保障措施实施之日起 90 天内结束。

九、当一缔约方终止针对某一产品实施的中国—东盟自贸区保障措施时,该产品的税率应为根据本协议附件 1 及附件 2 所规定的关税减让表在保障措施终止之年的 1 月 1 日本应开始实行的税率。

十、各缔约方之间及送达第十二款中提及的机构的所有与中国-东盟自贸区保障措施相关的官方信函和文件应采用书面形式,并使用英文。

十一、当一缔约方实施中国—东盟自贸区保障措施时,不得同时依据第一款的规定诉诸 WTO 保障措施。

十二、为实现本条之目的,在根据第十六条第一款设立常设机构之前,所有列入本协议的 WTO 保障措施协定条款中提及的"货物贸易理事会"或"保障措施委员会"均应指中国—东盟经贸部长会议或中国—东盟经济高官会,常设机构在设立后应替代中国—东盟经贸部长会议和中国—东盟经济高官会。

第十条　承诺的加速实施

本协议不能阻止各缔约方进行谈判并达成协议,以加速实施在本协议下做出的承诺,此类协议应经全体缔约方相互同意并共同实施。

第十一条　保障国际收支的措施

如发生严重国际收支和对外财政困难或其威胁,一缔约方可根据《1994 年关税与贸易总协定》和《关于〈1994 年关税与贸易总协定〉国际收支条款的谅解》,采取限制性进口措施。

第十二条　一般例外

在遵守关于此类措施的实施不在情形类似的有关缔约方之间构成任意或不

合理歧视的手段或构成对国际贸易的变相限制的要求前提下,本协议的任何规定不得解释为阻止一缔约方采取或实施以下措施:

(一)为保护公共道德所必需的措施;

(二)为保护人类、动物或植物的生命或健康所必需的措施;

(三)与黄金或白银进出口有关的措施;

(四)为保证与本协议的规定不相抵触的法律或法规得到遵守所必需的措施,包括与海关执法、根据《1994 年关税与贸易总协定》第二条第四款和第十七条实行的有关垄断、宝库专利权、商标和版权以及防止欺诈行为有关的措施;

(五)与监狱囚犯产品有关的措施;

（六）为保护具有艺术、历史或考古价值的国宝所采取的措施；

（七）与保护可用尽的自然资源有关的措施，如此类措施与限制国内生产或消费一同实施；

（八）为履行任何政府间商品协定项下义务而实施的措施，该协定符合WTO 其 WTO 不持异议的标准，或该协定本身提交各缔约方且各缔约方不持异议；

（九）在作为政府稳定计划的一部分将国内原料价格压至低于国际价格水平的时期内，为保证此类原料给予国内加工产业所必需的数量而涉及限制此种原料出口的措施；但是此类限制不得用于增加该国内产业的出口或增加对其提供的保护，也不得偏离本协议有关非歧视的规定；

（十）在普遍或局部供应短缺的情况下，为获取或分配产品所必需的措施；但是任何此类措施应符合以下原则：即本协议的各缔约方在此类产品的国际供应中有权获得公平的份额，且任何此类与本协议其他规定不一致的措施，应在导致其实施的条件不复存在时即行停止。

第十三条　安全例外

本协议的任何规定不得解释为：

（一）要求任何一缔约方提供其认为如披露则会违背其基本安全利益的任何信息；

（二）阻止任何一缔约方采取其认为对保护其基本国家安全利益所必需的任何行动，包括但不仅限于如下行动：

1.与裂变和聚变物质或衍生这些物质的物质有关的行动；

2.与武器、弹药和作战物资的贸易有关的行动，及与此类贸易所运输的直接或间接供应军事机关的其他货物或物资有关的行动；

3.为保护重要通讯基础设施免遭使该基础设施失效或功能削弱的蓄意图谋所采取的措施；

4.在战时或国内、国际关系中的其他紧急情况下采取的行动。

（三）阻止任何缔约方为履行其在《联合国宪章》项下的维护国际和平与安全的义务而采取的任何行动。

第十四条　承认中国市场经济地位

东盟十国中的每一个成员国同意承认中国是一个完全市场经济体，自本协议签署之日起,将对中国与东盟十国中任何一个成员之间的贸易,不适用《中华人民共和国加入世界贸易组织议定书》第十五条和第十六条以及《中国加入世界贸易组织工作组报告书》第242段。

第十五条　国家、地区和地方政府

在履行本协议项下的义务和承诺时,每一缔约方应保证其领土内的地区、地方政府和主管机构,以及非政府机构(行使中央、州、地区或地方政府或主管机关的授权)遵守这些义务和承诺。

第十六条　机构安排

一、在建立常设机构前,中国-东盟经济部长会议,在中国-东盟经济高官会议的支持和协助下,应检查、监督、协调和审议本协议的执行。

二、东盟秘书处应监测并向中国-东盟经济高官会报告本协议的执行情况。在东盟秘书处行使其职责的过程中,各缔约方应予以合作。

三、每一缔约方应指定联络点,为各缔约方就本协议涉及的任何问题进行沟通提供便利。应一缔约方的请求,被请求缔约方的联络点应确定负责该问题的机构或官员,并为便利与提出请求的缔约方之间的沟通提供协助。

第十七条　审议

一、中国—东盟经济部长会议或其指定的代表应在本协议生效之日起一年之内召开会议,此后每两年或任何适当的时间召开会议,审议本协议,以考虑进一步采取措施开放货物贸易,并就本协议第7条涉及的问题或各缔约方同意的任何其他问题制定规则和谈判协定。

二、在考虑各自执行本协议情况的基础上,各缔约方应在2008年对敏感产品进行审议,以提高敏感产品的市场准入条件,包括对敏感类产品的数量进行进一步的、可能的削减以及审议被一缔约方列为敏感的产品的对等关税待遇条件。

第十八条　附件和将来的文件

本协议应包括:

(一)附件及其内容应为本协议的组成部分;以及

(二)将来依据本协议达成的所有法律文件。

第十九条　修正

各缔约方达成书面协议即可对本协议进行修正,此类修正应在各缔约方达成一致的日期生效。

第二十条　杂项条款

除非本协议另有规定,本协议或依据本协议采取的任何行动不应影响或废止一缔约方依据其现为缔约方的协议所享受的权利和承担的义务。

第二十一条　争端解决

《中国—东盟争端解决机制协议》适用于本协议。

第二十二条　交存

对于东盟成员国,本协议应交存于东盟秘书长,东盟秘书长应及时向每一个东盟成员国提供一份经核证的副本。

第二十三条　生效

一、本协议经各缔约方代表签署后,于 2005 年 1 月 1 日生效。

二、各缔约方应在 2005 年 1 月 1 日之前完成使本协议生效的国内程序。

三、如一缔约方未能在 2005 年 1 月 1 日之前完成使本协议生效的国内程序,该缔约方依照本协议的权利与义务应自其完成此类国内程序之日开始。

四、一缔约方一俟完成使本协议生效的国内程序,应通过外交渠道通知所有其他缔约方。

本协议于 2004 年 11 月 29 日在万象签订,一式两份,每份均用中文和英文写成,两种文字同等作准。

中华人民共和国政府与
东南亚国家联盟成员国政府
全面经济合作框架协议投资协议

中华人民共和国（以下简称"中国"）政府，文莱达鲁萨兰国，柬埔寨王国，印度尼西亚共和国，老挝人民民主共和国，马来西亚，缅甸联邦，菲律宾共和国，新加坡共和国，泰王国和越南社会主义共和国等东南亚国家联盟成员国（以下将其整体简称为"东盟"或"东盟各成员国"，单独提及一国时简称"东盟成员国"）政府，（以下将其整体简称为"各缔约方"，单独提及东盟一成员国或中国时简称为"一缔约方"）：

忆及 2002 年 11 月 4 日在柬埔寨金边由中国和东盟领导人签订的《中华人民共和国政府与东南亚国家联盟成员国政府全面经济合作框架协议》（以下简称《框架协议》）；

进一步忆及《框架协议》第五条及第八条，为建立中国—东盟自由贸易区和促进投资，建立一个自由、便利、透明及竞争的投资体制，各缔约方同意尽快谈判并达成投资协议，以逐步实现投资体制自由化，加强投资领域的合作，促进投资便利化和提高投资相关法律法规的透明度，并为投资提供保护；注意到《框架协议》所认识到的缔约方之间不同的发展阶段和速度，和对柬埔寨、老挝、缅甸和越南等东盟新成员实行特殊和差别待遇及灵活性的必要性；重申各缔约方按既定的时间表建成中国—东盟自由贸易区的承诺，并允许各缔约方在处理《框架协议》所包含的各自敏感领域中具有灵活性，在平等互利的基础上实现经济的可持续增长与发展，实现双赢的结果；

重申各缔约方在世界贸易组织（WTO）和其它多边、区域及双边协定和安排中的权利、义务和责任。

达成协议如下：

第一条　定义

一、就本协议而言：

（一）"AEM"是指东盟经济部长会议；

（二）"可自由兑换货币"是指国际货币基金组织在其协议相关条款及任何修正案中指定为可自由兑换货币的任何货币；

（三）"GATS"是指世界贸易组织协定附件1B《服务贸易总协定》；

（四）"投资"是指一方投资者根据另一缔约方相关法律、法规和政策[①]在后者境内投入的各种资产,包括但不限于：

1.动产、不动产及抵押、留置、质押等其他财产权利；

2.股份、股票、法人债券及此类法人财产的利息；

3.知识产权,包括关于版权、专利权和实用模型、工业设计、商标和服务商标、地理标识、集成电路设计、商名、贸易秘密、工艺流程、专有技术及商誉等权利；

4.法律或依合同授予的商业特许经营权[②],包括自然资源的勘探、培育、开采或开发的特许权；和

5.金钱请求权或任何具有财务价值行为的给付请求权。就本目中的投资定义而言,投资收益应被认作投资,投入或再投入资产发生任何形式上的变化,不影响其作为投资的性质；

（五）"一缔约方的投资者"是指正在[③]或已在其它缔约方境内进行投资的一缔约方自然人或一缔约方法人；

（六）"一缔约方的法人"是指根据一缔约方适用法律适当组建或组织的任何法人实体,无论是否以营利为目的,无论属私营还是政府所有,并在该缔约方境内具有实质经营,包括任何公司、信托、合伙企业、合资企业、个人独资企业或协会；

（七）"措施"是指一缔约方所采取的,影响投资者和/或投资的,任何普遍适用的法律、法规、规则、程序、行政决定或行政行为,包括：

1.中央、地区或地方政府和主管机关所采取的措施；和

2.由中央、地区或地方政府和主管机关授权行使权力的非政府机构所采取的措施；

（八）"MOFCOM"指中华人民共和国商务部；

（九）"一缔约方的自然人"是指根据一缔约方法律法规拥有该缔约方国籍、公民身份或永久居民权的任何自然人[④]；

（十）"收益"是指获利于或源自一项投资的总金额，特别是指但不限于利润、利息、资本所得、红利、版税或酬金；

（十一）"SEOM"是指东盟经济高官会议；

（十二）"WTO 协定"是指 1994 年 4 月 15 日于摩洛哥马拉喀什订立的《马拉喀什建立世界贸易组织协定》。

二、上述每一术语的定义应适用于本协议，除非文中另有规定，或者一缔约方对任何上述术语对其承诺或保留的适用另有特殊定义。

三、除非文中另有规定，本协议中单数形式的定义措辞应包括复数形式，及所有复数形式的定义措辞应包括单数形式。

第二条　目标

本协议的目标是旨在通过下列途径，促进东盟与中国之间投资流动，建立自由、便利、透明和竞争的投资体制：

（一）逐步实现东盟与中国的投资体制自由化；

（二）为一缔约方的投资者在另一缔约方境内投资创造有利条件；

（三）促进一缔约方和在其境内投资的投资者之间的互利合作；

（四）鼓励和促进缔约方之间的投资流动和缔约方之间投资相关事务的合作；

（五）提高投资规则的透明度以促进缔约方之间投资流动；以及

（六）为中国和东盟之间的投资提供保护。

第三条　适用范围

一、本协议应适用于一缔约方对下列相关情形采取或保留的措施：

（一）另一缔约方的投资者；和

（二）另一缔约方投资者在其领土内的投资：

1.对于中国，根据 2001 年 12 月 11 日中国加入世界贸易组织时世界贸易组织定义的全部关税领土。就此而言，本协议中对中国"领土"的表述是指中国的关税领土；和

2.对于东盟成员国，其各自的领土。

二、除非本协议另有规定,本协议应适用于一缔约方投资者在另一缔约方境内的所有投资,无论其设立于本协议生效前或生效后。为进一步明确,本协议的规定不对任何缔约方,涉及在本协议生效之前发生的任何行动或事实或已终止的任何状态,具有约束力。

三、就泰国而言,本协议仅适用于在泰国境内被确认并依据泰国适用的国内法律、法规和政策,获得其主管机构[⑤]明确书面批准保护的另一方投资者的投资。

四、本协议不适用于:

(一)任何税收措施。本项不应损害缔约方关于下列税收措施的权利和义务:

1.依据 WTO 的权利和义务准予或征收的;

2.第八条(征收)和第十条(转移和利润汇回)的规定;

3.第十四条(投资者与国家之间的争端解决)的规定,若争端源自第八条(征收);以及

4.关于避免双重征税的任何税收协定的规定。

(二)规范政府机构为政府目的(政府采购)进行货物或服务采购的法律、法规、政策或普遍适用的程序,只要该采购不以商业转售或为商业销售生产货物或提供服务为目的;

(三)一缔约方提供的补贴或补助,及接受或持续接受此类补贴或补助所附带的任何条件,无论此类补贴或补助是否仅提供给国内投资者和投资;

(四)一缔约方相关机构或主管机关行使政府职权时提供的服务。就本协议而言,行使政府职权时提供的服务指既不以商业为基础,也不与一个或多个服务提供者竞争的任何服务;以及

(五)一缔约方采取或维持的影响服务贸易的措施。

五、尽管有第四款第(五)项的规定,第七条(投资待遇)、第八条(征收)、第十条(转移和利润汇回)、第九条(损失的补偿)、第十二条(代位)和第十四条(缔约方与投资者间争端解决),经必要修改后,应适用于影响一缔约方服务提供者在另一缔约方境内通过商业存在的方式提供服务的任何措施,但仅限于此类措施与本协议相关的投资和义务,无论此服务部门是否列于 2007 年 1 月 14 日于菲律宾宿务签订的《中华人民共和国与东南亚国家联盟全面经济

合作框架协议服务贸易协议》的缔约方的具体承诺减让表中。

第四条　国民待遇

各方在其境内,应当给予另一方投资者及其投资,在管理、经营、运营、维护、使用、销售、清算或此类投资其他形式的处置方面,不低于其在同等条件下给予其本国投资者及其投资的待遇。

第五条　最惠国待遇

一、各缔约方在准入、设立、获得、扩大、管理、经营、运营、维护、使用、清算、出售或对投资其他形式的处置方面,应当给予另一缔约方投资者及其相关投资,不低于其在同等条件下给予任何其他缔约方或第三国投资者及/或其投资的待遇。

二、尽管有第一款的规定,如果一缔约方依据任何其为成员的将来的协定或安排,给予另一缔约方或第三国投资者及其投资更优惠的待遇,其没有义务将此待遇给予另一缔约方的投资者及其投资。但是,经另一缔约方要求,该缔约方应给予另一缔约方充分的机会,商谈其间的优惠待遇。

三、尽管有第一款和第二款的规定,此待遇不包括:

(一)在任何现存与非缔约方的双边、地区及国际协定或任何形式的经济或区域合作中,给予投资者及其投资的任何优惠待遇;和

(二)在东盟成员国之间及一缔约方同其单独关税区之间的任何协定或安排中,给予投资者及其投资的任何现有或未来优惠待遇。

四、为进一步明确,本条规定的义务不包含要求给予另一方投资者除本章规定内容以外的争端解决程序。

第六条　不符措施

一、第四条(国民待遇)和第五条(最惠国待遇)不适用于:

(一)任何在其境内现存的或新增的不符措施;

(二)任何第(一)项所指不符措施的延续或修改。

二、各方应当尽力逐步消除不符措施。

三、各方应根据第二十四条(审议)展开讨论,以推进第二条第(一)项和第二条第(五)项中的目标。在根据第二十二条(机构安排)设立的机构监督下,各方应尽力实现上述目标。

第七条　投资待遇

一、各缔约方应给予另一方投资者的投资公平和公正待遇,提供全面保护和安全。

二、为进一步明确:

(一)公平和公正待遇是指各方在任何法定或行政程序中有义务不拒绝给予公正待遇;和

(二)全面保护与安全要求各方采取合理的必要措施确保另一缔约方投资者投资的保护与安全。

三、违反本协议其它规定或单独的国际协定的决定,并不构成对本条的违反。

第八条　征收

一、任何一缔约方不得对另一缔约方投资者的投资实施征收、国有化或采取其他等同措施("征收"),除符合下列条件:

(一)为公共目的;

(二)符合可适用的国内法包括法律程序;

(三)以非歧视的方式实施;以及

(四)按照第二款规定给予补偿。

二、此补偿应以征收公布时或征收发生时被征收投资的公平市场价值计算,孰为先者作准。补偿应允许以可自由兑换货币从东道国自由转移。补偿的偿清和支付不应有不合理的拖延。公平市场价值不应因征收事先被公众所知而发生任何价值上的变化。

三、一旦发生拖延,补偿应包括按主要商业利率计算的从征收发生日起到支付日之间的利息[⑥]。包括应付利息在内的补偿,应当以原投资货币或应投资者请

求以可自由兑换货币支付。

四、尽管有第一段、第二段和第三段的规定,任何相关土地征收的措施,应由各缔约方各自现有的国内法律、法规及任何修正案进行解释,对于补偿金额也应依据上述法律、法规解释。

五、对于一缔约方所征收的法人财产,若该法人为根据其法律、法规以股份形式组成或建立,且另一缔约方的投资者拥有其中股份,本条前述几款的规

定应适用,以保证支付给此投资者的补偿符合其所征收财产的利益。

六、本条不适用于根据 WTO 协定附件 1C《与贸易有关的知识产权协定》给予的与知识产权相关的强制许可。

第九条　损失补偿

一缔约方投资者在另一缔约方境内的投资,如果因另一方境内战争或其他武装冲突、革命、国家紧急状态、叛乱、起义或骚乱而遭受损失,则另一缔约方在恢复原状、赔偿、补偿和其他解决措施方面,在同等条件下,给予该投资者的待遇不应低于其给予任何第三国投资者或本国国民的待遇,并从优适用。

第十条　转移和利润汇回

一、任一缔约方应允许任何其他方投资者在该缔约方境内的投资的所有转移,能以转移当日外汇市场现行汇率兑换为可自由兑换货币,允许此类转移不延误地自由汇入或汇出该方领土。此类转移包括:

(一)初始投资,及任何用于保持或扩大投资的追加资本[⑦];

(二)任何其他缔约方投资者的任何投资所产生的净利润、资本所得、分红、专利使用费、许可费、技术支持、技术及管理费、利息及其他现金收入;

(三)任何其他缔约方投资者的任何投资的全部或部分销售或清

算所得款项,或减少投资资本所得款项;

(四)一缔约方投资者偿付任何其他方投资者的借款或贷款,只要各缔约方已认定其为投资;

(五)任何其他缔约方自然人的净收入和其他补偿,该自然人受雇佣并允许从事与在该方境内投资相关的工作;

(六)依据任何其他缔约方投资者或其投资所订立合同进行的支付,包括依据贷款业务进行的支付;以及

(七)依据第八条(征收)和第九条(损失补偿)进行的支付。

二、各方给予第一款所述转移的待遇,在同等条件下,应等同于任何其他缔约方或第三国投资所产生的转移。

三、尽管有第一款和第二款的规定,一缔约方在公平、非歧视和善意实施其与下列内容相关的法律法规基础上,可以阻止或延迟某一项转移,包括:

(一)破产,丧失偿付能力或保护债权人权利;

(二)未履行东道方的关于证券、期货、期权或衍生产品交易的转移要求;

（三）未履行税收义务；

（四）刑事犯罪和犯罪所得的追缴；

（五）社会安全、公共退休或强制储蓄计划；

（六）依据司法判决或行政决定；

（七）与外商投资项目停业的劳动补偿相关的工人遣散费；以及

（八）必要时用于协助执法或金融管理机构的财务报告或转移备案记录。

四、为进一步明确，本条前述各款所指的转移应遵守各自外汇管理国内法律和法规所规定的相关程序，只要此类法律和法规不被用做规避缔约方本协议义务的手段。

五、本协议的任何规定不得影响各方作为国际货币基金组织成员在《国际货币基金协定》项下的权利和义务，包括采取符合《国际货币基金协定》的汇兑行动，但是一方不得对任何资本交易设置与其在本协议中具体承诺不一致的限制，但以下情形除外：

（一）依据第十一条（国际收支平衡保障措施）；

（二）应国际货币基金组织的要求；

（三）在特殊情形下，资本的流动导致相关缔约方严重的经济或金融动荡，或存在导致上述情况的威胁。

六、根据第五款第（三）项所采取的措施[⑧]：

（一）应与《国际货币基金组织协定》条款相一致；

（二）不得超过处理第五款第（三）项所指情况所必需的程度；

（三）应是暂时的，并在其设立和维持不再具有合理性时予以取消；

（四）应尽早通知其他缔约方；

（五）应使任何一方所获待遇不低于任何其他方或非缔约方所获待遇；

（六）应在国民待遇的基础上实施，且

（七）应避免对其他缔约方的投资者、所涉投资和商业、经济和财政利益造成不必要的损害。

第十一条　国际收支平衡保障措施

一、若发生国际收支严重不平衡、外部金融困难或威胁，一缔约方可采取或保留投资限制措施，包括与此类投资相关的支付和转移。认识到缔约方在经济发展过程中面临的保持国际收支平衡的特别压力，可在必要时采取限制措施或其它方式,确保维持适当的外汇储备水平以实施其经济发展计划。

二、第一段所指的限制措施应:

(一)与国际货币基金组织协议的条款相一致;

(二)在缔约方之间没有歧视;

(三)避免对任何其它缔约方的商业、经济和金融利益造成不必要的损害;

(四)不超越处理第一段所描述情形的必要限度;

(五)属临时性的,并在第一段所述情形改善时逐步取消;以及

(六)给予任一其他缔约方的待遇不低于任何第三国。

三、一缔约方依据第一款采取或保留的任何限制措施,或对这些措施的任何修改,应及时通知所有其他缔约方。

第十二条　代位

一、如果任何一方或其指定的任何代理、机构、法定机构或公司,依照保险向其本国投资者就相关投资或其中任何一部分依据本协议形成的要求权进行了支付,其他相关方应当承认前述缔约方或其指定的任何代理、机构、法定机构或公司有资格代位履行其投资者的权利和要求权。代位权利或要求权不应超过投资者的原始权利或要求权。

二、如一方或其指定的任何代理、机构、法定机构或公司已向其投资者进行了支付,并已接管该投资者的权利及请求,则该投资者不得向另一方主张这些权利或请求,除非其得到授权,代表该方或进行支付的代理机构采取行动。

第十三条　缔约方间争端解决

2004 年 11 月 29 日于老挝万象签订的《中国—东盟全面经济合作框架协议争端解决机制协议》的规定,适用于本协议缔约方间争端解决。

第十四条　缔约方与投资者间争端解决

一、本条适用于一缔约方与另一缔约方的投资者之间产生的,涉及因前一缔约方违反本协议第四条(国民待遇)、第五条(最惠国待遇)、第七条(投资待遇)、第八条(征收)、第九条(损失补偿)、第十条(转移和利润汇回),通过对某一投资的管理、经营、运营、销售或其他处置等行为给投资者造成损失或损害的投资争端。

二、本条不适用于:

（一）在本协议生效前，已发生的事件引发的投资争端、已解决的投资争端或者已进入司法或仲裁程序的投资争端；

（二）争端所涉投资者拥有争端所涉缔约方的国籍或公民身份的情况。

三、争端所涉方应尽可能通过磋商解决争端。

四、如果按第三款规定提出磋商和谈判的书面请求后6个月内，争端仍未解决，除非争端所涉方另行同意，则应当根据投资者的选择，将争端：

（一）提交有管辖权的争端缔约方法院或行政法庭；或

（二）如果争端所涉缔约方和非争端所涉缔约方均为国际投资争端解决中心公约的成员，则可根据《国际投资争端解决中心公约》及《国际投资争端解决中心仲裁程序规则》[⑨]提交仲裁；或

（三）如果争端所涉缔约方和非争端所涉缔约方其中之一为国际投资争端解决中心公约的成员，则可根据国际投资争端解决中心附加便利规则提交仲裁；或

（四）根据《联合国国际贸易法委员会的规则》提交仲裁；或

（五）由争端所涉方同意的任何其他仲裁机构或根据任何其他仲裁规则进行仲裁。

五、在一争端已被提交给适格的国内法院的情况下，所涉投资者如果在最终裁决下达前从国内法院撤回申请，可将其提交给国际争端解决机构。对于印尼、菲律宾、泰国和越南，一旦投资者将争端提交给其适格的法院和行政法庭，或根据本条第四款第（二）项、第（三）项、第（四）项或第（五）项规定的仲裁程序之一，则选定的程序是终局性的。

六、与本条内容保持一致，根据如上第四款第（二）项、第（三）项、第（四）项或第（五）项将争端提交调解或仲裁，应取决于：

（一）将争端提交调解或仲裁发生在争端所涉投资者知道，或者在合理情况下应当知道对本协议义务的违反对其或其投资造成损失或损害之后的3年内；以及

（二）争端所涉投资者在提交请求90日前以书面方式将他（或她）欲将此争端提交调解或仲裁的意愿通知争端所涉缔约方。争端所涉缔约方收到通知后，可要求争端所涉投资者在提交争端前根据第四款第（二）项、第（三）项、第（四）项或第（五）项完成其国内法规规定的国内行政复议程序。通知应：

1.指定第四款第(二)项、第(三)项、第(四)项或第(五)项之一作为争端解决法庭,在第四款第(二)项的情况下,指明是寻求调解或是仲裁;

2.在第四款所指的任何争端所涉法庭上,放弃其发起或进行任何程序(不包括第七款所指的中期保护措施的程序)的权利;并且

3.简要总结本协议(包括被认为所违反的条款)项下争端所涉缔约方被认为违反规定的情况,以及对投资者或其投资造成的损失或损害。

七、任何缔约方不得阻止争端所涉投资者,在第四款所指任何争端解决机制的程序之前,寻求过渡性保护措施,以保护其权利和利益,只要该措施不涉及需争端缔约方法院判决和行政裁决的伤害补偿和争端实质问题的解决。

八、任何缔约方不得对其投资者和任一其他缔约方依照本条应同意提交或已提交调解或仲裁的相关争端,提供外交保护或国际要求,除非此缔约方对此争端未能遵守所做出的裁定。对于本款,外交保护不包括为便利一项争端解决的单一目的进行的非正式外交交涉。

九、当一投资者提出争端缔约方采取或执行税收措施已违背第八条(征收),应争端缔约方请求,争端缔约方和非争端缔约方应举行磋商,以决定争议中的税收措施是否等效于征收或国有化。任何依照本协议设立的仲裁庭应根据本款认真考虑缔约双方的决定。

十、如缔约双方未能启动此类磋商,也未能在自收到第四款所指的磋商请求的 180 天内,决定此类税收措施是否等效于征收或国有化,则不应阻止争端所涉投资者根据本条款将其要求提交仲裁。

第十五条　利益的拒绝

一、经事先通知及磋商,一方可拒绝将本协议的利益给予:

(一)另一方投资者,如果该投资是由非缔约方的人拥有或控制的法人进行的,且该法人在另一方境内未从事实质性商业经营;或者

(二)另一方投资者,如果该投资是由拒绝给予利益一方的人拥有或控制的法人进行的。

二、尽管有第一款规定,对于泰国,根据其适用的法律和/或法规,可以拒绝将与投资准入、设立、收购和扩大相关的本协议利益给予作为另一方法人的投资者或此类投资者的投资,如果泰国确定该法人[⑩]被一非缔约方或拒绝给予利益方的自然人或法人所控制或拥有。

三、在不影响第一款的前提下,菲律宾可拒绝将本协议利益给予另一方的投资者和该投资者的投资,如果其确定该投资者所设投资违反了名为"惩治规避某些权利、特权或优先权的国有化法行为的法案"的《第108号联邦法案》,该法案由第715号总统令修订,并可经修订称作《反欺诈法》。

第十六条　一般例外

一、在此类措施的实施不在情形类似的缔约方、缔约方的投资者或投资者的投资之间构成任意或不合理歧视的手段,或构成对任何一方的投资者或其设立的投资的变相限制的前提下,本协议的任何规定不得解释为阻止任何成员采取或实施以下措施:

(一)为保护公共道德或维护公共秩序所必需的措施[11];

(二)为保护人类、动物或植物的生命或健康所必需的措施;

(三)为使与本协议的规定不相抵触的法律或法规得到遵守所必需的措施,包括与下列内容有关的法律或法规:

1.防止欺骗和欺诈行为或处理服务合同违约而产生的影响;

2.保护与个人信息处理和传播有关的个人隐私及保护个人记录和账户的机密性;以及

3.安全;

(四)旨在保证对任何一方的投资或投资者公平或有效地[12]课征或收取直接税;

(五)为保护具有艺术、历史或考古价值的国宝所采取的措施;

(六)与保护不可再生自然资源相关的措施,如这些措施与限制国内生产或消费一同实施。

二、对于影响提供金融服务的措施而言,WTO协议附件1B GATS关于金融服务的附件第二款(国内规制),经必要调整后并入本协议,构成协议的一部分。

第十七条　安全例外

本协议的任何规定不得解释为:

(一)要求任何一方提供其认为如披露会违背其基本安全利益的任何信息;或

(二)阻止任何一方采取其认为对保护基本安全利益所必需的任何行动,

包括但不限于：

1.与裂变和聚变物质或衍生这些物质的物质有关的行动；

2.与武器、弹药和作战物资的贸易有关的行动,及与此类贸易所运输的直接或间接供应军事机关的其他货物和物资有关的行动；

3.为保护关键的公共基础设施免受使其丧失或降低功能的故意袭击行动；

4.战时或国内或国际关系中其他紧急情况下采取的行动;或者

(三)阻止一方为履行其在《联合国宪章》项下的维护国际和平与安全的义务而采取的任何行动。

第十八条　其他义务

一、若任何一方在协议实施之时或此之后的法律或缔约方之间的国际义务使得另一方投资者的投资所获地位优于本协议下所获地位,则此优惠地位不应受本协议影响。

二、各方应遵守其对另一方投资者的投资业已做出的任何承诺。

第十九条　透明度

一、为实现本协议的目标,各方应：

(一)发布在其境内关于或影响投资的所有相关法律、法规、政策和普遍使用的行政指南；

(二)及时并至少每年向其他方通报显著影响其境内投资或本协议下承诺的任何新的法律或现有法律、法规、政策或行政指南的任何变化；

(三)建立或指定一个咨询点,其他方的任何自然人、法人或任何人可要求并及时获取第(一)项和第(二)项下要求公布的与措施相关的所有信息；

(四)至少每年一次通过东盟秘书处向其他方通报该方作为缔约方的任何未来的给予任何优惠待遇的投资相关协议或安排。

二、本协议的任何规定不得要求一方提供或允许接触机密信息,披露此类信息会阻碍法律实施、违背公共利益或损害特定法人、公众或私人的合法商业利益。

三、根据第一款的所有通报和通信应使用英文。

第二十条　投资促进

在其他方面,缔约方应合作采取以下措施加强中国—东盟投资地区意识：

（一）增加中国—东盟地区投资；

（二）组织投资促进活动；

（三）促进商贸配对活动；

（四）组织并支持机构举行形式多样的关于投资机遇和投资法律、法规和政策的发布会和研讨会；并

（五）就与投资促进和便利化相关的互相关心的其他问题开展信息交流。

第二十一条　投资便利化

在其他方面，缔约方应按照其法律法规，在中国和东盟间开展以下投资便利化合作：

（一）为各类投资创造必要环境；

（二）简化投资适用和批准的手续；

（三）促进包括投资规则、法规、政策和程序的投资信息的发布；并

（四）在各个东道方建立一站式投资中心，为商界提供包括便利营业执照和许可发放的支持与咨询服务。

第二十二条　机制安排

一、鉴于常设机构尚未建立，由中国—东盟经济高官会支持与协助的中国—东盟经济部长会应监督、指导、协调并审议本协议的实施。

二、东盟秘书处应监控并向中国—东盟经济高官会报告协议的实施情况。所有缔约方应在履行东盟秘书处职责方面与秘书处进行合作。

三、各方应指定一个联系点，促进缔约方间就本协议涵盖的任何事务开展交流。应一方要求，被要求方的联系点应指明某事务的办事机构或负责人员，便利与要求方的交流。

第二十三条　与其他协议的关系

本协议不得减损一方作为任何其他国际协议缔约方的现有权利和义务。

第二十四条　一般审议

中国—东盟经济部长会或其指定代表应在协议实施之日起一年内召开会议，之后应每两年或在其他适当时候召开会议，审议本协议，以推进第二条（目标）所设定的目标。

第二十五条　修订

缔约方可书面修订本协议，此类修订应在缔约方同意的日期生效。

第二十六条 交存

对于东盟成员国,本协议应交存于东盟秘书长,东盟秘书长应及时向每一个东盟成员国提供一份经核证的副本。

第二十七条 生效

一、本协议自签订之日起 6 个月生效。

二、缔约方承诺完成使本协议生效的国内程序。

三、如一缔约方未能在签订之日起 6 个月内完成使协议生效的国内程序,该缔约方依照本协议的权利与义务应自其完成此类国内程序之日后 30 天开始。

四、一缔约方一俟完成使本协议生效的国内程序,应书面通知其他缔约方。

下列代表经各自政府正式授权,特签订《中华人民共和国政府与东南亚国家联盟成员国政府全面经济合作框架协议投资协议》,以昭信守。

本协议于 2009 年 8 月 15 日在泰国曼谷签订,一式两份,以英文写成。

中华人民共和国政府与
东南亚国家联盟成员国政府
全面经济合作框架协议争端解决机制协议

中华人民共和国政府(以下简称"中国")与文莱达鲁萨兰国,柬埔寨王国,印度尼西亚共和国,老挝人民民主共和国,马来西亚,缅甸联邦,菲律宾共和国,新加坡共和国,泰王国和越南社会主义共和国等东南亚国家联盟成员国政府(以下将其整体简称为"东盟"或"东盟各成员国",单独提及一国时简称"东盟成员国");

忆及中国和东盟各成员国家/政府首脑于 2002 年 11 月 4 日在金边签署的《中国—东盟全面经济合作框架协议》(下称《框架协议》;)

忆及《框架协议》第十一条第一款关于在《框架协议》生效一年内为《框架协议》之目的建立适当正式争端解决程序和机制的规定;

达成协议如下:

第一条　定义

为本协议之目的,除非另有规定,应当适用以下定义:

(一)《框架协议》中的所有定义应当适用于本协议;

(二)"日"为日历日,包括周末和节假日;

(三)"争端各方"、"争端当事方"或"有关当事方",是指起诉方和被诉方;

(四)"起诉方"指依据第 4 条提出磋商请求的当事方;

(五)"被诉方"指第 4 条下磋商请求所指向的当事方。

第二条　适用范围

一、本协议适用于《框架协议》项下发生的争端,《框架协议》包含附件及其内容在内。除非另有规定,下文中提及的《框架协议》应包括将来依据《框架协议》达成的所有法律文件。

二、经缔约方全体同意,对《框架协议》中有关争端解决的特殊和附加规则,东盟秘书处可将其列为本协议附件。

三、除非本协议或者《框架协议》另有规定,或者缔约方另有约定,本协议的规定应适用于各缔约方间就其《框架协议》项下权利和义务争端的避免和解决。

四、对缔约方境内的中央、地区、地方政府或者权力机构采取的影响《框架协议》得到遵守的措施,可援引本协议的规定。

五、在遵守第六款的前提下,本协定不妨碍缔约方依据其均是缔约方的其他条约,诉诸该条约项下争端解决程序的权利。

六、涉及本协议项下或者争端当事方均是缔约方的其他条约项下具体权利或义务的争端,若本协定项下或其他条约项下的争端解决程序已经启动,起诉方所选择的争端解决场所应排除其他争端解决场所对该争端的适用。

七、对一具体争端,争端当事方明示同意选择一个以上的争端解决场所的,第五款和第六款将不适用。

八、为第五款至第七款的目的,一俟起诉方依据本协议或争端当事方均是缔约方的其他条约,要求设立或将争端提交一争端解决专家组或者仲裁庭,将视为起诉方已经选择了争端解决场所。

第三条　联系点

一、为本协议之目的,缔约方应:

(一)指定一个负责本协议所规定的所有联系事务的办公室;

(二)负责指定的办公室的运作和费用;及

(三)在完成本协议生效的国内程序30天内,通知其他缔约方其指定的办公室的地点和地址。

二、除非本协议另有规定,将本协议项下的任何请求或文件提交一缔约方指定的办公室,应被视为向该缔约方提交了此请求或文件。

第四条　磋商

一、如由于被诉方未能履行其在《框架协议》项下的义务,导致以下情形,对起诉方就影响《框架协议》的执行或适用的任何事项提出的磋商请求,被诉方应当给予应有的考虑和充分的磋商机会：

（一）起诉方在《框架协议》项下直接或者间接获得的利益正在丧失或减损；或

（二）《框架协议》任何目标的实现正受到阻碍。

二、任何磋商请求应以书面形式提交，应包括争议的措施以及指控的事实和法律依据（包含被声称违反的《框架协议》的规定及任何其他有关规定）。起诉方应将磋商请求送达被诉方以及其他缔约方。一俟收讫，被诉方即应通知起诉方及其他缔约方收到此请求。

三、如一磋商请求被提出，则被诉方应在收到该请求之日起7天内作出答复，并应在收到该请求之日起不超过30天的期限内真诚地进行磋商，以达成双方满意的解决办法。如被诉方未在前述的7天内作出答复，或未在前述的30天内进行磋商，则起诉方可以直接依据第六条请求设立仲裁庭。

四、争端当事方应尽最大努力通过磋商对有关事项达成双方满意的解决办法。为此目的，有关当事方应当：

（一）提供充分的信息，以便对有关措施如何影响《框架协议》的执行进行全面审查；

（二）对另一当事方在磋商中提交并指定为保密的信息进行保密。本协定项下不允许提起非违反之诉。

五、磋商应保密，且不得损害任何一方在进一步或者其他诉讼程序中的权利。

六、只要一缔约方（非案件的当事方）认为按照本条进行的磋商涉及其实质利益，则该成员即可在被诉方收到磋商请求之日起10天内，将其参加磋商的愿望通知争端当事方。该缔约方应被允许参加入磋商，只要被诉方同意实质利益的主张是有理由的。被诉方应当在磋商开始前将其决定通知起诉方和其他缔约方。如加入磋商请求未予接受，则提出申请的缔约方有权根据本条提出单独的磋商请求。

七、在紧急案件中，包括涉及易腐货物的案件，有关当事方应在收到请求之日起不超过10天的期限内进行磋商。如在被诉方收到请求之日起20天的期限内，磋商未能解决争端，则起诉方可依据第6条直接请求设立仲裁庭。

八、在紧急案件中，包括涉及易腐货物的案件，争端当事方及仲裁庭应尽一切努力尽最大可能加快诉讼程序。

第五条　调解或调停

一、争端当事方可随时同意进行调解或调停。此程序可由争端当事方随时开始,随时终止。

二、如争端当事方同意,在第六条项下仲裁庭解决争议的同时,调解或调停程序可在争端方同意的任何人士或者组织主持下继续进行。

三、有关调解或调停的程序以及争端当事方在这些程序中的立场,应当保密,并且不得损害任何一方在任何进一步或其他诉讼中的权利。

第六条　仲裁庭的设立

一、如在收到磋商请求之日起 60 天内,或在包括涉及易腐货物案件在内的紧急情况下在收到磋商请求之日起 20 天内,第 4 条所指的磋商未能解决争端,起诉方可书面通知被诉方请求依据本条设立仲裁庭。其他缔约方应收到此请求的副本。

二、设立仲裁庭的请求应当说明请求的理由,包括确认:

(一)争论中的具体措施;及

(二)足以明确陈述问题的起诉的事实和法律根据(包含被声称违反的《框架协议》的规定及任何其他有关规定)。

三、如一个以上起诉方就同一事项请求设立仲裁庭,有关当事方,在考虑各自的权利情况下,只要可行,可设立单一仲裁庭来审理该事项。四、在依据第三款设立单一仲裁庭的情况下,该仲裁庭应组织审查并将其调查结果提交所有争端当事方,以保证争端当事方在若干仲裁庭分开审查起诉时本可享受的权利决不受到减损。如争端任何一方提出请求,在撰写报告时间允许情况下,仲裁庭可就争端向有关争端当事方提交单独的报告。每一争端当事方的书面陈述应可使其他争端当事方获得,且每一争端当事方有权在本争端的其他当事方向仲裁庭陈述意见时在场。五、如根据第三款设立一个以上的仲裁庭来审查同一事项,在最大可能的限度内,争端当事方应指定相同的人员在每一单独仲裁庭中任职,且每一单独仲裁庭程序的时间表应进行协调。

第七条　仲裁庭的组成

一、除非本协议另有规定或者争端当事方另有约定,仲裁庭应包括 3 名成员。

二、在被诉方收到第六条项下设立仲裁庭请求的 20 日内,起诉方应当为仲裁庭指定一名仲裁员。被诉方应当在其收到第六条项下设立仲裁庭请求的 30 日内为仲裁庭指定一名仲裁员。如争端任何一方未能在此期限内指定仲裁员,则另一方所指定的仲裁员应作为仲裁庭的独任仲裁员。

三、若起诉方和被诉方已经根据第 2 款分别指定了仲裁员,有关当事方应尽力就将作为仲裁庭主席的另外一名仲裁员达成一致。如第二款项下的最后一名仲裁员被指定 30 日后,有关当事方未能就仲裁庭主席人选达成一致,则应请求世界贸易组织(WTO)总干事来指定仲裁庭主席,且争端当事方应接受此种指定。若总干事为一争端当事方的国民,则副总干事或其他非任何争端当事方国民的次级别官员应被请求进行此种指定。若一争端当事方并非 WTO 成员,则争端当事方应请求国际法院院长指定仲裁庭主席,争端当事方应接受此种指定。若院长是一争端当事方的国民,则副总院长或其他非任何争端当事方国民的次级别官员应被请求进行此种指定。

四、仲裁庭组成的日期,为依照第三款指定主席的日期,或在独任仲裁员的情况下为第六条中规定的收到请求后的第 30 日。

五、若依照本条所指定的仲裁员辞职或者不能履行职责,继任仲裁员的选任应与最初仲裁员的指定方式相同,且继任仲裁员应享有最初仲裁员的权力和义务。在选任继任仲裁员期间,仲裁庭的工作应当中止。

六、被指定作为仲裁庭成员或者主席的人选,应在法律、国际贸易、《框架协议》涵盖的其它事项、或者国际贸易协议争端的解决方面具有专门知识或经验,并且仅在客观、可靠、公正和独立的基础上严格选任。此外,主席不应为任何争端当事方的国民,且不得在任何争端当事方的境内具有经常居住地或者为其所雇佣。

七、若根据本协议的规定,设立仲裁庭审查某事项,但由于某种原因该原仲裁庭不能进行审查,则应根据本条设立一新的仲裁庭。

第八条　仲裁庭的职能

一、仲裁庭的职能是对审议的争端作出客观评价,包括对案件事实及《框架协议》的适用性和与《框架协议》的一致性的审查。如仲裁庭认定一措施与《框架协议》的规定不一致,则应建议被诉方使该措施符合该规定。除其建议外,仲裁庭还可就被诉方如何执行建议提出办法。在其调查结果和建议中,仲裁庭不能增加或减少《框架协议》所规定的权利和义务。

二、仲裁庭应具有下列职权范围,除非争端当事方在仲裁庭组成之后20天内另有议定:

"按照《框架协议》有关规定,审查(争端方名称)提交仲裁庭的事项,并提出调查结果和《框架协议》规定的决定和建议。"仲裁庭应就争端当事方引用的《框架协议》有关规定进行专门说明。

三、依照上述第6条设立的仲裁庭:

(一)应定期与争端当事各方进行磋商,并为达成双方满意的解决方法提供充分机会;

(二)应根据《框架协议》和对争端当事各方适用的国际法规则作出裁决;及

(三)应在其裁定中说明事实和法律方面的调查结果及其理由。

四、仲裁庭裁决为终局,对争端各当事方有约束力。

五、仲裁庭应基于一致作出裁决;如果仲裁庭不能取得一致,则应依照多数意见作出裁决。

六、除第六条第二款、第三款和第四款以及第九条规定的事项外,仲裁庭经与争端各当事方磋商,应规范仲裁庭有关当事方权利和其审议的程序。

第九条　仲裁庭程序

一、仲裁庭的会议不公开。争端各当事方只有在仲裁庭邀请时方可出席会议。

二、实质性会议的地点应由争端各方协商一致来确定,如果不能达成一致,则第一次实质性会议在被诉方首都举行,第二次实质性会议在起诉方首都举行。

三、在与争端各当事方磋商后,仲裁庭应尽快且只要可能,在仲裁庭组成后的15日内,确定仲裁程序的时间表。在确定仲裁程序的时间表时,仲裁庭应为争端当事方提供充分的时间准备各自的书面陈述。仲裁庭应设定争端各方提交书面陈述的明确期限,各方应遵守此最后期限。

四、仲裁庭的审议和提交仲裁庭的文件应保密。本条的任何规定不妨碍一争端方向公众披露其自身立场或其书面陈述;一争端方应将另一争端方提交仲裁庭、并由该提交方指定为机密的信息按机密信息对待。如一争端方向仲裁庭提交其书面陈述的保密版本,则应任一争端方的请求,该争端方应提供一份其书面陈述所含信息的可对外公布的非机密摘要。

五、仲裁庭应遵守本协议附件 1 中的有关仲裁的规则和程序,除非仲裁庭在与争端各方磋商后另有决定。

六、仲裁庭报告应在争端各方不在场的情况下,按照提供的信息和所作的陈述起草。仲裁庭的审议应当保密。仲裁庭报告中仲裁员个人发表的意见应匿名。

七、在考虑书面陈述、口头辩论及其它提交的信息后,仲裁庭应向争端方提交一份报告草案,包括有关争端事实和争端各方争议的描述部分以及仲裁庭的调查结果和结论。在报告最终完成前,仲裁庭应给予争端方充分机会来审查整个报告草案,并在最终报告中包括对争端方评论的讨论情况。

八、仲裁庭应在其组成的 120 天内向争端方散发最终报告。在紧急案件中,包括涉及易腐货物的案件,仲裁庭应力求在其组成的 60 天内将其报告散发各争端方。如仲裁庭认为不能在 120 内散发最终报告,或在紧急案件中不能在 60 天内散发报告,则应书面通知争端方延迟的原因和散发报告的估计期限。自仲裁庭组成至报告散发争端方的期限无论如何不应超过 180 天。

九、仲裁庭的最终报告在散发争端方的 10 天后,成为公开文件。

第十条　第三方

一、任何对仲裁庭审议的争端有实质利益并且已将其利益书面通知争端当事方和其它缔约方的缔约方,应享有向仲裁庭提交书面陈述的机会。这些书面陈述也应提交争端各当事方,并应反映在仲裁庭报告中。

二、第三方应收到争端各方提交仲裁庭首次会议的书面陈述。

三、如第三方认为仲裁庭程序所涉及的措施造成其根据《框架协议》项下的利益丧失或减损,则该缔约方可援引本协议项下的正常争端解决程序。

第十一条　程序的中止和终止

一、如争端各方同意,仲裁庭可在任何时间中止其工作,期限不超过 12 个月。在中止后,根据争端任何一方的请求,仲裁程序即应恢复。如仲裁庭的工作已经中止 12 个月以上,则设立仲裁庭的授权即告终止,除非争端各方另有约定。

二、在最终报告散发前,如形成双方满意的解决方法,则争端当事方经一致同意可终止仲裁庭程序。

三、在仲裁庭作出裁决前,在程序的任何阶段,仲裁庭可建议争端当事方友好解决争端。

第十二条 执行

一、被诉方应通知起诉方关于其执行仲裁庭建议和裁决的意向。

二、如立即遵守仲裁庭建议和裁决不可行,被诉方应有一合理的执行期限。被诉方应在合理期间内执行仲裁庭的建议。合理期间应由争端当事方一致确定,如争端各方未能在仲裁庭报告散发后的 30 天内就合理期间达成一致,只要可能,争端任何一方可以将此事项提交原仲裁庭审查。经与争端各方磋商,仲裁庭应在该事项提交其审查的 30 日内确定合理期间。如仲裁庭认为其不能在该期间内提交报告,仲裁庭应书面通知争端当事方迟延的原因,并不得晚于该事项提交其审查的 45 日内提交报告。

三、若在第二款所指的合理期间内是否存在为遵守仲裁庭建议所采取的措施或此类措施是否与《框架协议》相一致的问题上存在分歧,只要可能,此争端应提交原仲裁庭加以决定。仲裁庭应在该事项提交其审查的 60 日内向争端当事方提交报告。如仲裁庭认为其不能在该期间内提交报告,仲裁庭应书面通知争端当事方迟延的原因,并不得晚于该事项提交其审查的 75 日内提交报告。

第十三条 补偿和中止减让或利益

一、补偿和中止减让或利益属于在建议和裁决未在合理期限内执行时可获得的临时措施。但是,无论补偿还是中止减让或利益均不如完全执行建议以使一项措施符合框架协定。补偿是自愿的,且如果给予,应与《框架协议》相一致。

二、如在第十二条第二款的合理期限内,被诉方未能使被认定与《框架协议》不一致的措施符合仲裁庭建议,则该争端方如收到请求应与起诉方进行谈判,以期达成双方均可接受的必要的补偿调整协议。

三、如在起诉方请求就补偿调整进行谈判的 20 天内未就补偿达成双方满意的协议,起诉方可请求原仲裁庭来确定对未能使被认定与《框架协议》不一致的措施符合仲裁庭建议的争端方实施的中止减让或利益的适当水平。仲裁庭应在该事项提交其审查的 30 日内向争端当事方提交报告。如仲裁庭认为其不能在该期间内提交报告,仲裁庭应书面通知争端当事方迟延的原因,并不得晚于该事项提交其审查的 45 日内提交报告。减让或利益不得在仲裁过程中予以中止。

四、中止减让或利益应限于在《框架协议》项下、未能使被认定与《框架协议》不一致的措施符合仲裁庭建议的争端方所享有的减让或利益。该争端方以及其它缔约方应当被通知任何此类中止的开始和详细信息。

五、在考虑中止哪些减让或利益时:

(一)起诉方应首先寻求对与仲裁庭认定有违反《框架协议》或者造成丧失或损害情形的部门相同的部门中止减让或利益;

(二)如起诉方认为对相同部门中止减让或利益不可行或无效,则可寻求中止其它部门项下的减让或利益。

六、减让或利益的中止应是临时性的,且只维持至被认定与《框架协议》不一致的措施已取消,或必须执行仲裁庭建议的缔约方已经做到,或已达成双方满意的解决办法。

第十四条　语言

一、本协议项下的任何程序应以英语进行。

二、提交的用于本协议规定程序的任何文件,应为英文。如一文件的原文并非英文,则提交该文件用于本协议规定程序的一方应提供其英文翻译。

第十五条　费用

一、争端任何一方应负担其指定的仲裁员的费用,以及其自己的花费和法律费用。

二、仲裁庭主席的费用以及其它与程序进行有关的费用,应由争端当事方平均承担。

第十六条　修订

经缔约方书面一致同意达成修正,可对本协议的规定进行修订。

第十七条　交存

对东盟而言,本协议应交存于东盟总干事,且其应迅速地向每一东盟成员国提供经核准的副本。

第十八条　生效

一、本协议经缔约方代表签署后,于二〇〇五年一月一日生效。

二、缔约方应于二○○五年一月一日前完成本协议生效的国内程序。

三、如一缔约方未能于二○○五年一月一日前完成本协议生效的国内程序，则该缔约方在本协议项下的权利和义务，自其国内程序完成之日起开始。

四、一俟本协议生效的国内程序完成，一缔约方应通过外交渠道通知其它缔约方。

本协议于二○○四年十一月　日于万象签订，一式两份，每份均用中文和英文写成，两种文本同等作准。

中华人民共和国政府　　　　　东南亚国家联盟成员国政府
　　　代表　　　　　　　　　　　　代表

———————————　　　　———————————